Langenscheidt
Großes Zauberwörterbuch

Langenscheidt
Großes Zauberwörterbuch

Für Harry Potter-Fans

Englisch – Deutsch

von Barbara Maria Zollner

Herausgegeben von der
Langenscheidt-Redaktion

Langenscheidt

Berlin · München · Wien · Zürich · New York

Autorin
Barbara Maria Zollner

Illustrationen und Umschlaggestaltung
Nora Nowatzyk

Vermittlung
Irmingard Seidel-Reisner
Agentur für Kindermedien, München

Langenscheidt-Redaktion
Eveline Ohneis-Borzacchiello
Wolfgang Worsch

1. 2. 3. 4. 5. 07 06 05 04 03

Druck: Landesverlag Druckservice, Linz
Printed in Austria · ISBN 3-468-20399-3

Inhaltsverzeichnis

Anhang

Vorwort

Das ***Langenscheidt Große Zauberwörterbuch Englisch-Deutsch – Für Harry Potter-Fans*** ist ein Nachschlagewerk, das seinen Benutzern das Tor zum Reich der Magie, zur Sagen- und Fabelwelt öffnet. Zugleich ist es eine ideale Lesehilfe für alle deutschsprachigen Leser, die die bisher erschienenen fünf Harry Potter-Romane von Joanne K. Rowling im englischen Original verschlingen möchten.

Das ***Große Zauberwörterbuch*** bietet rund 7.500 englische Wörter, Ausdrücke und Namen mit dem Zauberwortschatz der Harry Potter-Bände und den dazugehörigen deutschen Übersetzungen. Die gezielte Auswahl der Wörterbucheinträge und ihre übersichtliche Struktur ermöglichen das schnelle Nachschlagen während der Romanlektüre. Auf die Aufnahme des englischen Grundwortschatzes wurde bewusst verzichtet, weil wir davon ausgehen können, dass diese Wörter allgemein bekannt sind.

In rund 350 speziell hervorgehobenen Info-Fenstern finden die interessierten Leser Unterhaltsames und Wissenswertes rund um Magie und Zauberei. Hier bekommt man faszinierende Einblicke in die Welt der Mythen und des Aberglaubens, der Sagengestalten und der Fabelwesen aus der abendländischen Erzähltradition. Und nicht zuletzt findet man in den Info-Fenstern Interpretationen der Eigennamen und kann dadurch die Romanfiguren viel besser verstehen.

Für die richtige Aussprache ist bei jedem englischen Stichwort die Lautschrift angegeben. So kann man sich unbesorgt auch an das Nachsprechen der Zaubersprüche wagen, ohne vielleicht ungewollte Effekte zu erzielen …

Die attraktive Gestaltung des ***Großen Zauberwörterbuches*** schließlich lädt seine Benutzer zum Schmökern ein, die zahlreichen „fantastischen“ Illustrationen verleihen ihm seine magische Aura.

Wir wünschen allen „Muggels“, die Harry Potter im spannenden Original erleben und dabei ihre Englischkenntnisse verbessern wollen, viel Spaß beim Nachschlagen und auf der Entdeckungsreise durch die Zauberwelt!

AUTORIN und
LANGENSCHEIDT VERLAG

Liste der Abkürzungen

Abk.	Abkürzung
Adj.	Adjektiv
Adv.	Adverb
altengl.	altenglisch
altertüml.	altertümlich
altfrz.	altfranzösisch
arab.	arabisch
ASTR	Astronomie
austr.	australisch
bes.	besonders
BOT	Botanik
brit.	britisch
dt.	deutsch
eigentl.	eigentlich
engl.	englisch
etc.	et cetera, und so weiter
fries.	friesisch
frz.	französisch
german.	germanisch
griech.	griechisch
HIST	historisch
ital.	italienisch
j-d	jemand
j-m	jemandem
j-n	jemanden
j-s	jemandes
Jh.	Jahrhundert
kelt.	keltisch
Konj.	Konjunktion
KUL	kulinarisch
lat.	lateinisch
männl.	männlich
MED	Medizin
MILIT	militärisch
MUS	Musik
nord.	nordisch
Part. Perf.	Partizip Perfekt
Part. Präs.	Partizip Präsens
pers.	persisch
Pl.	Plural
poet.	poetisch
portug.	portugiesisch
Präp.	Präposition
Prät.	Präteritum
röm.	römisch
roman.	romanisch
schott.	schottisch
slaw.	slawisch
s.o.	someone
sog.	so genannt
span.	spanisch
SPORT	Sport
s.th.	something
Subst.	Substantiv
Subst. Pl.	Substantiv Plural
TECH	Technik
THEA	Theater
US	US-amerikanisch
übertr.	übertragen
umgangsspr.	umgangssprachlich
urspr.	ursprünglich
vgl.	vergleiche
V/i	intransitives Verb
V/t	transitives Verb
Vt/i	transitives Verb, das auch ohne Akkusativobjekt verwendet werden kann
weibl.	weiblich
z.B.	zum Beispiel
ZOOL	Zoologie
→	siehe

Hinweise für die Benutzer

1. Das Stichwort

Die Stichwörter sind alphabetisch angeordnet. Redewendungen erscheinen nach dem Wort, das mit größerer Wahrscheinlichkeit Erklärungsbedarf weckt, also findet man beispielsweise *be taken aback* unter dem Stichwort *aback*. Eigennamen sind grundsätzlich nach der alphabetischen Stellung des Nachnamens aufgenommen; bei Figuren, die in den Romanen überwiegend mit Vornamen benannt sind, findet man unter dem Vornamen einen Verweis (→) auf den Nachnamen; Figuren, die nur einen Vornamen haben, sind selbstverständlich danach ins Alphabet eingereiht. Die Stichwörter der Info-Fenster sind gleichfalls alphabetisch eingereiht.

2. Lautschrift

Um die Aussprache der Wörter zu erleichtern, ist bei jedem Stichwort eine Lautschrift angegeben. Hierbei wurde die **IPA**-Lautschrift verwendet, d.h. die Lautschrift, die von der International Phonetic Association als verbindlich angesehen wird. Die Auflistung der verwendeten Zeichen und hilfreiche Erklärungen dazu findet man auf den Seiten 12 und 13.

3. Abkürzungen

Bei jedem Stichwort steht abgekürzt die Wortart (Substantiv, Adjektiv, Verb etc.) und gegebenenfalls das Fachgebiet (Botanik, Zoologie etc.), aus dem das Wort stammt. Gleichfalls vermerkt wurde, wenn ein Ausdruck umgangssprachlich ist oder vorwiegend regional (US-amerikanisch, schottisch etc.) gebräuchlich ist. Die verwendeten Abkürzungen sind in der Liste der Abkürzungen auf Seite 9 zusammengefasst.

4. Info-Fenster

In den Info-Fenstern stehen Informationen rund um Magie und Zauberei, die aus verschiedenen Bereichen zusammengetragen wurden: etwa Symbolbedeutungen von Pflanzen und Tieren, überliefertes Wissen aus Naturheilkunde und Astrologie, aus Volksglauben und mittelalterlicher Literatur, Herkunft und Wesen von Gottheiten, Geistern, Dämonen, Fabeltieren und anderen mythologischen Wesen. Diese Info-Fenster helfen dabei, Zusammenhänge zu verstehen, aber sie laden auch einfach nur zum Schmökern ein.

5. Ein wenig Sprachgeschichte

Die englische Sprache hat sich – mehr noch als andere Sprachen – im Laufe ihrer Geschichte zahlreiche Elemente aus anderen Sprachräumen einverleibt; das wird besonders deutlich anhand von Eigennamen. Diese Fortentwicklung und Bereicherung des Wortschatzes hat historische Ursachen, etwa die Besiedelung Britanniens durch Angeln, Sachsen und Jüten, die dem germanischen Sprachraum angehören oder die Tatsache, dass über viele Jahrhunderte Latein die Sprache der Kirche und der Gelehrten war.

In der Veränderung der Sprache spiegeln sich politische Verhältnisse wider (etwa dann, wenn in Schottland oder Irland gerne Namen keltischen Ursprungs verwendet werden), und man kann auch modische Vorlieben beobachten. Die älteste und am wenigsten bekannte Sprachfamilie auf den Britischen Inseln ist die keltische: Zu ihr gehören Walisisch (oder Kymrisch), sowie schottisches und irisches Gälisch.

Erklärung der Lautschriftzeichen

Zeichen	Englische Beispielwörter	Wie wird das ausgesprochen?
ʌ	m**u**ch [mʌtʃ], b**u**tter ['bʌtə]	wie das **a** in M**a**tsch oder Qu**a**tsch
ɑː	f**a**ther ['fɑːðə], **a**fter ['ɑːftə], b**a**th [bɑːθ]	wie das **ah** in B**ah**n oder **a** in Kr**a**m, also recht dunkel, niemals so hell wie in „Sahne"
æ	b**a**d [bæd], fl**a**t [flæt], c**a**t [kæt]	Das ist eher ein sehr helles **a** als ein deutsches „ä". Am besten spricht man es wie das kurze **a** in Qu**a**tsch oder w**a**schen
ə	**a** [ə], **a**n [ən], butt**er** ['bʌtə]	Das ist ein schwaches **e**, wie am Ende von bitt**e**
e	b**e**d [bed], h**ea**d [hed]	wie **e** in w**e**tten oder **ä** in h**ä**tte
ɜː	f**ir**st [fɜːst], h**ur**t [hɜːt], l**ear**n [lɜːn], h**er** [hɜː]	etwa so wie das **ö** in H**ö**rner, aber das „r" darf nicht mitgesprochen werden
ɪ	**i**n [ɪn], cr**i**sp [krɪsp]	wie das kurze **i** in b**i**tte oder **i**st
iː	s**ee** [siː], j**ea**ns [dʒiːnz]	wie das lange **i** in n**ie**
ɒ	sh**o**p [ʃɒp], l**o**t [lɒt]	wie das kurze **o** in S**o**cken
ɔː	m**or**ning ['mɔːnɪŋ], d**oor** [dɔː]	wie das lange **o** in Z**oo**
ʊ	g**oo**d [gʊd], p**u**t [pʊt]	wie das kurze **u** in M**u**tter
uː	t**oo** [tuː], sh**oo**t [ʃuːt]	wie **uh** in Sch**uh**
aɪ	r**i**de [raɪd], m**y** [maɪ]	wie **ei** in l**ei**se oder n**ei**disch
aʊ	n**ow** [naʊ], r**ou**nd [raʊnd]	wie **au** in Fr**au**
əʊ	h**o**me [həʊm], r**oa**d [rəʊd], c**o**ld [kəʊld]	Hier spricht man erst ein **ə** (wie, siehst du oben bei **ə**) und sofort darauf ein kurzes **u**
eə	h**air** [heə], p**ear** [peə], c**are** [keə]	wie -**är** in B**är** oder -**er** in h**er**, das „r" darf aber nicht mitgesprochen werden
eɪ	**eigh**t [eɪt], s**ai**l [seɪl]	klingt wie **äi**
ɪə	h**ere** [hɪə], b**eer** [bɪə], d**ear** [dɪə]	klingt wie -**ier** in h**ier**, das „r" wird aber nicht mitgesprochen

ɔɪ	**j**o**i**n [dʒɔɪn], b**oy** [bɔɪ]	Hier spricht man erst ein **o** wie am Ende von Lott**o** und gleich darauf ein kurzes **i**
ʊə	t**our** [tʊə], s**ure** [ʃʊə]	wie -**ur** in K**ur**, das „r" darf aber nicht mitgesprochen werden
j	**y**es [jes], be**y**ond [bɪ'jɒnd]	wie **j** in **j**etzt
v	**v**ery ['verɪ], o**v**er ['əʊvə]	wie **v** in **V**ase oder **w** in **W**asser
w	**w**ay [weɪ], **w**ater ['wɔːtə]	Diesen Laut muss man ganz anders als ein deutsches „w" sprechen. Er ist im Englischen ein kurzes **u**
ŋ	thi**ng** [θɪŋ], u**n**cle ['ʌŋkl]	wie -**ng** in Di**ng**
r	**r**oom [ruːm], hu**rr**y ['hʌrɪ]	Das ist kein deutsches „r", sondern man spricht es mit zurückgebogener Zunge
s	**s**ee [siː], gla**ss** [glɑːs]	wie in la**ss**en, Li**s**te oder hei**ß**
z	**z**ero ['zɪərəʊ], new**s** [njuːz]	wie in le**s**en oder **S**and
ʃ	**sh**op [ʃɒp], fi**sh** [fɪʃ]	wie **sch** in **Sch**olle oder Fi**sch**
tʃ	**ch**eap [tʃiːp], mu**ch** [mʌtʃ]	wie **tsch**- in **tsch**üs
ʒ	televi**si**on ['telɪvɪʒn]	wie **g** in **G**enie und Eta**g**e
dʒ	**j**ust [dʒʌst], bri**dge** [brɪdʒ]	wie **j** in **J**ob und **g** in **G**entleman
θ	**th**anks [θæŋks], **th**ought [θɔːt]	wie wenn man in „fa**ss**en" das „scharfe", stimmlose Doppel-s lispeln würde
ð	**th**e [ðə], **th**at [ðæt]	wie wenn man in „**S**en**s**e" die beiden „weichen", stimmhaften s-Laute lispeln würde
ː		Längungszeichen: Bedeutet, dass man den vor diesem Zeichen stehenden Laut *lang* sprechen muss
ˈ		Betonungszeichen: Steht vor der Stelle, wo man ein Wort am *stärksten* betonen muss
ˌ		Betonungszeichen: Steht vor der Stelle, wo ein Wort die *zweitstärkste* Betonung hat

A

aback [ə'bæk] *Adv.* ***be taken aback*** erstaunt, verblüfft *oder* betroffen sein

abandon [ə'bændən] *V/t.* (*Suche, Plan*) aufgeben; *j-n* verlassen, im Stich lassen

abash [ə'bæʃ] *V/t.* beschämen, in Verlegenheit bringen

abashed [ə'bæʃt] *Adj.* beschämt, verlegen

Aberdeen [ˌæbə'diːn] *Stadt in Schottland*

Aberforth [ˌæbə'fɔːθ] *Name Bruder von →* ***Dumbledore, Albus***

abide [ə'baɪd] *Vt/i.* ***abide by*** festhalten an, treu bleiben

abject ['æbdʒekt] *Adj.* elend, erbärmlich; (*Armut*) tiefst, äußerst

ablaze [ə'bleɪz] *Adv.* in Flammen, lodernd

abrupt [ə'brʌpt] *Adj.* unvermittelt, plötzlich, abrupt

absence ['æbsəns] *Subst.* Abwesenheit

absent ['æbsənt] *Adj.* abwesend, weg, fort

absent-minded [ˌæbsənt'maɪndɪd] *Adj.* geistesabwesend

absorbed [əb'sɔːbd] *Adj. in Buch*: vertieft; *von Aufgabe etc.*: in Anspruch genommen

abuse [ə'bjuːs] *Subst.* Missbrauch

abysmal [ə'bɪzməl] *Adj.* miserabel, entsetzlich

Abyssinian [ˌæbɪ'sɪnjən] *Adj.* abessinisch

accelerate [ək'seləreɪt] *Vt/i.* beschleunigen

acceleration [əkˌselə'reɪʃn] *Subst.* Beschleunigung

accept [ək'sept] *V/t.* hinnehmen, annehmen, akzeptieren

acceptance [ək'septəns] *Subst.* Aufnahme, Annahme, Billigung

accessible [ək'sesɪbl] *Adj.* zugänglich, erreichbar

accident ['æksɪdənt] *Subst.* Unfall

accidental [ˌæksɪ'dentl] *Adj.* versehentlich; ***accidental death*** Tod durch Unfall

accidentally [ˌæksɪ'dentlɪ] *Adv.* versehentlich

accident-prone ['æksɪdəntprəʊn] *Adj.* unfallgefährdet, zu Unfällen neigend

Accio! ['æksɪəʊ] *Zauber vgl. lat.* ***accio*** ich rufe herbei, ich lasse kommen

accommodate [ə'kɒmədeɪt] *V/t.* unterbringen, Platz haben für

accompany [ə'kʌmpənɪ] *V/t.* begleiten

accomplish [ə'kʌmplɪʃ] *V/t.* vollbringen; (*Ziel*) verwirklichen; (*Aufgabe*) erfüllen

according [ə'kɔːdɪŋ] *Präp.* ***according to*** laut, gemäß, nach

accost [ə'kɒst] *V/t.* ansprechen, *an j-n* herantreten

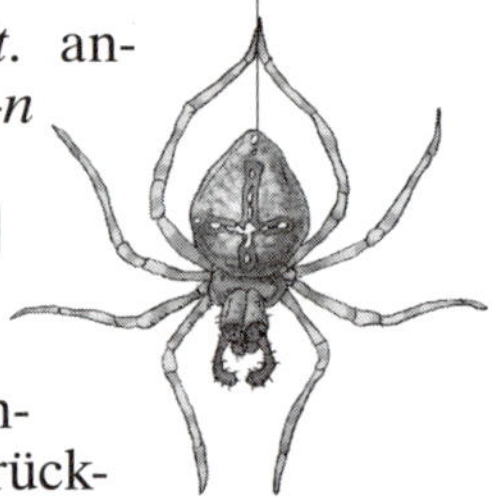

account[1] [ə'kaʊnt] *Subst.* Konto; ***take into account*** in Rechnung ziehen, berücksichtigen

account[2] [ə'kaʊnt] *Vt/i.* ***account for*** erklären, begründen; Rechenschaft ablegen für

accountant [ə'kaʊntənt] *Subst.* Buchhalter

accurate ['ækjʊrət] *Adj.* genau, präzise, akkurat

accusation [ˌækjʊ'zeɪʃn] *Subst.* Anklage, Anschuldigung

accuse [ə'kjuːz] *V/t.* beschuldigen, anklagen

ache[1] [eɪk] *Subst.* Schmerz

ache[2] [eɪk] *V/i.* schmerzen, wehtun

achieve [ə'tʃiːv] *V/t.* erreichen, bewirken

achievement [ə'tʃiːvmənt] *Subst.* Leistung, Errungenschaft

acid[1] ['æsɪd] *Subst.* Säure

acid[2] ['æsɪd] *Adj.* sauer, scharf; ***acid drops*** Fruchtbonbons, saure Drops

acid-green ['æsɪdgriːn] *Adj.* säure-grün, ätzgrün

acorn ['eɪkɔːn] *Subst.* BOT Eichel

acquisition [ˌækwɪ'zɪʃn] *Subst.* Errungenschaft, Erwerbung

acquit [ə'kwɪt] *V/t.* freisprechen

acrid ['ækrɪd] *Adj.* scharf, ätzend

act [ækt] *V/i.* handeln

adamant ['ædəmənt] *Adj.* unerbittlich, unnachgiebig

add [æd] *V/t.* hinzufügen

additional [ə'dɪʃnəl] *Adj.* zusätzlich, weitere(r, -s)

addle ['ædl] *V/t.* verwirren

address [ə'dres] *V/t.* (*Person*) anreden; (*Brief*) richten an

addressee [ˌædre'siː] *Subst.* Empfänger

adept ['ædept] *Adj.* erfahren, geschickt

administer [əd'mɪnɪstə] *V/t.* vollziehen, verabreichen

admirable ['ædmərəbl] *Adj.* bewundernswert

admire [əd'maɪə] *V/t.* bewundern

admirer [əd'maɪərə] *Subst.* Bewunderer

admission [əd'mɪʃn] *Subst.* Zulassung

admit [əd'mɪt] *V/t.* zugeben, einräumen; zulassen

admittedly [əd'mɪtɪdlɪ] *Adv.* zugegebenermaßen

ado [ə'duː] *Subst.* Getue, Aufheben(s)

adolescence [ˌædə'lesns] *Subst.* Heranwachsen, Pubertät

adopt [ə'dɒpt] *V/t.* an Kindes Statt annehmen, adoptieren

adoration [ˌædə'reɪʃn] *Subst.* Anbetung

adorn [ə'dɔːn] *V/t.* schmücken, verzieren

Adrian Pucey [ˌeɪdrɪən 'pjuːsɪ] *Name* → ***Pucey, Adrian***

advance [əd'vɑːns] *Vt/i.* vorrücken,

vorschieben; (*Projekt, Pläne*) voranbringen, beschleunigen
advanced [əd'vɑːnst] *Adj.* fortgeschritten, anspruchsvoll

> **adventure** [əd'ventʃə] *Subst.* Abenteuer; aus *altfrz.* ***aventiure***; das Abenteuer ist eine Herausforderung, die auf einen zukommt oder sich im Zuge der Erfüllung eines Auftrags einstellt. Der frz. Begriff *aventiure* bezeichnet die Herausforderungen, die ein Ritter auf seinem Weg zur Erfüllung einer übergeordneten Aufgabe bestehen muss. Dieser Weg heißt altfrz. *queste* (engl. *quest*). Die größte und bekannteste von ihnen ist die Suche nach dem Gral (→ ***goblet***, → ***cauldron***). Der Weg führt durch die Wildnis (→ ***forest***), in der vielerlei Gefahren lauern, die zu bestehen sind: Übeltäter, die unrechtmäßig Gefangene halten, müssen überwältigt werden, Drachen oder Riesen besiegt und Rätsel gelöst. Mit der Bewältigung jeder *aventiure* bewährt der Ritter seine Fähigkeiten und kommt seinem Ziel und der Erfüllung seines „Existenzauftrags" näher.

advertise ['ædvətaɪz] *V/t.* bekannt machen; werben für
advertisement [əd'vɜːtɪsmənt] *Subst.* Werbung, Anzeige
advice [əd'vaɪs] *Subst.* Rat, Empfehlung
advisable [əd'vaɪzəbl] *Adj.* ratsam
aeroplane ['eərəpleɪn] *Subst.* Flugzeug
affair [ə'feə] *Subst.* Angelegenheit
affect [ə'fekt] *V/t.* betreffen, (ein)wirken auf; *übertr.* berühren
affection [ə'fekʃən] *Subst.* Zuneigung
affectionate [ə'fekʃənɪt] *Adj.* liebevoll, herzlich
affinity [ə'fɪnɪtɪ] *Subst.* Neigung, Affinität
affliction [ə'flɪkʃən] *Subst.* Schmerz, Übel; Kummer
afford [ə'fɔːd] *V/t.* sich leisten; (*Geld*) aufbringen
affronted [ə'frʌntəd] *Adj.* beleidigt, gekränkt
after-effect ['ɑːftərɪˌfekt] *Subst.* Nachwirkung
aftermath ['ɑːftəmæθ] *Subst.* Nachwirkungen, Folgen
aftershave ['ɑːftəʃeɪv] *Subst.* Rasierwasser
afterthought ['ɑːftəθɔːt] *Subst.* nachträglicher Einfall
age[1] [eɪdʒ] *Subst.* Alter; ***of age*** volljährig
age[2] [eɪdʒ] *V/i.* altern

> **Ageing Potion** ['eɪdʒɪŋ ˌpəʊʃn] *Zauber vgl.* ***age*** Alter, altern; ***potion*** Trank, Gebräu; *etwa*: Alterungstrunk

aggravate ['ægrəveɪt] *V/t.* (*Situation*) erschweren, verschlimmern; (*Person*) aufregen, ärgern
aggressive [ə'gresɪv] *Adj.* aggressiv, angriffslustig
aghast [ə'gɑːst] *Adv.* entsetzt, entgeistert
agitate ['ædʒɪteɪt] *V/t.* aufwühlen, beunruhigen
agitation [ˌædʒɪ'teɪʃn] *Subst.* Aufregung, Außer-sich-sein
agleam [ə'gliːm] *Adj.* leuchtend, glänzend

agonising ['ægənaɪzɪŋ] *Adj.* quälend, qualvoll, marternd; schmerzerfüllt
agony ['ægənɪ] *Subst.* Schmerz, Qual, Pein
agree [ə'griː] *Vt/i.* übereinstimmen, übereinkommen; zustimmen
agreement [ə'griːmənt] *Subst.* Übereinkunft, Abkommen
agriculture ['ægrɪˌkʌltʃə] *Subst.* Landwirtschaft

Agrippa [ə'grɪpə] Cornelius Agrippa (1486-1535), deutscher Okkultist und Humanist der Renaissance, Doktor der Theologie, Kenner der Kabbala (jüdische Zahlenmystik → ***arithmancy***) und Alchemie (→ ***alchemy***), trug in seiner Schrift *De occulta philosophia* (Über die geheime Philosophie) umfangreiches Wissen über Sterne, Stoffe, Temperamente, Zahlen und ihre Bedeutungen zusammen und setzte sie zueinander in Bezug. Wegen dieses Buches wurde er von der Kirche verfemt.

aid [eɪd] *Subst.* Hilfe, Hilfsmittel
ail [eɪl] *Vt/i.* schmerzen; leiden
ailment ['eɪlmənt] *Subst.* Unpässlichkeit, Leiden
air [eə] *Subst.* Luft; Atmosphäre
airborne ['eəbɔːn] *Adj.* ***be airborne*** sich in der Luft befinden, fliegen
air-rifle ['eəˌraɪfl] *Subst.* Luftgewehr
airily ['eərɪlɪ] *Adv.* leichthin
airy ['eərɪ] *Adj.* luftig; lebhaft; leichtfertig
ajar [ə'dʒɑː] *Adv.* halb offen, angelehnt
alarm clock [ə'lɑːm klɒk] *Subst.* Wecker
Albania [æl'beɪnjə] Albanien

alchemy ['ælkəmɪ] *Subst. arab.* Alchemie; spätantike und mittelalterliche Universalwissenschaft von chemischen Stoffen mit analytischen und naturphilosophischen Aspekten; die Alchemisten strebten nach Veredelung von Stoffen, die mit geistiger Läuterung gleichgesetzt wurde. Wissen aus allen möglichen Gebieten – auch Astronomie (→ ***astronomy***) oder Medizin – floss in die Alchemie ein. Ihr Ziel in Spätmittelalter und Renaissance war die Herstellung von Gold mithilfe des sog. „Steins der Weisen" (*Philosopher's Stone*), dem später auch die Fähigkeit zugeschrieben wurde, zu verjüngen oder Unsterblichkeit zu verleihen (→ ***Paracelsus***).

alert[1] [ə'lɜːt] *Adj.* aufgeweckt, hellwach
alert[2] [ə'lɜːt] *V/t.* alarmieren
alga ['ælgə], *Pl.* ***algae*** ['ældʒiː] *Subst.* Alge
Alicia Spinnet [əˌlɪʃə 'spɪnɪt] *Name* → ***Spinnet, Alicia***
alien ['eɪljən] *Subst.* Außerirdischer
alight [ə'laɪt] *Adj.* ***be alight*** brennen, in Flammen stehen
allege [ə'ledʒ] *V/t.* erklären, behaupten, vorbringen
allegiance [ə'liːdʒəns] *Subst.* Loyalität, Treue
alleviate [ə'liːvɪeɪt] *V/t.* (*Schmerzen, Not*) lindern, mildern
allies ['ælaɪz] *Subst. Pl.* Verbündete
allow [ə'laʊ] *V/t.* erlauben, gestatten
allowance [ə'laʊəns] *Subst.* finanzielle Unterstützung; ***make allowances for s.o.*** mit j-m Nachsicht haben

all-time low [ˌɔːltaɪm'ləʊ] *Subst.* absoluter Tiefpunkt

ally [ə'laɪ] *V/i.* sich verbünden

almighty [ɔːl'maɪtɪ] *Adj.* allmächtig; gewaltig

almond-shaped ['ɑːməndʃeɪpt] *Adj.* mandelförmig

Alohomora! [ˌæləhə'mɔːrə] *Zauber; vgl.* BOT ***aloe*** Heilpflanze, ein Liliengewächs, das in warmen Zonen gedeiht. Ihr bitterer Saft wird seit Jahrhunderten zu Heilzwecken gebraucht; noch zu Beginn des 20. Jh.s waren Aloetinktur oder Aloepastillen sehr gebräuchliche Arzneien. *Vgl. auch lat.* ***mora*** Aufschub, Weile, Verzögerung – Zauber zum Öffnen verschlossener Türen.

alternate [ɔːl'tɜːnɪt] *Adj.* abwechselnd, wechselseitig; ***on alternate days*** jeden zweiten Tag

amazement [ə'meɪzmənt] *Subst.* Verwunderung

amber ['æmbə] *Adj.* bernsteinfarben, goldgelb

ambition [æm'bɪʃn] *Subst.* Ambition, Ehrgeiz

ambitious [æm'bɪʃəs] *Adj.* ehrgeizig

amble ['æmbl] *V/i.* schlendern

ambush ['æmbʊʃ] *V/t.* aus dem Hinterhalt überfallen

amicable ['æmɪkəbl] *Adj.* liebenswürdig

amid [ə'mɪd] *Präp.* inmitten

amigo [ə'miːgəʊ] *Subst. portug.* Freund

amiss [ə'mɪs] *Adv.* verkehrt, verfehlt; ***it wouldn't go amiss*** es würde nicht schaden

amount [ə'maʊnt] *Subst.* Menge, Betrag, Maß

amulet ['æmjʊlət] *Subst.* Amulett (*magischer Gegenstand, der am Körper getragen wird und Schutz vor Unheil gewähren soll*)

analysis [ə'nælɪsɪs] *Subst.* Analyse, Untersuchung

ancestor ['ænsəstə] *Subst.* Vorfahr, Ahne

anchor ['æŋkə] *Subst.* Anker

ancient ['eɪnʃənt] *Adj.* alt, uralt, antik

angel ['eɪndʒəl] *Subst.* Engel

Angelina Johnson [ˌændʒə'liːnə 'dʒɒnsn] *Name* → ***Johnson, Angelina***

anger ['æŋgə] *Subst.* Wut, Zorn

angle ['æŋgl] *Subst.* (Blick)Winkel, Ansatzpunkt

Anglesea ['æŋglsɪ] *Grafschaft in Wales*

Animagus [ˌænɪ'mædʒəs], *Pl.* ***Animagi*** [ˌænɪ'mædʒɪ] *Neubildung; vgl.* ***animal*** Tier; *lat.* ***magus*** Magier. Bezeichnung für Zauberer, die sich in ein Tier verwandeln können. Diese Verwandlung galt von je als besondere Gabe der Schamanen bei Naturvölkern in aller Welt; sie geht zurück auf alte Jagdrituale, in denen der Geist des zu jagenden oder erlegten Tiers um Verzeihung gebeten wird. Die Fähigkeiten des Tiers – in Europa z.B. Bär, Büffel oder Wildschwein – gehen auf den Schamanen oder den Jäger über.
Aus Schottland sind viele Zeugnisse eines Hirsch-Kults überliefert, und die Vorstellung von einem Gestaltwechsel zwischen Mensch und Tier ist in zahlreichen

Kulturen verbreitet. Die Fähigkeit, sich nach Belieben in ein Tier zu verwandeln, wurde später Zauberern und Hexen zugeschrieben (→ ***transfiguration***, → ***witchcraft***).

animal[1] ['ænɪməl] *Subst.* Tier. Häufig werden gerade solchen Tieren magische Fähigkeiten zugeschrieben, vor denen viele Menschen Abscheu oder Furcht empfinden. Dazu zählen Kröten, Schlangen, Krähen, Spinnen; Nachttiere wie Eulen, Ratten, Katzen und Fledermäuse gelten gleichfalls als Begleiter von Hexen und Zauberern. Gemeinsam ist ihnen allen, dass sie über verborgene Fähigkeiten verfügen, die mit übersinnlichen Kräften assoziiert werden: z.B. Eulen und Katzen können im Dunkeln sehen; Raben sind außerordentlich gelehrige Vögel, sie stehlen glitzernde Gegenstände, werden aber mit Aas und Verwesung in Verbindung gebracht. Das Gleiche gilt für Ratten, die hochintelligent sind, aber als Unratfresser in Verruf. Fledermäuse leben in Rudeln an verborgenen Plätzen, in Mauernischen und alten Burgen und scheinen deshalb von Tod und Verfall zu künden.

animal[2] ['ænɪməl] *Adj.* animalisch, tierisch, Tier…

animosity [ˌænɪ'mɒsɪtɪ] *Subst.* Feindseligkeit

ankle ['æŋkl] *Subst.* Knöchel, Fußgelenk

announce [ə'naʊns] *V/t.* bekannt geben

announcement [ə'naʊnsmənt] *Subst.* Bekanntmachung, Ankündigung

annoy [ə'nɔɪ] *V/t.* ärgern, verärgern, ärgerlich machen

annoyance [ə'nɔɪəns] *Subst.* Ärger, Verärgerung

annoying [ə'nɔɪɪŋ] *Adj.* ärgerlich

annual ['ænjʊəl] *Adj.* jährlich

ant [ænt] *Subst.* ZOOL Ameise

antenna [æn'tenə], *Pl.* ***antennae*** [æn'teniː] *Subst.* ZOOL Fühler

anthem ['ænθəm] *Subst.* Hymne

anti-burglar buzzer ['æntɪˌbɜːglə 'bʌzə] *Subst.* Alarmanlage

Anti-Cheating Spell [ˌæntɪ'tʃiːtɪŋ ˌspel] *Zauber vgl. griech.* ***anti*** *Vorsilbe mit der Bedeutung* „gegen"; ***cheat*** mogeln; (*in Prüfung*) spicken, abschreiben; ***spell*** Zauber, Zauberspruch

anticipate [æn'tɪsɪpeɪt] *V/t.* vorausempfinden, vorhersehen; erwarten

anticipation [ænˌtɪsɪ'peɪʃn] *Subst.* Vorfreude, Erwartung

antics ['æntɪks] *Subst. Pl.* Possen, Mätzchen

antidote ['æntɪdəʊt] *Subst.* Gegenmittel, Gegengift

antlers ['æntləz] *Subst. Pl.* Geweih

anxious ['æŋkʃəs] *Adj.* besorgt

anyfink ['enɪfɪŋk] *umgangsspr. für* ***anything***

Aparecium! [ˌæpə'riːʃɪəm] *Zauber vgl. lat.* ***apparere*** zum Vorschein kommen, sichtbar werden, erscheinen

apiece [ə'piːs] *Adv.* pro Kopf, für jeden

apologetic [əˌpɒlə'dʒetɪk] *Adj.* entschuldigend

apology [ə'pɒlədʒɪ] *Subst.* Entschuldigung

apoplectic [ˌæpə'plektɪk] *Adj.* einem Schlaganfall nahe, apoplektisch

apothecary [ə'pɒθɪkərɪ] *Subst.* Apotheker

appal [ə'pɔːl] *V/t.* entsetzen, erschrecken

Apparate [ˌæpə'reɪt] *Neubildung vgl.* ***apparition*** (unerwartetes) Erscheinen, Erscheinung; Geist, Gespenst; *von* ***apparere*** *lat.* zum Vorschein kommen, sichtbar werden, erscheinen

apparent [ə'pærənt] *Adj.* anscheinend, offensichtlich

apparition [ˌæpə'rɪʃn] *Subst.* Erscheinen, Erscheinung; Geist, Gespenst

appeal [ə'piːl] *Subst.* Berufung (*Einspruch der in einem Gerichtsverfahren unterlegenen Partei*)

appointment [ə'pɔɪntmənt] *Subst.* Ernennung; Treffen, Verabredung; *von Personal*: Einstellung

appraisal [ə'preɪzl] *Subst.* Einschätzung, Bewertung

appreciate [ə'priːʃɪeɪt] *V/t.* würdigen, einschätzen, (an)erkennen

appreciative [ə'priːʃɪətɪv] *Adj.* zustimmend, beifällig

apprehension [ˌæprɪ'henʃn] *Subst.* Besorgnis, Befürchtung

apprehensive [ˌæprɪ'hensɪv] *Adj.* besorgt, ängstlich

approach [ə'prəʊtʃ] *Vt/i.* sich nähern, herankommen; herantreten an

approval [ə'pruːvl] *Subst.* Zustimmung, Beifall

approve [ə'pruːv] *V/i.* ***approve of*** gutheißen, billigen, zustimmen

approving [ə'pruːvɪŋ] *Adj.* zustimmend

apron ['eɪprən] *Subst.* Schürze

apt [æpt] *Adj.* geneigt; ***be apt to do s.th.*** dazu neigen etwas zu tun

aqualung ['ækwəlʌŋ] *Subst.* Atemgerät, Tauchgerät

aquamarine [ˌækwəmə'riːn] *Subst.* Aquamarin (*lichtblauer Edelstein*)

aquiver [ə'kwɪvə] *Adv.* erbebend, zitternd

Aragog ['ærəgɒg] *Name*; *vgl.* Arachne, kunstfertige Weberin der antiken Mythologie, die einst die Göttin Athene (lat. Minerva, → ***McGonagall***) zum Wettstreit herausforderte. Athene wob die Ruhmestaten der olympischen Götter in ihren Teppich, Arachne aber deren Schandtaten. Darüber wurde die eifersüchtige Göttin so zornig, dass sie die Menschenfrau in eine Spinne verwandelte. *Vgl.* ferner die biblischen Namen *Gog* und *Magog*, die im Alten Testament für einen dem Volk Israel feindlichen Stammesfürsten und sein Land stehen und als Namen von Riesen in britische Gründungslegenden eingegangen sind. – Riesenspinne, von Hagrid aufgezogen, lebt mit seiner Frau Mosag und seinen Nachkommen im *Forbidden Forest* (→ ***forest***).

arc [ɑːk] *Subst.* Kreisbogen

arch [ɑːtʃ] *Vt/i.* (sich) wölben

arch-enemy [ˌɑːtʃ'enəmɪ] *Subst.* Erzfeind

archway ['ɑːtʃweɪ] *Subst.* Torbogen

argue ['ɑːgjuː] *V/i.* widersprechen; streiten, zanken

argument ['ɑːgjʊmənt] *Subst.* Streit, Auseinandersetzung

Argyllshire [ɑː'gaɪlʃə] *schottische Grafschaft*

arise [ə'raɪz] *V/i.* entstehen, sich erheben

> **arithmancy** [ə'rɪθmənsɪ] *Subst.* Zahlendeutung, Zahlenmagie; *vgl. griech.* ***arith-*** Zahl, ***-mancy*** -mantik, -weissagung.
> Ihr zugrunde liegt die uralte Erkenntnis, dass die Erscheinungen der Welt in Zahlenverhältnissen ausgedrückt werden können. Verschiedene Kulturen haben unterschiedliche Systeme entwickelt, nach denen den Zahlen verschiedene Qualitäten zugeordnet werden. Auch die Buchstaben des Alphabets können auf unterschiedliche Weise zu Zahlen in Bezug gesetzt werden. Große Bedeutung haben die jüdische Zahlenmystik der Kabbala, die auch in die Alchemie (→ ***alchemy***) einfloss, und die Nummerologie; diese versucht, aus Rechenoperationen mit der Quersumme der Zahlenwerte eines Namens und Geburtsdatums eine Art mathematisches Horoskop zu erstellen.
> Die Silbe *-mancy* oder deutsch *-mantik*, die „Zukunftsdeutung“ meint, ist abgeleitet von der griech. Wahrsagerin Manto, einer Tochter des blinden Sehers Teresias.

armadillo [ˌɑːmə'dɪləʊ] *Subst.* ZOOL Gürteltier, Apothekerassel

armchair ['ɑːmtʃeə] *Subst.* Lehnsessel; ***winged armchair*** Ohrensessel

armed [ɑːmd] *Adj.* bewaffnet; gewappnet

Armenian [ɑː'miːnjən] *Adj.* armenisch, aus Armenien stammend

armour ['ɑːmə] *Subst.* Panzer; ***suit of armour*** Ritterrüstung

arouse [ə'raʊz] *V/t.* wecken, erregen

arrant ['ærənt] *Adj.* völlig, komplett; Erz…; ***arrant villain*** Erzschurke

array [ə'reɪ] *Subst.* Ansammlung, Aufreihung

arrest [ə'rest] *V/t.* festnehmen, verhaften; (*Aufmerksamkeit*) erregen

arrow ['ærəʊ] *Subst.* Pfeil

artefact ['ɑːtɪfækt] *Subst.* Erzeugnis

Arthur Weasley [ˌɑːθə 'wiːzlɪ] *Name* → ***Weasley***

artichoke ['ɑːtɪtʃəʊk] *Subst.* Artischocke

ascent [ə'sent] *Subst.* Aufstieg, Anstieg

ascertain [ˌæsə'teɪn] *V/t.* feststellen, ermitteln

ash [æʃ] *Subst.* BOT Esche; Eschenholz

ashamed [ə'ʃeɪmd] *Adj.* beschämt

ashen-faced [ˌæʃn'feɪst] *Adj.* mit aschfahlem Gesicht

askew [ə'skjuː] *Adj.* schräg, schief, verrutscht

> **asphodel** ['æsfədel] *Subst.* BOT Asphodill, Affodill; gehört zur Gattung lilienartiger Pflanzen. Sie ist im Mittelmeerraum verbreitet; ihre Wurzeln werden in der Naturheilkunde z. B. als Abführmittel verwendet.

aspiring [ə'spaɪərɪŋ] *Adj.* angehend, aufstrebend

assassination [əˌsæsɪˈneɪʃn] *Subst.* Mordanschlag, Meuchelmord
assemble [əˈsembl] *V/t.* versammeln
assembly [əˈsemblɪ] *Subst.* Versammlung, Gesellschaft
assent [əˈsent] *Subst.* Zustimmung
associate [əˈsəʊʃɪeɪt] *V/i.* ***associate with*** in Verbindung stehen, verkehren mit
assortment [əˈsɔːtmənt] *Subst.* Sortiment, Auswahl
assume [əˈsjuːm] *V/t.* annehmen
assurance [əˈʃʊərəns] *Subst.* Zusicherung, Versicherung
assure [əˈʃʊə] *V/t.* zusichern, versichern
astonish [əˈstɒnɪʃ] *V/t.* erstaunen
astonishing [əˈstɒnɪʃɪŋ] *Adj.* erstaunlich, überraschend, verwunderlich
astound [əˈstaʊnd] *V/t.* völlig verblüffen, in Erstaunen setzen
astray [əˈstreɪ] *Adv.* vom rechten Weg abgekommen; ***lead astray*** in die Irre führen

astronomy [əˈstrɒnəmɪ] *Subst.* Astronomie, Sternenkunde. Bis in die frühe Neuzeit waren Astronomie und Astrologie (die Kunst der Sternendeutung) nicht voneinander unterschieden. Alte Kulturen wie die ägyptische und babylonische verehrten die Sonne als göttlich und legten die Grundlagen der Astronomie. Auch die rätselhaften Erbauer der prähistorischen Steinkreise auf den Britischen Inseln und in der Bretagne waren sternkundig; die Anlage dieser Denkmäler korrespondiert mit bestimmten Himmelskonstellationen. Bis ins 16. Jh. glaubte man, dass die Planeten in Sphären um die Erde kreisten. Veranschaulicht wurden die Planetenbahnen durch ein Gerät, das man Astrolabium nennt: ein Sphärenmodell mit der Erde im Zentrum und darum beweglichen Planeten.
Die Astrologie geht davon aus, dass die Planeten unseres Sonnensystems das Leben der Menschen beeinflussen; hier gilt die Planeten-Konstellation zum Zeitpunkt der Geburt. Grundlage ist die Einteilung in zwölf Tierkreiszeichen, die Sternbildern entsprechen.

astronomy

attach [əˈtætʃ] *V/t.* anbringen, befestigen; ***be attached to*** hängen an
attachment [əˈtætʃmənt] *Subst.* Zusatzvorrichtung, Anhängsel

attack [ə'tæk] *Subst.* Angriff

attain [ə'teɪn] *V/t.* (*Ziel*, *Rang*) erreichen; (*Kenntnisse*) erwerben

attempt¹ [ə'tempt] *Subst.* Versuch

attempt² [ə'tempt] *V/t.* versuchen, den Versuch unternehmen

attend [ə'tend] *V/t.* (*Veranstaltung*) besuchen; bedienen; aufwarten; ***it will be attended to*** dafür wird gesorgt werden, man wird sich darum kümmern

attention [ə'tenʃən] *Subst.* Aufmerksamkeit

attentive [ə'tentɪv] *Adj.* aufmerksam

attic ['ætɪk] *Subst.* Dachboden, Speicher

attract [ə'trækt] *V/t.* anziehen, auf sich ziehen

auburn ['ɔːbən] *Adj.* kastanienbraun, kupferbraun

audible ['ɔːdɪbl] *Adj.* vernehmlich, hörbar

aura ['ɔːrə] *Subst.* Aura, Ausstrahlung

> **Auror** ['ɔːrə] *Neubildung*; *vgl. lat.* ***aura*** Hauch; charakteristische Ausstrahlung einer Person, die von psychisch oder medial begabten Menschen wahrgenommen wird als ein die Person umgebender Lichtkranz oder als wolkige Silhouette; die lateinische Wortendung *-or* bezeichnet j-n als Handelnden – *Dark wizard catcher* wie Alastor → ***Moody***.

autograph ['ɔːtəgrɑːf] *Subst.* Autogramm

> **Avada Kedavra!** [ə'vɑːdə kɪ'dɑːvrə] *Zauber*; erinnert an *abracadabra*. Abrakadabra ist ein antikes Buchstabenamulett in Dreiecksform, dessen Herkunft unsicher ist (die früheste erhaltene Schriftüberlieferung stammt aus dem 3. Jh. n. Chr.); ihm wurde eine Schutzfunktion zugeschrieben.
> Im Laufe der Zeit wurde es ein häufig gebrauchtes Wort für jede Art von Zauber. *Vgl. auch* ***cadaver*** (von *lat.* ***cadere*** fallen) für Tierleiche oder abwertend für menschliche Leiche, Kadaver.

avenge [ə'vendʒ] *V/t.* rächen

average ['ævərɪdʒ] *Subst.* Durchschnitt

avert [ə'vɜːt] *V/t.* abwenden

Avery ['eɪvərɪ] *Name aus dem Frz.* (*einer der heimlichen Anhänger Lord Voldemorts*)

avid ['ævɪd] *Adj.* begierig; ***stare avidly at s.o.*** j-n aufdringlich anstarren

> **Avis!** ['eɪvɪs] *Zauber vgl. lat.* ***avis*** Vogel

avoid [ə'vɔɪd] *V/t.* meiden, vermeiden

award [ə'wɔːd] *V/t.* auszeichnen, zuerkennen

aware [ə'weə] *Adj.* ***be aware of s.th.*** sich einer Sache bewusst sein

awe [ɔː] *Subst.* Ehrfurcht, Scheu; ***in awe*** voller Ehrfurcht

awed [ɔːd] *Adj.* von Scheu oder Ehrfurcht ergriffen

awestruck ['ɔːstrʌk] *Adj.* von Ehrfurcht ergriffen

awkward ['ɔːkwəd] *Adj.* verlegen, betreten; unangenehm, peinlich (berührt)

axe-man ['æksmæn] *Subst.* Henker mit dem Beil, Scharfrichter
axle grease ['æksIgriːs] *Subst.* Achsenfett, Wagenschmiere

Azkaban ['æzkəbən] *Name*; *vgl. auch* ***askance*** von der Seite, schief, scheel; misstrauisch; *arab.* **kabal** Ränke, Kabale; *vgl. auch* Alcatraz: berüchtigte Gefängnisinsel in der Bucht von San Francisco – das schreckliche Hexen- und Zaubergefängnis, gleichfalls als *fortress* charakterisiert und auf einer Insel im Meer gelegen.

Die an diesem schrecklichen Ort Gefangenen werden von den Furcht erregenden Dementoren (→ ***Dementor***) bewacht.

babble ['bæbl] *Subst.* Gebrabbel, Gemurmel, Stimmengewirr

babbling ['bæblɪŋ] *Subst.* Plappern, Geschwätz

backflip ['bækflɪp] *Subst.* SPORT Flickflack

back-to-front [ˌbæktə'frʌnt] *Adv.* verkehrt herum

backtrack ['bæktræk] *V/i.* sich zurückziehen; *übertr.* einen Rückzieher machen

bacon ['beɪkən] *Subst.* Speck

bade [bæd, beɪd] *Prät.* → ***bid***

badge [bædʒ] *Subst.* Abzeichen, Plakette

badger[1] ['bædʒə] *Subst.* ZOOL Dachs

badger[2] ['bædʒə] *V/t.* plagen, belästigen

> **Bagman, Ludo** ['bægmæn, ˌluːdəʊ] *Name*; *vgl.* ***bag*** Tasche, Beutel, *brit.* ***bagman*** Handelsvertreter, Handelsreisender; **Ludo** (von *lat.* ***ludus*** das Spiel) heißt im Englischen das beliebte Würfelspiel „Mensch, ärgere dich nicht" – Leiter des *Department of Magical Games and Sports.*

bagpipes ['bægpaɪps] *Subst. Pl.* MUS Dudelsack

> **Bagshot, Bathilda** ['bægʃɒt, bəˌtɪldə] *Name*; *vgl.* ***bag*** Tasche, Beutel, ***shot*** Schuss, Geschoss; *US umgangsspr.* ***shot-bag*** Geldbörse; ***Bagshot*** Stadt in Südengland; **Bathilda**: wohl Stabreim-Abwandlung von *Mathilda* weibl. Vorname german. Ursprungs („machtvoller Kampf") – Autorin des Schulbuchs *A History of Magic.*

bait [beɪt] *V/t.* mit einem Köder versehen; mit Hunden hetzen; *übertr.* quälen

baiting ['beɪtɪŋ] *Subst.* Quälerei, Hetze

balaclava [ˌbælə'klɑːvə] *Subst.* wollener Kopfschützer

balance ['bæləns] *Subst.* Gleichgewicht, Balance

bald [bɔːld] *Adj.* kahl, glatzköpfig

balderdash ['bɔːldədæʃ] *Subst.* Gewäsch, Geschwätz

balding ['bɔːldɪŋ] *Adj.* mit schütterem Haarwuchs, mit beginnender Glatze

baleful ['beɪlfəl] *Adj.* (*Person*) bösartig; (*Blick*) hasserfüllt; unheilvoll

ball[1] [bɔːl] *Subst.* Ball, Kugel, Knäuel

ball[2] [bɔːl] *V/t.* ***ball up*** *umgangsspr.* durcheinander bringen

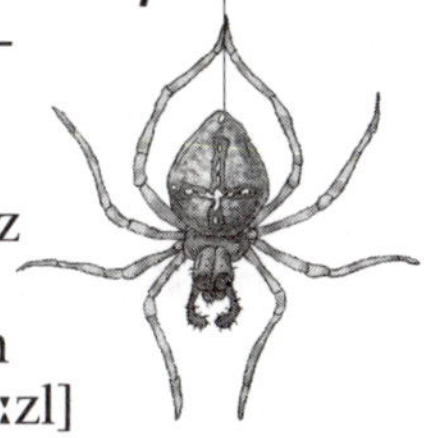

ballet ['bæleɪ] *Subst.* Ballett, Spitzentanz

balloon [bə'luːn] *Subst.* (Luft)Ballon

bamboozle [bæm'buːzl] *V/t.* beschwindeln, übers Ohr hauen, foppen

bandy-legged ['bændɪlegd] *Adj.* O-beinig

Bane [beɪn] *Name vgl.* ***bane*** Verderben, Ruin (*ein wilder Zentaur, der im Forbidden Forest lebt*); → ***centaur***

bang[1] [bæŋ] *Subst.* Knall

bang[2] [bæŋ] *V/i.* knallen

bangle ['bæŋgl] *Subst.* Armreif

banish ['bænɪʃ] *V/t.* verbannen, ausweisen

> **Banishing Charm** ['bænɪʃɪŋ ˌtʃɑːm] *Zauber vgl.* ***banish*** verbannen; ***charm*** Bann, Beschwörung

banister ['bænɪstə] *Subst.* Treppengeländer, Treppensäule

bank [bæŋk] *Subst.* (*Geldinstitut*) Bank; *von Fluss, See*: Ufer

banner ['bænə] *Subst.* Banner, Fahne

banquet ['bæŋkwɪt] *Subst.* Bankett, Festmahl

> **banshee** [bæn'ʃiː] *Subst.* Banshee, irische Todesfee; dem Englischen angeglichene Version von gälisch *Bean Sidhe* („übernatürliche Frau"). Sie ist blutleer und knochenlos, hat leere Augenhöhlen oder aber blutrote Augen, weißes Haar und eine eingesunkene Nase; ihr grauenvolles Heulen kündigt den Tod an. Wenn es gelingt, sie zu fangen, – so wird berichtet – muss sie sagen, wen der Tod treffen wird. Zuweilen tritt sie in den fleckigen Laken eines Sterbebetts auf, in Schottland auch als Wäscherin an Flüssen und Seen. Dann heißt sie *Bean Nighe*, und wäscht das Blut von den Totenlaken derer, die demnächst sterben müssen. Sie hat nur ein Auge, einen herausragenden Zahn und Schwimmhäute an den Füßen. Alte irische und schottische Familien hatten ihre eigene Banshee.

bar[1] [bɑː] *Subst.* Riegel; (Gitter)Stab; Balken, Barren

bar[2] [bɑː] *V/t.* versperren

barely ['beəlɪ] *Adv.* kaum

bargain ['bɑːgɪn] *Subst.* günstiger Kauf, gutes Geschäft

barge [bɑːdʒ] *V/i.* hineinplatzen

bark [bɑːk] *V/i.* bellen; brüllen

barking ['bɑːkɪŋ] *Adj.* verrückt

barmy ['bɑːmɪ] *Adj. brit. umgangsspr.* verdreht, plemplem

barn owl ['bɑːn aʊl] *Subst.* ZOOL Schleiereule

barrel ['bærəl] *Subst.* Fass

baseless ['beɪsləs] *Adj.* grundlos

bash [bæʃ] *V/t.* schlagen, zertrümmern

Bashir, Ali [bə'ʃɪə, ˌɑːlɪ] *Name vgl.* ***Beschir*** *rotgrundiger turkmenischer Teppich mit Blüten- oder Bandmuster;* ***Ali*** *orientalischer Männername*

basilisk

basilisk ['bæsɪlɪsk] oder **cockatrice** ['kɒkətraɪs] *Subst.* Basilisk; *griech.* ***basileus***: König (der Schlangen), schreckliches Fabelwesen aus Hahn und Schlange, an dessen Existenz bis in die Neuzeit geglaubt wurde. Manche Darstellungen zeigen den Basilisken gekrönt. Entsprechend der mittelalterlichen Auffassung, dass im Basilisken teuflische Kräfte wirken, vereint er in Darstellungen dieser Zeit die Gestalt des Satans beim Sündenfall (Schlange) mit dem gleichfalls als Teufelstier geltenden Hahn.
Der Basilisk schlüpft aus dem Ei einer Schlange oder dem eines siebenjährigen Hahns (!), nachdem es von einer Kröte ausgebrütet wurde. Sein Brodem gilt als giftig. Mit seinem Feueratem oder seinem tödlichen Blick (→ *auch* ***gorgon***) verdirbt er Brunnen und Ernten. Er hält Spinnen fern. Nur der Hahnenschrei oder sein eigener Anblick in einem Spiegel können den Basilisken töten.

bask [bɑːsk] *V/i.* sich aalen, sich sonnen

basket ['bɑːskɪt] *Subst.* Korb

bat[1] [bæt] *Subst.* ZOOL Fledermaus; ***batlike ears*** Fledermausohren.
In ihrer Mischgestalt von Säugetier und Vogel hat die Fledermaus etwas von einem Fabelwesen an sich; nicht verwunderlich, dass sie von jeher zwiespältige Gefühle in den Menschen weckte. In anderen Sprachen wird sie sinngemäß auch als „fliegende Ratte“, „fliegende Katze“ oder „fliegende Kröte“ bezeichnet – alles Tiere, die dem magischen Bereich zugeordnet werden (→ ***animal***). Einerseits gilt die Fledermaus, die nachts auf Jagd geht und ihre Beute im Flug fängt, als besonders scharfsichtig; andererseits wurde sie für blind gehalten (es gibt die engl. Redewendung *blind as a bat*). Dem Mittelalter galt die Fledermaus als Inkarnation des Satan, der oft mit Fledermausflügeln abgebildet wurde, als Todesbotin oder Verkörperung rastloser Toter.

bat[2] [bæt] *Subst.* (Holz)Schläger (*wie er etwa für Baseball gebraucht wird*)

bat

batch [bætʃ] *Subst.* Schub, Partie
bathe [beɪð] *V/t.* baden, tränken mit
baton ['bætɒn] *Subst.* Taktstock
battered ['bætəd] *Adj.* angeschlagen, lädiert
battering ['bætərɪŋ] *Subst.* Schläge, Prügel
battle ['bætl] *V/i.* kämpfen, einen Kampf führen
battlement ['bætlmənt] *Subst.* Brustwehr, Zinne
batty ['bætɪ] *Adj. umgangsspr.* plemplem, verrückt
bauble ['bɔːbl] *Subst.* Spielzeug, Dekoration
bawl [bɔːl] *V/i.* ***bawl at s.o.*** j-n anbrüllen, anplärren
B.C. [ˌbiː'siː] *Abk.* ***Before Christ*** vor Christi Geburt
beacon ['biːkən] *Subst.* Leuchtfeuer, Fanal, Signal
bead [biːd] *Subst.* Perle
beady ['biːdɪ] *Adj.* rund, (*Augen*) glänzend
beak [biːk] *Subst.* Schnabel
beaked [biːkt] *Adj.* geschnäbelt, schnabelförmig
beaker ['biːkə] *Subst.* Tülle, Ausguss; Schnabel
beaky ['biːkɪ] *Adj.* schnabelartig; ***beaky nose*** Geiernase; → ***hippogriff***
beam¹ [biːm] *Subst.* Strahl, Schein
beam² [biːm] *V/i.* strahlen
bean [biːn] *Subst.* Bohne; ***spill the beans on s.o.*** j-n auffliegen lassen, j-s (unangenehme) Geheimnisse publik machen
bear [beə] *V/t.* tragen
bearable ['beərəbl] *Adj.* erträglich
beast [biːst] *Subst.* (wildes) Tier

> **Beauxbatons** ['bəʊbəˌtɒnz] *Name; vgl. frz.* **beau** schön, *frz.* **batôn** Stecken, Stab; sicherlich Anspielung auf den Zauberstab, obwohl der frz. *baguette magique* heißt – *Beauxbatons Academy of Magic*, Zauberschule, irgendwo in Frankreich gelegen, die neben → ***Hogwarts*** und → ***Durmstrang*** am *Triwizard Tournament* beteiligt ist.

beaver ['biːvə] *Subst.* Biber
beaverskin ['biːvəskɪn] *Subst.* Biberpelz
beckon ['bekən] *Vt/i.* nicken, mit einer Kopfbewegung weisen, (vorwärts) winken
bed-cover ['bedˌkʌvə] *Subst.* Bettdecke
bedlam ['bedləm] *Subst.* Tollhaus
bedpan ['bedpæn] *Subst.* Bettpfanne
bedraggle [bɪ'drægl] *V/t.* durchnässen, durchtränken

bedraggled [bɪ'drægld] *Adj.* tropfnass, getränkt

bedroom slippers [ˌbedrʊm 'slɪpəz] *Subst. Pl.* Hauspantoffeln

bee [biː] *Subst.* Biene; ***have a bee in one's bonnet*** *übertr.* eine fixe Idee haben

beechtree ['biːtʃtriː] *Subst.* BOT Buche

beechwood ['biːtʃwʊd] *Subst.* Buchenholz

beef [biːf] *Subst.* Rindfleisch

beefy ['biːfɪ] *Adj.* fleischig

beetle ['biːtl] *Subst.* ZOOL Käfer

beetroot ['biːtruːt] *Subst. brit.* rote Bete, rote Rübe

beforehand [bɪ'fɔːhænd] *Adv.* vorher

befoul [bɪ'faʊl] *V/t.* besudeln

befriend [bɪ'frend] *V/t.* sich *j-s* annehmen, *j-m* behilflich sein

befuddle [bɪ'fʌdl] *V/t. übertr.* benebeln, berauschen; konfus machen, durcheinander bringen

behalf [bɪ'hɑːf] *Adv.* ***on his/her behalf*** seinetwegen/ihretwegen

behave [bɪ'heɪv] *V/i.* sich benehmen, sich betragen

behead [bɪ'hed] *V/t.* köpfen

belch[1] [beltʃ] *Subst.* Rülpsen, Aufstoßen

belch[2] [beltʃ] *V/i.* rülpsen; Rauch ausstoßen

bell [bel] *Subst.* Glocke, Klingel

Bell, Katie ['bel, ˌkeɪtɪ] *Name vgl.* ***bell*** Glocke, Klingel; ***Katie*** *Koseform von Kate bzw. Katherine (Mitschülerin Harrys und Chaser im Gryffindor-Quidditch-Team)*

> **belladonna** [ˌbelə'dɒnə] *Subst.* BOT Tollkirsche; Nachtschattengewächs mit schwarz-glänzenden, alkaloidhaltigen, hochgiftigen Beeren. Ins Auge geträufelt, erweitert deren Essenz die Pupillen und wurde deshalb lange als (gefährliches) Schönheitsmittel verwendet; *bella donna* bedeutet ital. „schöne Frau".
> Die Alkaloide, die die Tollkirsche enthält, können Halluzinationen hervorrufen; deshalb zählt sie zu den traditionellen Ingredienzien von Hexentränken, wird aber auch zu medizinischen Zwecken genutzt.

bell-covered ['belkʌvəd] *Adj.* mit Glöckchen bedeckt, verziert

bellow ['beləʊ] *V/t.* brüllen

bell-pull ['belpʊl] *Subst.* Klingelzug

belly ['belɪ] *Subst.* Bauch; Wölbung, Höhle

belly flop ['belɪ flɒp] *Subst.* Bauchlandung

belt[1] [belt] *Subst.* Gürtel

belt[2] [belt] *Vt/i.* gürten; *übertr.* rasen, dranbleiben

bemoan [bɪ'məʊn] *V/t.* beklagen, bejammern

bemused [bɪ'mjuːzd] *Adj.* verwirrt, ratlos

bench [bentʃ] *Subst.* (Sitz)Bank; ***garden-bench*** Gartenbank

bend [bend] *V/t.* (hin)biegen; ***on bended knees*** auf Knien

benefit ['benɪfɪt] *Subst.* Vorteil, Nutzen

bent [bent] *Adj.* gebogen, geknickt

benign [bɪ'naɪn] *Adj.* gütig, wohlwollend, mild

bequeath [bɪ'kwiːð] *V/t.* vermachen, vererben

berate [bɪ'reɪt] *V/t.* heftig ausschelten, auszanken

berserk [bɜːˈsɜːk] *Adj.* rasend, wütend; ***go berserk*** wild werden, Amok laufen; aus *altnord.* ***berserkr*** Hemd aus Bärenfell.
Die nord. Sage berichtet von einer Schar wilder Krieger aus der Gefolgschaft Odins, die in Bärenfelle gehüllt durch die Lande zogen und in ekstatischer Kampfbegeisterung alles töteten, was ihnen in den Weg kam.

berth [bɜːθ] *Subst.* ***give s.o. a wide berth*** *übertr.* einen großen Bogen um j-n machen

Bertie Bott's Every-Flavour Beans [ˌbɜːtɪ ˈbɒts ˌevrɪfleɪvə ˈbiːnz] *Name*; *vgl.* ***bottle*** Flasche oder ***bottom*** Grund, Bodenfläche eines Gefäßes; *umgangsspr.* Po, Hintern; ***bott*** Fliegenlarve; **Bertie**: Verkleinerung von *Bert*; *vgl.* ***every*** jede(r); ***flavour*** Geschmack; ***bean*** Bohne.

best man [ˌbest ˈmæn] *Subst.* Trauzeuge (*des Ehemanns*)

bestow [bɪˈstəʊ] *V/t.* schenken, gewähren

bet[1] [bet] *Subst.* Wette

bet[2] [bet] *Vt/i.* wetten

betray [bɪˈtreɪ] *V/t.* verraten, hintergehen, ausliefern

beware [bɪˈweə] *Vt/i.* sich hüten, sich vorsehen

bewildered [bɪˈwɪldəd] *Adj.* irritiert, verwirrt, bestürzt

bewilderment [bɪˈwɪldəmənt] *Subst.* Bestürzung, Verwirrung

bewitch [bɪˈwɪtʃ] *V/t.* verhexen, verzaubern

bewitchment [bɪˈwɪtʃmənt] *Subst.* Verzauberung

beyond [bɪˈjɒnd] *Präp.* jenseits von

bezoar [ˈbiːzɔː] *Subst. arab.* Bezoarstein, Magenstein (als Gegengift verwendet); organische Ablagerungen an Fremdkörpern wie verschluckten Haaren oder Pflanzenteilen im Magen Pflanzen fressender Tiere, z.B. bei Lama, Gemse und der sog. Bezoarziege (*Capra aegagrus*). Auch die Magen- und Nierensteine des Rhinozerus galten in der orientalischen und mittelalterlichen Medizin als Bezoar; ihnen wurde entgiftende und magische Wirkung zugeschrieben.

biased [ˈbaɪəst] *Adj.* voreingenommen, befangen, parteiisch

bicker [ˈbɪkə] *V/i.* sticheln, zanken

bickering [ˈbɪkərɪŋ] *Subst.* Gezänk

bicorn [ˈbaɪkɔːn] *Neubildung vgl. lat.* ***bis*** zwei; *lat.* ***cornus*** Horn (*analog zu* ***unicorn*** Einhorn)

bid [bɪd] *V/t.* ***bid s.o. welcome*** j-n willkommen heißen; ***bid s.o. farewell*** j-m Lebewohl sagen

bidding [ˈbɪdɪŋ] *Subst.* Gebot; ***do one's bidding*** j-s Gebote ausführen

bide [baɪd] *V/t.* ***bide one's time*** Zeit aussitzen, den rechten Augenblick abwarten

biggish [ˈbɪgɪʃ] *Adj.* größer, eher größer

bighead [ˈbɪghed] *Subst.* eingebildeter Esel, aufgeblasener Schnösel

bigotry [ˈbɪgətrɪ] *Subst.* Engstirnigkeit, Bigotterie

bile [baɪl] *Subst.* Galle, Gallenflüssigkeit

Bilius ['bɪljəs] *Name*; *vgl.* ***bilious*** verstimmt, reizbar; mit der Galle verbunden – Onkel von Ron Weasley, starb 24 Stunden, nachdem er einen → ***Grim*** gesehen hatte.

billow ['bɪləʊ] *V/i.* (*Wellen*) wogen; (*Rauch*) quellen; (*Textilien*) sich bauschen

Bill Weasley [ˌbɪl 'wiːzlɪ] *Name* → ***Weasley***

bin [bɪn] *Subst. brit.* Mülltonne; großer Behälter

Binns, Prof. ['bɪnz, prəˌfesə] *Name vgl. brit.* ***bin*** Mülltonne, großer Behälter, *umgangsspr. für* ***loony bin*** Irrenhaus (*Geist, unterrichtet Geschichte der Magie in Hogwarts*)

binoculars [bɪ'nɒkjʊləz] *Subst. Pl.* Teleskop; Fernglas, Feldstecher; Opernglas

birch twig ['bɜːtʃ twɪg] *Subst.* Birkenreisig

bird [bɜːd] *Subst.* Vogel; ***birds of a feather*** aus demselben Stoff gemacht, vom gleichen Schlag

birdbath ['bɜːdbɑːθ] *Subst.* Vogelbad

bird of prey ['bɜːd əv ˌpreɪ] *Subst.* ZOOL Raubvogel

bishop ['bɪʃəp] *Subst.* Bischof; *beim Schachspiel*: Läufer

bitch [bɪtʃ] *Subst.* Hündin

bite [baɪt] *Subst.* Biss; *von Nahrung*: Bissen, Happen; *von Gewürz*: Würze; *übertr.* Schuss, Spur

bizarre [bɪ'zɑː] *Adj.* bizarr, absonderlich

Black, Sirius ['blæk, ˌsɪrɪəs] *Name*; entspricht „Schwarz"; **Sirius**: auf Deutsch im Volksmund „Hundsstern" genannt, der hellste Stern am nächtlichen Himmel, Hauptstern im Sternbild „Großer Hund" – Schulfreund von James und Lily Potter und Harrys Pate; des Verrats an den Potters und des vielfachen Mordes beschuldigt, wurde er zwölf Jahre lang in Azkaban gefangen gehalten, bevor ihm die Flucht gelang.

blackboard ['blækbɔːd] *Subst.* (Schiefer)Tafel

blackcurrant [ˌblæk'kʌrənt] *Subst.* schwarze Johannisbeere

Black Forest [ˌblæk 'fɒrɪst] Schwarzwald

blackmail ['blækmeɪl] *V/t.* erpressen, mit Drohungen nötigen

Blackpool ['blækpuːl] *Seebad an der Irischen See* (*mit einer spektakulären Landungsbrücke mit Vergnügungsbetrieben und Restaurants*)

bladder ['blædə] *Subst.* MED Blase

blame [bleɪm] *V/t.* tadeln; die Schuld geben, verantwortlich machen

blanch [blɑːntʃ] *V/i.* erbleichen, blass werden

blancmange [blə'mɒnʃ] *Subst. frz.* Mandelpudding

bland [blænd] *Adj.* sanft, milde, gütig

blank [blæŋk] *Adj.* erstaunt, verständnislos; leer

blare [bleə] *Vt/i.* brüllen, grölen

blast[1] [blɑːst] *Subst.* Stoß, Knall, Druckwelle, Explosion

blast[2] [blɑːst] *V/t.* sprengen, in die Luft jagen

blasted ['blɑːstɪd] *Adj. umgangsspr.* verflucht, verteufelt

> **Blast-Ended Skrewt** ['blɑːstendɪd 'skruːt] *Neubildung; vgl.* ***blast*** Knall, Explosion; ***end*** Ende; ***screw*** schrauben, kneifen; ***screw--shell*** ZOOL Turmschnecke; ***newt*** ZOOL Wassermolch – eine magische Kreatur besonderer Züchtung, deren Betreuung und Erforschung Hagrid zum nervenaufreibenden „Projekt" des *Care of Magical Creatures*-Unterrichts in Harrys viertem Schuljahr erklärt.

blatant ['bleɪtənt] *Adj.* lärmend; himmelschreiend
blaze[1] [bleɪz] *Subst.* Gleißen, Strahlen; ***what in blazes …*** *umgangsspr.* was zum Teufel …
blaze[2] [bleɪz] *V/i.* leuchten, lodern, flammen
bleak [bliːk] *Adj.* finster, freudlos, trübe; kahl, öde
bleary ['blɪərɪ] *Adj.* trüb
bleary-eyed ['blɪərɪˌaɪd] *Adj.* verschlafen
bless [bles] *V/t.* segnen, bewahren
blighter ['blaɪtə] *Subst. brit.* Knilch, Ekel; Luder
blimey! ['blaɪmɪ] *Ausruf umgangsspr. für* ***God blind me!*** (*bei Erstaunen oder Betroffenheit*) *etwa*: der Schlag soll mich treffen!
blinded ['blaɪndɪd] *Adj.* verblendet
blink [blɪŋk] *V/i.* blinzeln, die Augen zusammenkneifen
blissful ['blɪsfəl] *Adj.* glückselig
blister[1] ['blɪstə] *Subst.* MED Blase, Pustel
blister[2] ['blɪstə] *V/i.* Blasen werfen
blizzard ['blɪzəd] *Subst.* Schneegestöber, Schneesturm
blob [blɒb] *Subst.* Klecks
block [blɒk] *V/t.* blockieren
bloke [bləʊk] *Subst. brit. umgangsspr.* Typ, Kerl
blood-curdling ['blʌdˌkɜːdlɪŋ] *Adj.* Grauen erregend
bloodshed ['blʌdʃed] *Subst.* Blutvergießen
bloodshot ['blʌdʃɒt] *Adj.* blutunterlaufen
blood-stained ['blʌdsteɪnd] *Adj.* blutbefleckt
blooming ['bluːmɪŋ] *Adj.* blühend; *übertr.* strahlend, glänzend
blot [blɒt] *V/i.* klecksen, kleckern
blotchy ['blɒtʃɪ] *Adj.* fleckig
blowfly ['bləʊflaɪ] *Subst.* ZOOL Schmeißfliege
blubber[1] ['blʌbə] *Subst.* Walfischspeck; Wabbelspeck
blubber[2] ['blʌbə] *V/i.* heulen, weinen
bludgeon[1] ['blʌdʒən] *Subst.* Knüppel, Keule
bludgeon[2] ['blʌdʒən] *V/t.* knüppeln
Bludger ['blʌdʒə] *Neubildung vgl.* ***bludgeon*** Knüppel, Keule (*selbstständig agierende schwarze Bälle im Quidditch-Spiel*); → ***Quidditch***
bluebell ['bluːbel] *Subst.* BOT Sternhyazinthe; *schott.* Glockenblume
blunder ['blʌndə] *V/i.* stolpern, (unbedacht) vorwärtstappen; sich blamieren, verpfuschen, einen Fehler machen, in die Falle tappen
blunt [blʌnt] *Adj.* stumpf, ungeschärft, ungeschliffen
blur[1] [blɜː] *Subst.* verwischter Schatten, undeutlicher Streifen
blur[2] [blɜː] *Vt/i.* verwischen, verschwimmen

blurry ['blɜːrɪ] *Adj.* verschwommen, unscharf

blurt [blɜːt] *V/t.* herausplatzen

bluster [blʌstə] *Vt/i.* poltern; prahlen

boa constrictor ['bəʊə kən,strɪktə] *Subst.* ZOOL Boa constrictor; eine Python, Würgeschlange, in Südamerika beheimatet, wird bis zu vier Metern lang. Sie ist ungiftig, umschlingt ihre Beutetiere mit ihrem muskulösen Körper, erdrückt sie und verschlingt sie als Ganzes.

boar [bɔː] *Subst.* ZOOL Eber, Keiler

board [bɔːd] *Subst.* Tafel

board-duster ['bɔːd,dʌstə] *Subst.* Tafellappen

board up [bɔːd 'ʌp] *V/t.* versiegeln, abdecken, verrammeln

boarhound ['bɔːhaʊnd] *Subst.* Saurüde (*Jagdhund*)

boast [bəʊst] *Vt/i.* sich brüsten, prahlen

boastful ['bəʊstfəl] *Adj.* prahlerisch, angeberisch

boat [bəʊt] *Subst.* Boot, Schiff; KUL Saucenschüssel

boater ['bəʊtə] *Subst.* „Kreissäge" (*flacher, fester Strohhut*)

bob [bɒb] *V/i.* baumeln, tänzeln

bobbing ['bɒbɪŋ] *Adj.* tänzelnd, wippend

bobble hat ['bɒbl hæt] *Subst.* Pudelmütze

Bobotuber ['bɒbəʊ,tjuːbə] *Neubildung; vgl.* MED ***bubo*** Drüsenschwellung, Beule, MED ***tuber*** Knoten, Schwellung – magische Pflanze, deren Sekret üble Blasen verursacht, aber auch zur Behandlung von Akne eingesetzt werden kann; *Herbology*-Lehrstoff im 4. Schuljahr.

Bode [bəʊd] *Name vgl.* ***bode*** prophezeien, Vorbedeutung haben (*ein Unspeakable: unbeschreiblicher Zauberer aus dem Department of Mysteries im Ministery of Magic*)

Bodrod the Bearded [,bɒdrɒd ðə 'bɪədɪd] *german. oder nord. klingender Name;* ***bearded*** bärtig (*einer der zahllosen Goblin-Rebellen, die im History of Magic-Unterricht gelernt werden müssen*)

Body-Bind ['bɒdɪbaɪnd] *Zauber vgl.* ***body*** Körper; ***bind*** zusammenbinden, aneinander binden

bog [bɒg] *Subst.* Sumpf(loch), Moor, Morast

bogey[1] ['bəʊgɪ], *Pl.* ***bogies***, auch ***bogles***, ***bugs***; Gruppe von missgünstigen, Schrecken erregenden und manchmal sogar gefährlichen Geistern, die Vergnügen daran finden, Menschen zu plagen; sie sind manchmal in Scharen, meist aber allein unterwegs. In der Rangordnung der dunklen Wesen stehen sie niedrig. Der *boggart* repräsentiert eine in der Regel harmlose Variante von *bogies*; wie die meisten von ihnen kann er seine Gestalt wechseln. Gefährlichere Spielarten sind *duergar*, *bogy* oder *bogy-beast*; schon die Namen reichen aus, um Kindern Angst einzujagen. *Bogies* sind weitläufig mit *goblins* verwandt und fast

> überall in Schottland zu Hause – in den *Lowlands* und *Highlands*, auf den Inseln sowie in den *Midlands* im Nordosten Englands (→ ***goblin***, → ***pixie***).

bogey[2] ['bəʊgɪ] *Subst. Pl. auch* ***bogies*** Nasenpopel

boggart ['bɒgət] *Subst.* Boggart (*eine Sorte Kobold, die ihre Gestalt wechseln kann, gehört zur Familie der bogies*); → ***bogey[1]***

bogie ['bəʊgɪ] *Subst. auch* ***bogy, bogey*** Kobold, Popanz, Schreckgespenst; *US* Teufel, Gespenst

boil[1] [bɔɪl] *Subst.* MED Geschwür, Eiterbeule

boil[2] [bɔɪl] ***boil yer heads*** *eigentl.* ***boil your head*** *umgangssprr.* denke gefälligst nach

boisterous ['bɔɪstərəs] *Adj.* ungestüm, rau; lärmend, ungezügelt

bold [bəʊld] *Adj.* verwegen, kühn

bollard ['bɒləd] *Subst.* Poller (*ein Markierungsklotz*)

bolt[1] [bəʊlt] *Subst.* Schraube, Bolzen; Riegel

bolt[2] [bəʊlt] *Vt/i.* Reißaus nehmen, durchgehen, einen Satz machen; (*Tür*) verriegeln; ***bolt down*** (*Essen*) hinunterschlingen,

bolt of lightning [ˌbəʊlt əv 'laɪtnɪŋ] *Subst.* Blitz, Blitzschlag

bolt upright [ˌbəʊlt 'ʌpraɪt] *Adv.* kerzengerade

bombard [bɒm'bɑːd] *V/t.* bombardieren

bombshell ['bɒmʃel] *Subst.* Bombe

bond [bɒnd] *Subst.* Band

bone [bəʊn] *Subst.* Knochen; ***big bones*** schwere Knochen; ***gotta bone ter pick with yeh*** *umgangssprr. für* ***I have got a bone to pick with you*** ich habe ein Hühnchen mit dir zu rupfen

bone-marrow ['bəʊnˌmærəʊ] *Subst.* Knochenmark

bonfire ['bɒnfaɪə] *Subst.* Freudenfeuer

Bonfire Night ['bɒnfaɪə ˌnaɪt] 5. November (*offizieller brit. Feiertag mit Feuerwerk und symbolischer Verbrennung von Strohpuppen zum Gedächtnis an einen vereitelten Brandanschlag auf das Parlament, auch Guy Fawkes Tag*); → ***Fawkes***

bong-sewer ['bɒŋˌsuːə] *falsch ausgesprochenes frz.* ***bonsoir*** guten Abend

bonnet ['bɒnɪt] *Subst. brit.* Motorhaube; *schott.* Mütze; ***have a bee in one's bonnet*** *übertr.* eine fixe Idee haben

bonus ['bəʊnəs] *Subst.* Pluspunkt, Vergünstigung

bony ['bəʊnɪ] *Adj.* knochig

book[1] [bʊk] *Subst.* Buch; ***take a leaf out of s.o.'s book*** sich von j-m ein Scheibchen abschneiden

book

book² [bʊk] *V/t.* buchen, engagieren
bookshelf ['bʊkʃelf], *Pl.* ***bookshelves*** ['bʊkʃelvz] Bücherregal
boom [buːm] *V/i.* dröhnen, brummen, donnern
boomerang ['buːməræŋ] *Subst.* Bumerang
boomslang ['buːmslæŋ] *Subst.* ZOOL südafrikanische Baumschlange
booster ['buːstə] *Subst.* Kompressor, Zusatztriebwerk
boot [buːt] *Subst.* Stiefel; *brit.* Kofferraum
border ['bɔːdə] *V/i.* ***border on*** grenzen an
bore¹ [bɔː] *Prät.* → ***bear***
bore² [bɔː] *V/t.* (durch)bohren
bored [bɔːd] *Adj.* gelangweilt

Borgin and Burkes [ˌbɔːgɪn ənd 'bɜːks] *Name*; ***borgin*** könnte an *Borgia* erinnern, eine sagenumwitterte Familie der ital. Renaissance, die durch Ränke und Giftmord in die (Literatur)geschichte einging; *vgl.* ***burke*** unterdrücken, vertuschen; ***Burke*** erinnert an einen Iren, der wegen Leichenbeschaffung für medizinische Zwecke im 19. Jh. erhängt wurde – von Mr. Borgin geführtes Geschäft für An- und Verkauf von schwarzmagischen Gegenständen in der *Knockturn Alley.*

Boris the Bewildered [ˌbɒrɪs ðə bɪ'wɪldəd] *Name vgl.* ***Boris*** *russ. Männername*; ***bewildered*** irritiert, verwirrt, bestürzt (*Statue vor dem Badezimmer der Prefects*)
borne [bɔːn] *Part. Perf.* → ***bear***
boss around [ˌbɒs ə'raʊnd] *V/t.* herumkommandieren
bossy ['bɒsɪ] *Adj.* herrisch, kommandierend
botched [bɒtʃt] *Adj.* verpfuscht
bother ['bɒðə] *Vt/i.* belästigen, stören; (sich) Mühe machen, Sorge bereiten; ***bother about*** sich sorgen um
bottle-brush ['bɒtlbrʌʃ] *Subst.* Flaschenbürste
bottom ['bɒtəm] *Subst.* Grund, *von Gefäß*: Boden; Hinterteil, Hosenboden
bottom stair [ˌbɒtəm 'steə] *Subst.* unterste Stufe
bouillabaisse [ˌbuːjə'bes] *Subst.* KUL *frz.* Bouillabaisse (*deftige Suppe aus verschiedenerlei Fisch und Meerestieren*; *Spezialität aus Marseille*)
boulder ['bəʊldə] *Subst.* Felsbrocken, Felsblock
bounce [baʊns] *V/i.* abprallen, auf und ab hüpfen, springen, (hoch-) schnellen
bound¹ [baʊnd] *Subst.* Sprung, Satz
bound² [baʊnd] *Subst.* Grenze; ***out of bounds*** MILIT Zutritt verboten; außer Rand und Band
bound³ [baʊnd] *Part. Perf.* → ***bind*** binden; ***be bound to*** etwas müssen
boundary ['baʊndərɪ] *Subst.* (Grundstücks)Grenze, Grenzlinie
bout [baʊt] *Subst.* (Krankheits)Anfall
bow-legged ['bəʊˌlegd] *Adj.* krummbeinig, O-beinig
bowler hat ['bəʊlə hæt] *Subst.* Melone (*kleiner Hut mit rundem Kopfteil und schmaler, nach oben gewölbter Krempe*; *früher das „Markenzeichen" der Londoner Geschäftsleute*)

bowl over [ˌbəʊl ˈəʊvə] *V/t.* umwerfen
bow-tie [ˌbəʊˈtaɪ] *Subst.* Fliege (*zur Schleife gebundene Krawatte*)
Boxing Day [ˈbɒksɪŋ deɪ] *Subst.* zweiter Weihnachtsfeiertag (*an dem traditionell Händler und Lieferanten kleine Geschenke bekamen*)
brace [breɪs] *Subst.* Zahnspange
bracing [ˈbreɪsɪŋ] *Adj.* aufmunternd, (be)stärkend
bracket [ˈbrækɪt] *Subst.* Halterung
braggart [ˈbrægət] *Subst.* Prahler, Aufschneider
braid [breɪd] *V/t.* flechten
brain [breɪn] *Subst.* Gehirn, Verstand
brainwashed [ˈbreɪnwɒʃt] *Adj.* einer Gehirnwäsche unterzogen
brainwave [ˈbreɪnweɪv] *Subst.* Geistesblitz
brainy [ˈbreɪnɪ] *Adj.* gescheit, *umgangsspr.* helle
brake[1] [breɪk] *Subst.* Bremse
brake[2] [breɪk] *altertüml. Prät.* → ***break***
bramble [ˈbræmbl] *Subst.* BOT Dornenstrauch; Brombeerstrauch
branch [brɑːntʃ] *Subst.* (dicker) Ast; *übertr.* Wissensgebiet, Zweig
brand [brænd] *Subst.* Brandmal; Zeichen, Marke
brandish [ˈbrændɪʃ] *V/t.* fuchteln mit, wedeln, (drohend) schwingen
brass [brɑːs] *Subst.* Messing
brass scales [ˌbrɑːs ˈskeɪlz] *Subst. Pl.* (Apotheker)Waage mit zwei Messingschalen
brat [bræt] *Subst.* Gör, Balg
brave[1] [breɪv] *Adj.* mutig, tapfer
brave[2] [breɪv] *V/t.* tapfer bestehen, meistern
brawl [brɔːl] *V/i.* sich schlagen, prügeln
break[1] [breɪk] *Subst.* Pause, Rast; ***give s.o. a break*** j-m eine Chance geben; j-n in Ruhe lassen
break[2] [breɪk] *Vt/i.* (entzwei)brechen
breaking-point [ˈbreɪkɪŋˌpɔɪnt] *Subst. von Material*: Bruch-, Zerreißgrenze; ***tension is at breaking-point*** die Spannung hat ihren Höhepunkt erreicht
breakneck [ˈbreɪknek] *Adj.* halsbrecherisch
breakout [ˈbreɪkaʊt] *Subst.* Ausbruch
breath [breθ] *Subst.* Atem, Atemzug
breathe [briːð] *V/i.* atmen, Luft holen
breed[1] [briːd] *Subst.* Züchtung, Rasse
breed[2] [briːd] *V/t.* aufziehen, züchten
breeze [briːz] *Subst.* Brise, Luftzug
breezy [ˈbriːzɪ] *Adj.* windig, frisch; flott, lebhaft
brew[1] [bruː] *Subst. hier*: Tee
brew[2] [bruː] *V/t.* (*Tee*, *Kaffee*) kochen, brauen
brick [brɪk] *Subst.* Ziegel
brief [briːf] *Adj.* kurz
briefcase [ˈbriːfkeɪs] *Subst.* Aktentasche
brim [brɪm] *Subst.* Rand
brim over [brɪm ˈəʊvə] *V/i.* überfließen
brisk [brɪsk] *Adj.* lebhaft, flott, forsch
bristle[1] [ˈbrɪsl] *Subst.* Borste
bristle[2] [ˈbrɪsl] *V/i.* (*Haare*) sich sträuben; *übertr.* hochfahren, zornig werden
brittle [ˈbrɪtl] *Adj.* spröde, brüchig
brood [bruːd] *V/i.* brüten
brooding [ˈbruːdɪŋ] *Adj.* brütend, grüblerisch
broom [bruːm] *Subst.* Besen; → ***broomstick***

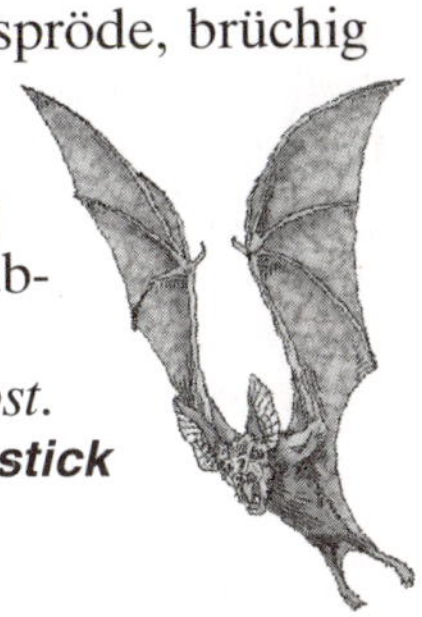

broom

Broomcare ['bru:mkeə] *Neubildung vgl.* ***broom*** Besen; ***care*** Pflege

broomshed ['bru:mʃed] *Subst. vgl.* ***broom*** Besen; ***shed*** Schuppen, Stall

broomstick ['bru:m,stɪk] *Subst.* Besenstiel; das traditionelle Fortbewegungsmittel europäischer Hexen. Im Aberglauben sind allerlei Vorsichtsmaßnahmen hinsichtlich des Gebrauchs von Besen bekannt, etwa, dass es den Menschen Unglück bringt, einen Besen auf die Borsten zu stellen oder den Tisch damit zu fegen. Ein Besen in der Zimmerecke verscheucht Besucher, und ein schräg in die offene Tür gelehnter Besen hält unerwünschte Eindringlinge fern. Allerdings dürfte die Vorstellung vom Ritt auf einem Besenstiel weniger mit dem Haushaltsgerät zu tun haben, an das sich soviel Aberglauben knüpft, als mit dem Zauberstab; Hexen und Zauberer sollen auch auf Schaufeln und Kisten geflogen sein oder Haustiere wie Ziegen, Böcke, Schweine und Katzen geritten haben. In Zentralasien und Indien bewegten sich Magier und Hexen auf Stöcken durch die Lüfte (→ ***wand***).

Brown, Lavender ['braʊn, ,lævɪndə] *Name*; entspricht „Braun"; ***lavender*** Lavendel, Mädchenname nach der gleichnamigen Duft- und Heilpflanze mit violetten Blüten. Als Parfüm haftet dem Lavendelgeruch etwas Betuliches, Altjüngferliches an – Gryffindor-Mitschülerin aus Harrys Jahrgang mit besonderer Neigung zu *Divination.*

brownie ['braʊnɪ] englischer Kobold; eine freundliche Variante der *bogies*; *brownies* sind sehr kleine Wesen von menschlicher Gestalt mit braunen Gesichtern, schäbig (häufig braun) gekleidet. Wenn man ihnen etwas Milch oder Sahne hinstellt, machen sie nachts die liegen gebliebene Hausarbeit fertig. Wenn man sie jedoch beleidigt oder ärgert, zetteln sie ein unbeschreibliches Chaos an. Brownies ähneln freundlichen → ***gnomes*** oder *hobgoblins* (→ ***goblin***); wie diese sind sie oft durch Zwang oder erwiesene Wohltaten an den Haushalt, dem sie angehören, gebunden (→ ***elf***, → ***pixie***).

bruise [bruːz] *Subst.* Bluterguss, Quetschung

bruised [bruːzd] *Adj.* angeschlagen, mit blauen Flecken

brush [brʌʃ] *Subst.* Bürste; Handfeger, Handbesen

brusque [bruːsk] *Adj.* brüsk, barsch, schroff

brute [bruːt] *Subst.* Scheusal, Untier

Brutus ['bruːtəs] → ***St. Brutus***

Bryce, Frank [braɪs, fræŋk] *Name wahrscheinl. kelt. Ursprungs*; ***Frank*** *männl. Vorname german. Ursprungs* („*der Franke*") (*Gärtner im Anwesen der Familie Riddle in Little Hangleton*)

bubble ['bʌbl] *Subst.* (Seifen)Blasen, Luftblasen

buck [bʌk] *V/i.* (*Reittier*) bocken, buckeln

> **Buckbeak** ['bʌkbiːk] *Name*; *vgl.* ***buck*** (Hirsch)Bock, Stutzer (stolzer oder eingebildeter Mann); ***beak*** Schnabel – ein Hippogriff (→ ***hippogriff***), der Harry auf seinem Rücken fliegen lässt; Praxisbeispiel aus dem *Care of Magical Creatures*-Unterricht im 3. Schuljahr.

bucket ['bʌkɪt] *Subst.* Eimer

buckle ['bʌkl] *V/t.* zuschnallen

budding ['bʌdɪŋ] *Adj.* knospend, sprießend

budge [bʌdʒ] *V/i.* sich vom Fleck *oder* von der Stelle rühren

budgerigar ['bʌdʒərɪgɑː] *Subst.* ZOOL Wellensittich

budgie ['bʌdʒɪ] *Subst. Kurzform für* ZOOL ***budgerigar*** Wellensittich

buffalo ['bʌfələʊ] *Subst.* Büffel, Stier

buffet ['bʌfɪt] *V/t.* einen Schlag *oder* Faustschlag versetzen

buff up [bʌf 'ʌp] *V/t.* auf Hochglanz polieren

bug [bʌg] *Subst.* ZOOL Wanze, Insekt; *übertr.* Floh im Ohr; *umgangsspr.* Abhörmikrofon, Wanze

bugbear ['bʌgbeə] *Subst.* Schreckgespenst

bugged [bʌgd] *Adj.* (*Raum, Gebäude*) verwanzt; (*Gespräch*) angezapft, abgehört

bulb [bʌlb] *Subst.* BOT Knolle, Zwiebel

bulbous ['bʌlbəs] *Adj.* knollenförmig

Bulgaria [bʌl'geərɪə] Bulgarien

bulge [bʌldʒ] *V/i.* schwellen; hervortreten, hervorquellen

bulging ['bʌldʒɪŋ] *Adj.* vorquellend, prall; ***bulging eyes*** Glubschaugen

bulk [bʌlk] *Subst.* Masse, Umfang

bulky ['bʌlkɪ] *Adj.* umfangreich, sperrig

bull [bʊl] *Subst.* ZOOL Bulle, Stier

bullclip ['bʊlklɪp] *Subst.* Aktenklammer

bullfrog ['bʊlfrɒg] *Subst.* Ochsenfrosch

bully ['bʊlɪ] *V/t.* schikanieren, einschüchtern, tyrannisieren

Bulstrode, Millicent ['bʊlstrəʊd, ˌmɪlɪsnt] *Name vgl.* ***bull*** Bulle, ***strode*** *Prät. von* ***stride*** mit großen Schritten gehen; ***Millicent*** *weibl. Vorname* (*Slytherin-Schülerin aus Harrys Jahrgang*)

bummer ['bʌmə] *Subst. umgangsspr.* Reinfall, Pleite

bump[1] [bʌmp] *Subst.* Delle, Beule

bump[2] [bʌmp] *Vt/i.* stoßen; rumpeln

bun[1] [bʌn] *Subst.* KUL Brötchen

bun[2] [bʌn] *Subst.* Haarknoten

bunch [bʌntʃ] *Subst.* (*Blumen*) Strauß; (*Bananen*) Büschel

bung [bʌŋ] *V/t.* (*Fass*) (ver)stopfen
bungle [bʌŋgl] *Vt/i.* verpfuschen; stümperhaft handeln
bungler ['bʌŋglə] *Subst.* Stümper, Nichtskönner, Pfuscher
bunk bed [bʌŋk 'bed] *Subst.* Stockbett, Etagenbett
bunny hop ['bʌnɪ hɒp] *V/i.* hoppeln, hüpfen wie ein Kaninchen; *vgl.* ***bunny*** Kaninchen
buoy [bɔɪ] *Subst.* Boje, Seezeichen
buoyant ['bɔɪənt] *Adj.* schwungvoll, lebhaft, heiter
burden ['bɜːdn] *Subst.* Bürde, Last
burly ['bɜːlɪ] *Adj.* stämmig
burn [bɜːn] *Subst.* Verbrennung, Brandwunde
burnished ['bɜːnɪʃt] *Adj.* poliert, blank
burp[1] [bɜːp] *Subst.* Rülpser, Aufstoßen
burp[2] [bɜːp] *V/i.* rülpsen
burrow ['bʌrəʊ] *Subst.* (Fuchs-, Dachs)Bau, Höhle
burst[1] [bɜːst] *Subst.* Ausbruch
burst[2] [bɜːst] *V/i.* platzen
bury ['berɪ] *V/t.* begraben, vergraben; ***bury the hatchet*** das Kriegsbeil begraben
bustle ['bʌsl] *V/i.* hasten, eilen
butt [bʌt] *V/i.* ***butt in*** sich einmischen, dazwischenreden; hereinplatzen
Butterbeer ['bʌtəbɪə] *Subst.* *vgl.* ***butter*** Butter; ***beer*** Bier

butter dish ['bʌtə dɪʃ] *Subst.* Butterdose
butterfly ['bʌtəflaɪ] *Subst.* Schmetterling
button ['bʌtn] *Subst.* Knopf
buttonhole ['bʌtnhəʊl] *Subst.* Knopfloch
buzz[1] [bʌz] *Subst.* Gebrumm, Summen
buzz[2] [bʌz] *V/i.* brummen, summen
by-product ['baɪˌprɒdʌkt] *Subst.* Nebenprodukt, Begleiterscheinung
bystander ['baɪˌstændə] *Subst.* Zuschauer, Unbeteiligter

C

cabbage ['kæbɪdʒ] *Subst.* Kohl, Kraut; Kohlkopf

cabinet ['kæbɪnɪt] *Subst.* Schränkchen, Vitrine

cackle[1] ['kækl] *Subst.* Gackern; *übertr.* meckerndes Lachen

cackle[2] ['kækl] *V/i.* gackern; *übertr.* meckernd lachen

cactus ['kæktəs] *Subst.* BOT Kaktus, Kaktee

cadge [kædʒ] *Vt/i.* schnorren, betteln

Cadogan, Sir [kə'dʌgən, sə] *Name*; *vgl.* William Cagodan, erster Earl (Graf) von Cadogan, zeichnete sich in den spanischen Erbfolgekriegen Anfang des 18. Jh.s als Vertrauter des Herzogs von Marlborough aus und wurde 1711 zum General ernannt, verlor später seinen politischen Einfluss. – Motiv eines Gemäldes in Hogwarts und – ähnlich wie Don Quichotte – eine Parodie des mittelalterlichen Ritterideals: Sir Cadogans Welt besteht aus ritterlichen Herausforderungen, denen er sich mit mehr Enthusiasmus als brauchbaren Ergebnissen stellt.

cage [keɪdʒ] *Subst.* Käfig

cajoling [kə'dʒəʊlɪŋ] *Adj.* schmeichelnd, bettelnd

cake [keɪk] *Subst.* Kuchen; **(*a*) *piece of cake*** ein Kinderspiel, kinderleicht

calculation [ˌkælkjʊ'leɪʃn] *Subst.* Berechnung

callus ['kæləs] *Subst.* MED Schwiele

calm [kɑːm] *Adj.* ruhig

campaign [kæm'peɪn] *V/i.* ***campaign for*** zu Felde ziehen gegen, kämpfen für

camp-bed [ˌkæmp'bed] *Subst.* Feldbett

campsite ['kæmpsaɪt] *Subst.* Campingplatz, Zeltplatz

canary [kə'neərɪ] *Subst.* Kanarienvogel

cancel ['kænsl] *V/t.* absagen, ausfallen lassen

candelabra [ˌkændɪ'lɑːbrə] *Subst.* Kronleuchter, Kandelaber

candle ['kændl] *Subst.* Kerze

cane [keɪn] *Subst.* (Rohr)Stock

cannon ['kænən] *Subst.* MILIT Kanone

Cannons ['kænənz] *Name* → ***Chudley Cannons***

canopy ['kænəpɪ] *Subst.* Baldachin, (Bett-, Thron)Himmel
canter ['kæntə] *V/i.* (langsam) galoppieren
canvas ['kænvəs] *Subst.* Leinwand
cap [kæp] *V/t.* überbieten; ***to cap it all*** um dem Ganzen die Krone aufzusetzen
capable ['keɪpəbl] *Adj.* fähig, kompetent; ***be capable of doing s.th*** fähig, imstande sein, etwas zu tun
caption ['kæpʃən] *Subst.* Bildunterschrift
capture[1] ['kæptʃə] *Subst.* Gefangennahme
capture[2] ['kæptʃə] *V/t.* fangen, ergreifen, gefangen nehmen
caput draconis [ˌkæpət drə'kəʊnɪs] *Subst. lat.* Drachenhaupt, Drachenkopf
caravan ['kærəvæn] *Subst.* Wohnwagen, Wohnanhänger
cardigan ['kɑːdɪgən] *Subst.* Wolljacke, Strickjacke
career [kə'rɪə] *Subst.* Laufbahn, Karriere
careless ['keələs] *Adj.* sorglos, unbeschwert; nachlässig
caress [kə'res] *V/t.* liebkosen
caretaker ['keəˌteɪkə] *Subst.* Hausmeister
carol ['kærəl] *Subst.* Weihnachtslied
car park ['kɑː pɑːk] *Subst.* Parkplatz; ***multi-storey car park*** Parkhaus
carpet ['kɑːpɪt] *Subst.* Teppich
carpeted ['kɑːpɪtɪd] *Adj.* mit Teppich ausgelegt
carriage ['kærɪdʒ] *Subst.* Waggon; Kutsche
carriage clock ['kærɪdʒ klɒk] *Subst.* Reiseuhr
cart [kɑːt] *Subst.* Karren, Lore, Wägelchen
carthorse ['kɑːthɔːs] *Subst.* Kutschpferd
cartwheel ['kɑːtwiːl] *V/i.* Rad schlagen
carve [kɑːv] *V/t.* schnitzen; (*Weg*) bahnen, brechen
case [keɪs] *Subst.* Fall
casket ['kɑːskɪt] *Subst.* Schmuckkästchen, (Wahl)Urne
casserole ['kæsərəʊl] *Subst.* KUL Schmortopf
cast [kɑːst] *Vt/i.* werfen; ***cast about*** suchen, sich umsehen nach
castle ['kɑːsl] *Subst.* Schloss; *beim Schachspiel*: Turm
castor ['kɑːstə] *Subst.* (Gleit)Rolle
casually ['kæʒʊəlɪ] *Adv.* beiläufig; lässig
casualty ['kæʒʊəltɪ] *Subst.* MILIT Opfer; *bei Unfall*: Verletzte(r)

cat

cat [kæt] *Subst.* ZOOL Katze. Als Mäusefängerin war sie von alters her ein gern gesehener Gast in menschlichen Ansiedlungen; das unabhängige Wesen, das auch gezähmte Katzen zeigen, faszinierte Philosophen und Dichter in vielen Kulturen, vom alten China über Persien nach Ägypten. Dort galt die Katze als Begleiterin und Verkörperung der Mondgöttin Bastet, Tempelkatzen wurden gehalten und zeremoniell bestattet (→ ***mummy***). Als Dämmerungsjäger haben Katzen Licht reflektierende Augen, hochsensible Tasthaare und eine besonders stark entwickelte Wahrnehmung; sie spüren Erdbeben, Unwetter und Feuersbrünste früher als Menschen. Deshalb galten sie schon im Mittelalter als magische Tiere, Hexenbegleiterinnen und Unheilsbringerinnen.

catcalls ['kætkɔːlz] *Subst. Pl.* THEA Pfiffe, Akklamation, Buhrufe
catch [kætʃ] *Subst.* Fang, Beute; Türklinke, Schließhaken
caterpillar ['kætəˌpɪlə] *Subst.* ZOOL Raupe
cat-flap ['kætflæp] *Subst.* Katzenklappe, Katzenschlupf

cauldron ['kɔːldrən] *Subst.* (großer) Kessel. Der Kessel, in dem in alter Zeit gekocht und jede Art von Trank zubereitet wurde, ist das symbolische Gegenstück zum Zauberstab; wie dieser den männlichen Aspekt des Magischen repräsentiert, steht der Kessel für den weiblichen Aspekt. Er birgt Nahrung, steht für Überfluss, für Verwandlung und für Wiedergeburt. Der Kessel Dagdas im irischen Mythos wurde als unerschöpflich gedacht, im walisischen Sagenkreis *Mabinogion* lässt der Kessel Brans die gefallenen Krieger auferstehen, wenn sie bei Sonnenuntergang hineingeworfen wurden, aus dem Kessel der Göttin Ceridwen steigen Inspiration und Wissen um Zukünftiges auf. Die Herrin über Herdfeuer und Kessel ist in alten Kulturen die Herrscherin eines Stammes.

cauldron

cauldron cake ['kɔːldrən keɪk] *Subst.* Kesselkuchen
cauliflower ['kɒlɪˌflaʊə] *Subst.* Blumenkohl
cause [kɔːz] *Subst.* Ursache, Grund
caution ['kɔːʃn] *Subst.* Vorsicht; Warnung

cautiously ['kɔːʃəslɪ] *Adv.* vorsichtig, behutsam

cave [keɪv] *Subst.* Höhle; unterirdischer oder im Fels verborgener Hohlraum mit einem oder mehreren, meist gut verborgenen Zugängen. Als symbolischer Ort ist die Höhle ambivalent: sie steht für die Geborgenheit im Mutterschoß, aber auch für das Grab; oft sind Schätze darin verborgen. In zahlreichen Mythen ist die Höhle der Bereich des Übergangs von Leben zu Tod, von der menschlichen Welt in die Unterwelt (so betritt Äneas in Vergils Epos durch eine Höhle die Welt der Toten) oder in die Anderswelt der Kelten.

cave in [keɪv 'ɪn] *V/i.* einstürzen
cavernous ['kævənəs] *Adj.* gähnend, klaffend; sich wölbend, gewölbt
cavort [kə'vɔːt] *V/i.* Kapriolen schlagen, herumspringen, herumtollen
cease [siːs] *V/i.* enden; ablassen, aufhören
ceaseless ['siːsləs] *Adj.* unablässig, unaufhörlich
Cedric Diggory ['siːdrɪk 'dɪgərɪ] *Name* → ***Diggory***
celebrate ['selɪbreɪt] *Vt/i.* feiern
celebrity [sɪ'lebrɪtɪ] *Subst.* Berühmtheit
celery ['selərɪ] *Subst.* KUL (Stangen-) Sellerie
celestial [sɪ'lestɪəl] *Adj.* himmlisch
cement [sɪ'ment] *V/t.* zementieren

centaur ['sentɔː] *Subst.* Zentaur; von *griech.* ***kéntauroi***: Fabelwesen der griech. Antike; Pferd mit dem Oberkörper eines Mannes, gehört urspr. zur mediterranen Landschaft und ist in den lichten Wäldern oder weiten, hügeligen Fluren Thessaliens oder der Fantasielandschaft Arkadien zu Hause. Der Zentaur ist ein sehr maskulines Geschöpf und gehört in eine ähnliche Sphäre wie der Gott Pan (dessen Unterkörper der eines Ziegenbocks ist). Zentauren galten als gewalttätig, als Trinker und derbe Liebhaber; der Zentaur Cheiron andererseits ist ein Beispiel der Weisheit, Meister der Jagd, des Leierspiels und der Heilkunst, die er den Gott Asklepios lehrte.

centaur

ceremony ['serɪmənɪ] *Subst.* Zeremonie, Feierlichkeit; ***presentation ceremony*** feierliche Übergabe

chain¹ [tʃeɪn] *Subst.* Kette

chain² [tʃeɪn] *V/t.* (an)ketten; ***chained*** in Ketten

chalk [tʃɔːk] *Subst.* (Tafel)Kreide

challenge ['tʃælɪndʒ] *Subst.* Herausforderung, Aufgabe

chamber music ['tʃeɪmbə ˌmjuːzɪk] *Subst.* Kammermusik

chamberpot ['tʃeɪmbəpɒt] *Subst.* Nachttopf

> **chameleon** [kə'miːljən] *Subst.* ZOOL Chamäleon; Kleinechse mit besonders ausgeprägter Mimikry: Sie passt ihre Hautfarbe völlig dem Untergrund an, auf dem sie sitzt; *übertr.* besonders wandlungs- und anpassungsfähiges Wesen. Wie die Schlange oder Eidechse gilt das Chamäleon in afrikanischen Mythen als Überbringerin göttlicher Botschaften; Aristoteles und der Hl. Hieronymus hingegen sahen es als falsch, wankelmütig und heuchlerisch an.

Chang, Cho [tʃæŋ, tʃəʊ] *chinesischer Name*; ***Cho*** *asiatischer Frauenname (von Harry angeschwärmte, ein Jahr ältere Mitschülerin und Seeker im Ravenclaw-Quidditch-Team)*

change [tʃeɪndʒ] *Subst.* Veränderung, Abwechslung; ***for a change*** zur Abwechslung

changing room ['tʃeɪndʒɪŋ ruːm] *Subst.* Umkleideraum, Garderobe

chant [tʃɑːnt] *Vt/i.* intonieren; Sprechchöre anstimmen

chap [tʃæp] *Subst. umgangsspr.* Bursche, Junge

chappie ['tʃæpɪ] *Subst. Koseform von* ***chap*** Kerlchen

charcoal ['tʃɑːkəʊl] *Subst.* Holzkohle

charge¹ [tʃɑːdʒ] *Subst. juristisch*: Anklage; MILIT Angriff; Verantwortung; ***be in charge*** verantwortlich sein

charge² [tʃɑːdʒ] *V/t. juristisch*: anklagen; (an)stürmen, angreifen, losgehen auf

charged [tʃɑːdʒd] *Adj.* aufgeladen

Charlie Weasley [ˌtʃɑːlɪ 'wiːzlɪ] *Name* → ***Weasley***

charm¹ [tʃɑːm] *Subst.* Charme; *magisch*: Bann, Beschwörung; Zauberformel

charm² [tʃɑːm] *V/t.* bezaubern; (*mit Magie*) bannen

> **charm** abgeleitet von *lat.* ***carmen*** Lied, Gesang; *Subst.* Bann, Beschwörung, Zauberspruch; *V/t.* bannen, verzaubern, bezaubern; **enchant** *V/t.* verzaubern, betören; **enchantment** *Subst.* Zauber(-spruch), Verzauberung (auch als Zustand), Betörung. Ähnlich wie Mesmerismus (→ ***mesmerise***) bewirkt *enchantment*, dass der Bezauberte die Wirklichkeit entweder gar nicht mehr wahrnehmen kann oder nur noch sieht, was er sich wünscht. *Vgl. auch* ***bewitch*** BEhexen (im Unterschied zu VERhexen), bezaubern; **entrance** *V/t.* in Entzücken versetzen, betören überwältigen; in Trance versetzen, in Bann schlagen.

charmer ['tʃɑːmə] *Subst.* (Schlangen-)Beschwörer

charred [tʃɑːd] *Adj.* verkohlt

chart [tʃɑːt] *Subst.* Karte, Schaubild, Liste
chase [tʃeɪs] *V/t.* jagen, verfolgen
chaser ['tʃeɪsə] *Subst.* Jäger(in), Verfolger(in)
chatter[1] ['tʃætə] *Subst.* Geschnatter, Geplapper
chatter[2] ['tʃætə] *V/i.* schnattern, schwatzen, plappern; klappern
cheat [tʃiːt] *Vt/i. beim Spiel*: betrügen, schwindeln, mogeln

checked [tʃekt] *Adj.* kariert
checkmate ['tʃekmeɪt] *V/t.* schachmatt setzen
cheek [tʃiːk] *Subst.* Wange, Backe; Frechheit
cheekbone ['tʃiːkbəʊn] *Subst.* Wangenknochen, Backenknochen
cheeky ['tʃiːkɪ] *Adj.* frech
cheer[1] [tʃɪə] *Subst.* Aufmunterung
cheer[2] [tʃɪə] *Vt/i.* jubeln; anfeuern; ***cheer up*** aufmuntern, aufheitern
cheering ['tʃɪərɪŋ] *Adj.* aufheiternd, ermunternd, aufmunternd
cheery ['tʃɪərɪ] *Adj.* heiter, fröhlich, vergnügt
cherry ['tʃerɪ] *Subst.* Kirsche
chess [tʃes] *Subst.* Schachspiel
chest [tʃest] *Subst.* Brust, Brustkorb; Kasten, Truhe
chestnut[1] ['tʃesnʌt] *Subst.* BOT Kastanie
chestnut[2] ['tʃesnʌt] *Adj.* kastanienbraun
chest of drawers [ˌtʃest əv 'drɔːz] *Subst.* Kommode
Chf. *Abk.* ***chief*** Chef…, Haupt…
chicken out ['tʃɪkən ˌaʊt] *V/i. übertr.* kalte Füße kriegen, kneifen
chieftainess ['tʃiːftənɪs] *Subst.* Anführerin
chill [tʃɪl] *Subst.* Kälte, Kühle; Kältegefühl
chilling ['tʃɪlɪŋ] *Adj.* kühl, frostig; (*Geschichte*) haarsträubend
chime [tʃaɪm] *V/i.* (*Glocken*) schlagen
chimney ['tʃɪmnɪ] *Subst.* Schornstein, Kamin
chin [tʃɪn] *Subst.* Kinn
china ['tʃaɪnə] *Subst.* Porzellan
china figure [ˌtʃaɪnə 'fɪgə] *Subst.* Porzellanfigur
chink [tʃɪŋk] *Subst.* Klirren, Klimpern
chintz [tʃɪnts] *Subst.* Chintz
chip [tʃɪp] *Vt/i.* splittern; (*Scherben*) ausschlagen; (*Möbel*) beschädigen
chipmunk ['tʃɪpmʌŋk] *Subst. nordamerikanisches Streifenhörnchen*
chipolata [ˌtʃɪpə'lɑːtə] *Subst. brit.* KUL Cocktailwürstchen
chippings ['tʃɪpɪŋz] *Subst.* Scherben, Splitter; abgeschlagene Ecken/Kanten
chirrup ['tʃɪrəp] *V/i.* mit der Zunge schnalzen
chisel ['tʃɪzl] *Subst.* Meißel, Beitel
chivy ['tʃɪvɪ] *V/t.* hetzen, jagen
Chocolate Frogs ['tʃɒklɪt frɒgz] *Neubildung Schokolade in Froschform, deren Packungen Sammelbilder beiliegen*
chocolate liqueur ['tʃɒklɪt lɪˌkjʊə] *Subst.* Schnapspraline
choke [tʃəʊk] *V/t.* würgen; ersticken; mit erstickter Stimme sagen
choking ['tʃəʊkɪŋ] *Adj.* (*Rauch*) beißend; (*Seufzer, Schluchzen*) erstickt, unterdrückt
chomp [tʃɒmp] *V/t.* kauen, mampfen
choo [tʃuː] *umgangsspr. für* ***what are you*** *oder* ***what did you***

chortle¹ ['tʃɔːtl] *Subst.* Gluckser
chortle² ['tʃɔːtl] *V/i.* glucksen, gluckern, tief lachen
chorus¹ ['kɔːrəs] Chor
chorus² ['kɔːrəs] *Vt/i.* im Chor sagen
christen ['krɪsn] *V/t.* taufen

Christmas pudding [ˌkrɪsməs 'pʊdɪŋ] *brit.* KUL typisches Weihnachtsgericht: alkoholgetränkte, u.a. mit Zimt gewürzte Mehlspeise aus Dörrobst wie Sultaninen, Korinthen und Rosinen, im Wasserbad erhitzt und flambiert serviert; oft werden kleine Gegenstände wie Silbermünzen, Ringe usw. eingebacken, die eine (scherzhafte) Orakel-Funktion erfüllen: Wer sie auf seinem Teller findet, kann für das neue Jahr entsprechend Geldsegen, Eheschließung usw. erwarten.

chuck [tʃʌk] *V/t.* werfen, schmeißen; ***chuck out*** raus-, wegschmeißen
chuckle ['tʃʌkl] *V/i.* glucksen, in sich hineinlachen
Chudley Cannons [ˌtʃʌdlɪ 'kænənz] *alter Familien- und Ortsname*; *vgl.* **cannon** Kanone (*Ron Weasleys und Harrys Lieblings-Quidditch-Team mit orangefarbenen Trikots*)
chuffed [tʃʌft] *Adj. umgangsspr.* geschmeichelt
chunk [tʃʌŋk] *Subst. von Fleisch*: Fetzen, Stück; *von Stein*: Brocken
churn [tʃɜːn] *V/t.* durchrütteln, durchschütteln, aufwühlen
chute [ʃuːt] *Subst.* Rutschbahn
cinch [sɪntʃ] *Subst.* klarer Fall, todsichere Sache; ***it's a cinch*** das ist ein Klacks
cinders ['sɪndəz] *Subst. Pl.* Asche

Circe ['sɜːsɪ] *Name*; Zauberin der griech. Antike. Dem griechischen Dichter Homer zufolge lebte sie auf einer paradiesischen Insel und verstand sich besonders auf Transfiguration: Sie verwandelte die Gefährten des irrfahrenden Odysseus in Schweine; ihn selbst betörte sie (zumindest zeitweise) mit ihrer Schönheit; daher: bezirzen für bezaubern

circle¹ ['sɜːkl] *Subst.* Kreis; ***inner circle*** innerer Kreis, Vertraute, harter Kern
circle² ['sɜːkl] *Vt/i.* kreisen, umkreisen
circular ['sɜːkʊlə] *Adj.* rund, kreisförmig
circumstances ['sɜːkəmstænsɪz] *Subst. Pl.* Umstände
circus tent ['sɜːkəs ˌtent] *Subst.* Zirkuszelt
civil ['sɪvl] *Adj.* bürgerlich, staatlich; ***keep a civil tongue*** höflich bleiben
clad [klæd] *Adj.* gekleidet
claim [kleɪm] *Subst.* Anspruch
clairvoyant [kleə'vɔɪənt] *Adj.* hellseherisch
clamber ['klæmbə] *V/i.* klettern, steigen, kraxeln
clammy ['klæmɪ] *Adj.* feuchtkalt, klamm
clamour ['klæmə] *V/i.* lärmen, toben
clamp [klæmp] *V/t.* festklammern, klammern, klemmen
clank [klæŋk] *Vt/i.* klirren (mit)
clap [klæp] *V/i.* (Beifall) klatschen, applaudieren
clasp [klɑːsp] *V/t.* umklammern, fest greifen
classified ['klæsɪfaɪd] *Adj.* (in Klassen *oder* Gruppen) eingeteilt, klassifiziert; *US* geheim

clatter ['klætə] *V/i.* trampeln; klappern
clattering ['klætərɪŋ] *Subst.* Geklapper; Gepolter
clause [klɔːz] *Subst.* Absatz, Paragraph
clawed [klɔːd] *Adj.* klauenartig; mit Klauen; ***clawed feet*** Klauenfüße
Cleansweep ['kliːnswiːp] *Name vgl.* ***clean*** sauber; ***sweep*** fegen (*älteres Besenmodell*)
clearing ['klɪərɪŋ] *Subst.* Lichtung

Clearwater, Penelope ['klɪəwɔːtə, pɪˌneləpɪ] *Name*; *vgl.* ***clear*** klar, rein; ***water*** Wasser; **Penelope**: nach der Ehefrau des Odysseus, die – wie der griech. Dichter Homer berichtet – jahrelang treu wartet, bis der Held von seinen Irrfahrten zurückkehrt – Freundin von Percy Weasley, Ravenclaw-*Prefect* und später *Head Girl.*

clench [klentʃ] *V/t.* (*Zähne*) zusammenbeißen; (*Faust*) ballen, zusammenpressen
climate ['klaɪmɪt] *Subst.* Klima
cling [klɪŋ] *V/i.* kleben, haften, halten
clink [klɪŋk] *V/i.* klirren, klingen

Cliodna [klaɪ'ɒdna] *Name*; eine → ***banshee*** aus der irischen Provinz Munster, der Familie MacCarthy zugeordnet; nach anderen Überlieferungen eine Fee in der gleichen Region – Druidin, abgebildet auf einem der Sammelbilder, die den *Chocolate Frogs* beiliegen.

clipped [klɪpt] *Adj.* knapp, abgehackt
clipper ['klɪpə] *Subst.* (Haar)Schneider, Zwicker
cloak [kləʊk] *Subst.* Umhang, Mantel
clog [klɒg] *V/t.* verstopfen, belasten
close [kləʊs] *Adj.* knapp; ***that was close shave*** *umgangsspr.* das war knapp *oder* haarscharf
clothes brush ['kləʊðz brʌʃ] *Subst.* Kleiderbürste
clotted ['klɒtɪd] *Adj.* geronnen
clout [klaʊt] *V/t.* hauen, schlagen
clove [kləʊv] *Subst.* Gewürznelke; ***clove of garlic*** Knoblauchzehe
club [klʌb] *Subst.* Schläger, Schlagholz; Keule, Knüppel, Prügel
cluck [klʌk] *V/i.* schnalzen
clue [kluː] *Subst.* Anhaltspunkt, Hinweis, Fingerzeig; ***not have a clue*** keinen Schimmer haben
clump [klʌmp] *Subst.* ***a clump of trees*** eine Baumgruppe
clumsy ['klʌmzɪ] *Adj.* unbeholfen, ungeschickt
clunk [klʌŋk] *Subst.* *lautmalerisch* Klonk (*dumpfer metallischer Klang*)
cluster¹ ['klʌstə] *Subst.* Büschel, Häufchen
cluster² ['klʌstə] *V/i.* herumstehen, Grüppchen bilden; sich drängen
clutch¹ [klʌtʃ] *Subst.* Klaue; Griff
clutch² [klʌtʃ] *Subst. von Vögeln*: Gelege, Brut
clutch³ [klʌtʃ] *V/t.* umklammern, festklammern
clutter ['klʌtə] *Subst.* Durcheinander, Wirrwarr
coat-hanger ['kəʊtˌhæŋə] *Subst.* Kleiderbügel
coat of arms [ˌkəʊt əv 'ɑːmz] *Subst.* Wappen
cob [kɒb] *V/t.* schlagen
cobble ['kɒbl] *Subst. altertüml.* Kopfstein, Pflasterstein
cobbled ['kɒbld] *Adj.* mit Kopfsteinen gepflastert

cock-and-bull story [ˌkɒkənd'bʊl ˌstɔːrɪ] *Subst.* Ammenmärchen, Geschichte vom Wilden Mann

cockatrice ['kɒkətraɪs] *Subst.* Basilisk; → ***basilisk***

cock-crow ['kɒkkrəʊ] *Subst.* Hahnenschrei

cockroach ['kɒkrəʊtʃ] *Subst.* Küchenschabe, Kakerlak

cockroach cluster ['kɒkrəʊtʃ ˌklʌstə] *Neubildung vgl.* ***cockroach*** Küchenschabe, Kakerlak; ***cluster*** (Knusper)Häufchen

cocky ['kɒkɪ] *Adj.* frech, übermütig; großspurig

cocoa ['kəʊkəʊ] *Subst.* Kakao

coconut ['kəʊkənʌt] *Subst.* Kokosnuss

code [kəʊd] *Subst.* Kodex, Vereinbarung, Richtlinie

Code of Conduct [ˌkəʊd əv 'kɒndʌkt] *Subst.* Verhaltenskodex

codger ['kɒdʒə] *Subst. umgangsspr.* komischer alter Kauz

Codswallop! ['kɒdzˌwɒləp] *umgangsspr.* ausgesprochener Blödsinn!, Quatsch!; Herkunft unbekannt; vielleicht von ***cod*** Scrotum, ***ballock*** Hoden; oder ***cod*** Dorsch, Kabeljau; ***swallow up*** verschlingen; *vgl. auch altschott.* ***cod*** für ***pillow*** Kopfkissen, ***wallop*** hauen, schlagen. Man hat die Redewendung auch mit einem gewissen Cod, Bierbrauer oder Sodahersteller in London, in Verbindung gebracht.

cog [kɒg] *Subst.* (Zahn)Rad, Rädchen

coil[1] [kɔɪl] *Subst.* Schlinge, Windung, Krümmung

coil[2] [kɔɪl] *V/i.* sich winden, schlängeln; sich kringeln, kräuseln

coincidence [kəʊ'ɪnsɪdəns] *Subst.* Zufall, zufälliges Zusammentreffen

cold [kəʊld] *Subst.* Kälte; MED Erkältung

collapse [kə'læps] *V/i.* zusammenklappen, zusammenbrechen

collapsible [kə'læpsɪbl] *Adj.* zusammenfaltbar, zusammenlegbar

collar ['kɒlə] *Subst.* Halsband, Kragen

collect [kə'lekt] *V/t.* sammeln; einsammeln, abholen; ***collecting tin*** Sammelbüchse

collide [kə'laɪd] *V/i.* zusammenstoßen

collude [kə'luːd] *V/i.* zusammenspielen, zusammenwirken; gemeinsame Sache machen

collywobbles ['kɒlɪˌwɒblz] *Subst. Pl. brit.* Bauchgrimmen, Magendrücken

Colonel Fubster [ˌkɜːnl 'fʌbstə] *Name vgl. brit.* ***fubsy*** rundlich, pummelig; ***colonel*** Oberst (*militärischer Rang*)

colour-code ['kʌləkəʊd] *V/t.* farbig markieren

column ['kɒləm] *Subst.* Säule; Spalte (*in einer Tabelle*)

combat ['kɒmbæt] *V/t.* bekämpfen

combative ['kɒmbətɪv] *Adj.* kampfbereit; kämpferisch

Comet 206 ['kɒmɪt ˌtuː 'hʌndrəd ənd 'sɪks] *Name vgl.* ***comet*** Komet (*Stern mit einem Schweif - Besenmodell*)

comeuppance [ˌkʌm'ʌpəns] *Subst. auch* ***comuppance*** verdiente Strafe, Vergeltung

comfort ['kʌmfət] *V/t.* trösten

comical ['kɒmɪkl] *Adj.* komisch

commend [kə'mend] *V/t.* loben; empfehlen

comment ['kɒment] *V/t.* kommentieren

commiserate [kə'mɪzəreɪt] *Vt/i.* bemitleiden, bedauern; Mitleid empfinden

commit [kə'mɪt] *V/t.* übergeben; ***commit a crime*** ein Verbrechen begehen

committee [kə'mɪtɪ] *Subst.* Komitee, Ausschuss

common ['kɒmən] *Adj.* (all)gemein, üblich, verbreitet; gewöhnlich (*auch abwertend*)

commoner ['kɒmənə] *Subst.* Bürgerliche(r), Nicht-Adelige(r), Durchschnittsbürger

commotion [kə'məʊʃn] *Subst.* Aufruhr, Tumult

community [kə'mjuːnɪtɪ] *Subst.* Gemeinschaft, Gemeinde

company car ['kʌmpənɪ ˌkɑː] *Subst.* Firmenwagen

compare [kəm'peə] *V/t.* vergleichen

comparison [kəm'pærɪsn] *Subst.* Vergleich

compartment [kəm'pɑːtmənt] *Subst.* (Zug)Abteil

compatible [kəm'pætɪbl] *Adj.* vereinbar, kompatibel; ***be compatible with*** zusammenpassen, passen zu

compensation [ˌkɒmpən'seɪʃn] *Subst.* Entschädigung, Ersatz

compete [kəm'piːt] *V/i.* wetteifern, in Wettbewerb treten, konkurrieren

competition [ˌkɒmpɪ'tɪʃn] *Subst.* Wettbewerb, Konkurrenz

competitor [kəm'petɪtə] *Subst.* Bewerber, Mitbewerber, Konkurrent

complacent [kəm'pleɪsnt] *Adj.* selbstgefällig

complaint [kəm'pleɪnt] *Subst.* Beschwerde

complete [kəm'pliːt] *V/t.* fertig stellen, vollenden

complicated ['kɒmplɪkeɪtɪd] *Adj.* kompliziert, schwierig

comply [kəm'plaɪ] *V/i.* einwilligen; ***comply with*** (*Regel*) befolgen; (*einer Bitte*) nachkommen

composed [kəm'pəʊzd] *Adj.* gelassen, ruhig entschlossen

composition [ˌkɒmpə'zɪʃn] *Subst.* Aufsatz

compost ['kɒmpɒst] *Subst.* Kompost

comprehension [ˌkɒmprɪ'henʃn] *Subst.* Verstehen, Begreifen; Verständnis

comprehensive [ˌkɒmprɪ'hensɪv] *Subst. Kurzform für* ***comprehensive school*** *brit.* Gesamtschule

comprise [kəm'praɪz] *V/t.* einschließen, umfassen

compromise ['kɒmprəmaɪz] *Subst.* Kompromiss, Einigung

compulsive [kəm'pʌlsɪv] *Adj.* zwanghaft, gezwungen

computerised [kəm'pjuːtəraɪzd] *Adj.* computergesteuert

comrade-in-arms [ˌkɒmrɪdɪn'ɑːmz] *Subst.* Waffengefährte, Waffenbruder

comuppance [ˌkʌm'ʌpəns] → ***comeuppance***

conceal [kən'siːl] *V/t.* verbergen, verhehlen, verhüllen

concealment [kən'siːlmənt] *Subst.* Verstellung, Verbergen, Verhüllung

conceive [kən'siːv] *V/t.* ausdenken, ersinnen, planen

concentrate ['kɒnsəntreɪt] *Vt/i.* (sich) konzentrieren

concern¹ [kən'sɜːn] *Subst.* Besorgnis

concern² [kən'sɜːn] *V/t.* betreffen, angehen, von Wichtigkeit *oder* Interesse sein; beunruhigen

concoct [kən'kɒkt] *V/t.* (zusammen)brauen; *übertr.* aushecken

concoction [kən'kɒkʃən] *Subst.* Gebräu, Mischung, Sud

condemned [kən'demd] *Subst.* Verurteilte(r)

condensation [ˌkɒnden'seɪʃn] *Subst.* Kondensation, Kondenswasser

condition [kən'dɪʃn] *Subst.* Bedingung, Zustand; ***working conditions*** Arbeitsbedingungen

conductor [kən'dʌktə] *Subst.* (Bus- *oder* Straßenbahn)Schaffner

Confed. *Abk.* ***confederation*** Vereinigung, Zusammenschluss

confess [kən'fes] *V/t.* gestehen, eingestehen, bekennen

confession [kən'feʃn] *Subst.* Geständnis, Bekenntnis

confide in [kən'faɪd ɪn] *V/i.* sich anvertrauen

confident ['kɒnfɪdənt] *Adj.* zuversichtlich

confines [kən'faɪnz] *Subst. Pl.* Grenzen

confirm [kən'fɜːm] *V/t.* bestätigen

confiscate ['kɒnfɪskeɪt] *V/t.* beschlagnahmen, konfiszieren

> **Confundus Charm** [kən'fʌndəs ˌtʃɑːm] *Zauber vgl.* ***confound*** vermengen, verwechseln; ***confounded*** verwünscht, verflixt, verflucht; ***charm*** Bann, Beschwörung

confuse [kən'fjuːz] *V/t.* verwirren, durcheinander bringen

confusion [kən'fjuːʒn] *Subst.* Verwirrung, Durcheinander

congratulations [kənˌgrætʃʊ'leɪʃnz] *Subst. Pl.* Glückwunsch, Gratulation

congregate ['kɒŋgrɪgeɪt] *V/i.* sich versammeln

> **Conjunctivitus Curse** [kənˌdʒʌŋktɪ'vaɪtəs ˌkɜːs] *Zauber vgl.* ***conjunctivitis*** Bindehautentzündung; ***curse*** Fluch, Verwünschung

conjure ['kʌndʒə] *V/t.* (*Geister*) beschwören; ***conjure up*** (*Essen*) zusammenzaubern; (*Erinnerungen*) heraufbeschwören

conk [kɒŋk] *Subst. brit. umgangsspr.* Nase, „Zinken"

conker-like ['kɒŋkəlaɪk] *Adj.* kastaniengroß

connect [kə'nekt] *V/t.* verbinden, in Verbindung bringen

connection [kə'nekʃn] *Subst.* Verbindung, Beziehung; Zusammenhang

Connolly ['kɒnəlɪ] *irischer Familienname aus dem Gälischen (Spieler der irischen Quidditch-Nationalmannschaft beim World Cup)*

conquer ['kɒŋkə] *V/t.* besiegen, bezwingen, unterwerfen

consent [kən'sent] *V/i.* zustimmen, sich bereit erklären

consider [kən'sɪdə] *V/t.* überlegen, nachdenklich betrachten

considerable [kən'sɪdrəbl] *Adj.* beträchtlich, beachtlich

consideration [kənˌsɪdə'reɪʃn] *Subst.* Rücksichtnahme, Bedacht; Erwägung

consignment [kən'saɪnmənt] *Subst.* Ladung, Lieferung

consoling [kən'səʊlɪŋ] *Adj.* tröstend, tröstlich

consort [kən'sɔːt] *V/i.* ***consort with*** verkehren mit, sich gesellen zu

conspicious [kən'spɪkjʊəs] *Adj.* auffällig, deutlich

constant ['kɒnstənt] *Adj.* beständig, fortgesetzt
constitute ['kɒnstɪtjuːt] *V/t.* bilden, errichten; konstituieren
constrained [kən'streɪnd] *Adj.* gezwungen, verlegen, gehemmt
constricted [kən'strɪktɪd] *Adj.* gepresst, eingeschnürt
consultation [ˌkɒnsəl'teɪʃn] *Subst.* Befragung, Beratung
consume [kən'sjuːm] *V/t.* zu sich nehmen, verbrauchen
consuming [kən'sjuːmɪŋ] *Adj.* überwältigend, verzehrend
contagious [kən'teɪdʒəs] *Adj.* ansteckend, übertragbar
contain [kən'teɪn] *V/t.* enthalten
contaminate [kən'tæmɪneɪt] *V/t.* verschmutzen, verderben
contemptuous [kən'temptʃʊəs] *Adj.* verachtungsvoll, verächtlich
contend [kən'tend] *V/i.* kämpfen, ringen mit; wetteifern
contender [kən'tendə] *Subst.* Bewerber
contented [kən'tentɪd] *Adj.* zufriedengestellt, befriedigt
contents ['kɒntents] *Subst. Pl.* Inhalt
contestant [kən'testənt] *Subst.* Teilnehmer (*in einem Wettbewerb*)
continually [kən'tɪnjʊəlɪ] *Adv.* fortgesetzt, fortwährend
contort [kən'tɔːt] *Vt/i.* verrenken, verzerren; (*Gesicht*) sich verzerren
contorted [kən'tɔːtɪd] *Adj.* verzerrt
contract [kən'trækt] *Vt/i.* (sich) zusammenziehen
contraption [kən'træpʃən] *Subst.* neumodischer Apparat, merkwürdiges Ding
contrary ['kɒntrərɪ] *Subst.* Gegenteil
contrast[1] ['kɒntrɑːst] *Subst.* Gegensatz
contrast[2] [kən'trɑːst] *V/i.* sich abheben, abstechen
control [kən'trəʊl] *Subst.* Kontrolle, Aufsicht
controversial [ˌkɒntrə'vɜːʃl] *Adj.* umstritten, kontrovers
convenient [kən'viːnjənt] *Adj.* angenehm, bequem, praktisch, günstig
convention [kən'venʃən] *Subst.* Abkommen; Konvention, Brauch; Konferenz, Tagung

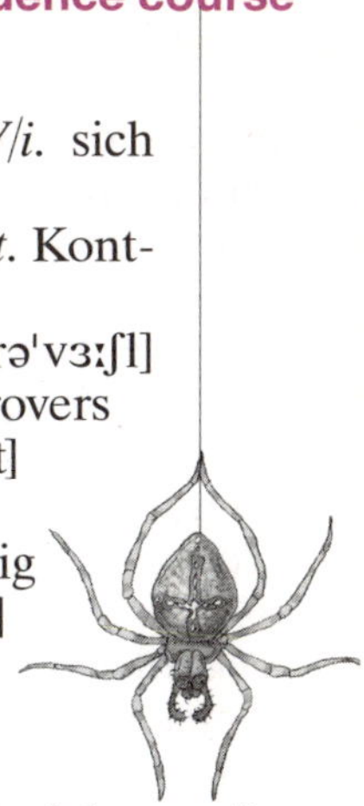

converse [kən'vɜːs] *V/i.* sich verständigen, sich unterhalten
convey [kən'veɪ] *V/t.* vermitteln, rüberbringen
convict[1] ['kɒnvɪkt] *Subst.* Sträfling, Verurteilter
convict[2] [kən'vɪkt] *V/t.* überführen; verurteilen
convulsive [kən'vʌlsɪv] *Adj.* krampfhaft
coo [kuː] *Vt/i.* gurren, säuseln
coop up [kuːp'ʌp] *V/t.* einsperren, einpferchen
cope [kəʊp] *V/i.* ***cope with*** fertig werden mit, umgehen können mit, es aufnehmen können mit
copper kettle [ˌkɒpə 'ketl] *Subst.* Kupferkessel
cord [kɔːd] *Subst.* Schnur, Band, Strang
cordially ['kɔːdɪəlɪ] *Adv.* herzlich
core [kɔː] *Subst.* Kern
cork [kɔːk] *Subst.* Korken
corking ['kɔːkɪŋ] *Adj.* großartig, klasse
corner ['kɔːnə] *V/t.* in die Enge treiben, in die Ecke drängen
Cornish ['kɔːnɪʃ] *Adj.* aus Cornwall stammend
corpse [kɔːps] *Subst.* Leichnam
correspondence course [kɒrɪ'spɒnd-

ənsˌkɔːs] *Subst.* Fernlehrgang, Fernkurs

correspondent [ˌkɒrɪ'spɒndənt] *Subst.* Korrespondent(in) (*bei einer Zeitung*); Briefpartner(in)

corridor ['kɒrɪdɔː] *Subst.* Gang, Korridor

corruption [kə'rʌpʃn] *Subst.* Bestechung, Korruption, Schiebung

cost [kɒst] *Subst.* Preis, Aufwand; ***at all costs*** um jeden Preis

cosy ['kəʊzɪ] *Adj.* behaglich, gemütlich

cottage ['kɒtɪdʒ] *Subst.* Häuschen, kleines Landhaus

cotton on [ˌkɒtn 'ɒn] *V/i. umgangsspr.* kapieren, schnallen

council ['kaʊnsl] *Subst.* Beirat, Ratsversammlung

counter-curse ['kaʊntəkɜːs] *Subst.* Gegenfluch, Abwehr eines Fluchs

countless ['kaʊntləs] *Adj.* zahllos

courage ['kʌrɪdʒ] *Subst.* Mut, Tapferkeit, Courage

courageous [kə'reɪdʒəs] *Adj.* mutig, tapfer, couragiert

course [kɔːs] *Subst.* KUL Gang

courteous ['kɜːtɪəs] *Adj.* höflich, formvollendet

courtesy ['kɜːtɪsɪ] *Subst.* Höflichkeit, Gefälligkeit

cover[1] ['kʌvə] *Subst.* Deckel; *von Buch*: Einband; *von Sofa, Sessel*: Schonbezug; (Schutz)Hülle

cover[2] ['kʌvə] *V/t.* bedecken; ***cover up*** vertuschen

cow [kaʊ] *Subst.* Kuh

coward ['kaʊəd] *Subst.* Feigling

cowardice ['kaʊədɪs] *Subst.* Feigheit

cowardly ['kaʊədlɪ] *Adj.* feige

cower ['kaʊə] *V/i.* sich ducken, kauern

crab [kræb] *Subst.* ZOOL Krabbe

> **Crabbe, Vincent** ['kræb, ˌvɪnsənt] alter Name (*german., fries.*) für eine mürrische, kratzbürstige, nörglerische Person; *vgl.* ***crabby*** übellaunig; **Vincent**: männl. Vorname, aus *altfrz.* ***vincens*** der Eroberer oder Bezwinger – Slytherin-Schüler aus Harrys Jahrgang, fungiert zusammen mit *Gregory Goyle* als Leibwächter von *Draco Malfoy*; sein Vater ist einer der *Death Eater*.

crack[1] [kræk] *Subst.* Spalt, Riss

crack[2] [kræk] *Vt/i.* krachen, knallen; brechen, bersten; ***get cracking*** *umgangsspr.* loslegen, voranmachen; ***crack on*** *umgangsspr.* weitermachen; ***crack up*** *umgangsspr.* zusammenbrechen; durchdrehen

cracker ['krækə] *Subst.* Knallbonbon; Feuerwerkskörper

crackle ['krækl] *V/i.* knattern, prasseln

crackpot ['krækpɒt] *Subst.* Spinner, Irrer

cradle ['kreɪdl] *V/t.* wiegen, schaukeln

cram [kræm] *V/t.* stopfen

crammed [kræmd] *Adj.* gedrängt, vollgestopft, zusammengepfercht

cranberry ['krænbərɪ] *Subst.* BOT Preiselbeere, *bes. US* Moosbeere

crane [kreɪn] *V/i.* den Hals verrenken, (neugierig) spähen

cranny ['krænɪ] *Subst.* Ritze, Spalte

crate [kreɪt] *Subst.* Kiste, Kasten; Lattenverschlag, (große) Holzkiste; ***by the crate*** kistenweise

crave [kreɪv] *V/t.* erflehen, erbitten

creak[1] [kriːk] *Subst.* Knarren, Quietschen

creak[2] [kriːk] *V/i.* quietschen, knarren

crease [kriːs] *Vt/i.* knittern, Falten machen *oder* bekommen
creature ['kriːtʃə] *Subst.* Geschöpf, Wesen
creep [kriːp] *V/i.* kriechen, robben
creeps [kriːps] *Subst. Pl.* Gänsehaut, Schauer
creepy ['kriːpɪ] *Adj.* unheimlich, gruselig, spukig

> **Creevey** ['kriːvɪ] *Name; vgl.* ***creeper*** Kriech- oder Kletterpflanze, lässt an „Klette" denken – **Creevey, Colin**: Jungenname, abgeleitet von *Nicholas* oder (in Schottland) dem gälischen Namen *Cailean* des Hl. Columba, der im frühen Mittelalter den christlichen Glauben nach Britannien brachte – ein Jahr jüngerer Gryffindor-Mitschüler und Bewunderer Harrys; **Creevey, Dennis**: Jungenname – Colins jüngerer Bruder.

crept [krept] *Prät.* → ***creep***
crescendo [krɪ'ʃendəʊ] *Subst.* MUS Crescendo, anschwellende Lautstärke
crescent ['kresənt] *Subst.* Halbmond; *halbmondförmige Straße in Wohngebieten*

> **crest** [krest] *Subst.* Gipfel, Scheitelpunkt; Wappen; Abzeichen von (adeligen) Familien, gesellschaftlichen oder religiösen Institutionen, besteht in der Regel aus überlieferten Bildelementen mit symbolischer Bedeutung; die Gestalt der Wappen bildet Formen alter Schutzschilde nach.

crestfallen ['krestˌfɔːlən] *Adj.* niedergeschlagen, zerschmettert
Cribbages Wizarding Crackers [ˌkrɪbɪdʒɪz 'wɪzədɪŋ ˌkrækəz] *Name vgl.* ***cribbage*** *ein Kartenspiel;* ***wizarding*** Zauber…; ***cracker*** Knallbonbon
crikey ['kraɪkɪ] *Ausruf umgangsspr.* Mann!, Mensch!
crime [kraɪm] *Subst.* Verbrechen
crimson ['krɪmzən] *Adj.* karminrot, karmesinrot, leuchtend rot
cringing ['krɪndʒɪŋ] *Adj.* kriecherisch
crinoline ['krɪnəlɪn] *Subst.* Krinoline, Reifrock
crisp[1] [krɪsp] *Subst. brit.* Kartoffelchip
crisp[2] [krɪsp] *Adj.* lebhaft, knapp, klar
criss-cross ['krɪsˌkrɒs] *V/i.* kreuz und quer verlaufen
critical ['krɪtɪkl] *Adj.* kritisch; bedrohlich
croak [krəʊk] *V/i.* krächzen, quaken; *altertüml.* unken
Croaker ['krəʊkə] *Name vgl.* ***croak*** krächzen; *altertüml.* unken (*Unglück prophezeien*) (*ein Unspeakable: geheimnisvoller Zauberer aus dem Department of Mysteries im Ministery of Magic*)

> **Crockford, Doris** ['krɒkfəd, ˌdɒrɪs] *Name; vgl.* ***crock*** Klepper, alter Gaul; Klappergestell; ***ford*** Furt, überquerbare seichte Stelle in einem Fluss; **Doris** weibl. Vorname, aus griech. „dorische Frau" – ältere Hexe, die Harry bei seinem ersten Besuch im *Leaky Cauldron* kennenlernt.

crocodile ['krɒkədaɪl] *Subst.* ZOOL Krokodil; ***crocodile fashion*** in Zweierreihen

crocodile-skin ['krɒkədaɪl skɪn] *Subst.* Krokodilleder

crone [krəʊn] *Subst.* altes Weib

crony ['krəʊnɪ] *Subst.* Kumpan, Kumpel, alter Freund

crooked ['krʊkɪd] *Adj.* krumm, höckrig; gekrümmt, gebogen

Crookshanks ['krʊkʃæŋks] *Name vgl.* ***crook*** krumm, gebeugt; ***shank*** Unterschenkel, Schienbein, Bein (*Hermiones kluger Kater*)

crop [krɒp] *Vt/i.* (*Ernte*) tragen; ernten; (*Haare*) kurz schneiden; ***crop up*** auftauchen, zu Tage treten

cross[1] [krɒs] *Subst.* Kreuz; ZOOL Kreuzung

cross[2] [krɒs] *Adj.* ärgerlich, böse

crossbow ['krɒsbəʊ] *Subst.* Armbrust

crossword ['krɒsˌwɜːd] *Subst.* Kreuzworträtsel

crotcheted ['krɒtʃɪtɪd] *Adj.* verdreht, verschroben

crouch [kraʊtʃ] *V/i.* kauern, sich vorbeugen, sich ducken

> **Crouch, Bartemius** ['kraʊtʃ, bɑːˌtiːmɪəs] *Name*; *vgl.* ***crouch*** sich bücken, ducken, kauern; (unterwürfig) kriechen; **Bartemius** *vgl. auch* ***Barthelmius***, männl. Vorname, vielleicht von *Bartholomew*: Bartolomäus, hebr. „Sohn eines Ackerreichen" – leitet das *Department for International Magical Co-Operation*; sein Sohn gleichen Namens wurde in einem umstrittenen Prozess als *Death Eater* verurteilt und nach Azkaban geschickt.

crow [krəʊ] *V/i.* krähen

> **Cruciatus Curse** [kruːʃɪ'eɪtəs kɜːs] *Zauber* "Crucio", *vgl.* ***crucio*** *lat.* ich foltere, martere, quäle; ***curse*** Fluch, Verwünschung

cruel ['kruːəl] *Adj.* grausam

crumble ['krʌmbl] *V/i.* bröckeln

crumpet ['krʌmpɪt] *Subst.* KUL Teekuchen (*auf dem Blech gebackene Sauerteigfladen*; *kleiner, dicker Pfannkuchen*)

crumpled ['krʌmpəld] *Adj.* zerknittert; verbogen; geknickt

crunch [krʌntʃ] *Vt/i.* knirschen, zerkauen, zermalmen

crush [krʌʃ] *V/t.* zerstoßen, im Mörser zerkleinern

crutch [krʌtʃ] *Subst.* Krücke; *übertr.* Gehilfe

crystal ball [ˌkrɪstl 'bɔːl] *Subst.* Kristallkugel; → ***divination***

crystalline ['krɪstəlaɪn] *Adj.* kristallen

cub [kʌb] *Subst.* ZOOL Junges, Welpe

crystal ball

cubicle ['kju:bɪkl] *Subst.* Kabine, Zelle

cuddly ['kʌdlɪ] *Adj.* anschmiegsam, knuddelig, knuffig

cue [kju:] *Subst.* Stichwort

cuff[1] [kʌf] *Subst.* Manschette, Ärmelsaum

cuff[2] [kʌf] *V/t.* knuffen, ohrfeigen

culminate ['kʌlmɪneɪt] *V/i.* gipfeln

culprit ['kʌlprɪt] *Subst.* Schuldiger, Übeltäter

cunning[1] ['kʌnɪŋ] *Subst.* Verschlagenheit, Gerissenheit, Hinterlist

cunning[2] ['kʌnɪŋ] *Adj.* verschlagen, durchtrieben

cup[1] [kʌp] *Subst.* Tasse

cup[2] [kʌp] *V/t.* hohl machen; ***cupped hand*** hohle Hand

cupboard ['kʌbəd] *Subst.* Schrank

> **cupid** ['kju:pɪd] *Subst.* Cupido, Amor; von *lat.* ***cupido*** das Begehren; dargestellt als dickes Kleinkind mit Pfeil und Bogen: Wer vom Pfeil getroffen wird, entflammt in Liebe bzw. Verlangen. Häufig auch als Amor (*lat.* ***amor*** die Liebe) bezeichnet bzw. in der Kunstgeschichte als Amorette oder Putto, besonders beliebt in der Kunst des Barock und Rokoko, in Kirchen häufig als kleine Engel interpretiert.

cur [kɜ:] *Subst.* Köter

curb [kɜ:b] *V/t.* zügeln, drosseln, einschränken

cured [kjʊəd] *Adj.* gepökelt, eingesalzen

curiosity [ˌkjʊərɪ'ɒsɪtɪ] *Subst.* Neugierde

curious ['kjʊərɪəs] *Adj.* neugierig; merkwürdig, kurios

curl [kɜ:l] *V/t.* in Locken legen

curl up [kɜ:l 'ʌp] *V/i.* sich einrollen

curse[1] [kɜ:s] *Subst.* Fluch, Verwünschung

curse[2] [kɜ:s] *V/t.* verfluchen, verwünschen

> **curse** vielleicht von *lat.* ***corrumpere*** zerstören, verderben, oder *altfrz.* ***curuz*** Zorn, Wut; *Subst.* Fluch, Verwünschung; *V/t.* verfluchen, verwünschen; **counter-curse** Gegenfluch; **swear** aus dem German. abgeleitet: schwören, Eid ablegen; ins Negative abgesunken: *Subst.* blasphemischer Schwur, Fluch; *V/i* fluchen; **hex** *Subst. US* Fluch, *V/t.* verhexen; **jinx** *Subst.* Unheilbringer, *V/t.* verhexen.

curtain ['kɜ:tn] *Subst.* Vorhang, Gardine

curtsey ['kɜ:tsɪ] *V/i.* knicksen, einen Knicks machen

curve [kɜ:v] *V/t.* krümmen

curvy ['kɜ:vɪ] *Adj.* kurvenreich

cushion ['kʊʃn] *Subst.* (Zier)Kissen, Sofakissen, Polster

custard ['kʌstəd] *Subst.* KUL *etwa:* Vanillesoße

custard tart ['kʌstəd tɑ:t] *Subst. etwa:* Puddingtörtchen

customs ['kʌstəmz] *Subst.* Zoll(behörde)

cut[1] [kʌt] *Subst.* Schnitt; ***a cut above*** eine Stufe höher als

cut[2] [kʌt] *V/t.* schneiden; ***cut off*** abschneiden

cute [kju:t] *Adj. US* hübsch, niedlich

cutlery ['kʌtlərɪ] *Subst.* Besteck

D

dab[1] [dæb] *Subst.* Tupfer

dab[2] [dæb] *V/t.* antippen; tupfen

dagger ['dægə] *Subst.* Dolch; ***look daggers at s.o.*** j-n mit Blicken durchbohren

damage ['dæmɪdʒ] *V/t.* beschädigen, schaden

damn[1] [dæm] *V/t.* verdammen

damn[2] [dæm] *Subst. umgangsspr.* ***I don't give a damn*** das interessiert mich einen Dreck

damned [dæmd] *Adj.* verdammt

damp [dæmp] *Adj.* feucht; ***damp-spotted*** schimmelfleckig, mit Feuchtigkeitsflecken

dampen ['dæmpən] *V/t.* dämpfen

dangle ['dæŋgl] *V/i.* baumeln

dapple ['dæpl] *V/t.* tüpfeln, sprenkeln

dapple-grey [ˌdæpl'greɪ] *Adj.* Apfelschimmel…

dare[1] [deə] *Subst.* Mutprobe

dare[2] [deə] *Vt/i.* wagen; ***I dare say*** *oder* ***daresay*** ich vermute, ich könnte mir denken, es kann gut sein

daresay [ˌdeə'seɪ] → ***dare***[2]

daring ['deərɪŋ] *Subst.* (Wage)Mut, Kühnheit

Dark Arts [ˌdɑːk 'ɑːts] *Subst. Pl.* Schwarze Kunst, Schwarze Magie; die Beschwörung der finsteren Mächte und Kunst der bösen Zauberer; im Gegensatz zu weißer – heilsamer – Magie; **Dark Forces:** die finsteren Mächte, Kraft des Bösen, teuflische Kräfte; **Dark Wizard:** Schwarzmagier, böser Zauberer. In der frühen Neuzeit wähnte man Hexen und Zauberer mit dem Teufel oder der Hölle im Bunde; demnach hatten sie ihr Wissen und ihre besonderen Kräfte erlangt, indem sie ihre Seele dem Teufel verkauft haben. Schwarzmagier oder böse Zauberer bedienen sich ihrer Kunst, um Macht für sich selbst zu erringen, und setzen sie zum Schaden anderer ein, während weiße Magie zum Heil und Segen der menschlichen Gemeinschaft benutzt wird. – Diese Unterscheidung macht implizit auch Albus → ***Dumbledore***, wenn er Harry am Ende des 2. Schuljahres erklärt: „It is our choices, that show what we truly are, far more than our abilities.“

Dark Forces [ˌdɑːk ˈfɔːsɪz] *Subst. Pl.* die dunklen/finsteren Mächte

> **Dark Mark** [ˌdɑːk ˈmɑːk] *Neubildung vgl.* ***dark*** dunkel, finster; ***mark*** Zeichen, Markierung, Merkmal (*Symbol und Erkennungszeichen der Anhänger Lord Voldemorts: ein Totenschädel*)

dark wizard [ˌdɑːk ˈwɪzəd] *Name* Schwarzmagier, böser Zauberer; → ***Dark Arts***
darn [dɑːn] *V/t.* stopfen, flicken
dart¹ [dɑːt] *Subst.* (Wurf)Pfeil
dart² [dɑːt] *V/i.* ***dart off*** davonschießen, davonstürzen, davonjagen
dash [dæʃ] *Vt/i.* (los)stürzen, hetzen; schleudern, schmettern
dashboard [ˈdæʃbɔːd] *Subst.* Armaturenbrett
dashing [ˈdæʃɪŋ] *Adj.* schneidig, schmissig, schwungvoll
daub [dɔːb] *Vt/i.* schmieren; klecksen
Davies, Roger [ˈdeɪvɪs, ˌrɒdʒə] *alter Familienname, „Sohn Davids"*; ***Roger*** *männl. Vorname (älterer Mitschüler Harrys und Captain des Ravenclaw-Quidditch-Teams)*
dawn¹ [dɔːn] *Subst.* Morgengrauen, Dämmerung
dawn² [dɔːn] *V/i.* dämmern
dazed [deɪzd] *Adj.* benommen, betäubt, betört, benebelt
dazzle [ˈdæzl] *V/t.* blenden, verwirren
dazzling [ˈdæzlɪŋ] *Adj.* blendend, gleißend
deaden [ˈdedn] *V/t.* (*Schall*) dämpfen; (*Gefühl*) (ab)töten, ersticken
dead end [ˌded ˈend] *Subst.* Sackgasse
dead faint [ˌded ˈfeɪnt] *Subst.* tiefe Ohnmacht
deaf [def] *Adj.* taub
deafening [ˈdefənɪŋ] *Adj.* (ohren)betäubend
deal¹ [diːl] *Subst.* Übereinkunft; Geschäft
deal² [diːl] *V/i.* ***deal with*** umgehen mit, sich auseinandersetzen mit
deathday [ˈdeθˌdeɪ] *Subst.* Todestag

> **Death Eater** [ˈdeθ ˌiːtə] *Neubildung vgl.* ***death*** Tod; ***eat*** essen; *etwa: „Todfresser"; solche, die sich von Tod ernähren oder die danach trachten, den Tod zu überwinden (so nennen sich die Anhänger Lord Voldemorts)*

death toll [ˈdeθ təʊl] *Subst.* Sterblichkeitsquote, Todesrate
debate [dɪˈbeɪt] *Vt/i.* debattieren, diskutieren
debris [ˈdebrɪː] *Subst.* Trümmer, Schutt
decapitated [dɪˈkæpɪteɪtɪd] *Adj.* enthauptet
decapitation [dɪˌkæpɪˈteɪʃn] *Subst.* Enthauptung, Köpfen
decay [dɪˈkeɪ] *V/i.* verwesen, verrotten
decency [ˈdiːsənsɪ] *Subst.* Anstand, Feingefühl
decent [ˈdiːsənt] *Adj.* anständig, wohlerzogen, den guten Sitten entsprechend
decipher [dɪˈsaɪfə] *V/t.* entziffern, dechiffrieren, lesen
decision [dɪˈsɪʒən] *Subst.* Entscheidung
decline [dɪˈklaɪn] *Vt/i.* ablehnen; versagen, verweigern
decree [dɪˈkriː] *Subst.* Dekret, Richtlinie
decrepit [dɪˈkrepɪt] *Adj.* hinfällig, altersschwach

deduction [dɪ'dʌkʃən] *Subst.* Schlussfolgerung, logische Ableitung

deep-seated [ˌdiːp'siːtɪd] *Adj.* tief sitzend

defeat [dɪ'fiːt] *Subst.* Niederlage

defence [dɪ'fens] *Subst.* Verteidigung, Abwehr

defenceless [dɪ'fensləs] *Adj.* wehrlos

defiant [dɪ'faɪənt] *Adj.* herausfordernd, trotzig

deflate [ˌdiː'fleɪt] *Vt/i.* Luft auslassen, entleeren; *auch* abschwellen, abnehmen

deflect [dɪ'flekt] *V/t.* ablenken

deflection [dɪ'flekʃən] *Subst.* Ablenkung, Abweichung

deft ['deft] *Adj.* geschickt

deformed [dɪ'fɔːmd] *Adj.* deformiert, unförmig, außer Form geraten

de-gnome [ˌdiː'nəʊm] *Neubildung vgl. lat.* ***de...*** *Vorsilbe* ent...; ***gnome*** Zwerg, Gnom; → ***gnome***

dejected [dɪ'dʒektɪd] *Adj.* niedergeschlagen, deprimiert

> **Delacour** ['deləkʊə] *Name*; *frz.* ***de la cour*** „vom Hofe“, gebräuchlich als Beiname vornehmer Damen in höfischen Romanen des Mittelalters; **Delacour, Fleur**: „die Blume“, alter frz. Mädchenname – Champion der Zauberakademie Beauxbatons beim *Triwizard Tournament*, von Ron Weasley aus der Ferne angeschwärmt; **Delacour, Gabrielle**: frz. Mädchenname, – die kleine Schwester Fleurs, die im *Triwizard Tournament* eine Rolle spielt.

delay[1] [dɪ'leɪ] *Subst.* Verzögerung, Verspätung

delay[2] [dɪ'leɪ] *V/t.* verzögern, aufschieben

delegation [ˌdelɪ'geɪʃn] *Subst.* Abordnung, Delegation, Gesandtschaft

> **Deletrius!** [dɪ'liːtrɪəs] *Zauber vgl.* ***delete*** auslöschen

deliberate [dɪ'lɪbərɪt] *Adj.* absichtlich, vorsätzlich, mit Bedacht; wohlbedacht, besonnen

delicate ['delɪkət] *Adj.* empfindlich, sensibel, zerbrechlich

delicious [dɪ'lɪʃəs] *Adj.* köstlich

delight [dɪ'laɪt] *Subst.* Freude, Entzücken, Vergnügen

delighted [dɪ'laɪtɪd] *Adj.* erfreut

delinquent [dɪ'lɪŋkwənt] *Subst.* Straffälliger, Krimineller

deliver [dɪ'lɪvə] *V/t.* ausliefern, zustellen, (*Zeitung*) (nach)senden

delivery [dɪ'lɪvərɪ] *Subst.* (Aus)Lieferung, Zustellung

delude [dɪ'ljuːd] *V/t.* täuschen, in die Irre führen, betrügen

delusion [dɪ'ljuːʒn] *Subst.* Verblendung, Wahn, Trug

demand [dɪ'mɑːnd] *V/t.* fordern, verlangen, fordernd fragen

demanding [dɪ'mɑːndɪŋ] *Adj.* fordernd, (*Kräfte oder Aufmerksamkeit*) beanspruchend, anspruchsvoll

> **Dementor** [dɪ'mentə] *Neubildung*; *vgl. lat.* ***demens*** von Sinnen, geistig abwesend, ***de...*** von ... weg, ***mens*** Geist, Verstand; *vgl.* ***dement*** verrückt machen; ***...or***: lat. Wortendung, die j-n als Handelnden bezeichnet; *mentor* nennt man eine meist ältere, erfahrene Person, die j-m mit gutem Rat und positivem Einfluss zur Seite steht – Wächter

von Azkaban, die durch ihre bloße Anwesenheit alle positiven Energien und Gedanken aufsaugen und nur schlimme Erinnerungen zurücklassen; der „Kuss“ eines Dementors raubt dem Opfer Geist und Seele und lässt nur eine leere Hülle zurück: Er gilt als schlimmste Strafe, schlimmer als der Tod.

demolish [dɪ'mɒlɪʃ] *V/t.* demolieren; vernichten; *umgangsspr.* aufessen, verdrücken
demur [dɪ'mɜː] *V/i.* Bedenken/Einwände äußern, zu bedenken geben
denizen ['denɪzən] *Subst.* Bewohner, Einwohner

Densaugeo! [den'sɔːgɪəʊ] *Zauber vgl. lat.* ***dens*** Zahn; *lat.* ***augeo*** ich lasse wachsen

dent [dent] *Subst.* Beule, Delle
dentist ['dentɪst] *Subst.* Zahnarzt
deny [dɪ'naɪ] *V/t.* leugnen, abstreiten; abschlagen, ablehnen
depart [dɪ'pɑːt] *V/i.* abfahren, abreisen; losgehen
department [dɪ'pɑːtmənt] *Subst.* Abteilung
departure [dɪ'pɑːtʃə] *Subst.* Abfahrt
depict [dɪ'pɪkt] *V/t.* abbilden
deposit [dɪ'pɒzɪt] *V/t.* abstellen, ablegen
depressed [dɪ'prest] *Adj.* deprimiert, niedergeschlagen
deprive [dɪ'praɪv] *V/t.* ***deprive of s.th.*** *j-n* um etwas bringen, einer Sache berauben
depth [depθ] *Subst.* Tiefe
Deputy Headmistress ['depjʊtɪ ˌhed'mɪstrəs] Stellvertretende Rektorin, Vizedirektorin
deranged [dɪ'reɪndʒd] *Adj.* (geistes-) gestört, durchgedreht, verwirrt; zerrüttet
derelict ['derɪlɪkt] *Adj.* aufgegeben, herrenlos; baufällig
derisive [dɪ'raɪsɪv] *Adj.* höhnisch, spöttisch

Dervish and Banges [ˌdɜːvɪʃ ənd 'bændʒɪz] *Name*; *vgl. pers., türk.* ***dervish*** Derwisch, Angehöriger eines islamischen Bettelordens, der durch Askese, aber auch Musik und Tanz mystische Versenkung erreicht; besonders bekannt sind die tanzenden Derwische (*mewlewis*), die sich mit ausgebreiteten Armen um sich selbst drehen bis zur Trance; ***bang*** Knall(effekt) – Laden für magische Gerätschaften und Zaubererbedarf in Hogsmeade.

descend [dɪ'send] *V/i.* herabkommen, herabsteigen, absteigen
descendant [dɪ'sendənt] *Subst.* Nachkomme
descent [dɪ'sent] *Subst.* Abstammung
desert [dɪ'zɜːt] *V/t.* verlassen, im Stich lassen
deserve [dɪ'zɜːv] *V/t.* verdienen; ***well-deserved*** wohlverdient
desire [dɪ'zaɪə] *Subst.* Verlangen, inniger Wunsch, Begehren
desist [dɪ'zɪst] *V/i.* ablassen, aufhören
desk [desk] *Subst.* Schreibtisch, Schülerpult
despair [dɪ'speə] *Subst.* Verzweiflung
despairing [dɪ'speərɪŋ] *Adj.* der Verzweiflung nahe; verzweifelt
desperate ['despərɪt] *Adj.* verzweifelt

despicable [dɪ'spɪkəbl] *Adj.* jämmerlich; verächtlich, verachtenswert
despise [dɪ'spaɪz] *V/t.* verabscheuen, verachten, geringschätzen
destine ['destɪn] *V/t.* bestimmen, vorsehen
destroy [dɪ'strɔɪ] *V/t.* zerstören, vernichten
detach [dɪ'tætʃ] *Vt/i.* abtrennen, loslösen; sich lösen
detect [dɪ'tekt] *V/t.* entdecken; aufdecken
detector [dɪ'tektə] *Subst.* Entdecker, Aufdecker; ***treasure detector*** Schatzsucher
detention [dɪ'tenʃən] *Subst.* Arrest, Nachsitzen
determination [dɪˌtɜːmɪ'neɪʃn] *Subst.* Entschlossenheit, Zielstrebigkeit
detest [dɪ'test] *V/t.* verabscheuen, hassen
detour ['diːtʊə] *Subst.* Abstecher, Umweg
devastated ['devəsteɪtɪd] *Adj.* am Boden zerstört
devastation ['devəsteɪʃn] *Subst.* Verwüstung, Zerstörung
develop [dɪ'veləp] *V/t.* entwickeln
device [dɪ'vaɪs] *Subst.* Plan, Einfall, Erfindung; Vorrichtung, Gerät; ***left to one's own devices*** sich selbst überlassen
devil ['devl] *Subst.* Teufel; ***talk of the devil (and he's sure to appear)*** wenn man vom Teufel spricht …
devilish ['devlɪʃ] *Adj.* teuflisch
Devil's Snare [ˌdevlz 'sneə] *Subst.* *wörtlich* Teufelsfalle (*vielleicht eine Fleisch fressende Pflanze*)
devious ['diːvjəs] *Adj.* abwegig, irrig; *übertr.* verschlagen, zweifelhaft
devise [dɪ'vaɪz] *V/t.* ersinnen, sich ausdenken
devoid [dɪ'vɔɪd] *Adv.* ***devoid of*** ohne, frei von
Devon ['devn] Devonshire (*Grafschaft im Südwesten Englands*)
devote [dɪ'vəʊt] *V/t.* widmen
devoted [dɪ'vəʊtɪd] *Adj.* ergeben, hingebungsvoll
devotion [dɪ'vəʊʃn] *Subst.* Ergebenheit
devour [dɪ'vaʊə] *V/t.* verschlingen, fressen
dewy ['djuːɪ] *Adj. poet.* umflort, taubenetzt

Diagon Alley ['daɪəgən ˌælɪ] *Name vgl.* ***diagonal*** schräg, über Kreuz; ***alley*** Gasse (*Haupteinkaufsstraße im magischen, nur für Zauberer und Hexen sichtbaren und zugänglichen Teil Londons*)

diagram ['daɪəgræm] *Subst.* Diagramm, grafische Darstellung
dial ['daɪəl] *Subst.* Rädchen, Drehscheibe, Skala
diamond-hard ['daɪəməndhɑːd] *Adj.* hart wie ein Diamant, kristallhart
diamond-patterned ['daɪəmənd-ˌpætənd] *Adj.* wie ein Diamant gemustert
diary ['daɪərɪ] *Subst.* Tagebuch
diatribe ['daɪətraɪb] *Subst.* Hetze, gehässige Attacke
dicky ['dɪkɪ] *Adj. umgangsspr.* kränklich, schwächlich; ***not a dicky bird*** kein Wort
dictionary ['dɪkʃənrɪ] *Subst.* Wörterbuch

Diffindo! [dɪ'fɪndəʊ] *Zauber vgl. lat.* ***diffindo*** ich (zer)spalte

dig [dɪg] *V/t.* bohren, graben

Diggle, Dedalus ['dɪgl, ˌdedələs] *Name*; *vgl.* ***dig*** (aus)graben; **Dedalus** Daedalus, mythische Figur der griech. Antike, Erbauer des Labyrinths auf Kreta (→ ***maze***); gezwungen, von dort zu fliehen, verwirklichte er den Menschheitstraum vom Fliegen, indem er Flügel aus Wachs und Federn schuf. Sein Sohn Ikarus kam der Sonne zu nah, so dass das Wachs schmolz; er stürzte in den Tod. Seitdem ist Daedalus (und mehr noch Ikarus) ein Bild des Traumtänzers, der auf tragische Weise von der Realität eingeholt wird.

Diggory ['dɪgərɪ] *Name*; brit. Nachname nach dem Helden des mittelalterlichen Romans *Sir Degarre*; **Diggory, Amos**: männl. Vorname, durch einen jüdischen Propheten des 8. Jh.s bekannt und beliebt unter Puritanern – Zauberer im *Department for the Regulation and Control of Magical Creatures*, Vater von **Diggory, Cedric**: männl. Vorname, populär durch Cedric of Rotherwood („proud, fierce, jealous and irritable") in Sir Walter Scotts Roman *Ivanhoe* – älterer Mitschüler von Harry, *Captain* und *Seeker* des Hufflepuff-Quidditch-Teams, Konkurrent Harrys als Champion von Hogwarts beim *Triwizard Tournament* und in der Aufmerksamkeit Chos.

dignified ['dɪgnɪfaɪd] *Adj.* würdig, würdevoll

dignity ['dɪgnɪtɪ] *Subst.* Würde, würdevolle Haltung

dilapidated [dɪ'læpɪdeɪtɪd] *Adj.* schäbig, verwahrlost

dilate [daɪ'leɪt] *Vt/i.* ausdehnen; sich weiten

dilemma [dɪ'lemə] *Subst.* Zwiespalt, Dilemma, Notlage

dilute [daɪ'luːt] *V/t.* abschwächen; verdünnen, verwässern

dim [dɪm] *Adj.* undeutlich, trübe; gedämpft, dämmerig; (*Person*) beschränkt, einfältig

Dimitrov [dɪ'miːtrɒf] *slaw. Nachname* (*Spieler der bulgarischen Quidditch-Nationalmannschaft beim World Cup*)

dimpled ['dɪmpəld] *Adj.* mit Grübchen

din [dɪn] *Subst.* Lärm, Aufruhr

dincha? ['dɪntʃə] *umgangsspr.* ***"didn't you?"***

diner ['daɪnə] *Subst.* Speisende(r)

dingbat ['dɪŋbæt] *Subst. US umgangsspr.* Trottel

dingy ['dɪndʒɪ] *Adj.* schäbig, schmuddelig

dinner jacket ['dɪnə ˌdʒækɪt] *Subst.* Smokingjacke

dinnit? ['dɪnɪt] *umgangsspr.* ***"didn't it?"***

dip [dɪp] *Subst.* Eintauchen, Untertauchen

Dippet, Prof. Armando ['dɪpət, prə'fesə ɑːˌmændəʊ] *Name*; *vgl.* ***dip*** eintauchen, tunken, (Scheinwerfer) ausblenden; *vgl.* ***Dip.Ed.*** Abk. für *Diploma in Education*; **Armando**: span. Männername – vor vielen Jahren Vorgänger von Albus Dumbledore als Rektor in Hogwarts.

direction [dɪ'rekʃn] *Subst.* Richtung

Disapparate [dɪs'æpəreɪt] *Neubildung* verschwinden, sich in Luft auflösen

disappear [ˌdɪsə'pɪə] *V/i.* verschwinden

disappearance [ˌdɪsə'pɪərəns] *Subst.* Verschwinden

disappoint [ˌdɪsə'pɔɪnt] *V/t.* enttäuschen

disapproval [ˌdɪsə'pruːvl] *Subst.* Missbilligung, Missfallen

disarm [dɪs'ɑːm] *V/t.* entwaffnen

disarray [ˌdɪsə'reɪ] *Subst.* Unordnung, Verwirrung

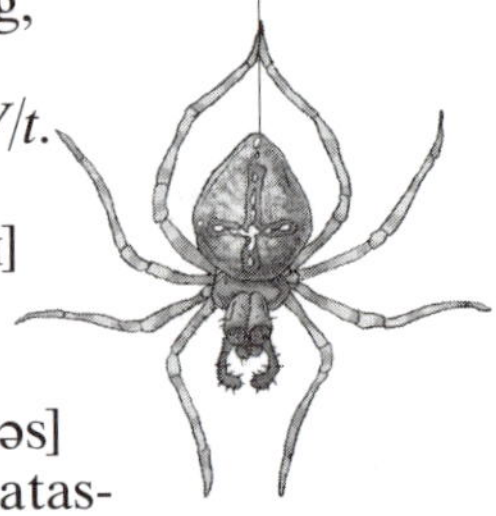

disastrous [dɪ'zɑːstrəs] *Adj.* verheerend, katastrophal

disband [dɪs'bænd] *V/i.* sich auflösen, sich zerstreuen

disbelief [ˌdɪsbɪ'liːf] *Subst.* Unglaube, Zweifel

disbelieving [ˌdɪsbɪ'liːvɪŋ] *Adj.* ungläubig

discard [dɪs'kɑːd] *V/t.* ablegen, ausrangieren

discern [dɪ'sɜːn] *V/t.* wahrnehmen, erkennen, feststellen

disclose [dɪs'kləʊz] *V/t.* enthüllen, offenbaren

discomfit [dɪs'kʌmfɪt] *V/t.* aus der Fassung bringen, verwirren

discomposed [ˌdɪskəm'pəʊzd] *Adj.* außer Fassung

disconcert [ˌdɪskən'sɜːt] *V/t.* aus der Fassung bringen, beunruhigen

discontinue [ˌdɪskən'tɪnjuː] *V/t.* unterbrechen, abbrechen, nicht fortsetzen

discord ['dɪskɔːd] *Subst.* Missklang, Zwietracht

discordant [dɪs'kɔːdənt] *Adj.* unharmonisch, misstönend

discover [dɪs'kʌvə] *V/t.* entdecken, herausfinden, ausfindig machen

discovery [dɪs'kʌvərɪ] *Subst.* Entdeckung

discreet [dɪ'skriːt] *Adj.* umsichtig, taktvoll, verschwiegen

disdainful [dɪs'deɪnfəl] *Adj.* verachtungsvoll, geringschätzig

disembark [ˌdɪsɪm'bɑːk] *V/i.* von Bord gehen, an Land gehen

disembodied [ˌdɪsɪm'bɒdɪd] *Adj.* körperlos

disembowelment [ˌdɪsɪm'baʊəlmənt] *Subst.* (*Herausnehmen der Eingeweide*) Ausweiden; Bauchaufschlitzen

disentangle [ˌdɪsɪn'tæŋgl] *V/t.* losmachen, entwirren; befreien

disfigure [dɪs'fɪgə] *V/t.* entstellen

disgrace [dɪs'greɪs] *Subst.* Schande, Ungnade; Schandfleck

disgraced [dɪs'greɪst] *Adj.* entehrt, in Schande *oder* Ungnade gefallen

disgraceful [dɪs'greɪsfəl] *Adj.* schändlich, schmachvoll

disgruntle [dɪs'grʌntl] *V/t.* verärgern, verstimmen

disgruntled [dɪs'grʌntld] *Adj.* verärgert, verstimmt, missgelaunt

disguise[1] [dɪs'gaɪz] *Subst.* Verkleidung

disguise[2] [dɪs'gaɪz] *V/t.* verkleiden; (*Schrift*, *Stimme*) verstellen

disgust [dɪs'gʌst] *Subst.* Abscheu, Widerwille

disgusted [dɪs'gʌstɪd] *Adj.* angewidert, angeekelt

disgusting [dɪs'gʌstɪŋ] *Adj.* abstoßend, widerlich

dish [dɪʃ] *Subst.* (*Mahlzeit*) Gericht;

flache Schüssel, Servierplatte; ***dishes*** Geschirr
dish out [dɪʃ 'aʊt] *V/t.* (*Essen*) austeilen
dishevelled [dɪ'ʃevəld] *Adj.* aufgelöst, zerzaust, unordentlich
dislike [dɪs'laɪk] *Subst.* Abneigung
dislodge [dɪs'lɒdʒ] *V/t.* herausnehmen, entfernen; vertreiben, verdrängen
disloyalty [dɪs'lɔɪəltɪ] *Subst.* Illoyalität, Untreue, Treulosigkeit
dismal ['dɪzməl] *Adj.* schaurig, düster, bedrückend
dismantle [dɪs'mæntl] *V/t.* auseinander nehmen
dismiss [dɪs'mɪs] *V/t.* entlassen
dismissive [dɪs'mɪsɪv] *Adj.* (*Haltung*) abweisend; (*Bemerkung*) wegwerfend
disobedience [ˌdɪsə'biːdjəns] *Subst.* Ungehorsam
disobey [ˌdɪsə'beɪ] *Vt/i.* nicht gehorchen, ungehorsam sein
disobliging [ˌdɪsə'blaɪdʒɪŋ] *Adj.* ungefällig, unfreundlich
disorientated [dɪs'ɔːrɪənteɪtɪd] *Adj.* desorientiert, ohne Überblick, nicht im Bilde
dispatch [dɪ'spætʃ] *V/t.* (ent)senden, schicken
disperse [dɪ'spɜːs] *Vt/i.* verstreuen; (sich) zerstreuen
dispirited [dɪ'spɪrɪtɪd] *Adj.* niedergeschlagen, mutlos, deprimiert
display[1] [dɪ'spleɪ] *Subst.* (Waren)Angebot, (Waren)Auswahl; Vorführung
display[2] [dɪ'spleɪ] *V/t.* zeigen, offenbaren, zur Schau stellen
displeasure [dɪs'pleʒə] *Subst.* Missvergnügen, Unwillen
disposal [dɪ'spəʊzl] *Subst.* Entsorgung, Beseitigung; Verfügung, Erledigung
dispose of [dɪ'spəʊz əv] *V/i.* sich entledigen; vernichten
disqualify [dɪs'kwɒlɪfaɪ] *V/t.* ausschließen, disqualifizieren
disregard [ˌdɪsrɪ'gɑːd] *Subst.* Missachtung, Respektlosigkeit
disrupt [dɪs'rʌpt] *V/t.* unterbrechen, stören
disruption [dɪs'rʌpʃən] *Subst.* Bruch, Zerrüttung, Zerstörung

> **Dissendium!** [dɪ'sendɪəm] *Zauber* *vgl.* ***dissension*** Meinungsverschiedenheit; Zwietracht, Uneinigkeit

dissent [dɪ'sent] *Subst.* Dissens, Meinungsverschiedenheit
dissolve [dɪ'zɒlv] *V/i.* sich auflösen
distant ['dɪstənt] *Adj.* entfernt
distinct [dɪ'stɪŋkt] *Adj.* eindeutig, deutlich, unterscheidbar
distinguish [dɪ'stɪŋgwɪʃ] *V/t.* unterscheiden, auszeichnen
distort [dɪ'stɔːt] *V/t.* entstellen, verdrehen
distract [dɪ'strækt] *V/t.* ablenken, zerstreuen; verwirren
distracted [dɪ'stræktɪd] *Adj.* verwirrt; besorgt, beunruhigt
distress [dɪ'stres] *Subst.* Qual, Pein; Kummer, Elend
disturbance [dɪ'stɜːbəns] *Subst.* Störung, Unruhe
disturbed [dɪ'stɜːbd] *Adj.* gestört
ditch [dɪtʃ] Graben; ***die in the last ditch*** bis zum letzten Atemzug kämpfen

> **dittany** ['dɪtənɪ] *Subst.* BOT Diptam, Brennender Busch; in Mittel- und

Südeuropa bis Asien verbreitetes Rautengewächs; violettblütige Staude mit zitronenartigem Duft, reich an ätherischen Ölen, die bei Hitze entzündet werden können; möglicherweise der Brennende Busch in der Wüste, aus dem Gott zu Moses im Alten Testament sprach.

dive[1] [daɪv] *Subst.* Sprung; Sturzflug, Hechtsprung

dive[2] [daɪv] *V/i.* einen Sturzflug *oder* Hechtsprung machen; (unter)tauchen

diver ['daɪvə] *Subst.* Taucher; Turmspringer

diverse [daɪ'vɜːs] *Adj.* verschiedenartig; vielfältig, mannigfaltig

diversion [daɪ'vɜːʃn] *Subst.* Ablenkung, Zerstreuung; Ablenkungsmanöver

diversionary [daɪ'vɜːʃənrɪ] *Adj.* Ablenkungs…

divide [dɪ'vaɪd] *V/t.* teilen

divination [ˌdɪvɪ'neɪʃn] *Subst.* Weissagung, Wahrsagung. Zu allen Zeiten versuchten die Menschen, aus verschiedenen Zeichen Aufschlüsse über die Zukunft zu erhalten. Dazu gehört z.B. die Deutung von Träumen. Mechanische Mittel, beispielsweise die Betrachtung eines Pendels oder einer Kristallkugel, dienen dazu, einen Zustand der Trance herbeiführen, in dem dieses verborgene Wissen erreicht werden kann. Die Druiden beobachteten den Zug der Wolken und das Aufsteigen des Rauchs von einem Feuer; auch die besondere Gestalt von Bäumen, die ihnen als heilig galten, konnte Aufschlüsse über die Zukunft geben. Eine drastische Methode, die gleichfalls den Druiden zugeschrieben wird, war die Beobachtung des Blutflusses eines frisch geopferten Menschen.
Im alten Rom beobachteten die *Auguren* („Vogelseher") den Vogelflug (*Auspizien*); hoch im Kurs standen auch die *haruspices*, etruskische Wahrsager, die die Linien des Blitzes beobachteten und in den Eingeweiden von Opfertieren lasen. Noch heute populär sind Wahrsagung aus Kaffeesatz oder Teeblättern, Astrologie (→ ***astronomy***) und das Lesen von Handlinien (z. B. Lebenslinie, Schicksalslinie), die Chiromantik (engl. *palmistry*).

diving board ['daɪvɪŋ bɔːd] *Subst.* Sprungbrett

divulge [daɪ'vʌldʒ] *V/t.* ausplaudern, bekannt machen

dizzy ['dɪzɪ] *Adj.* schwindelig

Dobby ['dɒbɪ] *Name*; *vgl. US* ***dobbin*** Arbeits- oder Zugpferd; *Dobby* ist auch eine freundliche Bezeichnung eines *hobgoblin* in Yorkshire oder Lancashire, der gerne Streiche spielt; sowie in anderer Schreibweise (*dobie*) eine Sonderform von → ***brownie*** – Hauself der Familie Malfoy, der Harry vor Unheil zu warnen versucht.

docile ['dəʊsaɪl] *Adj.* fügsam, gefügig; gelehrig

doddery ['dɒdərɪ] *Adj.* tatterig, vertrottelt

dodge [dɒdʒ] *Vt/i.* ausweichen; sich drücken; meiden, aus dem Weg gehen

dodgy ['dɒdʒɪ] *Adj. brit.* (*Situation*) vertrackt, verzwickt; zweifelhaft; (*Person*) verschlagen, hinterlistig

dog [dɒg] *Subst.* Hund; ***go to the dogs*** vor die Hunde gehen

dogged ['dɒgɪd] *Adj.* hartnäckig

dole [dəʊl] *V/t.* sparsam austeilen, verteilen

dollop ['dɒləp] *Subst.* Klumpen, Batzen, Brocken; Happen

Dolohov, Antonin ['dɒləhəv, ˌæntənɪn] *slaw. Nachname*; **Antonin** *slaw. Form von Anton(ius) (einer der Anhänger Lord Voldemorts, die nach dessen Sturz gefangen wurden)*

dolphin ['dɒlfɪn] *Subst.* ZOOL Delphin, Tümmler

domain [də'meɪn] *Subst.* Gutshof, Grundbesitz, Ländereien

domed [dəʊmd] *Adj.* gewölbt

dome-shaped ['dəʊmʃeɪpt] *Adj.* kuppelförmig

don [dɒn] *V/t. altertüml.* (*Kleidung*) anziehen; (*Hut*) aufsetzen

donate [dəʊ'neɪt] *V/t.* spenden, opfern

donation [dəʊ'neɪʃn] *Subst.* Spende, Schenkung

donkey ['dɒŋkɪ] *Subst.* Esel

doom-laden ['duːmˌleɪdn] *Adj.* schicksalsschwer

doomsday ['duːmzdeɪ] *Subst.* Jüngster Tag; Weltuntergang

doorknob ['dɔːnɒb] *Subst.* Türknopf

doorpost ['dɔːpəʊst] *Subst.* Türpfosten

dormitory ['dɔːmɪtrɪ] *Subst.* Schlafsaal

dormouse ['dɔːmaus], *Pl.* ***doormice*** ['dɔːmaɪs] *Subst.* ZOOL Haselmaus

dose [dəʊs] *Subst.* Dosis, Portion

double[1] ['dʌbl] *Adj.* doppelt

double[2] ['dʌbl] *Vt/i.* doppeln; sich verdoppeln

double back [ˌdʌbl 'bæk] *V/i.* kehrtmachen, zurückgehen

double-cross [ˌdʌbl'krɒs] *V/t.* hintergehen, betrügen, ein doppeltes Spiel spielen mit

double-dealing [ˌdʌbl'diːlɪŋ] *Subst.* doppeltes Spiel

doublet ['dʌblɪt] *Subst.* Wams, ärmellose Weste

double-take [ˌdʌbl'teɪk] *Subst.* ***he did a double-take*** er musste zweimal hinsehen

doughy ['dəʊɪ] *Adj.* teigig

downfall ['daʊnfɔːl] *Subst.* Sturz, Niedergang

downhill [ˌdaʊn'hɪl] *Adv.* bergab

downright ['daʊnraɪt] *Adj.* direkt, ausgesprochen

downtrodden ['daʊnˌtrɒdn] *Adj.* zertreten; *übertr.* unterdrückt

doze[1] [dəʊz] *Subst.* Dösen, Nickerchen

doze[2] [dəʊz] *V/i.* einnicken, wegdämmern

draco ['drɑːkəʊ] *lat.* ***draco dormiens numquam titilandus*** „Einen schlafenden Drachen soll man niemals kitzeln" (*Motto des Wappens von Hogwarts*); → ***crest***

Draco Malfoy [ˌdrɑːkəʊ 'mælfɔɪ] *Name* → ***Malfoy***

draft[1] [drɑːft] *Subst. aus Pflanzen, Kräutern*: Auszug, Extrakt

draft² [drɑːft] *V/t.* zeichnen, skizzieren

drag¹ [dræg] *Subst.* Drall, Schlagseite

drag² [dræg] *V/t.* schleppen, schleifen; ziehen, zerren; ***drag in*** hineinziehen

dragon ['drægən] *Subst.* Drache. Fabeltier der abendländischen, orientalischen wie auch der chinesischen und anderer außereuropäischer Kulturen. Drachen sind riesige Echsen. In Europa gibt es einen feinen Unterschied zwischen „Drachen" und „Wurm", bekannt auch als Lindwurm. Drachen haben in der Regel ein stacheliges Rückgrat, einen dornenbewehrten Schwanz und fledermausähnliche Flügel aus Haut; sie speien Feuer aus ihrem Rachen, und aus ihren Nüstern steigt glühender Dampf auf. Würmer hingegen repräsentieren den skandinavischen Typ: riesige Seeschlangen, die zuweilen eine Schuppenhaut, meist aber weder Extremitäten noch Flügel haben; statt Feuer zu speien verbreiten sie einen giftigen, auch stinkenden Brodem. Vorchristlichen und außereuropäischen Kulturen galten Drachen oft als heilige oder königliche Geschöpfe – in China standen sie für die kaiserliche Würde und für Glück, und auch in der kelt. Überlieferung ist der Drache nicht immer negativ bewertet. In der christlichen Ikonographie erscheint der Drache, ähnlich wie die Schlange, als Verkörperung des Teufels. Drachen in Mythen und Märchen lieben junge Mädchen, bewachen Schätze und sind schwer zu töten. Als kriegerisches Feldzeichen diente der Drache der Abwehr von Feinden; so ist er noch heute im Wappen von Wales zu finden.

dragon

dragonfly ['drægənflaɪ] *Subst.* ZOOL Libelle

dragon hide ['drægən ˌhaɪd] *Subst.* Drachenhaut, Drachenleder

drain¹ [dreɪn] *Subst.* Abfluss; ***throw***

money down the drain Geld zum Fenster hinauswerfen
drain² [dreɪn] *Vt/i.* versickern, abfließen; entwässern, trockenlegen; auszehren
drained [dreɪnd] *Part. Perf.* ausgezehrt, ausgedörrt
draining board ['dreɪnɪŋ bɔːd] *Subst.* Abtropfgestell
dramatic [drə'mætɪk] *Adj.* dramatisch, spannend
dratted ['drætɪd] *Adj. umgangsspr.* verflixt, verflucht
draught [drɑːft] *Subst.* MED (Arznei-)Trank; *von Pflanzen, Kräutern*: Auszug; (Luft)Zug
draughty ['drɑːftɪ] *Adv.* zugig
draw¹ [drɔː] *Subst. Lotterie etc.*: Ziehung
draw² [drɔː] *V/t.* ziehen; ***draw out*** hinauszögern, in die Länge ziehen; ***draw level*** einholen, aufholen
drawback ['drɔːbæk] *Subst.* Nachteil, Hindernis
drawer [drɔː] *Subst.* Schublade
drawers [drɔːz] *Subst. Pl.* Schlüpfer, Unterhose
drawing-room ['drɔːɪŋruːm] *Subst.* Salon, Gesellschaftszimmer
drawl [drɔːl] *Subst.* Geleiere, Gemaule, mauliger Tonfall
drawling ['drɔːlɪŋ] *Adj.* leiernd, maulig
drawstring ['drɔːstrɪŋ] *Subst.* Vorhangschnur
drawstring bag ['drɔːstrɪŋ bæg] *Subst.* Stoffbeutel mit Zugverschluss
dread¹ [dred] *Adj. kurz für* ***dreaded*** gefürchtet, furchtbar
dread² [dred] *V/t.* sehr fürchten, vor etwas große Angst haben
dreadful ['dredfəl] *Adj.* furchtbar, schrecklich
dreg [dreg] *Subst.* Bodensatz; Kaffeesatz, Teeblätter
drench [drentʃ] *V/t.* tränken, durchweichen
dresser ['dresə] *Subst. US* Anrichte, Küchenschrank; ***dresser drawer*** Küchenschublade
dressing gown ['dresɪŋ gaʊn] *Subst.* Morgenrock
dress robes ['dres rəʊbz] *Subst. Pl.* Abendgarderobe
dribble ['drɪbl] *V/i.* tröpfeln, sabbern, kleckern
drift [drɪft] *V/i.* (ab)treiben, davontreiben
drill [drɪl] *Subst.* Bohrer
drinks can ['drɪŋks kæn] *Subst.* Getränkedose
drone [drəʊn] *V/i.* leiern
Drooble's Best Blowing Gum [ˌdruːblz ˌbest 'bləʊɪŋ gʌm] *Neubildung; vielleicht Wortspiel mit* ***bubble*** (Luft-)Blase; ***best*** der Beste (*wie alles, wofür geworben wird*); ***blow*** (auf)blasen; ***gum*** Gummi, Kaugummi
drool [druːl] *V/i.* sabbern
droop [druːp] *Vt/i.* (schlaff) herabhängen; hängen lassen
drop¹ [drɒp] *Subst.* Tropfen; Fall, Abfall, Absinken; Einbruch
drop² [drɒp] *V/t.* fallen lassen, verlieren
drought [draʊt] *Subst.* Dürre, Trockenzeit
drown [draʊn] *Vt/i.* ertrinken; ersäufen, ertränken; *übertr.* übertönen
drowsy ['draʊzɪ] *Adj.* schläfrig

druid ['druːɪd] *Subst.* Druide, **druidess** ['druːɪdɪs] *Subst.* Druidin. Druiden beiderlei Geschlechts waren die Priester der heidnischen keltischen Bevölkerung Britanniens und Frankreichs; ihre Weisheit entstammte tiefer Kenntnis der Natur; sie verweigerten sich der schriftlichen Überlieferung ihres Wissens und Kults und feierten ihre religiösen Rituale nicht in von Menschen errichteten Bauten, sondern im Freien. Auch Menschenopfer sollen zum Kult der Druiden gehört haben. Mit ihnen werden prähistorische Kultstätten wie Stonehenge in Verbindung gebracht. Druiden wirkten bis in die ersten Jahrhunderte unserer Zeitrechnung. Hoch gewachsene, alte Bäume galten ihnen als heilig – vor allem die Eiche, die überall in Europa (vom antiken Griechenland bis in die nordischen Kulturen Skandinaviens) besonders verehrt wurde. Die Druiden schnitten der Überlieferung zufolge Misteln, die auf Eichen wachsen, mit goldenen Sicheln und bereiteten daraus kultische, wahrscheinlich heilkräftige Tränke.

drum-roll ['drʌmrəʊl] *Subst.* Trommelwirbel

drumstick ['drʌmˌstɪk] *Subst.* Trommelschlegel; KUL Hühnerschlegel

dry rot [ˌdraɪ 'rɒt] *Subst.* Trockenfäule

dub [dʌb] *V/t.* nennen, einen Namen geben

dubious ['djuːbɪəs] *Adj.* zweifelnd, unschlüssig; zweifelhaft, fragwürdig

duck [dʌk] *V/i.* sich bücken, sich ducken, (rasch) untertauchen

duck-footed ['dʌkˌfʊtɪd] *Adj.* watschelfüßig, entenfüßig

dud [dʌd] *Subst. umgangsspr.* Blindgänger, Niete

Dudley Dursley [ˌdʌdlɪ 'dɜːslɪ] *Name* → ***Dursley***

due [djuː] *Adj.* gebührend, angemessen; erforderlich; ***be due to s.o.*** j-m gebühren *oder* zukommen

duel ['djuːəl] *Subst.* Duell (*ritueller Zweikampf nach genauen Regeln*)

duffer ['dʌfə] *Subst. brit. umgangsspr.* Blödmann, Trottel, Flasche

dug [dʌg] *Prät.* → ***dig***

dull [dʌl] *Adj.* trüb(selig), dumpf

dull-witted ['dʌlˌwɪtɪd] *Adj.* beschränkt, stumpfsinnig

dumbfound [dʌm'faʊnd] *V/t.* verblüffen

Dumbledore, Albus ['dʌmbldɔː, ˌælbəs] *Name*; *vgl. umgangsspr.* ***dumbledore*** Hummel (*bumblebee*), aber auch Maikäfer und andere „Brummer"; *lat.* ***albus*** weiß, weckt die Assoziation an „weiße" Magie – Rektor von Hogwarts, Vertrauensperson und Leitfigur aller guten Zauberer, Gegner Lord Voldemorts; in kritischen Situationen wird hinter der Güte und Großzügigkeit seiner Erscheinung eine außerordentliche persönliche Autorität spürbar.

dumbstruck ['dʌmstrʌk] *Adj.* verblüfft, sprachlos; vom Donner gerührt, vor Staunen stumm

dump [dʌmp] *V/t.* fallen lassen; hinwerfen, aufhäufen, stapeln

dumpy ['dʌmpɪ] *Adj.* pummelig

dunderhead ['dʌndəhed] *Subst.* Dummkopf

dung [dʌŋ] *Subst.* Kot, Losung; Mist, Scheiße

dung beetle ['dʌŋ ˌbiːtl] *Subst.* Mistkäfer

dungeon

dungbomb ['dʌŋbɒm] *Subst.* Stinkbombe
dungbrain ['dʌŋbreɪn] *Subst. umgangsspr.* Blödmann
dungeon ['dʌndʒən] *Subst.* Verlies

Durmstrang ['dɜːmstræŋ] *Name*; *vgl.* ***strange*** unbekannt, fremdartig, möglicherweise auch Anagramm (Vertauschung von Buchstaben oder Wortteilen), das auf Nazi-Terminologie verweist (Sturm und Drang sind alte deutsche Wörter, die im Vokabular der Nationalsozialisten eine böse Rolle spielten) – *Durmstrang Institute of Magic*, eine Zauberschule, in der auch Schwarze Magie unterrichtet wird; diese Schule ist an einem geheimen, kalten und gebirgigen

Ort in Osteuropa gelegen, wahrscheinlich in Bulgarien, und beteiligt sich am *Triwizard Tournament.*

Dursley ['dɜːslɪ] *Name; vgl. altertüml.* ***dure*** hart, streng; *vgl. auch schott.* ***dure*** fortdauern, beständig oder gleich bleiben, verharren; **Dursley, Dudley**: brit. männl. Vorname, abgeleitet vom Namen einer Adelsfamilie. Der Name weckt auch die Assoziation ***dud***: „Blindgänger", Niete – Harrys Muggle-Cousin, wohlgenährter Liebling seiner Eltern, der dazu beiträgt, Harry das Leben im *Privet Drive* zu vergällen; **Dursley, Petunia**: weibl. Vorname, nach der gleichnamigen, bunt blühenden Topfblume, die gerne auf Reihenhausbalkonen gepflanzt wird; die Petunie gehört in die weitläufige Familie der Nachtschattengewächse, aus der viele Hexenpflanzen wie Tollkirsche und Bilsenkraut stammen – Harrys Tante mit großem Abscheu vor Zauberei und Unordnung; vermutlich, da sie sich gegenüber ihrer Schwester, Harrys Mutter, zurückgesetzt fühlte; **Dursley, Vernon**: männl. Vorname, nach dem gleich lautenden Familiennamen – Harrys jähzorniger Muggle-Onkel.

dusk [dʌsk] *Subst.* Sonnenuntergang, Abenddämmerung
dustbin ['dʌstbɪn] *Subst. brit.* Mülltonne
duster ['dʌstə] *Subst.* Staubwedel
dustpan ['dʌstpæn] *Subst.* Müllschaufel, Kehrblech
dusty ['dʌstɪ] *Adj.* staubig
duty ['djuːtɪ] *Subst.* Pflicht, Verpflichtung; Dienst, Aufgabe
dwarf [dwɔːf] *Pl.* ***dwarves*** [dwɔːvz] *Subst.* Zwerg
dwell [dwel] *V/i.* sich aufhalten, wohnen, leben
dwelling ['dwelɪŋ] *Subst.* Ansiedlung
dwell on ['dwel ɒn] *V/i. übertr.* verweilen bei, länger nachdenken über
dwindle ['dwɪndl] *V/i.* schrumpfen, schwinden, abnehmen
dye [daɪ] *V/t.* färben

E

eager ['iːgə] *Adj.* eifrig; erwartungsvoll, gespannt

eagle ['iːgl] *Subst.* ZOOL Adler

eagle owl ['iːgl aʊl] *Subst.* ZOOL Uhu

eardrum ['ɪədrʌm] *Subst.* Trommelfell

earmuffs ['ɪəmʌfs] *Subst. Pl.* Ohrenschützer, Ohrenklappen

earnest ['ɜːnɪst] *Adj.* ernst, ernsthaft; ***in earnest*** im Ernst

earshot ['ɪəʃɒt] *Subst.* ***within/out of earshot*** in/außer Hörweite

earwax ['ɪəwæks] *Subst.* Ohrenschmalz

earwiggy flower ['ɪəˌwɪgɪ 'flaʊə] *Neubildung vgl.* ZOOL ***earwig*** Ohrwurm, Ohrenhöhler; ***to earwig*** heimlich lauschen; ***flower*** Blume, Blüte

Easter ['iːstə] *Subst.* Ostern

eavesdropper ['ɪːvzˌdrɒpə] *Subst.* Lauscher, Horcher

eavesdropping ['iːvzˌdrɒpɪŋ] *Subst.* Lauschen, Spionieren

ebb away [ˌeb ə'weɪ] *V/i.* abebben, verfliegen

ebony ['ebənɪ] *Subst.* Ebenholz

eccentric [ɪk'sentrɪk] *Adj.* eigenwillig, überspannt, wunderlich

ecklectic [ɪ'klektɪk] *Neubildung vgl.* ***electric*** elektrisch; ***eclectic*** eklektisch (*aus verschiedenen Quellen ausgewählt, zusammengestückelt*)

éclair [ɪ'kleə] *Subst.* Éclair (*cremegefülltes Schnittchen aus lockerem Teig, „Liebesknochen“*)

ecstasy ['ekstəsɪ] *Subst.* Ekstase, Begeisterungstaumel

Edam ['iːdəm] *Subst. großer, runder holländischer Käse*

edge¹ [edʒ] *Subst.* Rand; *von Messer*: Schneide, Schärfe

edge² [edʒ] *V/i.* (sich) schieben, drücken, drängen; ***edge away*** sich davonstehlen

edgy ['edʒɪ] *Adj.* bissig, gereizt

education [ˌedjʊ'keɪʃn] *Subst.* Erziehung, Bildung, Schulbildung

eel [iːl] *Subst.* ZOOL Aal

eerie ['ɪərɪ] *Adj.* unheimlich, gruselig

Eeylops Owl Emporium ['aɪlɒps ˌaʊl em'pɔːrɪəm] *Name*; *vgl.* ***eye*** Auge, *vgl. auch* der Esel Eeyore aus *Winnie the Pooh*, einem berühmten Kinderbuch; *vgl.* ***Cyclops*** Zyklop, einäugiger Riese; ***emporium*** Handelsplatz, Warenhaus, Laden – Eulengeschäft in *Diagon Alley*, wo

Hagrid Harrys erstes Geburtstagsgeschenk kauft: die Schneeeule Hedwig.

effect [ɪ'fekt] *Subst.* Wirkung
effort ['efət] *Subst.* Anstrengung, Bemühen, Einsatz
egg [eg] *Subst.* Ei
eggcup ['egkʌp] *Subst.* Eierbecher
eggnog ['egnɒg] *Subst.* KUL Eierflip (*alkohol. Cocktail*)
egg on [ˌeg 'ɒn] *V/t.* aufstacheln, aufreizen
Egypt ['iːdʒɪpt] Ägypten
elaborate [ɪ'læbəreɪt] *V/t.* ausführen, ausarbeiten
elated [ɪ'leɪtɪd] *Adj.* in gehobener Stimmung; stolz
elbow ['elbəʊ] *Subst.* Ellbogen
elbow grease ['elbəʊ griːs] *Subst. umgangsspr.* „Muskelschmalz"
elder ['eldə] *Adj.* älter
elderflower ['eldəˌflaʊə] *Subst.* BOT Hollunderblüte
elderly ['eldəlɪ] *Adj.* ältlich
electric blue [ɪˌlektrɪk 'bluː] *Adj.* stahlblau
elephantine [ˌelɪ'fæntaɪn] *Adj.* elefantenartig, riesig

elf [elf], *Pl.* ***elves*** [elvz] *Subst.* Elf, Elfe; männliche und weibliche Elementargeister in verschiedenen Kulturen, *vgl.* nord. Elbe oder Albe. Unter Elementargeistern versteht man Wesen, die einer bestimmten Sphäre der Natur zugeordnet sind: Wasser, Luft, Feuer oder Erde wurden in der Antike und noch bei → ***Paracelsus*** als Elemente verstanden. „Geister" bedeutet in diesem Zusammenhang lediglich, dass es sich um Naturwesen handelt, die nicht menschlich sind, jedoch durchaus eine körperliche Erscheinung haben. Allerdings gelten nicht alle Gesetze der Physik für sie: Sie können sich verwandeln oder in einem Atemzug spurlos verschwinden. Im gleichermaßen nordisch wie vor allem stark keltisch geprägten Großbritannien gibt es eine fast unüberschaubare Zahl solcher Wesen. Ein *house-elf* wie Dobby und Winky ähnelt am meisten dem →***brownie*** oder → ***goblin***.

Elfric the Eager [ˌelfrɪk ðɪ 'iːgə] *Name*; *vgl.* ***elf*** Elf; die german. Namensendung *-ric* entspricht der dt. Endung „-rich" reich bzw. Herrscher; ***eager*** eifrig – Zauberer, der anscheinend einen Aufstand angezettelt hat: Prüfungsstoff in Harrys erstem Schuljahr in *History of Magic*.

elixir [ɪ'lɪksə] *Subst.* Elixier; aus *arab.* ***Al-iksir***: Lebenssaft, mithilfe des Steins der Weisen (→ ***alchemy***) gewonnene Tinktur, die ewiges Leben schenkt, zumindest aber verjüngt und die Lebenskraft verlängert; sie kann auch zur künstlichen Herstellung oder Verflüssigung von Gold benutzt werden. Es gibt verschiedene Beschreibungen, woraus dieses Elixier bestehen könnte, aber kein genaues Rezept, das sein Geheimnis lüftet. Vermutlich ist Blut ein wichtiger Bestandteil. In erweiterter Bedeutung wird das Wort Elixier auch im Sinne von Zauber- oder Heiltrank gebraucht.

elongate ['iːlɒŋgeɪt] *V/t.* verlängern
elope [ɪ'ləʊp] *V/i.* (von zu Hause) durchbrennen
elude [ɪ'luːd] *V/t.* ausweichen, entgehen
emanate ['eməneɪt] *V/i.* aufsteigen, hervorquellen
embarrass [ɪm'bærəs] *V/t.* in Verlegenheit bringen, bloßstellen
embarrassed [ɪm'bærəst] *Adj.* betreten, verlegen
embarrassing [ɪm'bærəsɪŋ] *Adj.* peinlich, beschämend
embarrassment [ɪm'bærəsmənt] *Subst.* Verlegenheit; Peinlichkeit
embed [ɪm'bed] *V/t.* einbetten, einbacken
ember ['embə] *Subst.* glühendes Stück Kohle *oder* Holzscheit; ***embers*** Glut, glühende Asche
emblazon [ɪm'bleɪzn] *V/t.* mit einem Wappenbild zieren, ausschmücken
embolden [ɪm'bəʊldən] *V/t.* ermutigen, Mut einflößen
embroidered [ɪm'brɔɪdəd] *Adj.* ausgeschmückt, verziert
emerald ['emrəld] *Subst.* Smaragd
emerge [ɪ'mɜːdʒ] *V/t.* auftauchen
emergency [ɪ'mɜːdʒənsɪ] *Subst.* Notfall
Emeric the Evil [ˌemərɪk ðɪ 'iːvl] *Name*; ***Emeric*** *männl Vorname, „Emmerich"*; ***evil*** übel, böse (*Anführer von goblin-rebellions, findet Erwähnung im History of Magic-Unterricht bei Prof. Binns*)

emit [ɪ'mɪt] *V/t.* von sich geben, ausstoßen
emphasis ['emfəsɪs] *Subst.* Betonung, Schwerpunkt
employee [ɪm'plɔɪiː] *Subst.* Angestellter
empty ['emptɪ] *V/t.* (aus)leeren
enable [ɪ'neɪbl] *V/t.* befähigen; ermächtigen
enamelled [ɪ'næmld] *Adj.* emailliert, glasiert
enchant [ɪn'tʃɑːnt] *V/t.* verzaubern
enchanted [ɪn'tʃɑːntɪd] *Adj.* verzaubert, Zauber…
enchanting [ɪn'tʃɑːntɪŋ] *Adj.* bezaubernd
enchantment [ɪn'tʃɑːntmənt] *Subst.* Zauber, Zauberspruch, Verzauberung
encircle [ɪn'sɜːkl] *V/t.* umgeben; einkreisen, einen Kreis schließen um
enclosure [ɪn'kləʊʒə] *Subst.* Einfriedung, Umzäunung
encouraging [ɪn'kʌrɪdʒɪŋ] *Adj.* ermutigend
end [end] *Subst.* Ende; ***on end*** (*Haare*) aufgestellt, gesträubt, zu Berge
endanger [ɪn'deɪndʒə] *V/t.* gefährden
endurance [ɪn'djʊərəns] *Subst.* Aushalten, Ausdauer, Durchhaltevermögen
endure [ɪn'djʊə] *V/t.* ertragen, erdulden

Enervate! ['enəveɪt] *Zauber vgl.* ***enervate*** schwächen, entnerven, ermüden

enlist [ɪn'lɪst] *V/t.* (*Person*) anwerben; (*Dienste*) in Anspruch nehmen
engagement [ɪn'geɪdʒmənt] *Subst.* Verabredung, Verpflichtung; Verlobung

engorgement [ɪn'gɔːdʒmənt] *Subst.* Übersättigung; Verstopfung; Schwellung

> **Engorgio!** [ɪn'gɔːdʒɪəʊ] *Zauber* *vgl.* ***engorge*** anschwellen

engrave [ɪn'greɪv] *V/t.* einritzen, gravieren, einprägen

engulf [ɪn'gʌlf] *V/t.* verschlingen

enjoy [ɪn'dʒɔɪ] *V/t.* genießen

enjoyable [ɪn'dʒɔɪəbl] *Adj.* vergnüglich, erfreulich

enmity ['enmɪtɪ] *Subst.* Feindschaft

enormous [ɪ'nɔːməs] *Adj.* enorm

enquiring [ɪn'kwaɪərɪŋ] *Adj. auch* ***inquiring*** fragend

enrage [ɪn'reɪdʒ] *V/t.* erzürnen, wütend machen

enraptured [ɪn'ræptʃəd] *Adj.* hingerissen, entzückt

en route [ˌɒn 'ruːt] *Adv. frz.* auf der Strecke, unterwegs

enslave [ɪn'sleɪv] *V/t.* versklaven

enslavement [ɪn'sleɪvmənt] *Subst.* Sklaverei

ensnare [ɪn'sneə] *V/t.* umgarnen, bestricken

en-suite jacuzzi [ɒn'swiːt dʒə'kuːzɪ] *Subst. in Hotelzimmer etc.*: eingebauter, eigener Whirlpool

ensure [ɪn'ʃʊə] *V/t.* sicherstellen

entangle [ɪn'tæŋgl] *V/t.* (*Haare*) verwirren, verfilzen; (*Person*) verheddern, sich verstricken

enter ['entə] *Vt/i.* betreten, hineingehen; eintreten

enthusiasm [ɪn'θjuːzɪæzm] *Subst.* Enthusiasmus, Begeisterung

enticing [ɪn'taɪsɪŋ] *Adj.* lockend, verführerisch

entirely [ɪn'taɪəlɪ] *Adv.* ganz, gänzlich

entirety [ɪn'taɪərtɪ] *Subst.* Gänze, Gesamtheit

entomb [ɪn'tuːm] *V/t.* beisetzen, begraben; *übertr.* (*in Kerker*) einmauern

entrails ['entreɪlz] *Subst. Pl.* Eingeweide

entrance[1] ['entrəns] *Subst.* Eingang; THEA Auftritt

entrance[2] [ɪn'trɑːns] *V/t.* in Entzücken versetzen, betören, überwältigen

entrance hall [ˌentrəns 'hɔːl] *Subst.* Eingangshalle

entrancing [ɪn'trɑːnsɪŋ] *Adj.* bezaubernd, überwältigend, verzückend

entrant ['entrənt] *Subst.* Bewerber, Teilnehmer

entwine [ɪn'twaɪn] *V/t.* umschlingen, umwinden

enumerate [ɪ'njuːməreɪt] *V/t.* aufzählen, herzählen

envoy ['envɔɪ] *Subst.* Abgesandter

envy ['envɪ] *V/t.* beneiden

equipped [ɪ'kwɪpt] *Adj.* ausgerüstet, ausgestattet

eradication [ɪˌrædɪ'keɪʃn] *Subst.* Ausrottung

eraser [ɪ'reɪzə] *Subst.* Radiergummi

> **Erised, the Mirror of** [ɪ'raɪzd, ðə ˌmɪrə əv] *Name*; *vgl.* ***erised*** spiegelverkehrt für ***desire*** Begehren – magischer Spiegel, den Harry im ersten Schuljahr auf einem nächtlichen Streifzug findet. Gespiegelt wird auch die Inschrift in seinem Rahmen verständlich und gibt Auskunft über sein Wesen: *Erised stra ehru oyt ube cafru oyt on wohsi*: „I show not your face but your heart's desire." → ***mirror***

Errol ['erəl] *männl. Vorname (altersschwache Familieneule der Weasleys)*
erupt [ɪ'rʌpt] *V/i.* herausschießen, ausbrechen
escalator ['eskəleɪtə] *Subst.* Rolltreppe
escape [ɪ'skeɪp] *Vt/i.* fliehen, entkommen
escort [ɪ'skɔːt] *V/t.* begleiten, geleiten
essential [ɪ'senʃəl] *Adj.* wesentlich, grundlegend
establish [ɪ'stæblɪʃ] *V/t.* einrichten, etablieren
estimate ['estɪmeɪt] *V/t.* schätzen, einschätzen, hochschätzen
etch [etʃ] *V/t.* gravieren, (in Kupfer) stechen, ätzen
eternity [ɪ'tɜːnɪtɪ] *Subst.* Ewigkeit
Eton ['iːtn] *größte britische Privatschule, gegründet im 15. Jh., hat auch heute noch Rang und Ruf einer Eliteschule*
evaporate [ɪ'væpəreɪt] *V/i.* sich in Luft auflösen, verdampfen
evasive [ɪ'veɪsɪv] *Adj.* ausweichend
even ['iːvən] *Adj.* ruhig, ausgeglichen
event [ɪ'vent] *Subst.* Ereignis, Vorkommnis; Aufsehen erregende Veranstaltung; ***sporting event*** Sportereignis
everlasting [ˌevə'lɑːstɪŋ] *Adj.* immerwährend
evidence ['evɪdəns] *Subst.* Beweis; ***give evidence*** Zeugnis ablegen, als Zeuge aussagen
evident ['evɪdənt] *Adj.* offensichtlich
evil-looking [ˌiːvl'lʊkɪŋ] *Adj.* bösartig aussehend
evil-tempered [ˌiːvl'tempəd] *Adj.* übellaunig
exacerbate [ɪg'zæsəbeɪt] *V/t.* reizen, verbittern, verschlimmern
examine [ɪg'zæmɪn] *V/t.* prüfen, prüfend betrachten
exasperate [ɪg'zɑːspəreɪt] *V/t.* wütend machen, aufbringen; zur Verzweiflung bringen
exasperated [ɪg'zɑːspəreɪtɪd] *Adj.* wütend, aufgebracht; der Verzweiflung nahe

exasperation [ɪgˌzɑːspə'reɪʃn] *Subst.* Erbitterung; Ärger
exceeding [ɪk'siːdɪŋ] *Adj.* außerordentlich
exceptional [ɪk'sepʃnəl] *Adj.* außergewöhnlich
exceptionally [ɪk'sepʃnəlɪ] *Adv.* ausnahmsweise; außergewöhnlich
excess [ɪk'ses] *Subst.* Übermaß, Überfluss, Überschuss
excited [ɪk'saɪtɪd] *Adj.* aufgeregt
excitement [ɪk'saɪtmənt] *Subst.* Aufregung
exciting [ɪk'saɪtɪŋ] *Adj.* aufregend
excruciating [ɪk'skruːʃjeɪtɪŋ] *Adj.* qualvoll, schauderhaft, unerträglich
excuse [ɪk'skjuːz] *Subst.* Entschuldigung, Ausrede; *übertr.* dürftiger Ersatz
execute ['eksɪkjuːt] *V/t.* hinrichten, exekutieren
executioner [ˌeksɪ'kjuːʃnə] *Subst.* Henker
exempt [ɪg'zempt] *V/t.* befreien, ausnehmen
exhaustion [ɪg'zɔːstʃən] *Subst.* Erschöpfung
exist [ɪg'zɪst] *V/i.* existieren, auf der Welt sein
expand [ɪk'spænd] *V/t.* ausbreiten; ausdehnen
expanse [ɪk'spæns] *Subst.* Ausbreitung; weite Fläche

expectant [ɪk'spektənt] *Adj.* erwartungsvoll

> **Expecto patronum!** [ɪkˌspektəʊ pə'trəʊnəm] *Zauber vgl. lat.* ***expecto*** ich erwarte; ***patronum*** den Paten, den Schutzherrn

expel [ɪk'spel] *V/t.* ausschließen, ausstoßen; (*aus einer Schule*) hinauswerfen; (*aus einem Land*) vertreiben, verbannen

> **Expelliarmus!** [ɪkˌspelɪ'ɑːməs] *Zauber vgl. lat.* ***expello*** ich vertreibe, verstoße, verbanne; *lat.* ***arma*** Bewaffnung

expensive [ɪk'spensɪv] *Adj.* teuer, kostspielig
experience [ɪk'spɪərɪəns] *Subst.* Erfahrung; ***hands-on experience*** praktische Erfahrung, Erfahrung aus erster Hand
experiment [ɪk'sperɪmənt] *Subst.* Versuch, Experiment
expertise [ˌekspɜː'tiːz] *Subst.* Gutachten, Expertise; Fachkenntnis
explanation [ˌeksplə'neɪʃn] *Subst* Erklärung
explicit [ɪk'splɪsɪt] *Adj.* deutlich, ausdrücklich
explode [ɪk'spləʊd] *V/i.* explodieren
exploits ['eksplɔɪts] *Subst. Pl.* Großtat, Heldentat, großartige Leistung
explore [ɪk'splɔː] *V/t.* erforschen
expressly [ɪk'spreslɪ] *Adv.* ausdrücklich
expulsion [ɪk'spʌlʃən] *Subst.* Ausschluss, Verbannung
extend [ɪk'stend] *V/t.* ausweiten; verlängern; (*Dienst, Hilfe*) erweisen
extinguish [ɪk'stɪŋgwɪʃ] *V/t.* auslöschen, (*Flammen*) ersticken
extract [ɪk'strækt] *V/t.* herausziehen, herausholen
extraordinary [ɪk'strɔːdnərɪ] *Adj.* außerordentlich, außergewöhnlich
extravagant [ɪk'strævəgənt] *Adj.* üppig, verschwenderisch
extricate ['ekstrɪkeɪt] *V/t.* herauswinden, sich befreien
exuberant [ɪg'zjuːbərənt] *Adj.* übermütig, überschwänglich, ausgelassen
exultant [ɪg'zʌltənt] *Adj.* triumphierend
eye socket ['aɪ ˌsɒkɪt] *Subst.* Augenhöhle

F

fade [feɪd] *V/i.* verblassen; verschwinden

faded ['feɪdɪd] *Adj.* verblichen, ausgeblichen, verschossen

fail [feɪl] *Vt/i.* versagen, durchfallen; durchfallen lassen

fail-safe ['feɪlseɪf] *Adj.* (*Gerät*) störungssicher, pannensicher; (*Methode*) abgesichert

faint[1] [feɪnt] *Adj.* schwach

faint[2] [feɪnt] *V/i.* in Ohnmacht fallen, bewusstlos werden

faintly ['feɪntlɪ] *Adv.* leicht, schwach

fair [feə] *Adj.* (*Wettbewerb*) fair; (*Person*) hübsch; blond; (*Betrag*) ordentlich

fairy ['feərɪ], *Pl.* **fairies** *Subst.* Fee, Elfe. Feen sind Naturgeister der kelt. Überlieferung, gelegentlich mit Verbindungen in die Jenseits- oder Anderswelt. *Fairies* weisen Verwandtschaft zu Elfen auf. In der britischen Geisterwelt sind *fairies* kleine, jedoch keineswegs immer freundliche Dämonen. Manchmal erscheinen sie in Scharen, sind alberne, verspielte Geschöpfe mit Neigung zum Schabernack. In Mondnächten tanzen sie auf Wiesen oder Waldlichtungen. Solche Feen tragen angeblich bevorzugt grüne oder aber rote Kleidung. Es gibt kleine, geflügelte Feen – Luftgeister – und auch solche, die einen Menschenkopf und Fledermausflügel haben. Nur wenige Menschen können sie klar erkennen, außer die Feen lassen sich mit Absicht sehen. Es wird aber auch behauptet, dass sie neugeborenen Kindern bestimmte Eigenschaften und Begabungen mitgeben und sich auch sonst gerne in Angelegenheiten der Menschen einmischen (→ ***Morgana***).

fake[1] [feɪk] *Adj.* falsch, vorgetäuscht, künstlich

fake[2] [feɪk] *V/t.* vortäuschen, fingieren, fälschen

falcon ['fɔːlkən] *Subst.* ZOOL Falke

false [fɔːls] *Adj.* falsch, irrig

falter ['fɔːltə] *V/i.* zögern, stocken

famous ['feɪməs] *Adj.* berühmt

fan[1] [fæn] *Subst.* Fächer

fan² [fæn] *Vt/i.* fächeln, wehen; sich (fächerförmig) ausbreiten

fancy¹ ['fænsɪ] *Adj.* (*Kleidung*) ausgefallen; (*Mahlzeit*) aufwändig

fancy² ['fænsɪ] *V/t.* ***fancy s.o.*** für j-n schwärmen; ***fancy s.th.*** scharf auf etwas sein

fang [fæŋ] *Subst.* ZOOL *von Schlangen*: Giftzahn; *von Raubtieren*: Fang, Reißzahn; *von Ebern*: Hauer; Vampirzahn

Fang [fæŋ] *Name vgl.* ***fang*** Fang, Reißzahn (*Hagrids boarhound, ein vom Anblick Furcht erregender, aber freundlicher schwarzer Jagdhund*)

fanged [fæŋd] *Adj.* mit Reißzähnen ausgestattet

faraway ['fɑːrəweɪ] *Adj.* weit weg; abwesend, verträumt

far-fetched [ˌfɑː 'fetʃt] *Adj.* weit hergeholt

fascinating ['fæsɪneɪtɪŋ] *Adj.* faszinierend, spannend

fasten ['fɑːsn] *Vt/i.* schließen, befestigen; sich schließen lassen

fastening ['fɑːsnɪŋ] *Subst.* Verschluss

fast forward [ˌfɑːst 'fɔːwəd] *Subst.* schneller Vorlauf (*beim Kassetten- oder Videorecorder*)

fat¹ [fæt] *Subst.* Fett; ***the fat's in the fire*** *umgangsspr.* der Teufel ist los, die Kacke ist am Dampfen

fat² [fæt] *Adj.* fett, dick

fatal ['feɪtl] *Adj.* tödlich, Verderben bringend

fate [feɪt] *Subst.* Schicksal

fateful ['feɪtfəl] *Adj.* schicksalhaft, schicksalsträchtig, verhängnisvoll

Fates [feɪts] *lat.* die römischen Parzen *Nona*, *Decuma*, *Morta*. Sie sind Schicksalsgöttinnen und entsprechen den griechischen Moiren: *Klotho* ist die Spinnerin des Lebensfadens, *Lachesis* die Zuteilerin des Lebensloses und *Atropos* die Unabwendbare, die den Lebensfaden durchtrennt. Sie werden häufig mit Schriftrolle, Spindel und Waage dargestellt. Auch in der nordischen Mythologie sind sie zu finden, urspr. als Geburtsgöttinnen. Es gibt drei Nornen: *Urd*, zuständig für das Gewordene, *Verdandi*, zuständig für das Seiende, und *Skuld*, zuständig für das Werdende.

fathom¹ ['fæðəm] *Subst.* Klafter; Lot, Senkblei; *brit.* Faden (*nautisches Längenmaß; 1 Faden enspricht 1,828 m*)

fathom² ['fæðəm] *V/t.* ergründen, eindringen in, ausloten

fathoms-deep [ˌfæðəmz'diːp] *Adj.* klaftertief

fault [fɔːlt] *Subst.* Fehler, Schuld

faulty ['fɔːltɪ] *Adj.* defekt, fehlerhaft

favour ['feɪvə] *Subst.* Gefallen, Gefälligkeit

favourite ['feɪvərɪt] *Adj.* Lieblings…

Fawkes [fɔːks] *Name*; der Name Fawkes erinnert an den historischen Attentäter *Guy Fawkes*, der 1605 einen Brandanschlag auf das englische Parlament plante, jedoch mit größeren Vorräten brennbaren Materials erwischt wurde. Der 5. November, Jahrestag der Aufdeckung dieses Attentatversuchs, heißt *Guy Fawkes Day*, auch *Bonfire Night* und ist ein offizieller brit. Feiertag und bei Kindern sehr beliebt. Überall in England werden Feuerwerke gezündet und Strohpuppen als „Guy Fawkes“ verbrannt – Albus Dumbledores treues Haustier, ein Phönix (→ ***phoenix***), der sich selbst verbrennt und verjüngt aus der Asche ersteht.

fawn [fɔːn] *V/i.* ***fawn over s.o.*** um j-n herumscharwenzeln, sich bei j-m einschmeicheln
feast[1] [fiːst] *Subst.* Festessen, Festmahl
feast[2] [fiːst] *V/i.* ***feast on*** sich gütlich tun an
feat [fiːt] *Subst.* Großtat, Heldentat
feather duster [ˌfeðə ˈdʌstə] *Subst.* Staubwedel (*aus Federn*)
feathery [ˈfeðərɪ] *Adj.* gefiedert, flaumig
feature [ˈfiːtʃə] *Subst.* Merkmal, Charakteristikum; Attraktion
feeble [ˈfiːbl] *Adj.* kläglich, schwächlich, schwach
feet [fiːt] *Pl.* → ***foot***
feigned [feɪnd] *Adj.* vorgetäuscht
feint [feɪnt] *Subst.* Finte, Täuschungsmanöver, Scheinangriff
fellow [ˈfeləʊ] *Subst.* Gefährte, Genosse, Kamerad
fen [fen] *Subst.* Fenn, Marschland; ***the fens*** die Niederungen East-Anglias
fence [fens] *Subst.* Zaun
fend [fend] *Vt/i.* ***fend off*** abwehren; abschirmen; ***fend for*** sorgen für
ferocious [fəˈrəʊʃəs] *Adj.* wild, grausam, grimmig
ferocity [fəˈrɒsɪtɪ] *Subst.* Grausamkeit, Wildheit
ferret[1] [ˈferɪt] *Subst.* ZOOL Iltis, Frettchen; *übertr.* Spion, Spitzel
ferret[2] [ˈferɪt] *V/t.* ***ferret out*** aufstöbern, aufspüren; herausfinden
fertiliser, fertilizer [ˈfɜːtɪlaɪzə] *Subst.* Dünger

Ferula! [ˈfɜːjʊlə] *Zauber vgl.* BOT ***ferula*** Ruten- oder Steckenkraut (*gedeiht in mediterranen Felsregionen; das Wurzelsekret kann für medizinische Zwecke eingesetzt werden*)

fervent [ˈfɜːvənt] *Adj.* glühend, inbrünstig, leidenschaftlich
festive [ˈfestɪv] *Adj.* festlich
festoon [feˈstuːn] *Subst.* Girlande
fetch [fetʃ] *V/t.* holen, bringen
feverish [ˈfɪːvərɪʃ] *Adj.* fiebrig, fieberhaft
fez [fez] *Subst.* Fez (*orientalische Kopfbedeckung*)
fiasco [fɪˈæskəʊ] *Subst.* Fiasko, Reinfall
fibre [ˈfaɪbə] *Subst.* Faser; Struktur; ***moral fibre*** Charakterstärke
fickle [ˈfɪkl] *Adj.* unbeständig, launisch
fiddle [ˈfɪdl] *V/i.* ***fiddle*** (***with***) herumspielen (mit)

Fidelius Charm [fɪˈdeɪlɪəs ˌtʃɑːm] *Zauber vgl. lat.* ***fides*** Treue, Vertrauen; ***charm*** Bann, Beschwörung

fidget [ˈfɪdʒɪt] *V/i.* zappeln, umherrutschen, unruhig werden; nervös fuchteln
field day [ˈfiːld deɪ] *Subst.* MILIT Feldübung; ***have a field day*** *übertr.* seinen großen Tag haben
fiend [fiːnd] *Subst.* Teufel; Dämon
fierce [fɪəs] *Adj.* wild, grimmig, beißend

Figg, Arabella ['fɪg, ˌærə'belə] *Name*; *vgl.* ***fig*** Feige; Kleinigkeit, Pfifferling. Der Feigenbaum im Paradies war manchen Überlieferungen zufolge anstelle des Apfelbaums der wahre Baum der Erkenntnis; im Islam repräsentiert er den Himmel. Die Feige enthält den Stoff Serotonin, ein Nervenhormon, das visionäre Erfahrungen bewirken kann; **Arabella**: weibl. Vorname – eine Hexe, die zur *old crowd* von Albus Dumbledores Vertrauten gehört und als verlässliche Partnerin im Kampf gegen Lord Voldemort angesehen wird.

Figg, Mrs ['fɪg, ˌmɪsɪz] *Name vgl.* ***fig*** Feige; Kleinigkeit, Pfifferling (*alte Dame, bei der Harry an Dudleys Geburtstagen einquartiert wird und die Fotos all ihrer Katzen betrachten muss*)

fight [faɪt] *Vt/i.* kämpfen (gegen *oder* mit); ***fight tooth and nail*** mit Zähnen und Klauen kämpfen

Filch, Argus ['fɪltʃ, ˌɑːgəs] *Name*; *vgl.* ***filch*** filzen, mopsen, mausen; **Argus** (eigentl. *Argos*): monströse Gestalt des griech. Mythos. Sein ganzer Körper ist mit Augen bedeckt, die abwechselnd geöffnet sind; die Göttin Hera setzt Argos als Wächter ein, um einen der vielen Seitensprünge ihres Gatten Zeus zu unterbinden; deshalb steht der Ausdruck „mit Argusaugen" sprichwörtlich für unablässige Wachsamkeit.

file¹ [faɪl] *Subst.* Akte, Aktenordner

file² [faɪl] *V/i.* sich einreihen, sich hintereinander begeben

Filibuster ['fɪlɪbʌstə] *Name vgl.* HIST Freibeuter; *US Politik*: Verschleppungstaktik, Obstruktionspolitik (*Markenname für magische Feuerwerkskörper; die Weasley-Zwillinge haben stets einen Vorrat an Dr. Filibuster's Fabulous Wet-Start No--Heat Firework*)

filing cabinet ['faɪlɪŋ ˌkæbɪnɪt] *Subst.* Aktenschrank

filter ['fɪltə] *Vt/i.* filtern, ausdünnen; durchdringen

filth [fɪlθ] *Subst.* Dreck, Schmutz

filthy ['fɪlθɪ] *Adj.* dreckig, schmutzig; ekelhaft, abscheulich

fin [fɪn] *Subst.* Flosse

final ['faɪnl] *Adj.* letzte(r, -s), abschließend

finality [faɪ'nælɪtɪ] *Subst.* Endgültigkeit

finally ['faɪnəlɪ] *Adv.* schließlich, endlich

Finch-Fletchley, Justin [ˌfɪntʃ'fletʃlɪ, ˌdʒʌstɪn] *Name*; *vgl.* ZOOL ***finch*** Fink; ***fletcher*** alter Familienname, der „Bogenmacher" oder „Pfeilemacher" bedeutet; ***fledge*** fiedern, mit Federn versehen; **Justin**: männl. Vorname: „der Gerechte" – Hufflepuff-Schüler aus Harrys Jahrgang.

fine¹ [faɪn] *Subst.* Geldstrafe, Bußgeld

fine² [faɪn] *V/t.* mit einem Bußgeld belegen

fine-tune [ˌfaɪn'tjuːn] *V/t.* fein abstimmen, ausfeilen

fing [fɪŋ] *umgangsspr. für* ***thing*** Ding

Finite incantatem! [fɪ'niːtə ˌɪnkən'tɑːtəm] *Zauber vgl. lat.* ***finite*** beendet!; *lat.* ***incantare*** beschwören, (religiös) anrufen

Finnigan, Seamus ['fɪnɪgən, ˌʃeɪməs] irischer Familienname; Finn ist auch der Held irischer und schott. Epen: ein wahrscheinlich historischer irischer Krieger namens Finn Mac Cumaill aus dem 3. Jh. n. Chr. inspirierte einen umfangreichen Kreis von Sagen; **Seamus**: eigentl. Séamus, irisch-gälische Form von James – gleichaltriger Gryffindor-Klassenkamerad von Harry.

fire ['faɪə] *Subst.* Feuer; ***under fire*** unter Beschuss
firebolt ['faɪəbəʊlt] *Name vgl.* ***bolt of fire*** Feuerblitz, Feuerschweif (*Rennbesen der Spitzenklasse, sorgt als anonymes Weihnachtsgeschenk im dritten Schuljahr für Aufregung*)
firecracker ['faɪəˌkrækə] *Subst.* Knallfrosch, kleiner Feuerwerkskörper

Firenze [fɪ'rentse] *Name*; *vgl.* ital. Name für die Stadt Florenz, eines der Zentren der Renaissancekultur, die Figuren der antiken Mythologie (wie die Zentauren) kunstvoll dargestellt hat – Zentaur, der im verbotenen Wald lebt und sich, anders als seine Artgenossen, angesichts der drohenden Wiederkehr Lord Voldemorts zum aktiven Eingreifen verpflichtet fühlt. Der Name könnte in diesem Zusammenhang auf einen tiefgreifenden Zwist unter den Zentauren (→ ***centaur***) hindeuten, wie er im 13. Jh. die alten florentinischen Adelsgeschlechter entzweite (aufgrund dieses Machtkampfs musste der Dichter Dante Alighieri ins Exil; seine *Göttliche Komödie* enthält Anspielungen auf den Konflikt).

fireside ['faɪəsaɪd] *Subst.* offener Kamin
firmly ['fɜːmlɪ] *Adv.* fest
first-name ['fɜːstneɪm] *Adj.* ***be on first-name terms*** sich mit dem Vornamen anreden
first-rate [ˌfɜːst'reɪt] *Adj.* erstklassig
fir tree ['fɜː triː] *Subst.* BOT Fichte
fishery ['fɪʃərɪ] *Subst.* Fischerei
fishing rod ['fɪʃɪŋ rɒd] *Subst.* Angelrute
fish tank ['fɪʃ tæŋk] *Subst.* Aquarium
fishy ['fɪʃɪ] *Adj.* fischig; *übertr.* anrüchig, faul
fissure ['fɪʃə] *Subst.* Spalte, Riss
fist [fɪst] *Subst.* Faust
fit¹ [fɪt] *Subst.* MED Anfall, Krampf
fit² [fɪt] *Adj.* angemessen, richtig, passend
fix [fɪks] *Subst.* Klemme
fizz [fɪz] *V/i.* zischen, prickeln, sprudeln
fizzy drink ['fɪzɪ drɪŋk] *Subst.* Brauselimonade
flabbergast ['flæbəgɑːst] *V/t umgangsspr.* verblüffen, umhauen
flag [flæg] *V/t.* ***flag down*** (*Fahrzeug*) anhalten, (*Taxi*) herbeiwinken
flagged [flægd] *Adj.* mit Steinplatten *oder* Fliesen ausgelegt
flagon ['flægən] *Subst.* bauchige (Wein)Flasche; Deckelkrug

flail [fleɪl] *V/t.* dreschen, um sich schlagen

flake [fleɪk] *V/i. auch* ***flake off*** abblättern, abbröckeln

> **Flame-Freezing Charm** ['fleɪmˌ-friːzɪŋ 'tʃɑːm] *Zauber vgl.* ***flame*** Flamme, Glut; ***freeze*** einfrieren, gefrieren; ***charm*** Bann, Beschwörung

> **Flamel** ['flæml] *Name*; *vgl.* ***flame*** Flamme, Glut; Glanz, Leuchten; **Nicolas**: männl. Vorname griech. Ursprungs – *Flamel, Nicolas*: historische Figur; französischer Urkundenhändler, Kalligraph und Alchemist des 14. Jh.s; – Eigentümer des einzig bekannten Steins der Weisen und Forschungspartner von Albus Dumbledore; **Flamel, Perenelle**: *vgl.* ***perennial*** beständig, immerwährend, BOT winterharte Pflanze – Ehefrau von Nicolas Flamel, 658 Jahre alt.

flaming ['fleɪmɪŋ] *Adj.* flammend, brennend

flanked [flæŋkt] *Adj.* flankiert, eingerahmt, begleitet

flannel ['flænl] *Subst.* Flanell

flap[1] [flæp] *Subst.* Flattern, Flügelschlag; *übertr.* Aufregung

flap[2] [flæp] *V/i.* schlabbern, flattern

flare ['fleə] *V/i.* (*Kerze*) flackern; (*Feuer*) lodern; (*Nüstern, Nasenflügel*) sich weiten, blähen; ***flare up*** aufbrausen, in Wut ausbrechen

flash [flæʃ] *Subst.* Blitz, (Feuer)Garbe

flashy ['flæʃɪ] *Adj.* glänzend, schillernd; auffällig, knallig

flask [flɑːsk] *Subst.* Flasche

flat [flæt] *Adj.* flach; *übertr.* lustlos, lau, matt

flat-footed [ˌflæt'fʊtɪd] *Adj.* plattfüßig

flatten ['flætn] *V/t.* platt machen

flatter ['flætə] *Vt/i.* schmeicheln

flay [fleɪ] *V/t.* häuten, die Haut abziehen von

flea-bitten ['fliːˌbɪtn] *Adj.* von Flöhen gebissen; *übertr.* verlaust, lausig

fledged [fledʒd] *Adj.* gefiedert, flügge; ***fully fledged*** *übertr.* ausgewachsen

flee [fliː] *V/i.* fliehen, flüchten

fleet [fliːt] *Subst.* Flotte

fleeting ['fliːtɪŋ] *Adj.* (*Blick*) flüchtig

> **Fleetwood's High-Finish Handle Polish** *Name*; *vgl.* ***fleet*** schnell; ***wood*** Holz; ***high-finish*** Hochglanz; ***handle*** Griff; ***polish*** Politur – Bestandteil des Besenpflegesets, das Harry von Hermione zum Geburtstag bekommt.

flesh-eating ['fleʃˌiːtɪŋ] *Adj.* Fleisch fressend

> **Fletcher, Mundungus** ['fletʃə, mʌn-ˌdʌŋgəs] alter Familienname, der „Bogenmacher“ oder „Pfeilemacher“ bedeutet; ***mundungus*** schlecht riechender Tabak, (altmod.) „Knaster“ – alter Zauberer, der gelegentlich Ärger verursacht, so macht er nach den Verwüstungen des Quidditch World Cups falsche Schadenersatzforderungen geltend; gleichwohl zählt er anscheinend zur *old crowd* von Albus Dumbledores Vertrauten und wird als verlässlicher Partner im Kampf gegen Lord Voldemort angesehen.

flex [fleks] *V/t.* beugen, dehnen, lockern

flibbertigibbet [ˌflɪbətɪˈdʒɪbɪt] *Subst.* Klatschbase, Schwätzerin

flick [flɪk] *V/t.* leicht schlagen, klopfen

flicker [ˈflɪkə] *V/i.* (*Flamme, Licht*) flackern, flimmern, schillern; (*Augenlid*) flattern, zucken

flimsy [ˈflɪmsɪ] *Adj.* dürftig, fadenscheinig

flinch [flɪntʃ] *V/i.* zurückzucken, zurückschaudern

fling [flɪŋ] *V/t.* schleudern, werfen

Flint, Marcus [ˈflɪnt, ˌmɑːkəs] *Name vgl.* Stein, Kiesel, Wurfgeschoss aus Stein; ***Marcus*** *lat. männl. Vorname (älterer Mitschüler Harrys, Chaser und Captain des Slytherin-Quidditch-Teams)*

flip over [flɪp ˈəʊvə] *V/t.* umkippen, umkehren

flipper [ˈflɪpə] *Subst.* (Schwimm-) Flosse

flit [flɪt] *V/i.* huschen

Flitwick, Prof. [ˈflɪtwɪk, prəˌfesə] *Name vgl.* ***flit*** flitzen, huschen, sausen; ***wick*** Docht (*sehr kleiner Zauberer, der in Hogwarts das Fach Charms unterrichtet*)

float [fləʊt] *V/i.* dahintreiben; schweben

floaty [ˈfləʊtɪ] *Adj.* fließend

Flobberworm [ˈflɒbəwɜːm] *Neubildung vgl.* ***flabby*** schlapp, kraftlos, gehaltlos; ***flobber*** *altertüml.* Dreck, schmutzige Erde; ***worm*** Wurm (*langweiliger Unterrichtsgegenstand im Care of Magical Creatures-Unterricht in Harrys drittem Schuljahr*)

flock [flɒk] *Subst.* Schwarm, Schar; Herde

flogging [ˈflɒgɪŋ] *Subst.* Auspeitschen, Züchtigung, Prügelstrafe

flood [flʌd] *V/t.* überschwemmen

Floo powder [ˈfluː ˌpaʊdə] *Neubildung klingt wie* ***flue*** Rauchfang, Kamin; Luftkanal; ***powder*** Pulver, Puder

floorboard [ˈflɔːbɔːd] *Subst.* Dielenbrett

flop [flɒp] *V/i.* fallen, sich fallen lassen, (hin)plumpsen

flourish[1] [ˈflʌrɪʃ] *Subst.* Schnörkel, Verzierung

flourish[2] [ˈflʌrɪʃ] *V/i.* gedeihen

Flourish & Blotts [ˌflʌrɪʃ ənd ˈblɒts] *Name vgl.* ***flourish*** Schnörkel, Verzierung; ***blot*** Klecks (*Buchhandlung und Schreibwarenladen in der Diagon Alley*)

flout [flaʊt] *V/t.* verhöhnen; (*Befehl*) missachten, sich hinwegsetzen über

flowered [ˈflaʊəd] *Adj.* geblümt, mit Blumenmuster

flowerpot [ˈflaʊəpɒt] *Subst.* Blumentopf

flowery [ˈflaʊərɪ] *Adj.* geblümt, mit Blumenmuster

flu [fluː] *Subst. kurz für* ***influenza*** Grippe

fluent [ˈfluːənt] *Adj.* flüssig

fluff [flʌf] *Subst.* Fusseln, Staubflocken

fluffy [ˈflʌfɪ] *Adj.* flaumig, kuschelig

Fluffy [ˈflʌfɪ] *Name*; „Puschelchen“, *vgl.* ***fluffy*** flaumig, kuschelig – Hagrids Name für den dreiköpfigen Hund, der den Zugang zum Stein der Weisen bewacht. Bei ihm handelt es sich wohl um einem „Verwandten“ des griechischen Unterwelt-Wächters, des dreiköpfigen und -schwänzigen Kerberos (Cerberus), der in der griech. und röm.

Mythologie den Ausgang des Totenreichs bewacht. Auch er ließ sich einmal mit Musik (→ ***flute***, → ***Grim***) besänftigen, als Orpheus um seine verstorbene Frau Eurydike klagte.

fluid[1] ['flu:ɪd] *Subst.* Flüssigkeit
fluid[2] ['flu:ɪd] *Adj.* flüssig, fließend
flurry ['flʌrɪ] *Subst.* Windstoß; Schauer
flush [flʌʃ] *V/i.* rot werden, erröten
fluster ['flʌstə] *V/t.* verwirren, nervös machen

Cerberus

flustered ['flʌstəd] *Adj.* durcheinander, nervös

> **flute** [fluːt] *Subst.* MUS Flöte; im Orchester speziell die Querflöte. In Mozarts Oper *Die Zauberflöte* hilft eine magische Flöte dem Helden Tamino in der Not; das Motiv erinnert an den antiken Orpheus-Mythos: der Hirte Orpheus konnte mit seiner Harfe und seinem Gesang Berge versetzen, wilde Tiere zähmen und sogar die Wächter zum Totenreich zu Mitleid rühren.

flutter[1] ['flʌtə] *Subst.* Flattern; Aufregung, Tumult; Wette; ***fancy a flutter?*** Wollen wir wetten?
flutter[2] ['flʌtə] *Vt/i.* flattern; klimpern
flutterby ['flʌtəbaɪ] *Subst. vgl.* ***flutter*** flattern, wehen, flackern (*Wortspiel mit* **butterfly** Schmetterling)
fluxweed ['flʌkswiːd] *Subst.* BOT ***Sisympbrium Sophia*** (*früher als Heilmittel für Ausfluss und Ruhr gebraucht*)
flyaway ['flaɪəweɪ] *Adj.* fliegend
foal [fəʊl] *Subst.* Fohlen
foaming ['fəʊmɪŋ] *Adj.* schäumend
focus[1] ['fəʊkəs] *Subst.* Blickwinkel
focus[2] ['fəʊkəs] *V/t.* (*Aufmerksamkeit*) richten auf, konzentrieren
foe [fəʊ] *Subst.* Feind, Gegner, Widersacher
fogged [fɒgd] *Adj.* benebelt, umnebelt
foggy ['fɒgɪ] *Adj.* nebelig, dunstig
foghorn ['fɒghɔːn] *Subst.* Nebelhorn
fold[1] [fəʊld] *Subst.* Falte
fold[2] [fəʊld] *Subst.* Schafspferch; *übertr. kirchlich*: Gemeinde
follower ['fɒləʊə] *Subst.* Anhänger, Gefolgsmann
fond [fɒnd] *Adj.* zärtlich, liebevoll; ***be fond of*** lieben, gern haben
fool[1] [fuːl] *Subst.* Narr
fool[2] [fuːl] *V/t.* zum Narren halten
foolhardy ['fuːlhɑːdɪ] *Adj.* tollkühn, verwegen
Fool's Day ['fuːlz deɪ] ***April Fools Day*** der 1. April (*an dem man Lehrer, Mitschüler und Kollegen mit scherzhaften Aufträgen auf die Schippe nehmen darf*)
foot [fʊt] Fuß (*brit. Längenmaß*, ***1 foot*** *entspricht 30,48 cm*)
footfalls ['fʊtfɔːlz] *Subst. Pl.* Fußgetrappel, Schritte
footstool ['fʊtstuːl] *Subst.* (Fuß)Schemel, Fußbank
forbade [fə'bæd] *Prät.* → ***forbid***
forbid [fə'bɪd] *V/t.* verbieten, untersagen
forbidding [fə'bɪdɪŋ] *Adj.* abschreckend, abstoßend; bedrohlich
force [fɔːs] *V/t.* zwingen
forceful ['fɔːsfəl] *Adj.* energisch, eindringlich, kraftvoll
forcible ['fɔːsɪbl] *Adj.* gewaltsam, erzwungen; zwingend, eindringlich

> **Ford Anglia** [fɔːd 'æŋglɪə] *Name*; ***Ford***: amerikanischer Automobilkonzern; ***Anglia***: lateinischer Name Englands; *Ford Anglia* ist ein berühmter Kleinwagen, der von Anfang der Dreißiger- bis Ende der Sechzigerjahre gebaut wurde – von Mr. Weasley am Rande der Legalität magisch „getunetes" Auto, das sowohl fliegen kann als auch als Familienwagen funktioniert; lediglich der *Invisibility Booster* hat einen Wackelkontakt.

forearm ['fɔːrɑːm] *Subst.* Unterarm

foreboding [fɔː'bəʊdɪŋ] *Subst.* (ungute) Vorahnung

forefinger ['fɔːˌfɪŋgə] *Subst.* Zeigefinger

forehead ['fɒrɪd] *Subst.* Stirn

foreign ['fɒrɪn] *Adj.* fremd, auswärtig, ausländisch

> **forest** ['fɒrɪst] *Subst.* Wald. Der verbotene Wald oder Zauberwald gehört zu den wichtigen mythischen Landschaften und ist fester Bestandteil in Märchen verschiedener Kulturen. Dort hat der Mensch keine Macht und Kontrolle, sondern geheimnisvolle Wesen, Fabeltiere und übernatürliche Erscheinungen leben dort nach ihren eigenen Gesetzen. Begegnungen im Zauberwald sind immer Herausforderungen, die bestanden werden müssen. Diese Abenteuer können als bildhafte Darstellung psychologischer Reifungsprozesse gelesen werden (→ ***adventure***).

forewarned [fɔː'wɔːnd] *Adj.* vorgewarnt

forfeit ['fɔːfɪt] *V/t.* verwirken, verscherzen; einbüßen

forge [fɔːdʒ] *V/t.* fälschen

forgery ['fɔːdʒərɪ] *Subst.* Fälschung

forgetful [fə'getfəl] *Adj.* vergesslich

forgetfulness [fə'getfəlnɪs] *Subst.* Vergesslichkeit

forget-me-not [fə'getmɪnɒt] *Subst.* BOT Vergissmeinnicht

fork [fɔːk] *Subst.* Gabel; Gabelung; ***fork of lightning*** Blitz

forked [fɔːkt] *Adj.* gegabelt, gespalten

forlorn [fə'lɔːn] *Adj.* verlassen, unglücklich, verzweifelt

formal ['fɔːml] *Adj.* offiziell, feierlich

formidable ['fɔːmɪdəbl] *Adj.* beeindruckend, Achtung gebietend; Furcht einflößend

formulate ['fɔːmjʊleɪt] *V/t.* darlegen, formulieren

forsaken [fə'seɪkən] *Adj.* verlassen, einsam

> **Fortescue, Florean** ['fɔːtɪskjuː, ˌflɔːrɪən] *Name*; *altfrz.* ***fort escu*** „starker Schild"; **Florean**: roman. männl. Form von *Florence* (von *lat.* ***florens*** blühend) – der Zauberei- und Hexengeschichte kundige Besitzer des *Ice-Cream Parlour* in der *Diagon Alley*, in dem Harry vor Beginn des dritten Schuljahrs seine Hausaufgaben macht.

fortnight ['fɔːtnaɪt] *Subst.* ***in a fortnight*** in vierzehn Tagen, in zwei Wochen

fortress ['fɔːtrɪs] *Subst.* Festung, Zwingburg

fortuna major [fɔː'tʃuːnə ˌmeɪdʒə] *lat.* größeres Glück

fortunate ['fɔːtʃənət] *Adj.* glücklich, günstig

fortune ['fɔːtʃən] *Subst.* Glück, Schicksal; Vermögen

fortune-telling ['fɔːtʃənˌtelɪŋ] *Subst.* Wahrsagerei; ***fortune*** Glück, Schicksal

foul [faʊl] *Adj.* widerlich, abscheulich; verdorben, stinkend; ***run foul of s.o.*** mit j-m zusammenstoßen, es sich mit j-m verderben

fountain ['faʊntɪn] *Subst.* Springbrunnen

four-poster [ˌfɔː'pəʊstə] *Subst.* Himmelbett

fowl [faʊl] *Subst.* Haushuhn, Geflügel

fraction ['frækʃən] *Subst.* Bruchteil

fracture ['fræktʃə] *Vt/i.* brechen, zerbrechen

fragment ['frægmənt] *Subst.* Stück

frail [freɪl] *Adj.* gebrechlich, fragil; zart, zerbrechlich, hinfällig

frame[1] [freɪm] *Subst.* Rahmen

frame[2] [freɪm] *V/t.* drankriegen, festnageln; hinhängen, anschwärzen

frantically ['fræntɪklɪ] *Adv.* verzweifelt, fiebrig; inbrünstig, rasend, außer sich

fraternise ['frætənaɪz] *V/i.* MILIT sich (mit dem Feind) verbrüdern

fraud [frɔːd] *Subst.* Schwindler(in), Hochstapler(in)

fray[1] [freɪ] *Subst.* Schlägerei, Streit

fray[2] [freɪ] *Vt/i.* (aus)fransen

frayed [freɪd] *Adj.* durchgescheuert, ausgefranst

freak [friːk] *Adj.* ausgeflippt, irre, durchgeknallt

freckle ['frekl] *Subst.* Sommersprosse

freckled ['frekld], **freckly** ['freklɪ] *Adj.* sommersprossig

Fred Weasley [ˌfred 'wiːzlɪ] *Name* → ***Weasley***

free rein [ˌfriː 'reɪn] *Subst.* freie Hand, Machtvollkommenheit

freeze [friːz] *V/t.* einfrieren; zum Stillstand bringen

freezer ['friːzə] *Subst.* Gefrierschrank

frenzy ['frenzɪ] *Subst.* Aufregung, Verzückung, Ekstase

fret [fret] *V/i.* sich aufreiben, sich ärgern, sich aufregen; sich kränken

fretful ['fretfəl] *Adj.* ärgerlich, mürrisch

friar ['fraɪə] *Subst.* Klosterbruder

fridge [frɪdʒ] *Subst.* *Kurzform für* ***refrigerator*** Kühlschrank

Fridwulfa [frɪd'wʊlfə] *Name vgl. german.* ***frid*** Friede; ***wulf*** Wolf; *Frauenname german. Herkunft (eine der letzten englischen Riesinnen und Hagrids verschollene Mutter)*

fright [fraɪt] *Subst.* Schrecken, Entsetzen

frighten ['fraɪtn] *V/t.* erschrecken, verängstigen

frightened ['fraɪtnd] *Adj.* erschrocken, erschreckt; ***frightened beyond one's wits*** vor Angst kopflos *oder* verrückt

frilly ['frɪlɪ] *Adj.* mit Rüschen besetzt; aufgetakelt

fringe [frɪndʒ] *Subst.* Haarfransen, Pony

frisbee ['frɪzbɪ] *Subst.* Frisbee

fritter ['frɪtə] *Subst.* KUL in Teig gebackenes Obst

frivolous ['frɪvələs] *Adj.* frivol, leichtfertig, oberflächlich

frog spawn ['frɒg spɔːn] *Subst.* ZOOL Froschlaich

frost [frɒst] *Subst.* Raureif, Eispelz

froth [frɒθ] *V/i.* schäumen

frown [fraʊn] *V/i.* die Stirn runzeln

fruitbat ['fruːtbæt] *Subst.* ZOOL *kleine tropische Fledermaus*

fruit-bowl ['fruːtbəʊl] *Subst.* Obstschale

frustration [frʌ'streɪʃn] *Subst.* Frustration, Entmutigung

fudge [fʌdʒ] *Subst.* KUL Fondant; Zuckerzeug

Fudge, Cornelius ['fʌdʒ, kɔːˌniːljəs] *Name vgl.* KUL Fondant, *übertr.*

Zuckerzeug; ***Cornelius*** *männl. Vorname, lat. „der Milde" (Minister of Magic)*

fulfil, fulfill [fʊl'fɪl] *V/t.* erfüllen, vollbringen

fumble ['fʌmbl] *V/i.* fummeln, sich zu schaffen machen

fume[1] [fjuːm] *Subst.* Rauch, Dunst, Dampf

fume[2] [fjuːm] *V/i.* rauchen; *übertr.* schäumen

fundamental [ˌfʌndə'mentl] *Adj.* grundsätzlich

fungus ['fʌŋgəs], *Pl.* ***fungi*** ['fʌndʒaɪ] *Subst.* BOT (Sporen)Pilz

fur [fɜː] *Subst.* Pelz, Fell

furball ['fɜːbɔːl] *Subst.* Fellknäuel

furl [fɜːl] *V/t.* aufrollen, einrollen

furnace ['fɜːnɪs] *Subst.* Hochofen

furniture ['fɜːnɪtʃə] *Subst.* Möbel, Mobiliar

> **Furnunculus!** [fɜː'nʌŋkjələs] *Zauber vgl.* ***furuncle*** Furunkel, eitrige Hautentzündung

furore [fjʊ'rɔːrɪ] *Subst.* Aufruhr, Furore

furrow ['fʌrəʊ] *V/t.* furchen, runzeln, kräuseln

furry ['fɜːrɪ] *Adj.* pelzig, bepelzt

furtive ['fɜːtɪv] *Adj.* verstohlen, heimlich, heimlichtuerisch

fury ['fjʊərɪ] *Subst.* Zorn, Wut, Raserei

fuss[1] [fʌs] *Subst.* Wirbel, Aufregung, „Theater"

fuss[2] [fʌs] *V/i.* sich aufregen, ein Theater veranstalten

fussy ['fʌsɪ] *Adj.* kleinlich, pingelig

fuzzy ['fʌzɪ] *Adj.* undeutlich, verschwommen

G

gabble ['gæbl] *V/i.* plappern, schwatzen

gad [gæd] *V/i.* umherziehen

gag [gæg] *V/t.* knebeln; *übertr.* kauen, würgen

gaggle ['gægl] *Subst.* Schar (*von Gänsen*)

gain [geɪn] *V/t.* gewinnen, erzielen

galaxy ['gæləksɪ] *Subst.* Galaxie, Milchstraße

gale [geɪl] *Subst.* Sturm; ***gales of laughter*** Lachsalven

gallant ['gælənt] *Adj.* ritterlich, tapfer

Galleon ['gæljən] *Neubildung urspr.* Galleone (*span. Kriegsschiff*); *übertr.* „großer Fang“ (*Goldmünze*; *wertvollste Einheit der Zaubererwährung →* ***Gringotts***)

gallopin' Gorgons! [ˌgæləpɪŋ 'gɔːgəns] *Ausruf* „bei den galoppierenden Gorgonen!“; → ***gorgon***

galoshes [gə'lɒʃɪz] *Subst. Pl.* Gummi-Überschuhe, Galoschen, Anglerstiefel

gamble ['gæmbl] *V/i.* (um Geld) spielen, Geld verspielen

Gambol and Japes [ˌgæmbl ənd 'dʒeɪps] *Name vgl.* ***gamble*** (Glücks-) Spiel; ***jape*** spotten, spaßen, scherzen (*Scherzartikelladen für Zauberer in der Diagon Alley*)

gamekeeper ['geɪmkiːpə] *Subst.* Wildhüter

gang [gæŋ] *Subst.* Bande

gangling ['gæŋglɪŋ] *Adj.* schlaksig

gaol [dʒeɪl] *Subst.* Gefängnis, Zuchthaus

gap [gæp] *Subst.* Lücke, Ritze, Spalte

gape [geɪp] *V/i.* den Mund aufreißen, staunen, starren

gaping [geɪpɪŋ] *Adj.* klaffend

garden hose ['gɑːdn həʊz] *Subst.* Gartenschlauch, Wasserschlauch

> **gargoyle** ['gɑːgɔɪl] *Subst.* Wasserspeier, *übertr.* Fratze; bizarre Fratzen entlang der Dachfirste gotischer Kirchen. Sie sind wohl Reflexe heidnischer Geister, christlich als Teufel gedeutet.

garland ['gɑːlənd] *Subst.* Girlande, Blumen- *oder* Laubgewinde

garlic ['gɑːlɪk] *Subst.* BOT Knoblauch (*traditionelles Abwehrmittel gegen Vampire*)

garment ['gɑːmənt] *Subst.* Kleidungsstück, Textilie

gash [gæʃ] *Subst.* (tiefe) Schnittwunde, (klaffende) Wunde

gasp[1] [gɑːsp] *Subst.* tiefer Atemzug, Keuchen, Japser

gasp[2] [gɑːsp] *V/i.* japsen, tief Luft holen, keuchen

gate [geɪt] *Subst.* Tor

gateau ['gætəʊ] *Subst. frz.* KUL Torte

gateway ['geɪtweɪ] *Subst.* Torweg, Durchgang

gather ['gæðə] *V/t.* versammeln, sammeln; begreifen

gaunt [gɔːnt] *Adj.* ausgezehrt, hager

gauzy ['gɔːzɪ] *Adj.* hauchdünn; aus Gaze

gawd [gɔːd] *Subst. umgangsspr.* ***god*** Gott

gawp [gɔːp] *V/i.* glotzen, gaffen

gaze[1] [geɪz] *Subst.* bohrender Blick

gaze[2] [geɪz] *V/i.* starren, durchdringend blicken

genial ['dʒiːnjəl] *Adj.* freundlich, herzlich

gentle ['dʒentl] *Adj.* sanft, behutsam

genuine ['dʒenʊɪn] *Adj.* echt, aufrichtig, unverfälscht

George Weasley [ˌdʒɔːdʒ 'wiːzlɪ] *Name* → ***Weasley***

germ [dʒɜːm] *Subst.* Keim, Bazillus

geroff!, gerroff [gə'rɒf] *Ausruf eigentl.* ***get off!*** *umgangsspr.* Lass das!, Hau ab!

gesture ['dʒestʃə] *Subst.* Geste

ghost

ghost [gəʊst] *Subst.* Geist, Gespenst; Geist im Sinne von Gespenst oder Erscheinung eines Toten. Neben *ghost* gibt es das englische Wort *spectre*, das aus dem Französischen kommt. Geister umfassen alle nicht-menschlichen, nicht-tierischen, doch „lebendigen" Wesen, ob Elementargeister (→ ***elf***, → ***fairy***, → ***gnome***, → ***goblin***) oder Totengeister. Letztere werden auch als „weiße Geister" bezeichnet, sie erscheinen oft als helle, fließende Substanz von ungefähr menschlicher Größe oder aber in – stofflich nicht greifbaren – „Wiedergaben" ihrer toten Körper.
Menschlich aussehende Geister soll man daran erkennen können, dass sie keinen Schatten werfen oder der Schatten in Richtung des Lichts fällt. Ihre Gestalten sind hell, meist transparent.
Es gibt auch gänzlich unsichtbare Totengeister. Manche halten wie Dämonen die Körper lebender Menschen „besessen" und nähren sich von deren Seele oder Lebenskraft. Geister kommunizieren auf unterschiedlichste Weise mit den Lebenden.
Manche büßen als Geister für Missetaten, die sie zu Lebzeiten begangen haben; die meisten spuken, weil sie einen gewaltsamen Tod „vor der Zeit" erlitten haben und suchen nicht selten die Schuldigen heim. Es soll auch möglich sein, durch Mitleid Geister von ihrem Zwischendasein zu erlösen, sodass sie Ruhe finden.

ghostly [ˈgəʊstlɪ] *Adv.* geisterhaft, gespenstisch

ghoul [guːl] *Subst.* Ghoul, Ghul, übler Geist. Afrikanischer oder orientalischer Geist, eine Art Dschinn (wie jener aus Aladins Wunderlampe) von niedrigem Rang. Ghoule suchen gerne Friedhöfe oder frische Gräber heim. Sie ernähren sich von menschlichen Leichen; ihr Heulen ist Furcht einflößend.
In Afrika sind sie dunkel und stark behaart, gelten als klug und bösartig. Orientalischen Überlieferungen zufolge haben Ghoule ein normales menschliches Aussehen, sogar schöne Ghoulfrauen soll es geben, die Wanderer in die Wüste locken; dann heißen sie *Qutrub*. Ghoule können aber auch körperlose Dämonen sein.
In der westlichen Kultur gilt der Ghoul als Wesen, das von vampirischem Auf- und Aussaugen menschlicher Energien lebt; er treibt an Orten tragischer Schicksalsschläge sein Unwesen, traumatisiert die Menschen, stürzt sie in Verzweiflung und flößt ihnen Selbstmordgedanken ein.
Als Ghoule werden zuweilen auch Wiedergänger bezeichnet: Das sind Tote, die aufgrund einer schweren Schuld oder weil ihr Leben durch Mord, Selbstmord oder Unfall „vor ihrer Zeit" gewaltsam endete, keine Ruhe finden und „umgehen" müssen (→ ***ghost***).

giant

giant¹ ['dʒaɪənt] *Subst.* Riese. Riesen gehören zu den ältesten Wesen der Erde und haben an ihrer Gestaltung wesentlich mitgewirkt. Dabei überragt ihre physische Stärke häufig ihre intellektuellen Fähigkeiten; so kam es, dass geschichtlich jüngere Wesen ihnen die Macht entrissen. In der griech. Mythologie entmachtete Zeus seinen Titanen-Vater *Kronos*, in der nordischen Mythologie töteten die Asen den Urriesen *Yimir* und errichteten aus ihm die Welt; auch im Alten Testament gibt es Textstellen, die auf Riesen – Söhne Gottes – hindeuten. Bekannt ist der biblische *Goliath*, der von dem späteren König David als Junge mit einer Steinschleuder besiegt wurde. Auf den britischen Inseln soll vor einigen Jahrtausenden eine Gruppe tanzender Riesen versteinert worden sein: der *Giants' Dance*, heute Stonehenge genannt. Später wurde die Errichtung dieses Steinkreises den Druiden als Kulturleistung zugeschrieben. Riesen tragen gerne Stiefel; Finn Mc Cool kommt damit in einem Schritt von Irland nach Schottland.

giant² ['dʒaɪənt] *Adj.* riesenhaft, riesig, Riesen…

giantess ['dʒaɪəntes] *Subst.* Riesin

gibber ['dʒɪbə] *V/i.* schnattern, stammeln

gigantic [dʒaɪ'gæntɪk] *Adj.* gigantisch, gewaltig, von riesenhaften Ausmaßen

giggle ['gɪgl] *V/i.* kichern

gill [gɪl] *Subst.* Kieme

gillywater ['gɪlɪˌwɔːtə] *Subst. Fantasiename für ein Getränk*

gillyweed ['gɪlɪwiːd] *Neubildung vgl.* ZOOL ***gill*** Kieme; ***weed*** BOT Unkraut, Wasserpflanze; *umgangsspr.* (*Tabak*) Kraut, (*Haschisch*) Gras

gilt [gɪlt] *Adj.* vergoldet

ginger ['dʒɪndʒə] *Adj.* ingwerfarben

gingerbread ['dʒɪndʒəbred] *Subst.* Pfefferkuchen, Lebkuchen

gingerly ['dʒɪndʒəlɪ] *Adv.* sachte, behutsam, vorsichtig

Ginny Weasley [ˌdʒɪnɪ 'wiːzlɪ] *Name* → ***Weasley***

gist [dʒɪst] *Subst.* ***the gist*** das Wesentliche, der Kern der Sache

git [gɪt] *Subst. umgangsspr.* Schwachkopf, Scheißkerl
giveaway ['gɪvəweɪ] *Subst.* ***it would be too much of a giveaway*** es würde alles verraten
glacier ['glæsɪə] *Subst.* Gletscher

> **Gladrags Wizardwear** ['glædrægz 'wɪzədweə] *Name*; *vgl.* **gladrags** (schöne) Klamotten; Fetzen; ***wizard*** Zauberer; ***wear*** (Kleidung) tragen – Laden für Zaubererbekleidung in Hogsmeade.

glance [glɑːns] *V/i.* blicken, einen Blick werfen
glare [gleə] *V/i.* ***glare at s.o.*** j-n anfunkeln, j-n (böse) anstarren
glasses ['glɑːsɪz] *Subst. Pl.* Brille
glass jar [ˌglɑːs 'dʒɑː] *Subst.* Glasgefäß
glassy ['glɑːsɪ] *Adj. übertr.* gläsern, glasig
gleam [gliːm] *V/i.* glänzen
gleaming ['gliːmɪŋ] *Adj.* schimmernd
glee [gliː] *Subst.* Freude
gleeful ['gliːfəl] *Adj.* freudig, begeistert
glen [glen] *Subst. schott.* Gebirgsschlucht, Klamm
glide [glaɪd] *V/i.* gleiten, segeln; schlüpfen
glimpse [glɪmps] *Subst.* flüchtiger Blick; flüchtiger Eindruck
glint [glɪnt] *V/i.* glitzern, blinken, funkeln
glistening ['glɪsənɪŋ] *Adj.* glänzend, glitzernd
glitter ['glɪtə] *V/i.* funkeln, glänzen
gloat[1] [gləʊt] *Subst.* Häme, Schadenfreude
gloat[2] [gləʊt] *V/i.* sich hämisch freuen, Schadenfreude kundtun
gloating ['gləʊtɪŋ] *Adj.* selbstgefällig; hämisch, schadenfroh
gloom [gluːm] *Subst.* Dunkelheit, Düsternis; Trübsinn, Schwermut
gloomy ['gluːmɪ] *Adj.* düster, niedergeschlagen, trübe, trübsinnig
glorious ['glɔːrɪəs] *Adj.* glanzvoll, großartig
glory[1] ['glɔːrɪ] *Subst.* Ruhm, Glanz
glory[2] ['glɔːrɪ] *V/i.* triumphieren, frohlocken, sich sonnen
gloss over [ˌglɒs 'əʊvə] *V/t.* glätten, beschönigen, vertuschen
glove compartment ['glʌv kəmˌpɑːtmənt] *Subst.* Handschuhfach
glove puppet ['glʌv ˌpʌpɪt] *Subst.* Handpuppe
glow [gləʊ] *V/i.* glühen, strahlen
glower ['glaʊə] *V/i.* finster blicken; ***glower at s.o.*** j-n anfunkeln
glue[1] [gluː] *Subst.* Klebstoff, Leim
glue[2] [gluː] *V/t.* kleben, leimen
gluey ['gluːɪ] *Adj.* klebrig
glum [glʌm] *Adj.* verdrießlich, finster, mürrisch
glumly ['glʌmlɪ] *Adv.* niedergeschlagen, bedrückt
glutinous ['gluːtɪnəs] *Adj.* klebrig, leimartig
gnarled [nɑːld] *Adj.* knotig, knorrig
gnash [næʃ] *V/t.* ***gnash one's teeth*** mit den Zähnen knirschen
gnaw [nɔː] *V/t.* (zer)nagen, zermalmen

> **gnome** [nəʊm] *Subst.* Zwerg, Gnom; auch Gartenzwerg. Bezeichnung für einen kleinwüchsigen oder verwachsenen Menschen. Zwerge, als Elementargeister der Erde zugehörig, errichten großartige Bauten aus kostbaren Materialien wie Alabaster oder

Marmor und gelten als hart arbeitendes Volk. Dies verband sich mit der deutschen Vorstellung von den Heinzelmännchen, die leise und heimlich des Nachts die unerledigte Arbeit besorgen (→ **brownie** oder *hobgoblin*, *vgl.* → **goblin**). Im Englischen bezeichnet *gnome* auch den klassischen Gartenzwerg. Ein *dwarf* ist ein Zwerg als Gegenstück zum Riesen. Bedingt durch ihre vorwiegend unterirdische Lebensweise kennen sie verborgene Schätze und sind oft als deren Hüter bestellt; nicht immer sind sie bereit, sich nach Erfüllung ihres Wachauftrags von diesen Schätzen wieder zu trennen. Gerne locken sie vorwitzige Abenteurer ins Verderben. Ihre Vorliebe für Schätze und Glitzerzeug lockt sie immer wieder in die Nähe menschlicher Behausungen, wo sie zuweilen stehlen und Dinge vergraben. Deshalb haben sie den Ruf, geizig und goldgierig zu sein. Es gibt – allerdings seltener – auch hilfreiche Zwerge.

goalpost ['gəʊlpəʊst] *Subst.* Tor; Zielpfosten

goatee [gəʊ'tiː] *Subst.* Ziegenbart

Gobbledegook ['gɒbldɪguːk] *Subst. umgangsspr.* Fachchinesisch, Kauderwelsch (*Sprache der Goblins*); → **goblin**

goblet ['gɒblɪt] *Subst.* Kelch, Pokal. Rituelles Trinkgefäß, oft besonders kunstvoll oder aus kostbaren Materialien wie Gold oder Edelsteinen gefertigt, um besondere, symbolisch bedeutsame Tränke (→ **potion**) aufzunehmen – etwa Wein, aber auch andere berauschende Getränke, zuweilen wirkliches Blut. Es gibt Zeugnisse, dass in prähistorischen Kulturen aus den Schädeln getöteter Gegner getrunken wurde, und noch im Mittelhochdeutschen bedeutet das Wort *kopf* auch Trinkgefäß. Im heiligen Gral, einer der einflussreichsten Mythen des Mittelalters, sind Vorstellungen vom Abendmahlskelch, vom keltischen Kessel (→ **cauldron**) und dem orientalischen Stein der Weisen (→ **alchemy**) zusammengeflossen. In allen Kulturen spielt der feierliche Trunk eine Rolle, um Gemeinsamkeit zu erzeugen, Bündnisse zu festigen oder Gottheiten zu ehren. Die Trankszene ist jedoch auch häufig Augenblick eines Verrats; öfter als von giftigen Speisen ist von vergifteten Tränken die Rede.

goblin ['gɒblɪn] *Subst.* Kobold, und *hobgoblin.* Eigentl. sind Goblins nichts anderes als *gnomes*; einer Überlieferung zufolge heißt ihr König *Gob*, daher die Bezeichnung. Einer anderen Überlieferung zufolge seien *goblins* die bösartigen Cousins der fleißigen, gutmütigen *gnomes.* Freundliche *goblins* werden auch als *hobgoblins*, *hobthrusts* oder als → **brownies** bezeichnet: Wenn man sie gut behandelt, helfen sie den Menschen bei der Hausarbeit;

manche von ihnen sind – durch Zwang und Zauber, oder aber aus Verbundenheit – geradezu abhängig von den Menschen des Haushalts, dem sie angehören. In Auseinandersetzungen mit den tückischen *goblins* hingegen muss man stets das letzte Wort behalten; sie gelten als hinterlistig und humorlos. In Cornwall heißen *goblins* beispielsweise *buccas* oder *nickers*. Wenn sie lächeln, stockt einem das Blut in den Adern, ihr Lachen lässt die Milch sauer werden und Obst von den Bäumen fallen. Ihre Boshaftigkeit leben sie auch aus, indem sie Dinge verstecken, Getränke verschütten und Wegweiser umdrehen.

goblin

goblin-like ['gɒblɪnlaɪk] *Adj.* koboldartig

gob out [ˌgɒb 'aʊt] *V/t.* ausspucken

Gobstones ['gɒbstəʊnz] *Name vgl.* ***gob*** Schleim, Auswurf; ***stone*** Stein; *also etwa* Schleimklumpen

godfather ['gɒdˌfɑːðə] *Subst.* (Tauf-) Pate

Godric's Hollow [ˌgɒdrɪks 'hɒləʊ] *Name* Godrics Höhle; → ***Gryffindor***

goggle ['gɒgl] *V/i.* starren, glotzen; ***goggle at s.o.*** j-n anstarren, anglotzen

gold-embossed ['gəʊldɪmˌbɒst] *Adj.* gold-geprägt

Golden Snitch [ˌgəʊldən 'snɪtʃ] *vgl.* ***snitch*** klauen, stibitzen (*selbstständig agierender, kleiner goldener Ball im Quidditch-Spiel, der gefangen werden muss*); → ***Quidditch***

gold prospector ['gəʊld prəˌspektə] *Subst.* Goldsucher, Goldschürfer

goner ['gɒnə] *Subst.* Todeskanditat; ***he's a goner*** *übertr.* er ist erledigt

goodness ['gʊdnɪs] *Subst.* Güte, Tugend; ***my goodness!*** meine Güte!

goosebumps ['guːsbʌmps] *Subst. Pl auch* ***goosepimples*** Gänsehaut

gore [gɔː] *V/t.* aufspießen, durchbohren

gorgeous ['gɔːdʒəs] *Adj.* prachtvoll, großartig

gorgon ['gɔːgən] Gorgonen sind schlangenhäuptige Schreckgestalten der griech. Antike: *Euryale* (die weit Umherstreifende), *Stheino* (die Stärke) und *Medusa* (Wagemut), die berühmteste der drei Schwestern. Sie waren wohl nicht immer hässlich. Die Sage erzählt, Athene habe Medusa in ein Monster verwandelt, als sie sie mit Poseidon in ihrem Tempel ertappte. Die Gorgonen haben Klauen, ihr Haar besteht aus wimmelnden, giftigen Schlangen und ihr brennender Blick versteinert oder tötet jeden Menschen, der sie anblickt. Perseus gelang es, die Medusa zu töten, weil er beim Kampf nicht sie, sondern ihr Spiegelbild im glänzenden Schild seiner Schutzgöttin Athene betrachtete (→ ***basilisk***).

gormless ['gɔːmləs] *Adj. umgangsspr.* doof

Goshawk, Miranda ['gɒshɔːk, mɪˌrændə] *Name vgl.* ***goshawk*** Hühnerhabicht; ***Miranda*** *weibl. Vorname „die Bezaubernde", bei Shakespeare die Heldin von The Tempest (Autorin der Schulbuchreihe The Standard Book of Spells)*

gossip¹ ['gɒsɪp] *Subst.* Klatsch, Tratsch

gossip² ['gɒsɪp] *V/i.* klatschen, tratschen

gotta ['gɒtə] *umgangsspr.* ***have got to*** *oder* ***have a***; ***I gotta go*** ich muss gehen; ***gotta light?*** hast du Feuer?

gouge [gaʊdʒ] *Subst.* Aushöhlung, Wölbung

governor ['gʌvənə] *Subst.* Gouverneur; Mitglied des Schulbeirats

Goyle, Gregory ['gɔɪl, ˌgregərɪ] *Name vgl.* ***gargoyle*** Wasserspeier (*bizarre Fratzen an Kirchen*); ***Gregory*** *männl. Vorname, „der Wachsame" (Slytherin-Schüler aus Harrys Jahrgang, fungiert als Leibwächter von Draco Malfoy)*

grace [greɪs] *Subst.* Gnade, Güte, Gunst

graceful ['greɪsfəl] *Adj.* anmutig, graziös

Gracious ['greɪʃəs] *Ausruf kurz für* ***God Gracious*** Gütiger Gott!

gran [græn] *Subst. Kurzform von* ***grandmother***, *auch* ***granny*** Oma

Granger, Hermione ['greɪndʒə, hɜːˌmaɪənɪ] Familienname wie „Bauer", *vgl.* ***grange*** kleiner Landsitz, Farm; **Hermione**: sehr literarischer, weibl. Vorname aus der antiken Mythologie (Tochter der Helena und des Menelaos), eine der Hauptfiguren in Shakespeares *A Winter's Tale* und Miltons *Paradise Lost* – Gryffindor-Mitschülerin und Freundin Harrys, *model student*.

grant [grɑːnt] *V/t.* gewähren, geben; ***take s.th for granted*** etwas für selbstverständlich halten

grape [greɪp] *Subst.* Traube

grapple ['græpl] *V/i.* kämpfen, sich herumschlagen

grasp [grɑːsp] *Subst.* Griff

grass on ['grɑːs ɒn] *V/t. umgangsspr.* verpetzen, anschwärzen, verpfeifen

grate¹ [greɪt] *Subst.* Feuerrost; Feuerstelle, Kamin

grate² [greɪt] *V/t.* KUL reiben, raffeln

grateful ['greɪtfəl] *Adj.* dankbar

gratified ['grætɪfaɪd] *Adj.* erfreut

gratitude ['grætɪtjuːd] *Subst.* Dankbarkeit

grave¹ [greɪv] *Subst.* Grab

grave² [greɪv] *Adj.* (*Gesichtsausdruck, Situation*) ernst; (*Problem*) schwerwiegend

gravel ['grævl] *Subst.* Kies

gravelly ['grævlɪ] *Adj.* heiser, rau; schottrig

graveyard ['greɪvjɑːd] *Subst.* Friedhof
gravy ['greɪvɪ] *Subst.* KUL Braten- *oder* Fleischsauce
graze[1] [greɪz] *Vt/i.* streifen, (leicht) berühren
graze[2] [greɪz] *Vt/i* (*Vieh*) weiden, grasen
greasy ['griːsɪ] *Adj.* ölig, schmierig, fettig
greatness ['greɪtnɪs] *Subst.* Größe, Großartigkeit, Bedeutung
Great Scott! [ˌgreɪt 'skɒt] *Ausruf etwa*: großer Gott!
greed [griːd] *Subst.* Gier, Habsucht, Raffgier
greedy ['griːdɪ] *Adj.* gefräßig, gierig
greenhouse ['griːnhaʊs] *Subst.* Treibhaus, Gewächshaus
Gregorovitch [grɪ'gɔːrəvɪtʃ] *slaw. Familienname* (*Hersteller von Zauberstäben*)
Gregory the Smarmy [ˌgregərɪ ðə 'smɑːmɪ] *männl. Vorname „der Wachsame"*; ***the smarmy*** der Schmierige, der Schleimer (*Zauberer, dessen Statue in einem der Korridore in Hogwarts steht*)
grief [griːf] *Subst.* Kummer
grievous ['griːvəs] *Adv.* schlimm, schmerzlich

griffon ['grɪfn] *Subst.* eigentl. ZOOL ***griffon vulture*** Weißkopfgeier. Der Vogel Greif ist ein uraltes Fabeltier mit Adlerkopf und -schwingen und dem Körper eines Löwen. Schon Herodot im 5. Jh. v. Chr. berichtet von ihm, in Sonnenreligionen wie der ägyptischen war der Greif der Sonnengottheit zugeordnet. Als heraldisches Tier repräsentiert der Greif die positiven Eigenschaften von Adler und Löwe: Mut, königliche Macht, Wachsamkeit, Schnelligkeit und Schutz für seine Untergebenen; auf vielen Wappen ist er in stilisierter Gestalt zu finden. Der Sage nach trägt er sein Nest auf dem Rücken.

Grim [grɪm] *Name*; Geisterhund. Ein ehrwürdiger Name unter *goblins*, aber auch Beiname *Odins*, des höchsten Gottes in der nordischen Mythologie (altnord. *grimr*); später Übername des Teufels. Der Name *Grim* ist mit einem Vorboten des Todes assoziiert.
Bekannt sind im britischen Kulturkreis die Erscheinungen des *Church Grim*, der Gestalt eines großen schwarzen Hundes, im Norden als *Fossegrim* bezeichnet, im Süden als *Kirkegrim*. In der englischen Grafschaft Somerset wird auch von einem *Guardian Black Dog* berichtet, einer unheimlichen Kreatur, deren Erscheinung ebenfalls den nahen Tod ankündigt oder sogar verursacht. Wahrscheinlich ist der mythische Gespensterhund mit dem Höllenhund verwandt, den verschiedene Kulturen kennen: das bekannteste dieser Hundewesen ist der griech.-röm. *Cerberus*.

grimace [grɪ'meɪs] *V/i.* grimassieren, ein Gesicht ziehen
grimy ['graɪmɪ] *Adj.* schmutzig, rußig
grin [grɪn] *V/i.* grinsen
grind [graɪnd] *V/t.* schleifen, mahlen; ***grind one's teeth*** mit den Zähnen knirschen

Grindelwald ['grɪndlvɑːld] *Name; vgl.* ***Grendel*** mordlustiger, halbmenschlicher Sumpfdämon im Epos von *Beowulf*, dem ältesten überlieferten englischen Text; die Silbe *-wald* ist ableitbar aus german. ***wald*** oder ***walt***: Herrschaft, Macht; *vgl. auch* ***Grindelwald***: weltbekannter schweizerischer Wintersport- und Kurort – Schwarzmagier, von Albus Dumbledore besiegt.

grindylow ['graɪndɪləʊ] *Subst.* Wasserdämon aus Yorkshire; er lauert in den tiefen Stellen stehender Gewässer und zieht Kinder, die sich zu nah ans Wasser wagen, hinab in die Tiefe. Er zählt zu den *nursery bogies* (→ ***bogie***), Geistern, mit denen man Kindern erschreckt, um sie zu vorsichtigem Verhalten zu bewegen.

Gringotts ['grɪŋgɒts] *Name; vgl.* ***goblin*** Kobold und ***ingot*** (Gold-) Barren - Bankinstitut der Zauberer in der *Diagon Alley*, geführt von Goblins (→ ***goblin***). Zu ihnen gehört ***Griphook***, der Hagrid und Harry zu den unterirdischen Schließfächern bringt.
Drei Zahlungsmittel gibt es in der Zaubererwährung: **Galleon**: urspr. Galleone (span. Kriegsschiff; damit wurden auch Schatzkisten transportiert); *übertr.* „großer Fang" – Goldmünze; wertvollste Einheit, **Sickle**: urspr.: Sichel – Silbermünze, mittlere Einheit und **Knut**: *vgl.* ***knut*** *umgangsspr.* Geck, Dandy – Münze aus Messing, kleinste Einheit der Zaubererwährung.

Griphook ['grɪphʊk] *Name vgl.* ***grip*** Griff; ***hook*** Haken (*Goblin, der bei Gringotts arbeitet*)
grisly ['grɪzlɪ] *Adj.* grässlich
grit [grɪt] *V/t.* (*Straße*) streuen; (*Zähne*) zusammenbeißen
grizzled ['grɪzld] *Adj.* grau(haarig), ergraut
groan [grəʊn] *V/i.* (auf)stöhnen, ächzen, knarren; stöhnen
groom [gruːm] *V/t.* (*Pferd*) striegeln; (*Haare etc.*) pflegen; ***well groomed*** gepflegt
groove [gruːv] *Subst.* Rille, Furche
grope [grəʊp] *V/i.* ***grope for*** tasten nach
grotesque [grəʊ'tesk] *Adj.* grotesk, verzerrt, fratzenhaft
grotto ['grɒtəʊ] *Subst.* Grotte, Höhle
grovel ['grɒvl] *V/i.* kriechen
growl¹ [graʊl] *Subst.* Knurren, Gebrumm, Grollen
growl² [graʊl] *V/i.* knurren, brummen; grollen
grown-up [ˌgrəʊn'ʌp] *Adj.* erwachsen
Grubbly-Plank [ˌgrʌblɪ'plæŋk] *Name vgl.* ***grub*** stöbern, jäten; ***plank*** Holzdiele, Planke (*Unterrichtsvertretung für das Fach Care of Magical Creatures in Harrys 4. Schuljahr*)
grubby ['grʌbɪ] *Adj.* schmuddelig
grudge [grʌdʒ] *Subst.* Groll, Missgunst
grudging ['grʌdʒɪŋ] *Adj.* widerwillig
gruesome ['gruːsəm] *Adj.* grausig, schauerlich
gruffly ['grʌflɪ] *Adv.* barsch, schroff
grumpy ['grʌmpɪ] *Adj.* verdrießlich, mürrisch

Grunnings ['grʌnɪŋz] *Name; vgl.* Anklang an *Mrs. Grundy*: Figur aus dem Theaterstück „Speed the plough" von Thomas Morton (1798/1800), sprichwörtlich geworden für „die Leute", die (engstirnige) öffentliche Meinung – die Bohrerfirma, für die Harrys Onkel Vernon Dursley arbeitet.

Grunnion, Alberic ['grʌnjən, ˌælbərɪk] *keltisch klingender Nachname;* ***Alberic*** *vgl.* **Alberich**: *Zwergenfürst aus der german. Mythologie (Zauberer, verewigt auf einem der Sammelbilder, die den Chocolate Frogs beiliegen)*

grunt [grʌnt] *Subst.* Grunzer, Brummen

grunting ['grʌntɪŋ] *Adj.* grunzend

Gryffindor ['grɪfɪndɔː] *Name; vgl.* ***griffon*** Greif, Fabeltier mit Löwenkörper, Adlerkopf u. -schwingen; verbreitet als Wappentier in verschiedenen Gestalten; *frz.* ***d'or*** aus Gold, also goldener Greif – eines der vier Häuser von Hogwarts, für dessen Schüler Tapferkeit, Einsatz für andere und Mut zum Risiko besonders wichtig sind; **Gryffindor, Godric**: männl. Vorname german. Ursprungs – einer der Begründer von Hogwarts und Stifter des nach ihm benannten Hauses.

guarantee [ˌgærən'tiː] *V/t.* sichern, sicherstellen, garantieren

guard [gɑːd] *Subst.* Wächter, Wache; ***on one's guard*** auf der Hut, wachsam

guard dog ['gɑːd dɒg] *Subst.* Wachhund

guardian ['gɑːdjən] *Subst.* Hüter, Wächter; Vormund

guesswork ['geswɜːk] *Subst.* Ratespiel, Raterei

guffaw¹ [gə'fɔː] *Subst.* schallendes, dröhnendes Gelächter, Wiehern

guffaw² [gə'fɔː] *V/i.* dröhnend lachen, wiehern

guidance ['gaɪdəns] *Subst.* Anleitung, Führung

guideline ['gaɪdlaɪn] *Subst.* Richtlinie

guilt [gɪlt] *Subst.* Schuld

guilty ['gɪltɪ] *Adj.* schuldig, schuldbewusst

guinea-fowl ['gɪnɪfaʊl] *Subst.* ZOOL Perlhuhn

guinea-pig ['gɪnɪpɪg] *Subst.* ZOOL Meerschweinchen

gullible ['gʌlɪbl] *Adj.* leichtgläubig, naiv

gulp [gʌlp] *Vt/i.* hastig trinken *oder* essen; würgen, krampfhaft schlucken; ***gulp down*** *(Getränk)* hinunterschütten, *(Speise)* hinunterschlingen

gulpin' gargoyles! [ˌgʌlpɪn 'gɑːgɔɪlz] *Ausruf vgl.* ***gulp*** würgen, *hier auch* gurgeln; ***gargoyle*** Wasserspeier; → ***gargoyle***

gummy ['gʌmɪ] *Adj.* klebrig

gun [gʌn] *Subst.* Gewehr, Faustfeuerwaffe

gunfire ['gʌnfaɪə] *Subst.* Geschützfeuer

gunshot ['gʌnʃɒt] *Subst.* Schuss

gurgling ['gɜːglɪŋ] *Adj.* gurgelnd, gluckernd

gush [gʌʃ] *V/i.* strömen, hervorquellen

guts [gʌts] *Subst. Pl. umgangsspr.* Mumm, Schneid

gutter ['gʌtə] *Subst.* Rinnstein, Gosse

gymnastics [dʒɪm'næstɪks] *Subst. Pl.* Turnübungen

H

habit ['hæbɪt] *Subst.* Gewohnheit, Gepflogenheit

hackles ['hækəlz] *Subst.* Nackenhaare

haddock ['hædək] *Subst.* ZOOL Schellfisch

hag [hæg] *Subst.* (alte) Hexe (in Person einer alten hässlichen Frau); entspricht am ehesten dem Bild der bösen Hexe aus den deutschen Volksmärchen mit Hakennase, Krücke und krächzender Stimme; eine Furcht einflößende Figur. Manche *hags* sind riesenhafte Erscheinungen, letzte Erinnerungen an primitive Naturgöttinnen. Auch außereuropäische Kulturen kennen solche Hexen, die oftmals Wissen über Vergangenheit und Zukunft in sich vereinen und deshalb mächtig und auch gefürchtet sind.

haggard ['hægəd] *Adj.* abgehärmt, abgezehrt, hager

haggis ['hægɪs] *Subst.* KUL *schott. Nationalgericht (aus gehacktem Fleisch - meist Innereien vom Schaf - Zwiebeln und geröstetem Hafermehl)*

haggle ['hægl] *V/i.* feilschen

Hagrid, Rubeus ['hægrɪd, rʊˌbiːəs] *Name*; *vgl.* ***hag*** böse(r) oder Schrecken erregende(r) alte(r) Hexe(r); *lat. poet.* ***rubeus*** rötlich, vom Brombeerstrauch – trinkfreudiger Wildhüter und *Care of Magical Creatures*-Lehrer in Hogwarts mit besonderem Talent für den Umgang mit monströsen Tieren, Harrys Beschützer und erster Freund.

hail [heɪl] *V/t.* freudig begrüßen; *übertr.* (*Ereignis*) begrüßen, begeistert aufnehmen; (*Taxi*) herbeirufen

hailstorm ['heɪlstɔːm] *Subst.* Hagelschauer, Hagelsturm

hair [heə] *Subst.* Haar; ***let one's hair down*** locker miteinander umgehen; sich gehen lassen

hairnet ['heənet] *Subst.* Haarnetz

hairpin ['heəˌpɪn] *Subst.* Haarnadel

half-giant ['hɑːfˌdʒaɪənt] *Subst.* Halbriese

half-plucked [ˌhɑːf'plʌkt] *Adj.* halb gerupft

Hallowe'en [ˌhæləʊ'iːn] Nacht des 31. Oktober; urspr. keltisches Neujahrsfest *Samhain*, eine Zwischenzeit, in der Geister umgehen und die Toten sich unter die Lebenden mischen; verschmolz mit dem kirchlichen Allerheiligenfest (*All Saints* entspricht *All Hallows*; *Hallowe'en* = *All Hallows Evening*). Allerhand Aberglauben und Legenden sind mit dieser Zeit verknüpft, so die Sage vom Säufer Jack Lantern, der mit einer Kerze in einem ausgehöhlten Kürbis spät in der Nacht den Heimweg antrat und auf den Teufel traf … Von solchen Geschichten zeugen heute noch Bräuche und Partyspiele: Kinder ziehen kostümiert und mit Laternen von Tür zu Tür („trick or treat") und bekommen Süßigkeiten; typische Hallowe'en-Dekorationen sind ausgehöhlte Kürbisse mit Gesichtern, in denen Kerzen flackern, und Fledermäuse.

hallucination [həˌluːsɪ'neɪʃn] *Subst* Wahnvorstellung, Halluzination

halt [hɔːlt] *V/i.* halten, zum Stehen kommen

hamper ['hæmpə] *V/t.* hemmen, behindern

hand[1] [hænd] *Subst.* Hand; Uhrzeiger; ***out of hand*** außer Kontrolle

hand[2] [hænd] *Maßeinheit brit.* Handbreit (*Maßeinheit für Pferde*: ***one hand*** *entspricht 10,16 cm*)

handiwork ['hændɪwɜːk] *Subst.* Handarbeit

handkerchief ['hæŋkətʃɪf] *Subst.* Taschentuch

handsome ['hænsəm] *Adj.* gut aussehend, hübsch

hands-on ['hændzɒn] *Adj.* praktisch; ***hands-on experience*** Erfahrung aus erster Hand

handy ['hændɪ] *Adj.* zur Hand; handlich, praktisch; ***come in handy*** sich als nützlich erweisen

hang[1] [hæŋ] *Subst.* ***get the hang of s.th.*** etwas kapieren, bei etwas den richtigen Dreh rauskriegen

hang[2] [hæŋ] *Vt/i.* hängen; aufhängen

hang-glider ['hæŋˌglaɪdə] *Subst.* Drachenflieger(in)

hanging ['hæŋɪŋ] *Subst.* Vorhang

hangman ['hæŋmən] *Subst.* Henker

hang on [ˌhæŋ 'ɒn] *V/i.* warten, dran bleiben, nicht nachlassen

hanky ['hæŋkɪ] *Subst.* *umgangsspr. Kurzform von* ***handkerchief*** Taschentuch

haphazardly [ˌhæp'hæzədlɪ] *Adv.* wahllos, willkürlich

harass ['hærəs] *V/t.* schikanieren, mobben; zermürben

harassed ['hærəst] *Adj.* abgespannt, angegriffen, mitgenommen; gequält, beunruhigt

hard-done-by [ˌhɑːd'dʌnbaɪ] *Adj.* ***be hard-done-by*** es schlecht getroffen haben, Pech gehabt haben

harden ['hɑːdn] *Vt/i.* verhärten; hart werden

hardship ['hɑːdʃɪp] *Subst.* Härte, Mühsal; hartes Los

hard-wearing [ˌhɑːd'weərɪŋ] *Adj.* strapazierfähig

hare[1] [heə] *Subst.* ZOOL Hase

hare[2] [heə] *V/i.* *umgangsspr.* flitzen, sausen; ***hare after s.o.*** hinter j-m herflitzen

harebrained ['heəbreɪnd] *Adj.* verrückt

hare lip [ˌheə 'lɪp] *Subst.* MED Hasenscharte

harness ['hɑːnɪs] *Subst.* Geschirr, Zaumzeug

> **harp** [hɑːp] *Subst.* MUS Harfe; Anspielung auf den antiken Orpheus-Mythos: Mit seiner Harfe und seinem Gesang konnte der Hirte Orpheus Berge versetzen und wilde Tiere zähmen. Verwandelt erscheint das Motiv auch in Mozarts Oper *Die Zauberflöte*: dort ist eine Flöte das magische Instrument, das dem Spieler in der Not hilft.

Harry Potter [ˌhærɪ 'pɒtə] *Name* → ***Potter***

harsh [hɑːʃ] *Adj.* rau, schroff; streng, hart

hassle ['hæsl] *Subst.* *umgangsspr.* „Theater", Aufstand, Ärger

hatch [hætʃ] *Vt/i.* (aus)schlüpfen; ausbrüten, aushecken; aufziehen, aufpäppeln

hatred ['heɪtrɪd] *Subst.* Hass, Abscheu

haughty ['hɔːtɪ] *Adj.* von oben herab, stolz, überheblich, arrogant

haul [hɔːl] *V/t.* zerren, schleppen

haul in [ˌhɔːl 'ɪn] *V/t.* gerichtlich *oder* polizeilich vorladen

haunt [hɔːnt] *Vt/i.* spuken; heimsuchen; (*Gedanke*) verfolgen

haven ['heɪvən] *Subst.* Hafen, Zufluchtsort

havoc ['hævək] *Subst.* Verwüstung, Zerstörung

hawk [hɔːk] *Subst.* ZOOL Habicht

hawkshead ['hɔːkshed] *Subst.* Habichtskopf

haywire ['heɪwaɪə] *Adj.* *umgangsspr.* (*Person*) durchgedreht, übergeschnappt; (*Gerät*) kaputt

haze [heɪz] *Subst.* Schleier, Schimmer

hazy ['heɪzɪ] *Adj.* verschleiert, verhangen

Head Boy [ˌhed 'bɔɪ] *Subst.* Schulsprecher

headfirst [ˌhed'fɜːst] *Adv.* kopfüber

headlight ['hedlaɪt] *Subst.* Scheinwerfer (*beim Auto*)

headmaster [ˌhed'mɑːstə] *Subst.* Direktor, Rektor

headquarters ['hedˌkwɔːtəz] *Subst. Pl.* Hauptquartier, Kommandozentrale

headship ['hedʃɪp] *Subst.* Führung, Leitung; (*an Schule*) Direktorenstelle; ***your headship*** *altertüml. Anrede für den Direktor einer Schule*; *etwa* Herr Direktor

head start [ˌhed 'stɑːt] *Subst.* SPORT Startvorteil; Vorsprung

headstone ['hedstəʊn] *Subst.* Grabstein

heap [hiːp] *Subst.* Haufen

heartache ['hɑːteɪk] *Subst.* Herzschmerz, Kummer, Gram

hearth [hɑːθ] *Subst.* Feuerstelle

hearth-rug ['hɑːθrʌg] *Subst.* Kaminvorleger

heartstrings ['hɑːtˌstrɪŋz] *Subst. Pl.* Herzfasern; *übertr.* Herzblut

hearty ['hɑːtɪ] *Adj.* herzlich; herzhaft (*auch Mahlzeit, Lachen etc.*)

heated ['hiːtɪd] *Adj.* erhitzt

heave[1] [hiːv] *Subst.* Heben, Hub; ***he gave a heave*** es hob ihn

heave[2] [hiːv] *V/t.* schleifen, heben, hieven; (*Seufzer*) ausstoßen

heavy ['hevɪ] *Adj.* schwer, schwerfällig

Hebridean [ˌhebrɪ'diːən] *Adj.* Bewohner der Hebriden (*einer felsigen Inselgruppe vor der Westküste Schottlands*)

hedge [hedʒ] *Subst.* Hecke, Heckenzaun

hedgehog ['hedʒhɒg] *Subst.* ZOOL Igel

> **Hedwig** ['hedwɪg] weibl. Vorname german. Ursprungs, von *hadu* (Hader, Streit) und *wig* (Kampf), ein Walkürenname – Harrys kluge Schneeeule, ein Geburtstagsgeschenk von Hagrid zu Beginn seiner Schulzeit in Hogwarts.

heed¹ [hiːd] *Subst.* Beachtung

heed² [hiːd] *Vt/i.* Acht geben; Beachtung schenken, hören auf

heel [hiːl] *Subst.* Ferse, Absatz; ***follow at s.o.'s heels*** j-m auf den Fersen folgen, sich j-m an die Fersen heften; ***high heels*** Damenschuhe mit hohen Absätzen

height [haɪt] *Subst.* Höhe

heighten ['haɪtn] *V/t.* erhöhen, heben

heinous ['heɪnəs] *Adj.* ruchlos, abscheulich

heir [eə] *Subst.* Erbe

helicopter ['helɪkɒptə] *Subst.* Hubschrauber

helping ['helpɪŋ] *Subst.* Portion, (Nach)Schlag

hem [hem] *Subst.* Saum

henceforth [ˌhens'fɔːθ] *Adv. förmlich* hinfort, von nun an, künftig

hen-coop ['henkuːp] *Subst.* Hühnerkorb, Hühnergehege

Hengist of Woodcroft ['heŋgɪstˌɒv 'wʊdkrɒft] *Name vgl.* ***woodcroft*** *Stück Land im oder am Wald, zu einem kleinen Bauernhof gehörig* (*Zauberer, verewigt auf einem der Sammelbilder, die den Chocolate Frogs beiliegen*)

herb [hɜːb] *Subst.* Heilkraut, Gewürzkraut

herbology [hɜː'bɒlədʒɪ] *Subst.* Kräuterkunde, Botanik

hereby [ˌhɪə'baɪ] *Adv.* hiermit

> **Hermes** ['hɜːmiːz] *Name*; griech. Gott der Boten, Kaufleute und Diebe (röm. *Merkur*); er hat geflügelte Schuhe und einen Hut mit Vogelschwingen, mit denen er um die Welt fliegt – die Eule, die Percy Weasley anlässlich seiner Ernennung zum *Prefect* bekommt.

Hermione [hɜː'maɪənɪ] *Name* → ***Granger, Hermione***

hesitate ['hezɪteɪt] *V/i.* zögern

hew [hjuː] *V/t.* behauen; ***roughly hewn*** grob behauen

He Who Must Not Be Named → ***name***; → ***Voldemort, Lord***

hex [heks] *Subst.* Zauberspruch, Verwünschung, Fluch

hibernate ['haɪbəneɪt] *V/i.* überwintern, Winterschlaf halten

hiccough¹ ['hɪkʌp] *Subst.* Schluckauf

hiccough² ['hɪkʌp] *V/i.* hicksen, Schluckauf haben

hide [haɪd] *V/t.* verstecken

hide-and-seek [ˌhaɪdənd'sɪːk] *Subst.* Versteckspiel

high jinks [haɪ 'dʒɪŋks] *Subst. Pl.* übermütige Laune, Ausgelassenheit

high-minded [ˌhaɪ'maɪndɪd] *Adj.* hochherzig, von nobler Einstellung

high-pitched [ˌhaɪ'pɪtʃt] *Adj.* ***high-pitched voice*** hohe Stimme, Fistelstimme

high-ranking [ˌhaɪ'ræŋkɪŋ] *Adj.* hoch stehend

hillock ['hɪlək] *Subst.* kleiner Hügel, Anhöhe

hilt [hɪlt] *Subst.* Heft, Schwertgriff

hind legs [ˌhaɪnd 'legz] *Subst. Pl.* Hinterbeine

hindquarters ['haɪndˌkwɔːtəz] *Subst. Pl.* Hinterteil

hindrance ['hɪndrənz] *Subst.* Hindernis, Behinderung

hinge [hɪndʒ] *Subst.* Scharnier, (Tür-) Angel

Hinky-punk ['hɪŋkɪpʌŋk] *Subst.* eine Art Irrlicht (*lat.* ***ignis fatuus***; ***foolish fire***). *Hinky-punk* ist einer von mehreren Namen für diese Wesen, *Will o'the Wisp* oder *ill o'the Wykes* in der Grenzgegend der englischen Grafschaften Somerset und Devon, *Direach* oder *Dithreach* in den Highlands. Es soll nur ein Bein haben und trägt ein Licht, mit dem es die Menschen in den Sumpf lockt, wo sie in Löchern versinken – eines der Anschauungsbeispiele von Prof. Lupins praxisorientiertem *Defence Against the Dark Arts*-Unterricht in Harrys 3. Schuljahr.

hint¹ [hɪnt] *Subst.* Hinweis, Andeutung

hint² [hɪnt] *Vt/i.* andeuten; einen Hinweis geben

hip-flask ['hɪpflɑːsk] *Subst.* Taschenflasche, Flachmann

hippo¹ ['hɪpəʊ] *Subst. Kurzform von* ***hippopotamus*** Flusspferd

hippo...² ['hɪpəʊ] *Wortbestandteil mit der Bedeutung „Pferd"*

hippogriff ['hɪpəʊgrɪf] *Subst. vgl. griech.* ***hippo...*** Pferde...; ***griffon*** Greif, Fabeltier mit Adlerkopf u. -schwingen und Löwenkörper. Der Hippogriff ist eine seltenere Sonderform des Greifen, gepaart mit einem Pferd statt mit einem Löwen. Der Hippogriff weist Ähnlichkeiten mit dem geflügelten Pferd Pegasus der griech. Antike auf. – Anschauungsstoff im *Care of Magical Creatures*-Unterricht in Harrys drittem Schuljahr.

hippogriff

hiss [hɪs] *V/i.* zischen, fauchen

hit [hɪt] *Vt/i.* schlagen, treffen

hitch¹ [hɪtʃ] *Subst.* Haken, Hindernis; Störung, Schwierigkeit

hitch[2] [hɪtʃ] *V/t.* festhaken, hochziehen, glattziehen

hither and thither [ˌhɪðə ənd 'ðɪðə] *Adv.* hierhin und dorthin

hitherto [ˌhɪðə'tuː] *Adv.* bisher, bis jetzt

hoarse [hɔːs] *Adj.* rau, heiser, krächzend

hobble ['hɒbl] *V/i.* humpeln, hinken

hocuspocus [ˌhəʊkəs 'pəʊkəs] sprichwörtliche Lautfolge, die neben *abracadabra* beispielhaft für einen Zauberspruch steht; vermutlich handelt es sich um eine Verballhornung der Anrufung „hoc est enim corpus meum“ in der lateinischen Liturgie, die den salbungsvollen Ton und die Ausgrenzung der nicht sprachkundigen Laien ironisiert.

Hog's Head [ˌhɒgz 'hed] *Name vgl.* ***hog*** (Haus)Schwein; ***head*** Kopf (*ein Pub in Hogsmeade*)

Hogsmeade ['hɒgzmiːd] *Name vgl.* ***hog*** (Haus)Schwein; ***mead, meadow*** Wiese, (Dorf)Anger (*Zaubererdorf nahe Hogwarts*)

Hogwarts ['hɒgwəts] *Name*; *vgl.* ***wart-hog*** Warzenschwein – Internatsschule für Hexerei und Zauberkunst, untergebracht in einem riesigen Schloss, umgeben von Ländereien mit Gewächshäusern und Gemüsegärten, dem *Forbidden Forest* und einem See.

hoist [hɔɪst] *V/t.* hieven, hochheben, hochziehen

hole [həʊl] *Subst.* Loch

hollow[1] ['hɒləʊ] *Subst.* Höhle; Mulde, Senke

hollow[2] ['hɒləʊ] *Adj.* hohl, dumpf; falsch

holly ['hɒlɪ] *Subst.* BOT Ilex, Stechpalme; immergrüne Pflanze, trägt im Winter Früchte (glänzende, rote Beeren). Schon in altrömischer Zeit galt der Ilex als Lebenssymbol und wurde bei den Saturnalien, den Feierlichkeiten zu Ehren des Gottes → ***Saturn***, verwendet. Heute ist er wie die Mistel (→ ***mistletoe***) fester Bestandteil der englischen Weihnachtsdekoration.

Homorphus Charm [hə'mɔːfəs tʃɑːm] *Zauber vgl. lat.* ***homo*** Mensch; *griech.* ***morph...*** Gestalt; ***charm*** Bann, Beschwörung

hone [həʊn] *V/t.* fein schleifen, glatt schleifen

honest ['ɒnɪst] *Adj.* ehrlich, aufrichtig

Honeydukes ['hʌnɪdjuːks] *Name vgl.* ***honey*** Honig; ***duke*** Herzog (*Süßwarenladen in Hogsmeade*)

honeysuckle ['hʌnɪˌsʌkl] *Subst.* BOT Geißblatt (*stark duftende Rankenpflanze*)

honour ['ɒnə] *Subst.* Ehre; ***do the honours*** die Honneurs machen, die Ansprache halten

honourary member ['ɒnrərɪ ˌmembə] *Subst.* Ehrenmitglied

Hooch, Madam ['huːtʃ, ˌmædəm] *Name* (*Quidditch-Lehrerin in Hogwarts*)

hood [hʊd] *Subst.* Haube, Kapuze

hooded ['hʊdɪd] *Adj.* mit einer Kapuze *oder* Haube bedeckt

hoodlum ['huːdləm] *Subst. umgangsspr.* Rowdy, Strolch, Ganove

hoodwink ['hʊdwɪŋk] *V/t.* austricksen, überlisten; täuschen, reinlegen, hintergehen

hoof [huːf], *Pl.* ***hoofs*** *oder* ***hooves*** *Subst.* Huf

hook [hʊk] *V/t.* (fest)haken

hooked [hʊkt] *Adj.* krumm, gebogen; ***hooked nose*** Hakennase

hoop [huːp] *Subst.* Reifen

hoot [huːt] *V/i.* (*Eulen*) schreien; hupen, pfeifen, tröten

hoover ['huːvə] *Vt/i.* (staub)saugen

hooves [huːvz] *Pl.* → ***hoof***

Hopkirk, Mafalda ['hɒpkɜːk, məˌfældə] *Name vgl.* ***hop*** Hopfen; *schott.* ***kirk*** Kirche; ***Mafalda*** *vgl.* ***falderal*** Larifari, Firlefanz, Schnickschnack (*Verantwortliche Hexe im Improper Use of Magic Office*)

horde [hɔːd] *Subst.* Haufen, Horde

horizon [hə'raɪzn] *Subst.* Horizont, Aussicht

horizontal [ˌhɒrɪ'zɒntl] *Adj.* horizontal, waagerecht, quer

hornbeam ['hɔːnbiːm] *Subst.* BOT Hainbuche, Weißbuche

hornet ['hɔːnɪt] *Subst.* ZOOL Hornisse

horn-rimmed glasses [ˌhɔːnrɪmd 'glɑːsɪz] *Subst. Pl.* Hornbrille

horny ['hɔːnɪ] *Adj.* hornartig; schwielig

horrified ['hɒrɪfaɪd] *Adj.* entsetzt, entgeistert

horror-struck ['hɒrəstrʌk] *Adj. auch* ***horror-stricken*** von Entsetzen *oder* Grauen gepackt

horse-faced ['hɔːsfeɪst] *Adj.* pferdegesichtig

horseshoe ['hɔːsʃuː] *Subst.* Hufeisen

host [həʊst] *V/t.* zu Gast haben; (*eine Veranstaltung*) ausrichten

hostage ['hɒstɪdʒ] *Subst.* Geisel

hostility [hɒ'stɪlɪtɪ] *Subst.* Feindseligkeit, Feindschaft

hour-glass ['aʊəglɑːs] *Subst.* Stundenglas

house-elf ['haʊself] *Subst.* Hauself(e); → ***elf, brownie, goblin***

hover ['hɒvə] *V/i.* schweben, in der Luft gleiten; sich herumtreiben; schwanken, sich nicht entscheiden können

> **Hover Charm** ['hɒvə tʃɑːm] *Zauber vgl.* ***hover*** schweben; ***charm*** Bann, Beschwörung

hovercraft ['hɒvəkrɑːft] *Subst.* Luftkissenboot

howl[1] [haʊl] *Subst. von Wind*: Heulen; Böe

howl[2] [haʊl] *V/i.* heulen, brüllen

Howler ['haʊlə] *Neubildung vgl.* ***howler*** Schnitzer, grober Fehler; ***howl*** heulen

hubbub ['hʌbʌb] *Subst.* Tumult, Stimmengewirr

hubcap ['hʌbkæp] *Subst.* Radkappe

huddle[1] ['hʌdl] *Subst.* Haufen, Gedränge, Grüppchen (*das die Köpfe zusammensteckt*)

huddle[2] ['hʌdl] *V/i.* kauern, kuscheln, sich (zusammen)drücken

> **Hufflepuff** ['hʌflpʌf] *Name*; *vgl.* ***huff*** Luft herauspusten; ***huffish*** eingeschnappt, gereizt; ***puff*** kleiner Knall, Wölkchen, Windbeutel; zusammen vielleicht „viel Lärm um nichts“ – eines der vier Häuser von Hogwarts, für dessen Schüler Werte wie Loyalität, Verlässlich-

keit und Aufrichtigkeit besondere Wichtigkeit haben; **Hufflepuff, Helga**: weibl. Variante des altschwedischen Vornamen Helge mit der Bedeutung „glücklich" – eine der Begründerinnen von Hogwarts und Stifterin des nach ihr benannten Hauses.

huffy ['hʌfɪ] *Adj.* eingeschnappt, nachtragend
hug[1] [hʌg] *Subst.* Umarmung
hug[2] [hʌg] *V/t.* umarmen
hulking ['hʌlkɪŋ] *Adj.* wuchtig, ungeschlacht
hum [hʌm] *V/i.* summen, brummen
human ['hjuːmən] *Subst.* Mensch, menschliches Wesen
humble ['hʌmbl] *Adj.* demütig
humiliate [hjuː'mɪlɪeɪt] *V/t.* demütigen, erniedrigen
humiliation [hjuːˌmɪlɪ'eɪʃn] *Subst.* Beschämung, Erniedrigung
hump [hʌmp] *Subst.* Buckel
humpbacked ['hʌmpbækt] *Adj.* buckelig
humongous, humungous [hjuː'mʌŋgəs] *Adj. umgangsspr.* extrem groß, riesig
hunch [hʌntʃ] *V/i.* buckeln, krümmen, sich ducken
hunchback ['hʌntʃbæk] *Subst. auch **humpback*** Buckliger
hunched [hʌntʃt] *Adj.* gekrümmt, gebeugt
hunting cry ['hʌntɪŋ kraɪ] *Subst.* Jagdruf
huntsman ['hʌntsmən] *Subst.* Jäger, Teilnehmer einer Jagdgesellschaft
hurdle ['hɜːdl] *Subst.* Hürde

Hurling Hex ['hɜːlɪŋ heks] *vgl.* ***hurl*** schleudern, werfen; ***hex*** Zauber, Verwünschung

hurtle ['hɜːtl] *V/i.* hasten, rasen, sausen, stürzen
hush [hʌʃ] *Subst.* Stille
hushed [hʌʃt] *Adj.* tonlos, stimmlos
hush up [hʌʃ 'ʌp] *V/t.* vertuschen, totschweigen
husky ['hʌskɪ] *Adj.* trocken, heiser
hustle and bustle [ˌhʌsl ənd 'bʌsl] *Subst.* Getriebe und Gehetze
hysteria [hɪ'stɪərɪə] *Subst.* Hysterie
hysterical [hɪ'sterɪkl] *Adj.* hysterisch, außer sich
hysterics [hɪ'sterɪks] *Subst. Pl.* hysterischer Anfall

I

ice [aɪs] *Subst.* Eis; KUL → ***ice cream***

ice cream ['aɪs kriːm] *Subst.* Speiseeis

ice-cream parlour ['aɪskriːm ˌpɑːlə] *Subst.* Eisdiele

ice cube ['aɪs kjuːb] *Subst.* Eiswürfel

iced [aɪst] *Adj.* (mit Zuckerguss) glasiert

icicle ['aɪsɪkl] *Subst.* Eiszapfen

ickle ['ɪkl] *Adj. Babysprache für* ***little*** klein

identical [aɪ'dentɪkl] *Adj.* übereinstimmend, identisch

identity [aɪ'dentɪtɪ] *Subst.* Identität, Wesen

idiocy ['ɪdɪəsɪ] *Subst.* Idiotie

idle ['aɪdl] *Adj.* lässig, müßig, spielerisch

ignite [ɪg'naɪt] *V/t.* entzünden

ignition [ɪg'nɪʃn] *Subst.* Zündung

ignorance ['ɪgnərəns] *Subst.* Unwissenheit, Unkenntnis, Nichtwissen

ignore [ɪg'nɔː] *V/t.* ignorieren, nicht zur Kenntnis nehmen, keine Beachtung schenken

ill-adapted [ˌɪlə'dæptɪd] *Adj.* schlecht geeignet

ill-disguised ['ɪldɪsˌgaɪzd] *Adj.* kaum verborgen

illegal [ɪ'liːgl] *Adj.* illegal, ungesetzlich, gesetzwidrig, verboten

illicit [ɪ'lɪsɪt] *Adj.* unzulässig, unerlaubt, gesetzeswidrig

illuminate [ɪ'luːmɪneɪt] *V/t.* erleuchten, beleuchten

image ['ɪmɪdʒ] *Subst.* Bild, Vorstellung

imaginable [ɪ'mædʒɪnəbl] *Adj.* vorstellbar

imagination [ɪˌmædʒɪ'neɪʃn] *Subst.* Einbildung, Einbildungskraft

imbue [ɪm'bjuː] *V/t.* durchtränken, eintauchen; *übertr.* durchdringen

imitate ['ɪmɪteɪt] *V/t.* nachahmen, imitieren; *j-m* nacheifern

imitation [ˌɪmɪ'teɪʃn] *Subst.* Nachahmung, Imitation

immaculate [ɪ'mækjʊlɪt] *Adj.* makellos, tadellos

immeasurable [ɪ'meʒrəbl] *Adj.* unermesslich, unvergleichlich

immediately [ɪ'miːdɪətlɪ] *Adv.* sofort, auf der Stelle

immense [ɪ'mens] *Adj.* unermesslich, ungeheuer

immensity [ɪ'mensɪtɪ] *Subst.* Unermesslichkeit

immerse [ɪ'mɜːs] *V/t.* (sich) vertiefen; versenken, untertauchen

imminent ['ɪmɪnənt] *Adj.* bevorstehend

immobile [ɪ'məʊbaɪl] *Adj.* unbeweglich, bewegungslos

immobilise [ɪ'məʊbɪlaɪz] *V/t.* unbeweglich machen, ruhig stellen; schachmatt setzen

immortal [ɪ'mɔːtl] *Adj.* unsterblich

imp [ɪmp] *Subst.* Kobold, Teufelchen. Ein Wesen, von dem man wenig weiß; es soll sehr klein sein und in unberührten Wäldern im Moos leben. Wenn aber Menschen des Weges kommen, springt der *imp* auf und erschreckt sie. Angeblich zieht er gerne Mädchen am Hemd.

impact ['ɪmpækt] *Subst.* Einschlag, Aufprall

impair [ɪm'peə] *V/t.* verschlechtern, beeinträchtigen

impale [ɪm'peɪl] *V/t.* durchbohren, aufspießen; ***impaled upon one's own sword*** mit den eigenen Waffen geschlagen

impartial [ɪm'pɑːʃl] *Adj.* unparteiisch, unabhängig

impassive [ɪm'pæsɪv] *Adj.* teilnahmslos, gelassen

impatient [ɪm'peɪʃənt] *Adj.* ungeduldig

impeccable [ɪm'pekəbl] *Adj.* makellos, tadellos

impede [ɪm'piːd] *V/t.* aufhalten, behindern

Impediment Jinx [ɪm'pedɪmənt ˌdʒɪŋks] *Zauber* "Impedimenta!" *vgl.* ***impediment*** Behinderung, Hindernis; ***jinx*** Unheilbringer

imperceptible [ˌɪmpə'septɪbl] *Adj.* nicht wahrnehmbar, unmerklich

imperious [ɪm'pɪərjəs] *Adj.* herrisch, gebieterisch; (*Notwendigkeit*) zwingend

Imperius Curse [ɪm'peərjəs kɜːs] *Zauber* "Imperio!" *vgl. lat.* ***imperium*** Macht, Herrschaft; *lat.* ***impero*** ich herrsche

impersonation [ɪmˌpɜːsə'neɪʃn] *Subst.* Verkörperung, Personifikation

Impervius! [ɪm'pɜːvjəs] *Zauber vgl.* ***impervious*** undurchdringlich; regendicht

implore [ɪm'plɔː] *Vt/i.* beschwören, dringlich bitten

imploring [ɪm'plɔːrɪŋ] *Adj.* flehentlich

impose [ɪm'pəʊs] *V/t.* auferlegen

impostor [ɪm'pɒstə] *Subst.* Betrüger, Hochstapler

impregnable [ɪm'pregnəbl] *Adj.* (*Festung*) uneinnehmbar; (*Selbstvertrauen*) unerschütterlich

impressed [ɪm'prest] *Adj.* beeindruckt

imprint [ɪm'prɪnt] *V/t.* einprägen, abdrucken, abzeichnen

imprisonment [ɪm'prɪzənmənt] *Subst.* Gefängnisstrafe, Gefangenschaft

improvement [ɪm'pruːvmənt] *Subst.* Besserung

inappropriate [ˌɪnə'prɒprɪeɪt] *Adj.* unpassend, unangemessen, unangebracht

inattentive [ˌɪnə'tentɪv] *Adj.* unaufmerksam, achtlos

incantation [ˌɪnkæn'teɪʃn] *Subst.* Beschwörung, Beschwörungsformel, Anrufung

incense ['ɪnsens] *V/t.* erzürnen, wütend machen; ***incensed*** wütend, zornig
incessant [ɪn'sesənt] *Adj.* unablässig
inch [ɪntʃ] *Subst.* *Maßeinheit* Zoll (*Längenmaß, 2,54 cm*)
incident ['ɪnsɪdənt] *Subst.* Vorfall
incidentally [ˌɪnsɪ'dentəlɪ] *Adv.* nebenbei bemerkt, übrigens
inclined [ɪn'klaɪnd] *Adj.* geneigt; ***be inclined to do s.th.*** dazu neigen, etwas zu tun; Lust haben, etwas zu tun
incoherent [ˌɪnkəʊ'hɪərənt] *Adj.* unzusammenhängend
incomprehensible [ɪnˌkɒmprɪ'hensɪbl] *Adj.* unverständlich
inconvenient [ˌɪnkən'viːnjənt] *Adj.* unbequem; (*Zeitpunkt*) ungünstig
incorporate [ɪn'kɔːpəreɪt] *V/t.* vereinigen, einschließen, eingliedern
increase [ɪn'kriːs] *Vt/i.* vermehren, vergrößern; anwachsen, ansteigen
increasing [ɪn'kriːsɪŋ] *Adj.* zunehmend
incredulous [ɪn'kredjʊləs] *Adj.* ungläubig, skeptisch
incriminate [ɪn'krɪmɪneɪt] *V/t.* belasten, beschuldigen
indecision [ˌɪndɪ'sɪʒən] *Subst.* Unschlüssigkeit, Unentschlossenheit
independent [ˌɪndɪ'pendənt] *Adj.* unabhängig
index ['ɪndeks] *Subst.* Index, Inhaltsverzeichnis, Stichwortverzeichnis
indicate ['ɪndɪkeɪt] *V/t.* anzeigen, hinweisen auf
indignant [ɪn'dɪgnənt] *Adj.* entrüstet, ungehalten, empört
indignation [ˌɪndɪg'neɪʃn] *Subst.* Unwillen, Entrüstung
indisposed [ˌɪndɪ'spəʊzd] *Adj.* indisponiert, unpässlich
indistinct [ˌɪndɪ'stɪŋkt] *Adj.* undeutlich, unklar
indulgent [ɪn'dʌldʒənt] *Adj.* nachsichtig
inee? [ɪ'niː] *umgangsspr.* ***"isn't he?"***
inept [ɪn'ept] *Adj.* ungeeignet, unfähig
inevitable [ɪ'nevɪtəbl] *Adj.* unvermeidbar, unvermeidlich
inexplicable [ˌɪnɪk'splɪkəbl] *Adj.* unerklärlich
inexpressible [ˌɪnɪk'spresɪbl] *Adj.* unsagbar, unsäglich
infamous ['ɪnfəməs] *Adj.* verrufen, berüchtigt; infam, niederträchtig
infectious [ɪn'fekʃəs] *Adj.* MED ansteckend
infest [ɪn'fest] *V/t.* heimsuchen; verseuchen
inflate [ɪn'fleɪt] *V/t.* aufblasen, aufblähen
inflated [ɪn'fleɪtɪd] *Adj.* aufgeblasen
inflict [ɪn'flɪkt] *V/t.* zufügen; (*Verletzung*) beibringen
infuriate [ɪn'fjʊərɪeɪt] *V/t.* erzürnen, wütend machen
infusion [ɪn'fjuːʒn] *Subst.* Aufguss; MED Infusion
ingenious [ɪn'dʒiːnjəs] *Adj.* einfallsreich, genial
ingredient [ɪn'griːdɪənt] *Subst.* Zutat, Ingrediens
inhabit [ɪn'hæbɪt] *V/t.* bewohnen, wohnen in
inhabitant [ɪn'hæbɪtənt] *Subst.* Einwohner
inherit [ɪn'herɪt] *Vt/i.* erben
injured ['ɪndʒəd] *Adj.* verletzt
injury ['ɪndʒərɪ] *Subst.* Verletzung
ink [ɪŋk] *Subst.* Tinte
inkling ['ɪŋklɪŋ] *Subst.* Ahnung, Schimmer

innkeeper [ˈɪnˌkiːpə] *Subst.* (Gast)Wirt

innocence [ˈɪnəsəns] *Subst.* Unschuld, Schuldlosigkeit

innocent [ˈɪnəsənt] *Adj.* unschuldig, schuldlos

inquiry [ɪnˈkwaɪərɪ] *Subst.* Untersuchung

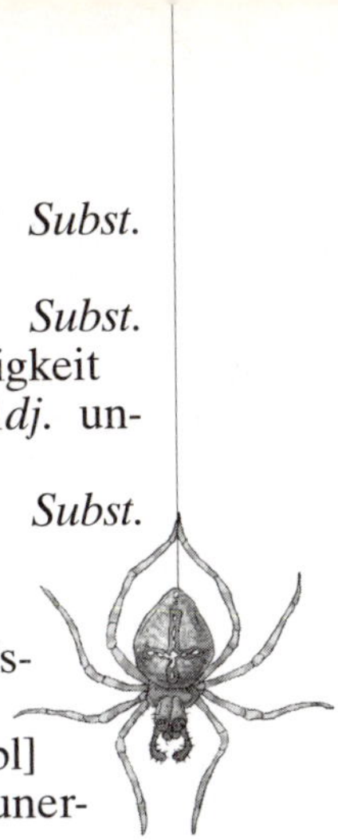

insane [ɪnˈseɪn] *Adj.* (geistig) krank, geistesgestört, irre

inscrutable [ɪnˈskruːtəbl] *Adj.* unergründlich, unerforschlich

inseparable [ɪnˈsepərəbl] *Adj.* unzertrennlich

insert [ɪnˈsɜːt] *V/t.* einsetzen, hineinstecken

insist [ɪnˈsɪst] *Vt/i.* ***insist on s.th.*** auf etwas bestehen; ***insist that*** darauf bestehen, dass

insistence [ɪnˈsɪstəns] *Subst.* Beharren, Bestehen

insolent [ɪnˈsɒlənt] *Adj.* unverschämt; anmaßend

inspection [ɪnˈspekʃən] *Subst.* Prüfung, Kontrolle; Betrachtung; ***on closer inspection*** bei näherer Betrachtung

inspire [ɪnˈspaɪə] *V/t.* erwecken, erregen, veranlassen

instalment [ɪnˈstɔːlmənt] *Subst.* Rate, Teilzahlung

instance [ˈɪnstəns] *Subst.* Fall, Beispiel; ***for instance*** zum Beispiel

instantaneous [ˌɪnstənˈteɪnjəs] *Adj.* sofort, umgehend

instantly [ˈɪnstəntlɪ] *Adv.* sofort, sogleich

instinct [ˈɪnstɪŋkt] *Subst.* Gefühl, Instinkt, innere Stimme

instinctively [ɪnˈstɪŋktɪvlɪ] *Adv.* instinktiv, unwillkürlich

instruct [ɪnˈstrʌkt] *V/t.* anweisen, Anweisungen geben

insufferable [ɪnˈsʌfrəbl] *Adj.* unerträglich

insulate [ˈɪnsjʊleɪt] *V/t.* TECH isolieren

insult[1] [ɪnˈsʌlt] *Subst.* Beleidigung, Kränkung

insult[2] [ɪnˈsʌlt] *V/t.* beleidigen, beschimpfen; kränken

insulting [ɪnˈsʌltɪŋ] *Adj.* beleidigend, verletzend

intake [ˈɪnteɪk] *Subst.* Aufnahme; ***intake of breath*** tiefes Atemholen

intelligence [ɪnˈtelɪdʒəns] *Subst.* Intelligenz; nachrichtendienstliche Informationen

intense [ɪnˈtens] *Adj.* intensiv, stark

intent [ɪnˈtent] *Adj.* aufmerksam, gespannt

intercept [ˌɪntəˈsept] *V/t.* auffangen, abfangen

interfere [ˌɪntəˈfɪə] *V/i.* sich einmischen, eingreifen

interference [ˌɪntəˈfɪərəns] *Subst.* Einmischung, Eingreifen, Störung

interject [ˌɪntəˈdʒekt] *V/t.* einwerfen, dazwischenfahren

intermediate [ˌɪntəˈmiːdɪət] *Adj.* für die Mittelstufe, für Fortgeschrittene

interrogation [ɪnˌterəˈgeɪʃn] *Subst.* Verhör, Vernehmung

interrogative [ˌɪntəˈrɒgətɪv] *Adj.* fragend

interruption [ˌɪntəˈrʌpʃən] *Subst.* Unterbrechung

intersect [ˌɪntəˈsekt] *Vt/i.* kreuzen, durchschneiden; sich kreuzen

intestines [ɪnˈtestɪnz] *Subst. Pl.* Gedärme

intimidating [ɪnˈtɪmɪdeɪtɪŋ] *Adj.* Furcht einflößend, Furcht erregend

intimidation [ɪnˌtɪmɪˈdeɪʃn] *Subst.* Einschüchterung

in-tray ['ɪntreɪ] *Subst.* Posteingangskorb

intrigued [ɪn'tri:gd] *Adj.* verblüfft, befremdet; gefesselt, interessiert

introduce [ˌɪntrə'dju:s] *V/t.* *j-n* vorstellen

intruder [ɪn'tru:də] *Subst.* Eindringling

invaluable [ɪn'væljʊəbl] *Adj.* unschätzbar, von unschätzbarem Wert

invent [ɪn'vent] *V/t.* erfinden

investigation [ɪnˌvestɪ'geɪʃn] *Subst.* Nachforschung, Ermittlung

investigator [ɪn'vestɪgeɪtə] *Subst.* Ermittler, Detektiv

invisibility [ɪnˌvɪzɪ'bɪlɪtɪ] *Subst.* Unsichtbarkeit

invisible [ɪn'vɪzɪbl] *Adj.* unsichtbar

inviting [ɪn'vaɪtɪŋ] *Adj.* einladend

invoke [ɪn'vəʊk] *V/t.* (*Geist*, *Zauber*) herbeirufen, beschwören

involve [ɪn'vɒlv] *V/t.* zur Folge haben, mit sich bringen

involved [ɪn'vɒlvd] *Adj.* beteiligt, verwickelt

inwardly ['ɪnwədlɪ] *Adv.* innerlich

irksome ['ɜ:ksəm] *Adj.* lästig, verdrießlich, beschwerlich

iron¹ ['aɪən] *Subst.* Eisen

iron² ['aɪən] *Adj.* eisern

irresistible [ˌɪrɪ'zɪstɪbl] *Adj.* unwiderstehlich

irresolute [ɪ'rezəlu:t] *Adj.* unschlüssig, unentschlossen

irritable ['ɪrɪtəbl] *Adj.* nervös, reizbar; gereizt

issue ['ɪʃu:] *Vt/i.* (*Buch*, *Zeitung*) herausgeben; (*Flüssigkeit*, *Strahlen*) herausfließen, herausströmen

itch [ɪtʃ] *V/i.* jucken, kratzen; brennen, *übertr.* darauf brennen

Ivanova ['ɪvɑ:nəvə] *slaw. weiblicher Name (Spielerin der bulgarischen Quidditch-Nationalmannschaft beim World Cup)*

ivy ['aɪvɪ] *Subst.* BOT Efeu; Kletterpflanze, die sich an Baumstämmen und Hauswänden emporrankt und zuweilen auch mit Friedhöfen und überwucherten Ruinen assoziiert wird. Der Efeu trägt im Winter schwarze Beeren, seine Blätter sind immergrün und deshalb beliebt für winterliche Dekorationen (→ ***holly*** → ***mistletoe***).

J

jab [dʒæb] *Vt/i.* stoßen, stechen
jabber ['dʒæbə] *V/i.* plappern, schnattern; schwätzen
jackal ['dʒækɔːl] *Subst.* ZOOL Schakal
jacket potato ['dʒækɪt pəˌteɪtəʊ] *Subst.* KUL in der Schale gebackene Kartoffel, Folienkartoffel
jagged ['dʒægɪd] *Adj.* gezackt, scharfkantig
jam [dʒæm] *Vt/i.* hemmen, blockieren; einzwängen; (ein)klemmen
jam doughnut [ˌdʒæm 'dəʊnʌt] *Subst.* KUL *mit Marmelade gefüllte Krapfen*, „Berliner", „Pfannkuchen"
jam tart [ˌdʒæm 'tɑːt] *Subst.* KUL Marmeladetörtchen
jangle ['dʒæŋgl] *V/i.* schrillen, vibrieren
jar [dʒɑː] *Subst.* Gefäß, Krug; *für Marmelade etc.*: Glas
jaunty ['dʒɔːntɪ] *Adj.* munter, flott, unbeschwert, keck
javelin ['dʒævlɪn] *Subst.* Speer
jaw [dʒɔː] *Subst.* Kiefer(knochen)
jealous ['dʒeləs] *Adj.* eifersüchtig, neidisch
jeer [dʒɪə] *V/i.* spotten, höhnen
jeering ['dʒɪərɪŋ] *Adj.* höhnisch, höhnisch johlend

jar

jelly ['dʒelɪ] *Subst.* Gelee

Jelly-Legs Jinx [ˌdʒelɪlegz-'dʒɪŋks] *Zauber vgl.* ***jelly*** Götterspeise; ***leg*** Bein; ***jinx*** Unheilbringer

jerk [dʒɜːk] *Vt/i.* rucken, zucken; wegreißen, hochreißen
jerky ['dʒɜːkɪ] *Adj.* ruckartig, bockig
jet[1] [dʒet] *Subst.* Pechkohle, Jett (*tiefschwarzer Schmuckstein*)
jet[2] [dʒet] *Subst.* Feuer- *oder* Wasserstrahl; Düse

jewel-bright [ˌdʒuːəlˈbraɪt] *Adj. eigentl.* edelstein-hell; leuchtend, funkelnd

jewel-encrusted [ˈdʒuːəlɪnˌkrʌstɪd] *Adj.* juwelenbesetzt, mit Edelsteinen besetzt

jewelled [ˈdʒuːəld] *Adj.* juwelenbesetzt, mit Edelsteinen besetzt

jiffy [ˈdʒɪfɪ] *Subst.* Nu, Augenblick

jig [dʒɪg] *Subst.* (Freuden)Tanz

Jigger, Arsenius [ˈdʒɪgə, ɑːˌsiːnɪəs] *Name; vgl. US umgangsspr.* ***jigger*** Schnapsglas, Schnäpschen; ***arsenic*** Arsen; chemisches Element, das bereits in geringen Dosen tödlich wirkt – Autor eines Lehrbuchs für Zaubertränke.

jiggery pokery [ˌdʒɪgərɪ ˈpəʊkərɪ] *Subst. brit. umgangsspr.* „Hokuspokus", Humbug

jingle [ˈdʒɪŋgl] *V/i.* klimpern, klingeln

jinks [dʒɪŋks] *Subst. Pl.* ***high jinks*** übermütige Laune, Ausgelassenheit

jinx[1] [dʒɪŋks] *Subst.* Unheilbringer

jinx[2] [dʒɪŋks] *V/t.* verhexen

jog [dʒɒg] *V/i.* traben, laufen

Johnson, Angelina [ˈdʒɒnsn, ˌændʒəˈliːnə] *Name;* **Angelina** *Verkleinerungsform von Angela (Mitschülerin Harrys und Chaser im Gryffindor-Quidditch-Team)*

joint [dʒɔɪnt] *Subst.* Gelenk, Glied; KUL Bratenstück

joke [dʒəʊk] *V/i.* scherzen, Witze machen

joke shop [ˈdʒəʊk ʃɒp] *Subst.* Scherzartikelgeschäft

jolly [ˈdʒɒlɪ] *Adj.* vergnügt, heiter

jolt [dʒəʊlt] *Subst.* Ruck, Stoß; Rütteln; Schock

Jordan, Lee [ˈdʒɔːdn, ˌliː] *Name;* gebräuchlich seit dem 12. Jh., als Kreuzfahrer Wasser vom Fluss Jordan aus dem heiligen Land in die Heimat mitbrachten, um ihre Kinder damit zu taufen; **Lee**: männl. Vorname mit der Bedeutung „Fluss" – älterer Gryffindor-Mitschüler, Freund der Weasley-Zwillinge.

Jorkins, Bertha [ˈdʒɔːkɪnz, ˌbɜːθə] *Name;* Anklang an *Joseph Jorkens*, den Erzähler fiktiver Reiseerlebnisse in *Short Stories* von Eward Blunkett; **Bertha**: altmod. weibl. Vorname german. Ursprungs – auf einer Reise spurlos verschwundene Zauberin aus dem *Department of Magical Games and Sports*.

jostle [ˈdʒɒsl] *Vt/i.* drängeln, rempeln; (sich) drängen

jot[1] [dʒɒt] *Subst.* Spur, Funke, Körnchen

jot[2] [dʒɒt] *V/t.* ***jot down*** notieren, schnell hinschreiben

journey[1] [ˈdʒɜːnɪ] *Subst.* Reise, Fahrt

journey[2] [ˈdʒɜːnɪ] *V/i.* reisen, fahren

jovial [ˈdʒəʊvɪəl] *Adj.* jovial, leutselig

jowl [dʒaʊl] *Subst.* Wange, Backe; Unterkiefer

judge [dʒʌdʒ] *Subst.* Richter; Punktrichter, Jury-Mitglied

judgement [ˈdʒʌdʒmənt] *Subst.* Urteil; Beurteilung, Einschätzung

jug [dʒʌg] *Subst.* Krug

juggle [ˈdʒʌgl] *Vt/i.* jonglieren

jumble[1] [ˈdʒʌmbl] *Subst.* Durcheinander, Wirrwarr

jumble[2] ['dʒʌmbl] *V/t.* durcheinander werfen

jump [dʒʌmp] *V/i.* springen; ***jump to conclusions*** voreilige Schlussfolgerungen ziehen

jumper ['dʒʌmpə] *Subst.* Pullover

jumpy ['dʒʌmpɪ] *Adj.* nervös, fahrig, schreckhaft, verunsichert

junction ['dʒʌŋkʃən] *Subst.* (Weg)Gabelung

junior ['dʒuːnɪə] *Adj.* untergeordnet, zweitrangig

junkshop ['dʒʌŋkʃɒp] *Subst.* Trödelladen

Jupiter ['dʒuːpɪtə] *Subst.* Jupiter; größter und hellster Planet unseres Sonnensystems, begleitet von mindestens zwanzig Monden und von farbenprächtigen Wolken umgeben. Er trägt den Namen des höchsten Gottes in der röm. Mythologie, des Wetter- und Himmelsgottes Jupiter, der mit dem griech. Zeus gleichgesetzt wird. Die Monde, soweit benannt (etliche haben nur Nummern), heißen nach Nymphen, die der Gott verführt hat, z. B. Callisto, Jo und Europa. In der Astrologie werden ihm Luft, Blut, Lebensgeist zugeordnet, alles, was sich auf Wachstum bezieht, göttliche Ordnung und Herrschertum, grüne und blaue Steine, Tiere, die Würde mit Klugheit vereinen, zähmbar und gutmütig sind wie der Stier und der Elefant. Ernst und Mäßigkeit, Weisheit und Freigebigkeit.

justice ['dʒʌstɪs] *Subst.* Gerechtigkeit

jut [dʒʌt] *V/i.* vorspringen, herausragen

K

Kappa ['kæpə] Wasserdämon des alten japanischen Shintoismus. Kappas ziehen kleine Kinder zu sich hinab ins Wasser und ertränken sie. Es wird auch erzählt, dass sie Reisende und ihre Pferde angreifen. Sie sehen sehr merkwürdig aus, haben langes Haar, den Körper einer Schildkröte, schuppige Gliedmaßen und das Gesicht eines Affen. Kappas ernähren sich von Blut und Gurken, auf denen sie auch reiten. Außerhalb des Wassers überleben sie nicht lange, ihre Köpfe müssen immer nass sein. Sie sollen sehr schlau sein; weise Menschen können Kappas als Freunde gewinnen und ihre Künste lernen (z.B. Knochenorakel → ***divination***) – Gegenstand einer *Defence Against the Dark Arts*-Unterrichtsstunde bei Prof. Lupin.

Karkaroff, Igor [kɑː'kɑːrɒf, ˌiːgɔː] *Name vgl. russ.* ***karkat*** krächzen, unken, Schlechtes vorhersagen; ***Igor*** *von altnord. Yherr*: *„Krieger des Eibenbaumes"* (*zwielichtiger Direktor der Zauberschule* → ***Durmstrang***)

Katie Bell [ˌkeɪtɪ 'bel] *Name* → ***Bell, Katie***

keel [kiːl] *V/i.* ***keel over*** kentern, umschlagen; *umgangsspr.* umkippen

keen [kiːn] *Adj.* (*Sportler etc.*) begeistert, leidenschaftlich; ***be keen on s.th.*** scharf auf etwas sein

keep [kiːp] *V/t.* halten; behalten; ***keep at bay*** in Schach halten, vom Leibe halten; ***keep up with*** auf dem Laufenden bleiben

keeper ['kiːpə] *Subst.* Wärter, Aufseher

Kelpie ['kelpɪ] *Subst. schott.* Nix, Wassergeist; *vgl.* ***kelp*** Seetang, Seetangasche. *Kelpies* sind meist schwarze wilde Wasserpferde, die in den Gewässern Schottlands auftauchen und ihre Mähnen schütteln. Sie gaukeln den Menschen vor, dass ihnen an dieser Stelle eine Furt, eine seichte Stelle, die Überquerung des Wassers ermöglicht. Wenn Reiter oder Kutscher der Lockung des *kelpie* folgen, ertrinken sie jämmerlich in den Fluten. Doch es gibt auch *kelpies*, die als schöne junge Männer in Erscheinung treten, nur Spuren von Seegras im Haar verraten ihr wahres Wesen. Ob Menschengestalt oder Wasserpferd, *kelpies* zerren ihre ahnungslosen Opfer ins Wasser, wo sie sie zerreißen. Man kann versuchen, *kelpies* zu fangen, indem man ihnen Zügel mit einem Kreuzzeichen anlegt, doch meist fliehen sie und reißen ihren Verfolger mit in die Tiefe. Auf der Koppel sind sie harmlos, man kann sie reiten, doch wehe, sie wittern eine Spur von Wasser … → ***merpeople***

kettle ['ketl] *Subst.* (Koch)Kessel, Teekessel, Wasserkessel

Kettleburn, Prof. ['ketlbɜːn, prəˌfesə] *Name vgl.* ***kettle*** (Koch)Kessel; ***burn*** (ver)brennen (*Lehrer für Care of Magical Creatures in Hogwarts bis zu Harrys drittem Schuljahr*)

kick [kɪk] *V/t.* stoßen, treten; ***kick out*** rauswerfen

kidnap¹ ['kɪdnæp] *Subst.* Entführung, Kidnapping

kidnap² ['kɪdnæp] *V/t.* entführen, kidnappen

kidney ['kɪdnɪ] *Subst.* Niere

kilt [kɪlt] *Subst.* Schottenrock (*der traditionell von Männern getragene Rock aus →* ***tartan***)

kind [kaɪnd] *Adj.* freundlich

kindle ['kɪndl] *Vt/i.* (sich) entzünden; aufflackern

King's Cross [ˌkɪŋz 'krɒs] *Bahnhof in London*

kip¹ [kɪp] *Subst. umgangsspr.* Schläfchen

kip² [kɪp] *V/i. umgangsspr.* pennen, ratzen

kipper ['kɪpə] *Subst.* Räucherhering, Bückling

kit [kɪt] *Subst.* Ausrüstung

kitten ['kɪtn] *Subst.* Kätzchen; ***have kittens*** *umgangsspr.* nervös *oder* beunruhigt sein, Zustände kriegen

knack [næk] *Subst.* Talent, Geschick

knave [neɪv] *Subst. altertüml.* Spitzbube, Schurke

knead [niːd] *V/t.* kneten, massieren

knee [niː] *Subst.* Knie; ***on bended knees*** auf Knien

kneecap ['niːkæp] *Subst.* Kniescheibe

kneel [niːl] *V/i.* knien

knickerbocker glory ['nɪkəˌbɒkə 'glɔːrɪ] *Subst.* KUL Eisbecher (*meist mit Früchten*)

knickerbockers ['nɪkəˌbɒkəz] *Subst. Pl.* Kniehosen, Kniebundhosen

knickers ['nɪkəz] *Subst. Pl.* Schlüpfer

knife [naɪf], *Pl.* ***knives*** [naɪvz] *Subst.* Messer

knight [naɪt] *Subst.* Ritter; *beim Schachspiel*: Springer

Knight Bus ['naɪt bʌs] *Name klingt wie* ***Night Bus*** Nachtbus; *vgl.* ***knight*** Ritter (*Sammeltransport für verlorenen gegangene Hexen und Zauberer*)

knit [nɪt] *Vt/i.* stricken

knob [nɒb] *Subst.* (Schalt)Knopf, (Haar)Knoten

knobbly ['nɒblɪ] *Adj.* knubbelig, höckerig, verwachsen

knock [nɒk] *V/t.* klopfen, schlagen, stoßen; ***knock the stuffing out of s.o.*** j-n zur Schnecke *oder* fertig machen, j-n windelweich prügeln

Knockturn Alley [ˌnɒktɜːn 'ælɪ] *Name*; *vgl.* ***knock*** schlagen, stoßen; ***turn*** wenden, umkehren; ***alley*** Gasse; klingt wie ***nocturnally*** nachts, nächtlich.

knot [nɒt] *Subst.* (Ast)Knoten, Knorren

knotgrass ['nɒtgrɑːs] *Subst.* BOT Knöterich

knotty ['nɒtɪ] *Adj.* verzwickt, knifflig

know-it-all ['nəʊɪtɔːl] *Subst.* Besserwisser(in)

knuckle ['nʌkl] *Adj.* Fingerknöchel

Knut [nʌt] *Neubildung* (*Münze aus Messing, kleinste Einheit der Zauberwährung* → **Gringotts**)

Krum, Viktor ['krʌm, ˌvɪktə] *Name*; *vgl.* **crumb** oder *altertüml.* **crum** Krümel, Splitter, das Bisschen; *US umgangsspr.* Laus, Schweinehund; **Viktor**: männl. Vorname, *lat.* ***victor*** der Sieger – weltberühmter bulgarischer Quidditch-Spieler, *Seeker* der bulgarischen Quidditch-Nationalmannschaft beim World Cup, und Champion von Durmstrang beim *Triwizard Tournament.*

Kwikspell ['kwɪkspel] *Name vgl.* ***quick*** schnell (*die vereinfachte Schreibweise ist ein beliebter Werbegag*); ***spell*** Zauberspruch, *also in etwa* „Zauberfix“

L

laborious [lə'bɔːrɪəs] *Adj.* mühsam, mühselig

labour ['leɪbə] *Subst.* Arbeit; Mühe, Anstrengung

labrador ['læbrədɔː] *Subst.* ZOOL ***Labrador Retriever*** Labrador (*engl. Hunderasse, Apportierhund*)

lace[1] [leɪs] *Subst.* Spitze, Spitzenbesatz; *von Schuh*: Schnürsenkel

lace[2] [leɪs] *V/t.* (*Schuh*) zubinden, zuschnüren

lace frill ['leɪs frɪl] *Subst.* Spitzenrüsche

lacewing fly ['leɪswɪŋ flaɪ] *Subst.* ZOOL Netzflügler (*wie z.B. die Florfliege*)

lack [læk] *Subst.* Mangel, Fehlen

ladder ['lædə] *Subst.* Leiter

laddie ['lædɪ] *Subst. umgangsspr.* Junge, Bürschchen

ladle ['leɪdl] *V/t.* schöpfen

lag [læg] *V/i.* ***lag behind*** zurückbleiben, sich verzögern

lairy ['leərɪ] *Adj. austr.* schrill; auffällig, übertrieben gekleidet

lamb chop ['læm tʃɒp] *Subst.* KUL Lammkotelett

lamp [læmp] *Subst.* Lampe

lamp post ['læmp pəʊst] *Subst.* Laternenmast

lampshade ['læmpʃeɪd] *Subst.* Lampenschirm

landing ['lændɪŋ] *Subst.* Treppenabsatz

lane [leɪn] *Subst.* Gasse

lank [læŋk] *Adj.* (*Person*) hager, mager; (*Haare*) glatt, dünn

lanky ['læŋkɪ] *Adj.* schlank, schlaksig

lantern ['læntən] *Subst.* Laterne

lap[1] [læp] *Subst.* Schoß

lap[2] [læp] *Subst.* SPORT Runde; ***lap of honour*** SPORT Ehrenrunde

lap[3] [læp] *V/t.* schlürfen, schlabbern; ***lap up*** *übertr. etwas* schlucken, glauben

lap[4] [læp] *V/t.* falten, einschlagen

lapse[1] [læps] *Subst.* Lapsus, Versehen, Fehler

lapse[2] [læps] *V/i.* (*Zeit*) vergehen; (*Frist*) ablaufen; ***lapse into silence*** in Schweigen verfallen

large[1] [lɑːdʒ] *Adj.* groß

large[2] [lɑːdʒ] *Subst.* ***at large*** auf freiem Fuß

lash [læʃ] *V/t.* peitschen

last-ditch [ˌlɑːst'dɪtʃ] *Adj.* allerletzte(r, -s); ***a last-ditch attempt*** ein letzter verzweifelter Versuch

late [leɪt] *Adj.* spät; (*Jahreszeit*) vorgerückt; neu, letzte(r, -s); ***very latest*** allerneueste(r, -s); ***the latest fashion*** die neueste Mode

laughing stock ['lɑːfɪŋ stɒk] Narr, Dorfdepp; ***make a laughing stock of oneself*** sich lächerlich machen

launch [lɔːntʃ] *V/i.* ***launch oneself at*** sich stürzen auf, anspringen

lavatory seat [ˌlævətrɪ 'siːt] *Subst.* Toilettensitz

Lavender Brown [ˌlævɪndə 'braʊn] *Name* → ***Brown, Lavender***

law-abiding ['lɔːəˌbaɪdɪŋ] *Adj.* gesetzestreu

law-breaker ['lɔːˌbreɪkə] *Subst.* Gesetzesbrecher

law enforcement ['lɔː ɪnˌfɔːsmənt] *Subst.* Strafverfolgung, Strafvollzug

lawn [lɔːn] *Subst.* Rasen

lawn-mower ['lɔːnməʊə] *Subst.* Rasenmäher

lax [læks] *Adj.* lax, nachlässig, großzügig

layabout ['leɪəbaʊt] *Subst.* *brit.* Gammler, Penner

laze [leɪz] *V/i.* faulenzen, bummeln

lazy ['leɪzɪ] *Adj.* faul, müßig

lead[1] [liːd] *Subst.* Führung; Leine; ***lead and collar*** Leine und Halsband

lead[2] [led] *Subst.* Blei

leaden ['ledn] *Adj.* bleiern

leaf [liːf] *Subst.* Blatt; ***take a leaf out of one's book*** sich von j-m ein Scheibchen abschneiden; ***leaf-strewn*** laubübersät

leaflet ['liːflət] *Subst.* Flugblatt, Handzettel

leafy ['liːfɪ] *Adj.* belaubt

league [liːg] *Subst.* Liga; Bündnis

leakage ['liːkɪdʒ] *Subst.* undichte Stelle, Leckage

leaky ['liːkɪ] *Adj.* undicht, löchrig, leck (*alle auch übertr.*)

> **Leaky Cauldron** [ˌliːkɪ 'kɔːldrən] *Name*; *vgl.* ***leaky*** undicht, löchrig, leck; *umgangsspr.* geschwätzig; ***cauldron*** Kochkessel, Hexenkessel – berühmter Pub in der *Diagon Alley*, Londoner Treffpunkt der Zaubererwelt.

leap [liːp] *V/i.* springen

leather-bound ['leðəbaʊnd] *Adj.* ledergebunden, in Leder gebunden

leather case [ˌleðə 'keɪs] *Subst.* Lederetui, lederner Behälter

leathery ['leðərɪ] *Adj.* ledrig

lecture ['lektʃə] *Subst.* Vorlesung, Vortrag

ledger ['ledʒə] *Subst.* Hauptbuch, Kassenbuch

leech[1] [liːtʃ] *Subst.* ZOOL, MED Blutegel

leech[2] [liːtʃ] *V/t.* aussaugen

Lee Jordan [ˌliː 'dʒɔːdn] *Name* → ***Jordan, Lee***

leek [liːk] *Subst.* BOT, KUL Lauch, Porree

leer [lɪə] *V/i.* schielen, scheele Blicke zuwerfen; boshaft grinsen

legal ['liːgl] *Adj.* gesetzlich, rechtlich

legendary ['ledʒəndərɪ] *Adj.* legendär, sagenhaft

> **Leg-Locker Curse** ['legˌlɒkə 'kɜːs] *Zauber vgl.* ***leg*** Bein; ***lock*** (Vorhänge)Schloss; Klemme; ***curse*** Fluch, Verwünschung

leisure ['leʒə] *Subst.* Muße, freie Zeit

lemon meringue pie ['lemən məˌræŋ 'paɪ] *Subst.* KUL Zitronenbaisertorte

lend [lend] *V/t.* verleihen, borgen

lengthen ['leŋθən] *Vt/i.* verlängern,

länger machen; lang werden, sich verlängern

lenient ['liːnɪənt] *Adj.* milde, nachsichtig

Leprechaun ['leprɪkɔːn] *Subst.* Kobold, Leprechaun. Kleine Geister aus Irland, die in Bauernhöfen oder Weinkellern hausen oder aber in Erdhöhlen, wo sie Schätze hüten. Sie ähneln in ihrer Gestalt → ***gnomes*** oder *dwarves* und tragen altmodische Kleidung, oft grün mit roter Mütze und einen Lederschurz, der auf ihren „Beruf" verweist: *leprechauns* sind Feen-Schuhmacher; sie fertigen jedoch nur jeweils einen Schuh an (einige Feenwesen haben nämlich auch nur einen Fuß). Ähnlich wie → ***brownies*** oder *hobgoblins* helfen sie den Menschen und erledigen Arbeit für sie; nach der Arbeit feiern sie ausgelassene Feste und sind oft betrunken, dann sieht man sie auf Schafen oder Hunden reiten; in dieser Erscheinungsform werden sie auch *cluricauns* genannt. Das Gold eines Leprechaun erlangt man, indem man einen fängt; das ist sehr schwierig, da sie sofort verschwinden, wenn man sie nur einen Lidschlag lang aus den Augen lässt – Maskottchen der irischen Quidditch-Nationalmannschaft.

lest [lest] *Konj.* dass nicht

Lestrange [lɪ'streɪndʒ] *Name vgl. frz.* ***L'Estrange*** „Fremder" (*Anhänger von Lord Voldemort*)

lethal ['liːθl] *Adj.* tödlich, todbringend

letter-box ['letəbɒks] *Subst.* Briefkasten

lettuce ['letɪs] *Subst.* BOT Kopfsalat, Blattsalat

level[1] ['levl] *Subst.* Stufe, Ebene; *übertr.* Niveau

level[2] ['levl] *Adj.* eben, waagerecht; *übertr.* gleich (gut)

level[3] ['levl] *Adv.* ***draw level with s.o.*** j-n einholen, mit j-m gleichziehen

levitate ['levɪteɪt] *Vt/i.* frei schweben; schweben lassen

Levski ['levskɪ] *slaw. Nachname (Spieler in der bulgarischen Quidditch-Nationalmannschaft beim World Cup)*

liability [ˌlaɪə'bɪlɪtɪ] *Subst.* Verpflichtung; Belastung

liable ['laɪəbl] *Adj.* ***be liable to*** neigen zu, anfällig sein für

liaison [lɪ'eɪzən] *Subst.* Verbindung, Bündnis

liar ['laɪə] *Subst.* Lügner

liberal ['lɪbrəl] *Adj.* großzügig, liberal

liberation front [ˌlɪbə'reɪʃn frʌnt] *Subst.* Befreiungsfront

liberty ['lɪbətɪ] *Subst.* Freiheit

library ['laɪbrərɪ] *Subst.* Bibliothek; → ***Restricted Section***

licence ['laɪsəns] *Subst.* Lizenz; Erlaubnis; *übertr.* Freiheit

lid [lɪd] *Subst.* Deckel

lie low [ˌlaɪ 'ləʊ] *V/i.* sich versteckt halten, unauffällig leben, eine günstige Gelegenheit abwarten

life sentence [ˌlaɪf 'sentəns] *Subst.* lebenslängliche Strafe

lift [lɪft] *V/t.* hochheben

light[1] ['laɪt] *Subst.* Licht

light[2] ['laɪt] *V/t.* erleuchten; (*Feuer, Lampe etc.*) anzünden

library

light[3] ['laɪt] *Adj. von Gewicht*: leicht
lightning ['laɪtnɪŋ] *Subst.* Blitz
likable, likeable ['laɪkəbl] *Adj.* liebenswürdig, sympathisch
likely ['laɪklɪ] *Adj.* wahrscheinlich
liking ['laɪkɪŋ] *Subst.* Zuneigung
limb [lɪm] *Subst.* Glied, Extremität
limerick ['lɪmərɪk] *Subst.* Limerick (*fünfzeiliges lustiges Gedicht um einen* (*Orts*)*Namen, urspr. die irische Stadt bzw. Grafschaft Limerick*)
limp[1] [lɪmp] *Adj.* matt, schlaff, schlapp
limp[2] [lɪmp] *V/i.* hinken, humpeln
linen ['lɪnɪn] *Subst.* Leinen
linger ['lɪŋgə] *V/i.* verweilen, sich aufhalten

lion ['laɪən] *Subst.* Löwe. Der Löwe ist seit der Antike ein beliebtes Wappentier; er symbolisiert Stärke, Mut, Tapferkeit und königlichen Rang, ebenso Wachsamkeit. Der Legende nach schläft der Löwe mit offenen Augen (→ ***griffon***).

lionfish ['laɪənfɪʃ] *Subst.* ZOOL *Pterois*; alle indopazifischen Arten der Familie der Skorpionfische; auffällig durch Zebrastreifen und stacheligen Rückenflossen, wegen ihres dekorativen Äußeren begehrt in Aquarien. Auch kleinere, vielfarbige Fische der Familie *Dendrochirus* werden als *lionfish* bezeichnet.

liquid[1] ['lɪkwɪd] *Subst.* Flüssigkeit
liquid[2] ['lɪkwɪd] *Adj.* flüssig
liquorice wands ['lɪkərɪs wɒndz] *Neubildung vgl.* ***liquor*** Likör; ***wand*** Zauberstab, *ähnlich den* ***chocolate liqueurs*** (*Leckerei von* → ***Honeydukes***)
list [lɪst] *Subst.* Liste; *von Schiff*: Schlagseite
listless ['lɪstləs] *Adj.* teilnahmslos, unbeteiligt
lit [lɪt] *Prät.* → ***light***[2]
litter ['lɪtə] *V/t.* unordentlich herumliegen, verstreut sein (in, auf)
liver ['lɪvə] *Subst.* Leber
livid ['lɪvɪd] *Adj.* bleifarben; *umgangsspr.* wütend, fuchsteufelswild
lizard ['lɪzəd] *Subst.* ZOOL Eidechse
loathe [ləʊð] *V/t.* verabscheuen
loathing ['ləʊðɪŋ] *Subst.* Hass, tiefster Abscheu
lob [lɒb] *V/t.* in hohem Bogen werfen
lobster ['lɒbstə] *Subst.* ZOOL Hummer
local ['ləʊkl] *Adj.* örtlich, lokal
locate [ləʊ'keɪt] *V/t.* orten, ausfindig machen
lock[1] [lɒk] *Subst.* (Vorhänge)Schloss; Klemme
lock[2] [lɒk] *V/t.* (ver)schließen, (zu-)sperren

Lockhart, Gilderoy ['lɒkət, ˌgɪldərɔɪ] *Name*; *vgl.* ***lock*** versperren, abschließen, aber auch (Haar)Locke; ***hart*** (ausgewachsener) Hirsch; **Gilderoy**: *vgl.* ***gild*** vergolden, ausschmücken, verschönern, *frz.* ***roi*** König – Autor magischer Bestseller und *Defence Against the Dark Arts*-Lehrer in Harrys zweitem Schuljahr.

lockjaw ['lɒkdʒɔː] *Subst.* MED Kieferkrampf, Kaumuskelkrampf

Locomotor Mortis ['ləʊkəˌməʊtə 'mɔːtɪs] *Zauber vgl.* ***locomotive*** lokomotorisch (*aus lat. „die Fortbewegung betreffend“*); *lat.* ***mortis*** des Todes

lodge [lɒdʒ] *Vt/i.* einreichen, einlegen; sich festsetzen, sich niederlassen

lofty ['lɒftɪ] *Adj.* überlegen, überheblich

log [lɒg] *Subst.* Holzscheit, Holzklotz

loll [lɒl] *Vt/i.* baumeln; hängen lassen

loll around [ˌlɒl ə'raʊnd] *V/i.* herumlümmeln

lonely ['ləʊnlɪ] *Adj.* einsam

Longbottom, Neville ['lɒŋbɒtəm ˌnevɪl] *Name*; *vgl.* ***long*** lang; ***bottom*** *umgangsspr.* Po, Hintern; **Neville**: männl. Vorname, abgeleitet aus einem Familiennamen normannischer Barone – tolpatschiger Gryffindor-Mitschüler aus ruhmreicher Zaubererfamilie in Harrys Jahrgang.

longing ['lɒŋɪŋ] *Adj.* sehnsüchtig

long-molared ['lɒŋˌməʊləd] *Adj.* langzähnig

loo [luː] *Subst. brit.* Klo

loom [luːm] *V/i.* sich abzeichnen, undeutlich sichtbar werden

loon [luːn] *Subst. umgangsspr.* Dummkopf, Blödmann

loony ['luːnɪ] *Subst. umgangsspr.* Verrückter, Geistesgestörter

loop¹ [luːp] *Subst.* Schleife; *beim Fliegen*: Loop, Looping

loop² [luːp] *V/t.* umkreisen; loopen, einen Looping fliegen

loopy ['luːpɪ] *Adj.* mit vielen Windungen; (*Schrift*) schnörkelig, verschnörkelt; *umgangsspr.* übergeschnappt

loose¹ [luːs] *Adj.* lose, frei

loose² [luːs] *Subst.* ***on the loose*** auf freiem Fuß

lop-sided [ˌlɒp'saɪdɪd] *Adj.* einseitig, schief, mit Schlagseite

Lord Voldemort [ˌlɔːd 'vɒldəmɔːt] *Name* ***Lord*** *urspr.* Herr, Gebieter (*brit. Adelstitel vom Baron bis zum Herzog, auch besonderen Respekt bezeugende Höflichkeitsanrede*); → ***Voldemort***

lot [lɒt] *Subst. umgangsspr.* Haufen, Gefolgschaft

lounge [laʊndʒ] *Subst.* Wohnzimmer, Gesellschaftszimmer, Salon

lovely ['lʌvlɪ] *Adj.* reizend, hübsch

Love Potion ['lʌv ˌpəʊʃn] *Subst.* Liebestrank; → ***potion***

lower ['ləʊə] *V/t.* senken

low-slung ['ləʊslʌŋ] *Adj.* tief hängend

loyal ['lɔɪəl] *Adj.* loyal, treu, verlässlich

loyalty ['lɔɪəltɪ] *Subst.* Treue, Loyalität

luck [lʌk] *Subst.* Glück, glückliche Fügung, glücklicher Zufall; ***stroke of luck*** Glückssträhne, Glücksfall

ludicrous ['luːdɪkrəs] *Adj.* lächerlich, albern

luggage ['lʌgɪdʒ] *Subst.* Gepäck

lukewarm [ˌluːk'wɔːm] *Adj.* lauwarm

lullaby ['lʌləbaɪ] *Subst.* Wiegenlied, Schlaflied

lumbago [lʌm'beɪgəʊ] *Subst.* MED Hexenschuss

lumber ['lʌmbə] *V/i.* trampeln, walzen

luminous ['luːmɪnəs] *Adj.* leuchtend

Lumos! ['luːmɒs] *Zauber vgl. lat.* ***lumen*** Licht

lump [lʌmp] *Subst.* Klumpen, Brocken; MED Beule, Geschwulst; *umgangsspr.* Trampel, Klotz

lumpy ['lʌmpɪ] *Adj.* plump, pummelig

lunascope ['lu:nəskəʊp] *Neubildung vgl. lat.* ***luna*** Mond; ***...scope*** *griech.* „Betrachter“ (*ein Gerät, das etwas sichtbar macht*)

lunatic ['lu:nətɪk] *Subst.* Irrer, Geistesgestörter

luncheon ['lʌntʃən] *Subst.* (Mittags-) Mahl

lunge[1] [lʌndʒ] *Subst.* Sprung, Satz, Ausfall

lunge[2] [lʌndʒ] *V/i.* losstürzen; ausfallen, losschnellen

lungs [lʌŋz] *Subst. Pl.* Lunge; ***on top of one's lungs*** aus vollem Hals

Lupin, Prof. Remus J. ['lu:pɪn, prəˌfesə ˌreməs dʒeɪ] *Name*; *vgl. lat.* ***lupus*** Wolf; **Remus**: männl. Vorname aus der röm. Mythologie: Die Brüder Romulus und Remus, die späteren Gründer Roms, wuchsen in der Wildnis auf und wurden von einer Wölfin gesäugt – Lehrer für *Defence Against the Dark Arts* in Hogwarts während Harrys drittem Schuljahr.

lurch[1] [lɜ:tʃ] *Subst.* Ruck; Taumel, Torkeln

lurch[2] [lɜ:tʃ] *V/i.* taumeln, schlingern

lure[1] [lʊə] *Subst.* Lockung, Köder, Reiz

lure[2] [lʊə] *V/t.* locken, ködern

lurid ['lʊərɪd] *Adj.* (*Farben*) grell, schreiend, auffällig; gespenstisch

lurk [lɜ:k] *V/i.* lauern, im Verborgenen *oder* Hinterhalt liegen

Lynch [lɪntʃ] *Nachname* (*Spieler der irischen Quidditch-Nationalmannschaft beim World Cup*)

M

Macmillan, Ernie [mək'mɪlən, ˌɜːnɪ] *schott. Familienname (Mc oder Mac zeigt die Zugehörigkeit zu einem Clan an);* **Ernie** *Verniedlichung von Ernest (Hufflepuff-Mitschüler aus Harrys Jahrgang)*

Macnair, Walden [mək'neə, ˌwɔːldən] *schott. Nachname (Mc oder Mac zeigt die Zugehörigkeit zu einem Clan an);* **Walden** *Männername german. Ursprungs (Henker im Auftrag des Committee for the Disposal of Dangerous Creatures, Anhänger von Voldemort)*

mad [mæd] *Adj.* verrückt

madcap[1] ['mædkæp] *Subst.* Heißsporn, impulsiver Mensch

madcap[2] ['mædkæp] *Adj.* verwegen, verrückt

madden ['mædn] *V/t.* zum Wahnsinn treiben

Mad-Eye Moody [ˌmædaɪ 'muːdɪ] *Name vgl.* **mad** verrückt, durchgedreht, **eye** Auge *(Spitzname für →* ***Moody, Alastor****)*

madman ['mædmən] *Subst.* Verrückter, Irrer

magenta [mə'dʒentə] *Adj.* (purpur-) rot

maggoty ['mægətɪ] *Adj.* madig, voller Maden

magic ['mædʒɪk] *Subst.* Magie; aus *pers., griech.* ***mageía****, lat.* ***magia***: Verfahrensweisen und Wissen um Praktiken, mit denen der Mensch seinen Willen auf außer seiner selbst liegende Wesen und Dinge übertragen will, ohne dass dies nach naturwissenschaftlichem Verständnis erklärt werden kann. Ausgangspunkt der Magie ist die Annahme, dass in der Natur verborgene Kräfte wirken, die der Mensch beeinflussen und die er sich zunutze machen kann. Je nach Absicht und Einsatz dieser Mittel unterscheidet man Schwarze Magie, die anderen Schaden zufügen und sich ihrer auf schädliche Weise bemächtigen will, und Weiße Magie, die auf andere Zwecke (Reichtum, Heilung etc.) gerichtet sein kann und keinen Schaden zufügt (→ ***Dark Arts***). Oft gibt es auch unscharfe Grenzen zwischen Magie und Religion.

Magical Creatures [ˌmædʒɪkl 'kriːtʃəz] *Subst. Pl.* magische Wesen. Ihre Welt ist bunt und vielgestaltig. Die Besonderheiten und Funktionen einzelner Arten von magischen Wesen unterliegt regionalen Abweichungen. „Aufgabenstellungen" und Eigenarten, die in einem bestimmten Gebiet einer Art zugeordnet sind, können andernorts von einer anderen Art übernommen werden. Dies gilt insbesondere für die weit verzweigte Gattung der Elfen (→ ***elf***, → ***fairy***) und Kobolde (→ ***goblin***), deren Eigenheiten und Aussehen einerseits stark voneinander abweichen, deren Aufgaben und Wesenscharakteristika sich jedoch immer wieder überschneiden. Ihre Bewertung in gut oder böse, hilfreich oder schädlich ist fragwürdig und abhängig vom historischen Wandel der Kulturen und gesellschaftlichen Maßstäbe. Ohnehin sind magische Wesen nicht „gut" oder „schlecht", sie sind einfach anders. Allen Überlieferungen zufolge haben sie ihre eigenen Gewohnheiten.

magnetism ['mægnɪtɪzm] *Subst.* Magnetismus; → ***mesmerized***

magnificent [mæg'nɪfɪsənt] *Adj.* großartig, eindrucksvoll

mahogany [mə'hɒgənɪ] *Subst.* Mahagoni

maid [meɪd] *Subst.* Dienstmädchen

maim [maɪm] *V/t.* verstümmeln

maintain [meɪn'teɪn] *V/t.* aufrecht erhalten; behaupten, beteuern

Majorca [mə'dʒɔːkə] Mallorca

majority [mə'dʒɒrɪtɪ] *Subst.* Mehrheit, Mehrzahl

makeshift paddock [ˌmeɪkʃɪft 'pædək] *Subst.* behelfsmäßige Koppel

malady ['mælədɪ] *Subst.* Krankheit, Gebrechen

malevolent [mə'levələnt] *Adj.* übel wollend, bösartig

Malfoy ['mælfɔɪ] *Name*; *vgl.* ***mal...*** schlecht (von *lat.* ***malus*** schlecht); ***...foy***: *vgl. frz.* ***foi*** Glaubwürdigkeit, Glaubhaftigkeit, Treue, Vertrauenswürdigkeit; **Malfoy, Draco**: *vgl. lat.* ***draco*** Drache (auch ein Sternbild) – verabscheuter Mitschüler und Widersacher Harrys aus dem Haus Slytherin; **Malfoy, Lucius**: wahrscheinlich Ableitung von *lat.* ***lux*** Licht; damit auch Anklang an *Luzifer* (wörtlich: Lichtbringer) – der Vater von Draco Malfoy, Anhänger von Voldemort; **Malfoy, Narcissa**: weibl. Vorname, gemäß der Mode des 19. Jh., Mädchen nach Blumen zu benennen; Narzissen sind stark duftende Frühlingsblüher. Der griech. Mythos überliefert, dass *Narkissos*, ein schöner junger Mann, die Liebe der Nymphe Echo verschmähte. Als Strafe verhängte die Göttin der Liebe, dass er fortan sein eigenes Spiegelbild begehren musste, bis ihn die Verwandlung in die Blume von der Qual dieser unstillbaren Sehnsucht erlöste – die Mutter von Draco Malfoy.

malfunction [mæl'fʌŋkʃən] *V/i.* schlecht funktionieren, kaputt sein

malice ['mælɪs] *Subst.* Bosheit; Arglist, Tücke

malicious [mə'lɪʃəs] *Adj.* boshaft, gehässig; arglistig, heimtückisch

Malkin, Madam ['mælkɪn, ˌmædəm] *Name vgl.* ***mal...*** *Vorsilbe* schlecht; ***kin*** Geschlecht, Sippe, Stamm (*Inhaberin des Kleiderladens "Robes for All Occasions" in der Diagon Alley*)

mallet ['mælɪt] *Subst.* Holzhammer

manacle ['mænəkl] *Subst.* Handfessel, Handschelle

mandrake ['mændreɪk] *Subst.* BOT Mandragora, Alraune. Ihre Wurzeln, die wie menschliche Figuren aussehen, gelten traditionell als „Hexenpflanzen“. Sie wachsen, so wurde gesagt, unter Galgen und schreien, wenn man sie aus der Erde holt. Dieser Schrei löst Unheil aus (so heißt es u.a. in Shakespeares *Romeo und Julia*) oder ist sogar tödlich. Aufgrund ihrer menschenähnlichen Gestalt fanden sie Verwendung als Fetische im Schadenzauber und zählen als Nachtschattengewächse wie → ***belladonna*** zu den wichtigen Bestandteilen von Liebeszaubern und Flugsalben. Die Hexenflüge waren wahrscheinlich Rauscherfahrungen, hervorgerufen durch dafür zubereitete, alkaloidhaltige Essenzen.

mane [meɪn] *Subst.* Mähne

mangled ['mæŋgəld] *Adj.* zerstückelt, zerfetzt

mangy ['meɪndʒɪ] *Adj.* krätzig; *übertr.* schäbig

mandrake

maniac ['meɪnɪæk] *Subst.* Besessener, Irrer, Wahnsinniger

manic ['mænɪk] *Adj.* besessen, fanatisch

manifesto [ˌmænɪ'festəʊ] *Subst.* Manifest, Grundsatzerklärung

manky ['mæŋkɪ] *Adj. umgangsspr.* dreckig, speckig

manly ['mænlɪ] *Adj.* männlich

manner ['mænə] *Subst.* Art, Weise; ***in a manner of speaking*** sozusagen

manor ['mænə] *Subst.* Gutshaus, Herrensitz, Schloss

mantelpiece ['mæntlpiːs] *Subst.* Kaminsims

manticore ['mæntɪkɔː] *Subst. vgl.* ***mantic*** prophetisch; ***cor*** Herz, Kern; Fabeltier mit Löwenkörper und Menschenkopf, ein Monster, das in den Wäldern Asiens zu Hause ist und dort nach menschlicher Beute jagt. Es hat drei Reihen rasierklingenscharfer Zähne und einen Schuppenschwanz, dessen Spitze mit giftigen Pfeile ausgestattet ist. Sie sind tödlich. Die Menschen, die dem Manticore zum Opfer fallen, verschwinden mit Haut und Knochen und all ihren Besitztümern. Das spurlose Verschwinden von Wanderern gilt als Beweis für die Existenz des Manticore.

manure [mə'njʊə] *Subst.* Dung, Mist

map [mæp] *Subst.* Landkarte, Übersichtsplan

maple ['meɪpl] *Subst.* BOT Ahorn, Ahornholz

marathon ['mærəθən] *Subst.* Marathon, Langstreckenlauf

marauder [mə'rɔːdə] *Subst.* Vagabund, Plünderer

marauding [mə'rɔːdɪŋ] *Adj.* marodierend, plündernd, zerstörerisch

marble ['mɑːbl] *Subst.* Marmor; *Glaskugel*: Murmel; ***he's lost his marbles*** *umgangsspr.* er hat den Verstand verloren, er hat nicht mehr alle Tassen im Schrank

march [mɑːtʃ] *V/i.* marschieren

Marge [mɑːdʒ] *weibl. Vorname, Kurzform für Marjorie (Bulldoggen züchtende Schwester von Harrys Onkel Vernon Dursley)*

mark [mɑːk] *Subst.* Zeichen, Kennzeichnung, Mal

maroon [mə'ruːn] *Adj.* rötlich braun, kastanienbraun

marquee [mɑː'kiː] *Subst.* großes Zelt, Festzelt; Schirmdach

Mars [mɑːz] *Subst.* Mars. Erdähnlichster äußerer Planet des Sonnensystems mit durchsichtiger Atmosphäre und zwei Monden – benannt nach dem röm. Gott des Krieges und der Landwirtschaft, auf dessen Feiern auch der Monatsname März (engl. *March*) zurückgeht. Dem Mars schreibt die Astrologie den Wesenszug „Aktivität“ zu, Leidenschaft für die Auseinandersetzung, das Feuer, alles Scharfe und Brenzlige, alles Feurige, Werkzeug, Waffen und Rüstung und das rote Farbspektrum.

marsh [mɑːʃ] *Subst.* Sumpfland, Marsch

Marsh [mɑːʃ] *engl. Nachname (Hexe im →* ***Knight Bus****)*

marshmallow [ˌmɑːʃ'mæləʊ] *Subst.* KUL *Bällchen aus Zuckerschaum und Gelatine*

marvel ['mɑːvl] *V/i.* staunen, sich wundern

marvellous ['mɑːvələs] *Adj.* wundervoll

mascot ['mæskət] *Subst.* Maskottchen, Glücksbringer

Mason, Mr. ['meɪsn, ˌmɪstə] *Name vgl.* ***mason*** Steinmetz, Maurer *(Bauunternehmer, von dem sich Harrys Onkel einen großen Auftrag verspricht)*

massacre ['mæsəkə] *Subst.* Massaker, Blutbad

mast [mɑːst] *Subst.* Schiffsmast
master [ˈmɑːstə] *Subst.* Meister, Gebieter
match[1] [mætʃ] *Subst.* Streichholz; SPORT Spiel
match[2] [mætʃ] *Vt/i.* (zusammen)passen, vergleichen, vergleichbar sein; ***be a match for s.o.*** es mit j-m aufnehmen können, j-m ein ebenbürtiger Gegner sein
matchbox [ˈmætʃbɒks] *Subst.* Streichholzschachtel
mate [meɪt] *Subst.* Kumpel, Kamerad
material [məˈtɪərɪəl] *Subst.* Stoff, Material
materialize [məˈtɪərɪəlaɪz] *V/i.* sich materialisieren, aus dem Nichts erstehen
maternal [məˈtɜːnl] *Adj.* mütterlich
maths [mæθs] *Subst. Pl. Kurzform für* ***mathematics*** Mathematik
matron [ˈmeɪtrən] *Subst.* Hausmutter; Vorsteherin der Krankenabteilung
matted [ˈmætɪd] *Adj.* filzig, verfilzt
mattress [ˈmætrɪs] *Subst.* Matraze
mature [məˈtʃʊə] *Adj.* reif, erwachsen
mauve [məʊv] *Adj.* mauve, malvenfarbig

Maxime, Olympe [mækˈsiːm, ˌɒlɪmp] *Name*; *vgl. lat.* ***maximus,-a*** der, die Größte; **Olympe**: frz. weibl. Vorname, abgeleitet vom Göttersitz der griech. Mythologie mit der Bedeutung „erhaben“ oder „göttlich“, auch assoziiert mit einer besonders stattlichen Frau – *Madame Maxime* ist Direktorin der Zauberakademie Beauxbatons.

mayhem [ˈmeɪhem] *Subst.* Aufruhr, Tumult; *US* schwere Körperverletzung
mayor [ˈmeɪdʒə] *Subst.* Bürgermeister

maze [meɪz] *Subst.* Irrgarten, Labyrinth. Daedalus erbaute im minoischen Königspalast auf Kreta ein Labyrinth, in dem der Minotauros, ein monströser Stier, gefangen gehalten wurde. Als Theseus den Minotauros tötete, half ihm die Königstochter Ariadne mit einem Faden aus dem verwirrenden System von Irrwegen heraus. Beliebt in der Gartenkunst ab dem Barock, z. B. im Park von Hampton Court.

mazing [ˈmeɪzɪŋ] *Adj. eigentl.* ***amazing*** erstaunlich, verblüffend

McGonagall, Minerva [məˈgɒnəgl, mɪˈnɜːvə] *Name*; als *McGonagall verse* bezeichnet man holprige Knittelverse, nach William McGonagall, einem schottischen Weber (1830-1902) und notorischen Reimeschmied; er verfasste nach dem Motto „reim dich oder ich fress dich“ Gedichte über aktuelle Katastrophen und trug seine Schöpfungen in Kneipen vor; **Minerva**: röm. Göttin der Gelehrsamkeit und der Künste; wie die griech. Athene hat sie unerbittliche und kriegerische Züge und wird häufig mit Waffen dargestellt – stellvertretende Rektorin von Hogwarts, *Head of Gryffindor House* und strenge Lehrerin für Transfiguration.

mead [miːd] *Subst.* Met, Honigwein

mean [miːn] *Adj.* geizig, knausrig; gemein, gehässig, hinterhältig, fies
meander [mɪ'ændə] *V/i.* sich winden, schlingern, eiern
measure ['meʒə] *Subst.* Maßnahme; Maßeinheit, Messbecher
meddle ['medl] *V/i.* sich einmischen; ***meddle with*** herumspielen mit
meddler ['medlə] *Subst. j-d, der sich in alles einmischt*: Wichtigtuer
meddlesome ['medlsəm] *Adj.* lästig, zudringlich
medieval [ˌmedɪ'iːvl] *Adj.* mittelalterlich
mediterranean [ˌmedɪtə'reɪnɪən] *Adj.* mediterran, Mittelmeer…
Mediwizard ['medɪˌwɪzəd] *Neubildung vgl.* ***medical*** medizinisch, ärztlich; ***wizard*** Zauberer, Hexenmeister
melt [melt] *Vt/i.* schmelzen
memo ['meməʊ] *Subst.* Merkzettel, Aktennotiz
memory ['memərɪ] *Subst.* Gedächtnis, Erinnerung

Memory Charm ['memərɪ tʃɑːm] *Zauber vgl.* ***memory*** Gedächtnis; ***charm*** Bann, Beschwörung

menace ['menɪs] *Subst.* Drohung, Bedrohung, drohende Gefahr
menacing ['menɪsɪŋ] *Adj.* bedrohlich, drohend
menagerie [mɪ'nædʒərɪ] *Subst. frz.* Tierschau, Tiergehege
mend [mend] *V/t.* ausbessern, reparieren
mental ['mentl] *Adj. umgangsspr.* übergeschnappt; ***mentally handicapped*** geistig behindert
mention ['menʃən] *V/t.* erwähnen
menu ['menjuː] *Subst.* Speisekarte
merchandise ['mɜːtʃəndaɪz] *Subst.* Waren, Handelsware
merciful ['mɜːsɪfəl] *Adj.* barmherzig, gütig

Mercury ['mɜːkjʊrɪ] *Subst.* Merkur; der sonnennächste Planet unseres Sonnensystems, deshalb nur während der Morgen- und Abenddämmerung zu beobachten. Er heißt nach dem röm. Gott der Kaufleute (→ ***Hermes***); die Astrologie ordnet ihm als Wesenskraft „Intellekt“ zu. Merkurkräfte sind Wendigkeit, Gelehrigkeit, Vorsicht, auf der negativen Seite Unstetigkeit. Das bewegliche Metall Quecksilber, bunte Steine und Glas gehören zu Merkur.

mercy ['mɜːsɪ] *Subst.* Mitleid, Erbarmen
merge [mɜːdʒ] *Vt/i.* verschmelzen; ineinander aufgehen
merit ['merɪt] *V/t.* verdienen

Merlin ['mɜːlɪn] *Name*; legendärer Zauberer der keltischen Sage; das historische Vorbild lebte wahrscheinlich im 4. oder 5. Jh. n. Chr. und war Druide (→ ***druid***), zuweilen wird er mit dem legendären Barden (Sängerdichter) Taliesin identifiziert. Als Lehrer des sagenhaften König Artus ging Merlin in die legendarische Geschichtsschreibung Britanniens und in die Literatur ein. Der Ausruf “*Merlin's beard!*” – „Beim Barte Merlins!“ steht in Analogie zu der islam. Bekräftigungsformel „beim Barte des Propheten“.

mermaid ['mɜːmeɪd] *Subst.* Seejungfrau

Mermish ['mɜːmɪʃ] *Neubildung Sprache der Nixen, Seejungfrauen, Wassermänner etc.*

merpeople ['mɜːˌpiːpl] *Subst. Pl.* Wassergeister, Meerjungfrauen und Wassermänner; als männliche Verkörperung Wassermann, Nix oder (griech.) Triton, als *mermaid* Seejungfrau, Nixe, Undine. Sie baden oder leben im Wasser, sowohl im Meer als auch in Binnenseen, Flüssen oder Quellen und zählen in der Regel zu den Elementargeistern, d.h. sie haben keine Seele.
Nixen oder Seejungfrauen haben oft eine trügerische erotische Anziehungskraft und sind bösartig: Bis zur Taille nackt, sitzen sie auf Felsen, singen (eine Verkörperung der antiken *Sirenen*) oder kämmen ihr Haar (die *Lorelei* auf dem Hochufer des Rheins); die vorüberfahrenden Seeleute haben nur noch Augen für sie und zerschellen mit ihren Schiffen an den Klippen.
Es gibt aber auch hässliche, fischartige Wasserdämonen beiderlei Geschlechts, die wasserreichen britischen Inseln sind voll von solchen Wesen, die in Irland *fomorian* genannt werden: Jede Quelle hat ihre Nymphe, jeder schottische Fluss seinen → ***kelpie***, in den Fjorden und Flüssen Schottlands und in Irland erscheinen *washerwomen* als Zeichen nahenden Unheils (→ ***banshee***).

mesmerized ['mezməraɪzd] *Adj.* hypnotisiert, fasziniert. Der Begriff geht zurück auf das Ende des 18. Jh. von F.A. Mesmer entwickelte Verfahren, von Lebewesen ausstrahlende Kräfte durch magnetische Beeinflussung zu Heilverfahren zu nutzen (animalischer Magnetismus); ein Vorläufer der Hypnose.

mess [mes] *Subst.* Durcheinander, Unordnung

message ['mesɪdʒ] *Subst.* Nachricht

Messrs. ['mesəz] *Abk. frz.* ***Messieurs*** Herren

mid-air [ˌmɪd'eə] *Subst.* ***in mid-air*** (mitten) in der Luft, frei schwebend

midday [ˌmɪd'deɪ] *Subst.* Mittag, in der Mitte des Tages

midge [mɪdʒ] *Subst.* ZOOL kleine Mücke

midget ['mɪdʒɪt] *Subst.* Zwerg, Knirps

midriff ['mɪdrɪf] *Subst.* Zwerchfell

midst [mɪdst] *Subst.* ***in the midst of*** inmitten von

miff [mɪf] *V/t.* verärgern, auf den Schlips treten

mild [maɪld] *Adj.* mild, lind, sanft

mile [maɪl] *Maßeinheit* Meile (*brit. Längenmaß,* ***1 mile*** *entspricht 1, 609 km*)

milk [mɪlk] *V/t.* melken; *übertr.* ausschlachten

mill [mɪl] *V/i.* ***mill around*** durcheinander laufen, wogen

mimblewimble ['mɪmblˌwɪmbl] *steht für undeutliches Gemurmel*

mincemeat ['mɪnsmiːt] *Subst.* KUL Pastetenfüllung (*klein gehackte kandierte Früchte, wie Zitronat und Orangeat*); Hackfleisch

mince pie [ˌmɪns 'paɪ] *Subst.* KUL Hackfleischpastete

mind¹ [maɪnd] *Subst.* Verstand, Geist; Einstellung; ***speak one's mind*** sagen, was man denkt

mind² [maɪnd] *Vt/i.* beachten; aufpassen; ***I don't mind*** ich habe nichts dagegen; ***never mind*** lass gut sein, es macht nichts

mine [maɪn] *Subst.* Mine, Bergwerk; ***mine of information*** Informationsquelle

mingle ['mɪŋgl] *Vt/i.* (sich) mischen, vermischen

ministry ['mɪnɪstrɪ] *Subst.* Ministerium

minor ['maɪnə] *Adj.* kleiner; geringer, geringfügiger

mint humbug ['mɪnt ˌhʌmbʌg] *Subst. brit.* Pfefferminzbonbon

minuscule ['mɪnɪskjuːl] *Adj.* winzig

minute ['mɪnɪt] *Adj.* sehr klein, winzig, Miniatur…

miracle ['mɪrəkl] *Subst.* Wunder

mirror ['mɪrə] *Subst.* Spiegel. Ein wichtiges Hilfsmittel für allerlei Methoden, in die Zukunft zu sehen; begleitet von entsprechendem Zauber kann der Spiegel als magisches Auge den bevorstehenden Lebensweg eines Neugeborenen zeigen, den zukünftigen Lebenspartner und den eigenen Tod. Auch in der Erde oder in Berghöhlen verborgene Schätze soll man in Zauberspiegeln sehen können. Da sich der Mensch selbst nur durch Spiegelung betrachten kann, ist der Spiegel eng verbunden mit der Identitätsfindung. Andererseits gilt er als trügerisch (er zeigt die Dinge seitenverkehrt) und ist ein Symbol der Eitelkeit und der Vergänglichkeit von irdischer Schönheit. Da der Spiegel „zurückwirft", was in ihn „hineinfällt", findet er auch Verwendung für Abwehrzauber (→ ***gorgon***, → ***basilisk***, → ***Erised***).

mirth [mɜːθ] *Subst.* Fröhlichkeit, Heiterkeit, Freude

mirthless ['mɜːθləs] *Adj.* freudlos, bitter

miscalculate [ˌmɪs'kælkjʊleɪt] *Vt/i.* fehlkalkulieren; sich verschätzen

mischief ['mɪstʃɪf] *Subst.* Unheil, Schaden

mischievous ['mɪstʃɪvəs] *Adj.* mutwillig, schelmisch, schadenfroh

miserable ['mɪzrəbl] *Adj.* jämmerlich, miserabel, elend

misery ['mɪzərɪ] *Subst.* Unglück, Elend

misfortune [mɪs'fɔːtʃən] *Subst.* Pech, Unglück

misgiving [ˌmɪs'gɪvɪŋ] *Subst.* Befürchtung, Zweifel, böse Ahnung

misjudged [ˌmɪs'dʒʌdʒd] *Adj.* falsch eingeschätzt; schlecht gezielt

misleading [mɪs'liːdɪŋ] *Adj.* irreführend

mismatched ['mɪsmætʃt] *Adj.* nicht zusammenpassend

misspelled [ˌmɪs'speld] *Adj.* falsch buchstabiert, falsch geschrieben

missy ['mɪsɪ] *Subst.* Fräuleinchen

mist [mɪst] *Subst.* Dunst, Nebel

mistake [mɪ'steɪk] *Subst.* Fehler

mistaken [mɪ'steɪkən] *Adj.* im Irrtum, irrig; ***be mistaken*** sich irren

mistletoe ['mɪsəltəʊ] *Subst.* BOT Mistel, Mistelzweig. Die Mistel ist eine Parasitenpflanze, die auf Laubbäumen wächst und ihre Wurzeln in deren Ästen versenkt. Den keltischen Druiden (→ ***druid***) waren Misteln heilig; sie bereiteten Heil- oder Zaubertränke daraus; Mistelextrakte werden auch in der modernen Naturheilkunde eingesetzt. Mistelzweige sind, ebenso wie → ***holly*** (Ilex), immergrün und tragen im Winter Früchte; deshalb sind sie fester Bestandteil der englischen Weihnachtsdekoration. Dazu gibt es einen Brauch: Wenn man mit j-m unter einem Mistelzweig steht, muss man ihn/sie küssen.

mistletoe

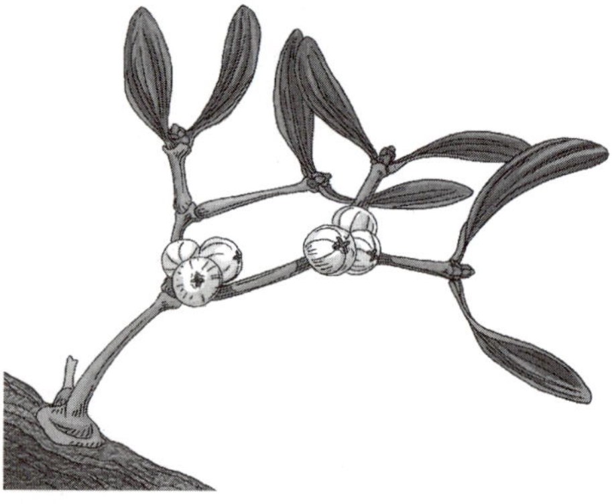

mistreat [mɪs'triːt] *V/t.* schlecht behandeln, misshandeln

mistreatment [mɪs'triːtmənt] *Subst.* Misshandlung

mistrust [mɪs'trʌst] *V/t.* misstrauen

misty ['mɪstɪ] *Adj.* dunstig, neblig, verhangen, verschleiert

misuse [mɪs'juːs] *Subst.* Missbrauch, Zweckentfremdung

moan¹ [məʊn] *Subst.* Jammern, Klage; Ächzer, Stöhnen

moan² [məʊn] *V/i.* jammern, klagen; stöhnen, ächzen

Mobiliarbus! [ˌməʊbɪlɪ'ɑːbəs] *Zauber vgl. lat.* ***mobilis*** beweglich

Mobilicorpus [ˌməʊbɪlɪ'kɔːpəs] *Zauber vgl. lat.* ***mobilis*** beweglich; *lat.* ***corpus*** Körper

mock [mɒk] *Adj.* gespielt, Pseudo…; ***mock bow*** gespielte Verbeugung

Mockridge, Cuthbert ['mɒkrɪdʒ, ˌkʌθbət] *Name vgl.* ***mock*** täuschen, sich lustig machen; ***ridge*** Kamm, Riffel, (Hügel)kette; ***Cuthbert*** *altengl. männl. Vorname (Vorstand des Goblin Liaison Office und unter den Zuschauern des Quidditch World Cup)*

modest ['mɒdɪst] *Adj.* bescheiden

modify ['mɒdɪfaɪ] *V/t.* modifizieren, verändern, anpassen

moi [mwɑː] *Pers. Pron. frz.* ich, mich

moleskin ['məʊlˌskɪn] *Subst.* Maulwurfsfell; Moleskin (*schweres Baumwolltuch mit samtiger Oberfläche*)

Molly Weasley [ˌmɒlɪ 'wiːzlɪ] *Name* → ***Weasley***

molten ['məʊltən] *Adj.* geschmolzen, flüssig

mongrel ['mʌŋgrəl] *Subst.* ZOOL Bastard; Köter

monk [mʌŋk] *Subst.* Mönch

monkey ['mʌŋkɪ] *Subst.* ZOOL Affe

monkshood ['mʌŋkshʊd] *Subst.* wörtlich „Mönchskapuze", BOT Eisenhut, Aconitum; Hahnenfußgewächs in zahlreichen Arten, blau, weiß oder gelb blühende Staude. Die Wurzeln (Akonit-Knollen oder Teufelswurzeln) enthalten halluzinationsfördernde Alkaloide und sind hochgiftig (→ ***wolfsbane***).

moody ['muːdɪ] *Adj.* launisch, empfindlich; verstimmt

Moody, Prof. Alastor ['muːdɪ, prəˌfesə ˌæləstə] *Name*; *vgl.* **moody** launisch, verstimmt; **Alastor**: ein unerbittlicher und bösartiger Rachegeist der griech. Mythologie, der die Untaten der Eltern an ihren Kindern rächt. Der Name ist aber auch zum Begriff für einen Frevler geworden – berühmt-berüchtigter Jäger von Schwarzmagiern mit einem magischen Auge, das ihm den Spitznamen *Mad-Eye Moody* eingetragen hat; wird engagiert, um in Harrys viertem Schuljahr *Defence Against the Dark Arts* in Hogwarts zu unterrichten.

moon chart ['muːn tʃɑːt] *Subst.* Mondkarte, Mondtabelle

Moony ['muːnɪ] *Name vgl.* **moony** mondsüchtig, verträumt; Mond… (*Deckname eines der Autoren der Marauder's Map, des magischen Lageplans von Hogwarts*)

moor¹ [mʊə] *Subst.* Moor

moor² [mʊə] *Vt/i.* vertäuen; ankern

mop [mɒp] *V/t.* wischen, auftrocknen

moping ['məʊpɪŋ] *Adj.* Trübsal blasend, trübsinnig

morale booster [mə'rɑːl ˌbuːstə] *Subst.* Stimmungsschub (*etwas das die Moral hebt*)

Moran [mə'rɑːn] *irischer Name, abgeleitet von gälisch* **mór** groß (*Spieler der irischen Nationalmannschaft beim Quidditch World Cup*)

Morgana [mɔː'gænə] *Name*; auch *Morgaine*, *Morgan-le-Fay* oder *Morgue*; mächtige Fee oder Zauberin aus der Artussage, wo sie in verschiedenen Texten sehr unterschiedliche Rollen spielt: Manchmal ist sie Artus' Schwester, zuweilen schützt sie ihn, öfter noch trachtet sie nach seinem Leben. Meist setzt sie die Handlung, die zum Untergang des Artus-Reiches führt, in Gang – entweder als Mutter des verräterischen Ritters Mordred oder, indem sie den Ehebruch seiner Frau aufdeckt; der Figur liegt wahrscheinlich die kelt. Göttin *morrig'ain* zugrunde.

moron ['mɔːrɒn] *Subst.* Trottel, Idiot

morose [mə'rəʊs] *Adj.* missmutig, verdrossen

morsel ['mɔːsl] *Subst.* Stückchen, Bissen

Morsmordre! [mɔːs'mɔːdrə] *Zauber vgl. lat.* **mors** Tod; *frz.* **mordre** beißen, stechen

mortal ['mɔːtl] *Adj.* tödlich; sterblich

mossy ['mɒsɪ] *Adj.* moosig, bemost

Mostafa, Hassan ['mɒstəfə, həˌsɑːn] *Name vgl. arab.* **Mustafa** *Männername, „der Erwählte"*; **Hassan** *arab.*

Männernname, bedeutet „gut" oder „schön" (Schiedsrichter beim Quidditch World Cup)

moth [mɒθ] *Subst.* ZOOL Motte, Nachtfalter

moth-eaten ['mɒθˌiːtn] *Adj.* mottenzerfressen

motionless ['məʊʃnləs] *Adj.* bewegungslos, unbeweglich

mottled ['mɒtld] *Adj.* gesprenkelt

mould [məʊld] *Subst.* Moder, Schimmel, Fäulnis

moulder ['məʊldə] *V/i.* verrotten, schimmeln

mouldy ['məʊldɪ] *Adj.* schimmelig, modrig, vermodert

moult [məʊlt] *Vt/i.* (sich) mausern; (*Federn, Haare*) verlieren; (*Haut*) abstreifen

mound [maʊnd] *Subst.* Erdhügel, Haufen

mournful ['mɔːnfəl] *Adj.* traurig, kummervoll

mousey ['maʊsɪ] *Adj.* mausfarben

moustache [mə'stɑːʃ] *Subst.* Schnurrbart

mouth [maʊθ] *Subst.* Mund; ***fat mouth*** große Fresse

mouth-watering ['maʊθˌwɔːtərɪŋ] *Adj.* appetitlich, lecker

movement ['muːvmənt] *Subst.* Bewegung

mow [məʊ] *Vt/i.* mähen

muck [mʌk] *Subst.* Mist, Dung, Unrat

mud [mʌd] *Subst.* Schlamm, Morast

Mudblood ['mʌdblʌd] *Neubildung vgl.* ***mud*** Schlamm, Morast; ***blood*** Blut

muddy ['mʌdɪ] *Adj.* schlammig, matschig, morastig

muffle ['mʌfl] *V/t.* dämpfen

muffler ['mʌflə] *Subst.* Schal; TECH Schalldämpfer

mug [mʌg] *Subst.* Henkelbecher, Krug

> **Muggle** ['mʌgl] *Neubildung; vgl.* ***mug*** Krug; *brit.* Visage, Fresse, Grimasse; Trottel; *US* Ganove; *umgangsspr.* ***muggins*** Tölpel, Einfaltspinsel

muggy ['mʌgɪ] *Adj.* schwül, dumpf

mugwump ['mʌgwʌmp] *Subst. US umgangsspr.* Unabhängige(r), Parteilose(r); *übertr.* unsicherer Kantonist

Mulciber ['mʌlsɪbə] *Name vgl. lat.* ***mulciber*** Vulkan, Feuer (*Anhänger von Lord Voldemort, dessen Namen Igor Karkaroff bei seiner Gerichtsverhandlung preisgibt*)

mule [mjuːl] *Subst.* Maultier

Mulet ['mʌlət] *Name (Spieler der irischen Quidditch-Nationalmannschaft beim World Cup)*

mulish ['mjuːlɪʃ] *Adj.* störrisch

mull [mʌl] *V/t.* ***mull over*** nachgrübeln über, nachdenken über

mulled [mʌld] *Adj.* erhitzt, heiß gemacht

mullioned window [ˌmʌljənd 'wɪndəʊ] *Subst.* Sprossenfenster

multi-coloured ['mʌltɪˌkʌləd] *Adj.* vielfarbig, bunt

multi-storey [ˌmʌltɪ'stɔːrɪ] *Adj.* mehrstöckig

mumble ['mʌmbl] *Vt/i.* vor sich hin murmeln

> **mummy** ['mʌmɪ] *Subst.* Mumie; von *arab.* ***mumiya***, *pers.* ***mum*** Wachs. Konservierter menschlicher Leichnam, entweder durch natürliche Umstände (Kälte, Trockenheit, Luftisolation) oder aber durch besondere Bestattungsriten, die vor allem in Ägypten zu

besonderer Kunst entwickelt wurden: Dabei erhielten Gehirn und Eingeweide der Verstorbenen eine getrennte Bestattung, die Körper wurden mit Natron einbalsamiert, Körperhöhlungen mit Harzen gefüllt und der ganze Leib bandagiert; für die Gesichter fertigte man kunstvolle Mumienmasken an und bettete die Leichname dann in prächtige Sarkophage. Diese Mumien waren ein „Übergangsgefäß" für die Verstorbenen und die Voraussetzung für einen neuen Leib im Jenseits. Allerdings kamen nur hoch stehende Personen in den Genuss einer solchen Behandlung.

munch [mʌntʃ] *Vt/i.* schmatzen, mampfen

mundane [mʌn'deɪn] *Adj.* weltlich, irdisch

Murcus ['mɜːkəs] *Name vgl.* **murky** düster, trüb, dunkel (*Anführerin des Wasservolks, das auf dem Grund des Hogwarts-Sees lebt*)

murder ['mɜːdə] *V/t.* ermorden

murderous ['mɜːdərəs] *Adj.* mordlustig, mörderisch

murky ['mɜːkɪ] *Adj.* trüb, düster, dunkel

murmurs ['mɜːməz] *Subst. Pl.* Murmeln, Gerüchte

muscle ['mʌsl] *Subst.* Muskel

mushroom-shaped ['mʌʃruːmˌʃeɪpt] *Adj.* pilzförmig

musical saw [ˌmjuːzɪkl 'sɔː] *Subst.* MUS singende Säge

musical statues [ˌmjuːzɪkl 'stætʃuːz] *Subst. Pl. Kinderspiel: dabei wird zu Musik getanzt, sobald j-d die Musik abschaltet, müssen alle in der Bewegung erstarren; wer weitertanzt, wackelt oder das Gleichgewicht verliert, hat verloren*

musing ['mjuːzɪŋ] *Subst.* Grübelei, Mutmaßung

muster ['mʌstə] *V/t.* aufbieten, zusammenbringen

musty ['mʌstɪ] *Adj.* muffig, modrig, stockig

mutant ['mjuːtənt] *Adj.* mutiert, biologisch abweichend

mutilate ['mjuːtɪleɪt] *V/t.* verstümmeln

mutilated ['mjuːtɪleɪtɪd] *Adj.* entstellt, zerstört

mutilation [ˌmjuːtɪ'leɪʃn] *Subst.* Verstümmelung

mutinous ['mjuːtɪnəs] *Adj.* aufgebracht, aufrührerisch; rebellisch

mutter ['mʌtə] *Vt/i.* murmeln, murren

muzzle ['mʌzl] *Subst.* Maul, Schnauze

Myrtle ['mɜːtl] altmodischer weibl. Vorname, abgeleitet von der Verkleinerungsform von *altfrz.*, *lat.* ***myrtilla*** Myrte; immergrüne Pflanze, wird seit der Antike in kultischen Zusammenhängen und als Heilpflanze eingesetzt, gilt als Pflanze der röm. Liebesgöttin Venus, weit verbreitet als Braut- oder Grabschmuck – **Moaning Myrtle**: Geist eines vor vielen Jahren in Hogwarts umgekommenen Schulmädchens.

mysterious [mɪ'stɪərɪəs] *Adj.* geheimnisvoll

mystery ['mɪstərɪ] *Subst.* Rätsel, Geheimnis

N

nag [næg] *Vt/i.* nörgeln, plagen; nagen, bohren

Nagini [nəˈgiːnɪ] *Name*; *vgl.* **nag** nörgeln, nagen, bohren, *vgl. auch* **nag** Sanskritwort für Schlange; *Nagas* sind gefährliche Dämonen der indischen Mythologie, trügerische Geschöpfe, die Menschen durch freundliches Verhalten in Sicherheit wiegen, um sie dann zu bedrohen. Der Naga-König ist eine sieben- oder tausendköpfige Schlange und beschützt den Gott Vischnu während Zeiten der kosmischen Ruhe. – Eine große Schlange, Lord Voldemorts Haus- und Nutztier.

namby-pamby [ˌnæmbɪˈpæmbɪ] *Adj.* abgeschmackt, sentimental; verweichlicht

name [neɪm] *Subst.* Name. Das Verbot oder die Scheu, einen Namen auszusprechen, ist ein Zeichen von Furcht oder auch Ehrfurcht; dem liegt die Überzeugung zugrunde, dass im Namen das Wesen geborgen ist und die richtige Bezeichnung einer Sache oder eines Wesens Macht über diese Sache oder dieses Wesen verleiht.
In der biblischen Schöpfungsgeschichte wird Adam die Macht verliehen, die Lebewesen der Erde mit Namen zu bezeichnen und über sie zu herrschen – Die Furcht oder das unausgesprochene Verbot, → ***Voldemort*** bei seinem Namen zu nennen, an das sich auch seine Anhänger halten; es erinnert an das alttestamentarische und islamische Verbot, sich ein Bild von Gott zu machen.

nancy [ˈnænsɪ] *Subst.* Muttersöhnchen

napkin [ˈnæpkɪn] *Subst.* Serviette

nasty [ˈnɑːstɪ] *Adj.* hässlich; schlimm, bösartig, ekelhaft, abscheulich

natural [ˈnætʃərəl] *Subst.* Naturtalent, natürliche Begabung

naught [nɔːt] *Adj. altertüml.* nichts

nauseous [ˈnɔːzɪəs] *Adj.* angeekelt, Übelkeit verspürend; ekelhaft

navel ['neɪvl] *Subst.* Nabel

Nearly-Headless Nick ['nɪəlɪˌhedləs 'nɪk] *Name*; *vgl.* ***nearly*** beinahe, fast; ***headless*** kopflos; **Nick**: Kurzform von *Nicolas* (*de Mimsy-Porpington*); – Hausgeist von Gryffindor; er wurde einst mit einer stumpfen Axt unsachgemäß geköpft, weshalb er nun seinen noch mit dem Rumpf verbundenen Kopf mit Halskrausen abstützt. Das Motiv erinnert an den mittelenglischen Versroman *Sir Gawein and the Green Knight*: Im Rahmen einer Wette provoziert der grüne Ritter Sir Gawein, ihn zu köpfen, nimmt seinen Kopf unter den Arm, um nach Ablauf eines Jahres Sir Gawein zu köpfen …

neat [niːt] *Adj.* adrett, ordentlich, reinlich

necessary ['nesɪsrɪ] *Adj.* notwendig

neck [nek] *Subst.* Hals

necklace ['neklɪs] *Subst.* Halskette

needlework ['niːdlwɜːk] *Subst.* Handarbeit, Näharbeit

neglect [nɪ'glekt] *V/t.* vernachlässigen

negotiation [nɪˌgəʊʃɪ'eɪʃn] *Subst.* Verhandlung

nephew ['nefjuː] *Subst.* Neffe

Neptune ['neptjuːn] *Subst.* Neptun; von der Sonne aus gezählt achter Planet des Sonnensystems, erst 1846 entdeckt. Er ist benannt nach dem röm. Gott der Gewässer. In der Astrologie ist Neptun verknüpft mit der Fantasie der Menschen. Aufgrund seiner großen Umlaufbahn, für deren Vollendung er ca. 164 Jahre benötigt, soll seine Stellung im Tierkreis vor allem kulturelle „Generationen“ erhellen.

nerve [nɜːv] *Subst.* Nerv; *übertr.* Energie; ***nerves*** Nervosität, Lampenfieber

nest [nest] *V/i.* nisten, brüten

nestle ['nesl] *V/i.* sich einnisten; sich niederlassen

nettle ['netl] *Subst.* BOT Nessel; Brennnessel und verwandte Gewächse; Brennnesseln beißen, aber getrocknete Brennnesselblätter werden auch zur Zubereitung von heilendem Tee verwendet.

Nettles, Mrs. ['netlz, ˌmɪsɪz] *Name*; *vgl.* ***nettle*** Nessel; ***of Topsham*** *vgl.* ***top*** Spitze, Gipfel, ***sham*** geläufiger Bestandteil englischer Ortsnamen; *vgl.* ***sham*** Schwindel, Schwindler(in) – Hexe, die, wie ihr überschwängliches Schreiben, beweisen soll, mit dem *Kwikspell*-Fernlehrgang Zaubern gelernt haben will, ein Werbekniff, den man als *testimonial* (Zeugnis) bezeichnet.

network ['netwɜːk] *Subst.* Netzwerk

nevertheless [ˌnevəðə'les] *Adv.* nichtsdestoweniger

Neville Longbottom [ˌnevl 'lɒŋbɒtəm] → ***Longbottom, Neville***

newsagent ['njuːzˌeɪdʒənt] *Subst.* Zeitungs- (und Schreibwaren)Laden

newt [njuːt] *Subst.* ZOOL Wassermolch

nibble ['nɪbl] *Subst.* Häppchen, Bissen

nicety ['naɪsɪtɪ] *Subst.* Höflichkeitsform, Etikette
niche [niːʃ] *Subst.* Marktlücke, Nische
nick [nɪk] *V/t.* stibitzen, schnorren

> **Niffler** ['nɪflə] *Neubildung*; *vgl. brit. umgangsspr.* ***niff*** Mief, unangenehmer Geruch, *vgl. Niflheim* (altnord.: Nebelwelt), Region im äußersten, eisigen Norden. Der nord. Mythologie zufolge ist dies der Ort, an dem die Totengöttin Hel über jene Toten herrscht, die nicht nach Walhall dürfen; anderen Deutungen zufolge hüten Zwerge dort tief unter der Erde unermessliche Goldschätze – maulwurfsähnliche magische Wesen, die in der Erde nach Gold graben, Gegenstand einer sehr unterhaltsamen praktischen Unterrichtsstunde in *Care of Magical Creatures*.

night [naɪt] *Subst.* Nacht; ***in the dead of night*** mitten in der Nacht
night cap ['naɪtkæp] *Subst.* Schlafmütze
nightfall ['naɪtfɔːl] *Subst.* Einbruch der Dunkelheit
night-gown ['naɪtgaʊn] *Subst.* Nachthemd
nightmare ['naɪtmeə] *Subst.* Albtraum
nimble ['nɪmbl] *Adj.* flink, gewandt
Nimbus 2000 [ˌnɪmbəs tuː'θaʊzənd] *Name vgl. lat.* ***nimbus*** Regenwolke; Nimbus, Heiligenschein; Ruhm, Ansehen, Geltung (*erstklassiger Rennbesen, den Harry gegen alle Regeln in seinem ersten Schuljahr erhält*)
nip [nɪp] *V/t.* kneifen, zwicken
nitwit ['nɪtwɪt] *Subst.* Schwachkopf, Dummkopf
no-account ['nəʊəˌkaʊnt] *Adj. US umgangsspr.* unbedeutend; nutzlos, wertlos
nobble ['nɒbl] *V/t. brit.* lahm legen
nobility [nəʊ'bɪlɪtɪ] *Subst.* Adel; *übertr.* Edelmut, Größe
noble ['nəʊbl] *Adj.* vornehm, edel
nod [nɒd] *V/i.* nicken; ***nod off*** einnicken, wegdösen
nonchalant ['nɒnʃələnt] *Adj.* lässig, unbekümmert, nonchalant
nonentity [nɒ'nentɪtɪ] *Subst.* Nicht-Existenz, Nichts
non-muggle [ˌnɒn'mʌgl] *Adj.* nicht-muggle; → ***Muggle***
nonplussed [nɒn'plʌst] *Adj.* verblüfft, verdutzt
nook [nʊk] *Subst.* Ecke, (Schlupf-)Winkel
nope [nəʊp] *Adv. umgangsspr.* nein, „nee"
Norbert ['nɔːbət] *männl. Vorname* (*Hagrids Drachenbaby, ein Norwegian Ridgeback*); → ***dragon***

> **Norris, Mrs.** ['nɒrɪs, ˌmɪsɪz] *Name*; *vgl.* Jane Austens Roman *Mansfield Park* (1914). Mrs. Norris ist eine gemeine, hinterlistige Frau, die das Mädchen Fanny, eine der Hauptfiguren des Romans, schikaniert – die spionierende Katze des Hausmeisters *Argus Filch*.

Norwegian [nɔː'wiːdʒən] *Adj.* norwegisch, aus Norwegen
nosh [nɒʃ] *Subst. umgangsspr.* Bissen, Happen, Essen
nostril ['nɒstrɪl] *Subst.* Nasenflügel, Nasenloch; *von Pferd*: Nüster

nosy ['nəʊzɪ] *Adj.* neugierig, vorwitzig

notch [nɒtʃ] *Subst.* Kerbe, Einschnitt

noticeable ['nəʊtɪsəbl] *Adj.* bemerkenswert, beachtlich

notify ['nəʊtfaɪ] *V/t.* benachrichtigen, bekannt geben

notorious [nəʊ'tɔːrɪəs] *Adj.* notorisch, bekannt für

Nott [nɒt] *Name vgl.* ***knot*** Knoten (*Anhänger Lord Voldemorts*)

nourishment ['nʌrɪʃmənt] *Subst.* Ernährung, Nahrung

> **Nox** [nɒks] *Zauber vgl. lat.* ***nox*** Nacht

nudge [nʌdʒ] *V/t.* stupsen, anstoßen

nuffink ['nʌfɪŋk] *umgangsspr. für* ***nothing*** nichts

numb [nʌm] *Adj.* taub, betäubt, empfindungslos, erstarrt

numbing ['nʌmɪŋ] *Part. Präs.* betäubend, lähmend

nun [nʌn] *Subst.* Nonne

nurse [nɜːs] *Subst.* Krankenschwester

nut brittle ['nʌt ˌbrɪtl] *Subst. US* KUL Nusskrokant

nutter ['nʌtə] *Subst. brit. umgangsspr.* Irrer, Spinner, Gestörter

> **nymph** [nɪmf] *Subst.* Nymphe. Verbreitet in der griech. und röm. Mythologie, Töchter des Zeus, aber auch Elementarwesen im Volks- und Aberglauben.
> Nymphen sind in Gruppen auftretende, weibliche anmutige Naturgeister. Die griech. Antike unterschied zwischen Okeaniden und Nereiden (Meeresnymphen), Najaden (Nymphen der Binnengewässer), Oreaden (Bergnymphen), Alseiden (Waldnymphen), Dryaden und Hamadryaden (Baumnymphen).

O

oaf [əʊf] *Subst.* Dummkopf, Hornochse

oak [əʊk] *Subst.* BOT Eiche, Eichenholz. Vielen indogermanischen Völkern galt die Eiche als heiliger Baum: in Griechenland war er Zeus, bei den Römern Jupiter, bei den Germanen Donar (Thor) geweiht. Slawische, germanische und keltische Stämme vollzogen wohl auch Menschenopfer unter Eichen (→ ***druid***). Ihre Langlebigkeit – Eichen können bis zu 700 Jahren alt werden – und die Härte ihres Holzes ließ die Eiche in der Emblematik zum Sinnbild für Stärke und Männlichkeit werden (demgegenüber gilt die Linde als „weiblicher“ Baum).

Obalonsk, Mr. [ˈɒbəlɒnsk, ˌmɪstə] *Name vgl. slaw.* ***obal...*** umstürzen, umwerfen (*bulgarischer Minister, zu Gast beim Endspiel um den Quidditch World Cup*)

obedient [əˈbiːdɪənt] *Adj.* gehorsam, folgsam

obey [əʊˈbeɪ] *Vt/i.* gehorchen

objection [əbˈdʒekʃən] *Subst.* Einwand, Widerspruch

oblige [əˈblaɪdʒ] *V/t.* verpflichten

obliterate [əˈblɪtəreɪt] *V/t.* auslöschen, tilgen, ausradieren

Obliviate! [əˈblɪvɪeɪt] *Zauber vgl.* ***oblivion*** Vergessen, Vergessenheit, Vergesslichkeit

Obliviator [əˈblɪvɪeɪtə] *Neubildung; j-d, der* ***muggles*** *magische Pannen oder Unfälle vergessen macht*

oblivious [əˈblɪvɪəs] *Adj.* ***be oblivious of s.th.*** sich etwas nicht bewusst sein, etwas nicht wahrnehmen

obscure [əbˈskjʊə] *V/t.* verdunkeln, verdecken

observe [əbˈzɜːv] *V/t.* beobachten

obsessed [əbˈsest] *Adj.* besessen

obsession [əbˈseʃn] *Subst.* Besessenheit

obsolete [ˈɒbsəliːt] *Adj.* überholt, altmodisch

obstacle [ˈɒbstəkl] *Subst.* Hindernis, Bedrohung

obstacle course [ˈɒbstəkl ˌkɔːs] *Subst.* Hindernisbahn

obstinate [ˈɒbstɪnɪt] *Adj.* hartnäckig,

halsstarrig, eigensinnig

obvious ['ɒbvɪəs] *Adj.* offensichtlich

occasion [ə'keɪʃn] *Subst.* Gelegenheit, Anlass

occupant ['ɒkjʊpənt] *Subst.* Bewohner, Insasse

occur [ə'kɜː] *V/i.* sich ereignen, vorkommen; *j-m* einfallen

odd [ɒd] *Adj.* seltsam, sonderbar, merkwürdig, befremdlich

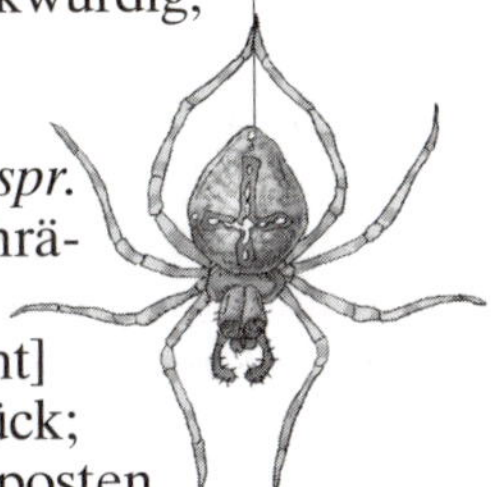

oddball ['ɒdbɔːl] *Subst. umgangsspr.* Exzentriker, schräger Vogel

oddment ['ɒdmənt] *Subst.* Einzelstück; ***oddments*** Restposten, Überbleibsel

oddsbodikins [ɒdz'bɒdɪkɪnz] *vgl.* ***odsbodikins*** *Fluch*: ***od*** *steht für* ***god*** Gott; ***body*** Körper, Leib (*Passwort am Eingang zum Gryffindor-Haus*)

off-colour [ˌɒf'kʌlə] *Adj.* unpässlich, unwohl

offence [ə'fens] *Subst.* Beleidigung; Verstoß

offend [ə'fend] *V/t.* beleidigen, kränken

offender [ə'fendə] *Subst.* Übeltäter

offhand[1] [ˌɒf'hænd] *Adj.* improvisiert, unvorbereitet

offhand[2] [ˌɒf'hænd] *Adv.* aus dem Stegreif, so ohne weiteres

offhanded [ˌɒf'hændɪd] *Adj.* aus dem Stegreif, spontan

Ogg [ɒg] *alter Familienname, von gälisch* ***og*** jung (*Vorgänger Hagrids als Wildhüter in Hogwarts*)

ogle ['əʊgl] *V/t.* beäugen, liebäugeln

ogre ['əʊgə], auch ***oger*** *Subst.* Oger. Oger sind Menschen fressende Riesen von monströsem Aussehen und abstoßendem Betragen; es soll allerdings auch Oger geben, die nicht größer als normale Menschen sind. Erzählungen nordamerikanischer Indianer berichten von *Cliff Ogres*, die Menschen von Steilküsten hinabstürzen; mit den zerschellten Opfern ernähren sie ihre Brut.

old-fashioned [ˌəʊld'fæʃnd] *Adj.* altmodisch

olive-skinned ['ɒlɪvskɪnd] *Adj.* mit olivgetönter Haut

Ollivander ['ɒlɪˌvændə] *Name vgl.* ***all*** alle; ***wand*** Zauberstab (*alteingesessene Zauberstabmanufaktur in Diagon Alley*)

omen ['əʊmən] *Subst. lat.* (böses) Vorzeichen

ominous ['ɒmɪnəs] *Adj.* ominös, unheilvoll, mit unguter Vorahnung

Omniocular [ˌɒmnɪ'ɒkjʊlə] *Neubildung vgl. lat.* ***omnis,-e*** jeder, alle; ***ocularis,-e*** *lat.* die Augen betreffend (*analog zu →* ***binoculars***)

ooze [uːz] *Vt/i.* entweichen, (heraus-)sickern, triefen; verströmen

opal ['əʊpəl] *Subst.* Opal

opaque [əʊ'peɪk] *Adj.* undurchsichtig, undurchlässig

opinion [ə'pɪnjən] *Subst.* Auffassung, Ansicht, Meinung

opponent [ə'pəʊnənt] *Subst.* Gegner, Widersacher

opposite ['ɒpəzɪt] *Adj.* gegenüberliegend; gegnerisch, entgegengesetzt

oppression [ə'preʃn] *Subst.* Unterdrückung

option ['ɒpʃən] *Subst.* Möglichkeit
orb [ɔːb] *Subst.* Kugel
orb-like ['ɔːblaɪk] *Adj.* kugelig, ballförmig
orchard ['ɔːtʃəd] *Subst.* Obstgarten

> **Orchideous!** [ɔː'kɪdɪəs] *Zauber vgl.* ***orchid*** Orchidee

ordeal [ɔː'diːl] *Subst.* Zerreißprobe; Tortur, Qual
order ['ɔːdə] *Subst.* Ordnung, Reihenfolge; *kirchlich*: Orden; ***out of order*** außer Betrieb
originator [ə'rɪdʒɪneɪtə] *Subst.* Urheber
ornament ['ɔːnəmənt] *Subst.* Ornament, Verzierung, Dekoration
ornate [ɔː'neɪt] *Adj.* reich verziert
orphan ['ɔːfən] *Subst.* Waise, elternloses Kind
orphanage ['ɔːfnɪdʒ] *Subst.* Waisenhaus
Ottery St. Catchpole [ˌɒtərɪ snt 'kætʃpəʊl] *Ort vgl.* ***otter*** Otter; ***St.*** *Abk. für* ***saint*** heilig; ***catchpole*** Gerichtsdiener, Büttel (*Dorf, in dem die Familie Weasley lebt*)
Ouagadougou [ˌuːgə'duːguː] *Hauptstadt von Burkina Faso* (*Westafrika*)
ounce [aʊns] *Maßeinheit* Unze (*brit. kleines Gewicht, 1 Unze entspricht 28,35 g*)
outcast ['aʊtkɑːst] *Subst.* Ausgestoßene(r), Verstoßene(r)
outfitter ['aʊtfɪtə] *Subst.* Ausstatter (*für Kleidung*)
outlaw ['aʊtlɔː] *V/t.* ächten; ausstoßen, ausweisen
outline ['aʊtlaɪn] *Subst.* Umriss, Rand
outnumber [aʊt'nʌmbə] *V/t.* in der Überzahl sein, zahlenmäßig überlegen sein
outrage ['aʊtreɪdʒ] *Subst.* Entrüstung, Empörung; Gräueltat
outrageous [aʊt'reɪdʒəs] *Adj.* empörend
outstretched [ˌaʊt'stretʃt] *Adj.* ausgestreckt
outstrip [aʊt'strɪp] *V/t.* überholen
outwit [aʊt'wɪt] *V/t.* überlisten, austricksen
oven ['ʌvən] *Subst.* Backofen, Ofen
overbalance [ˌəʊvə'bæləns] *V/i.* Übergewicht bekommen, das Gleichgewicht verlieren
overflow [ˌəʊvə'fləʊ] *Vt/i.* überfluten; über die Ufer treten
overgrown [ˌəʊvə'grəʊn] *Adj.* überwachsen, überwuchert
overhear [ˌəʊvə'hɪə] *V/t.* zufällig mit anhören, mitbekommen
overlarge ['əʊvəlɑːdʒ] *Adj.* übergroß
overpower [ˌəʊvə'paʊə] *V/t.* überwältigen
overrule [ˌəʊvə'ruːl] *V/t.* (*Entscheidung*) aufheben, aussetzen, rückgängig machen
oversleep [ˌəʊvə'sliːp] *V/i.* verschlafen
overt ['əʊvɜːt] *Adj.* offen, offenkundig
overtake [ˌəʊvə'teɪk] *V/t.* überholen, überrunden
overtime ['əʊvətaɪm] *Subst.* Überstunden
overturn [ˌəʊvə'tɜːn] *Vt/i.* umstürzen, umstoßen, umwenden; kentern
overwhelming [ˌəʊvə'welmɪŋ] *Adj.* überwältigend
owe [əʊ] *V/t.* schulden, schuldig sein; verdanken
owing ['əʊɪŋ] *Präp.* ***owing to*** bedingt durch, wegen

owl [aʊl] *Subst.* ZOOL Eule, Kauz. Gattung von Nachtvögeln mit gebogenem Schnabel und großen Augen, die – im Unterschied zu denen anderer Vögel – parallel und nach vorne ausgerichtet sind. Es gibt verschiedenste Arten von Eulen, von der winzigen *pigmy owl* (Zwergeule) bis zur *eagle owl* (Uhu). Sie schlafen tagsüber und gehen in der Dämmerung auf Jagd. Aufgrund ihrer Nachtaktivität und ihrer leuchtenden Augen wurde die Eule häufig als dämonischer Vogel, als Hexenbotin und Tiergestalt von Waldgeistern angesehen; ihr klagender Schrei, vor allem der des Käuzchens, wurde vielfach als Unglücksbotschaft interpretiert. Schrie eine Eule am Tage, so kündete dies nach dem Volksglauben eine Feuersbrunst an. Im antiken Griechenland galt die Eule als Inkarnation der Weisheit; sie war der klugen und streitbaren Göttin Athene (entspricht der röm. Minerva, → ***McGonagall***) heilig.

O.W.L. ['əʊ ˌdʌbljuː 'el] *Neubildung Abk. für* ***Ordinary Wizarding Level*** *(Nachweis der Basisqualifikation in den verschiedenen magischen Disziplinen)*

owlery ['aʊlərɪ] *Subst.* Eulenschlag

oxygen ['ɒksɪdʒən] *Subst.* Sauerstoff

P

pace[1] [peɪs] *Subst.* Gang(art), Schritt

pace[2] [peɪs] *V/i.* ***pace up and down*** auf und ab schreiten *oder* gehen

pacifying ['pæsɪfaɪɪŋ] *Adj.* beschwichtigend, besänftigend

packing case ['pækɪŋ keɪs] *Subst.* Umzugskiste, Packkiste

paddling pool ['pædlɪŋ puːl] *Subst.* Planschbecken

paddock ['pædək] *Subst.* Koppel, umzäunte Weide

Padfoot ['pædfʊt] *Name vgl.* ***pad*** latschen, schlurfen, trotten; ***foot*** Fuß (*Deckname eines der Autoren der Marauder's Map, des magischen Lageplans von Hogwarts*)

padlock ['pædlɒk] *V/t.* (mit einem Vorhängeschloss) ein-, verschließen

Padma Patil [ˌpædmə 'pætɪl] *Name* → ***Patil***

paid [peɪd] *Adj.* bezahlt

pail [peɪl] *Subst.* Eimer

pain [peɪn] *Subst.* Schmerz

paint [peɪnt] *Subst.* Farbe, Lackfarbe, Malerfarbe

painting ['peɪntɪŋ] *Subst.* Gemälde

paisley ['peɪzlɪ] *Adj.* türkisch gemustert

pal [pæl] *Subst.* Kumpel, Spezi

pale [peɪl] *Adj.* blass, bleich

palm [pɑːm] *Subst.* Handfläche

palmistry ['pɑːmɪstrɪ] *Subst.* Handlesen, Handlesekunst

palm tree ['pɑːm triː] *Subst.* BOT Palme

palomino [ˌpælə'miːnəʊ] *Subst.* Palomino (*rötliche Fellfarbe bei Pferden*)

palpable ['pælpəbl] *Adj.* fühlbar, greifbar; augenfällig

pan [pæn] *Subst.* Pfanne; ***warming pan*** Wärmepfanne

pandemonium [ˌpændɪ'məʊnɪəm] *Subst.* Inferno, Höllenspektakel; *aus griech.* ***pan*** alle(s); ***demon*** Dämon

pane [peɪn] *Subst.* Fensterscheibe

panel ['pænl] *Subst.* Ausschuss, Gremium

panelled ['pænld] *Adj.* getäfelt

pang [pæŋ] *Subst.* Stich, plötzlicher Schmerz

panicked ['pænɪkt] *Adj.* in Panik, panisch, verängstigt

pant [pænt] *V/i.* keuchen, japsen, schnaufen, um Luft ringen

Paracelsus [ˌpærə'selsəs] *Name*; eigentl. *Theophrastus Bombastus von Hohenheim*, berühmter Arzt und

Naturforscher des 16. Jh.s, als Zauberer und Scharlatan ging er in die Volksdichtung ein; ihm wurde die Erfindung eines Lebenselixirs zugeschrieben.
Er unternahm darüber hinaus auch eine Einteilung der Elementargeister oder -wesen, gemäß ihrem Element: Wasser: Nymphen oder Undinen, Erde: Gnomen oder Pygmäen, Feuer: Salamander oder Vulkani, Luft: Sylphen oder Sylvestres.

parachute ['pærəʃuːt] *Subst.* Fallschirm
parade [pə'reɪd] *Vt/i.* marschieren; stolzieren; sich brüsten mit, zur Schau stellen
paragraph ['pærəgrɑːf] *Subst. in Text*: Absatz
paralyse ['pærəlaɪz] *V/t.* lahm legen, lähmen
paranoid ['pærənɔɪd] *Adj.* paranoid
parchment ['pɑːtʃmənt] *Subst.* Pergament
parentage ['peərəntɪdʒ] *Subst.* Abstammung, Abkunft, Familie
parking meter ['pɑːkɪŋ ˌmiːtə] *Subst.* Parkuhr
Parkinson, Pansy ['pɑːkɪnsən, ˌpænzɪ] *engl. Familienname*; ***Pansy*** *Mädchenname*, *vgl.* ***pansy*** Stiefmütterchen (*Slytherin-Schülerin*)
parlour ['pɑːlə] *Subst.* Salon
parrot ['pærət] *Subst.* ZOOL Papagei

Parseltongue ['pɑːsltɒŋ], **Parselmouth** ['pɑːslmaʊθ] *Neubildung*; *vgl.* ***Parsi*** mittelpers. Schrift (und Sprache), ***Parsee*** Parse, Anhänger der altpersischen Religion Zoroasters (= Zarathustras); ***parse*** (*sprachwissenschaftlich*) (einen Satz) zerlegen, analysieren; *vgl.* ***tongue*** Zunge, *übertr.* Sprache; ***mouth*** Mund – Sprache der Schlangen und Bezeichnung für j-n, der sie sprechen kann.

Part-Human [ˌpɑːt'hjuːmən] *Neubildung vgl.* ***part*** teilweise; ***human*** menschliches Wesen, Mensch
participant [pɑː'tɪsɪpənt] *Subst.* Teilnehmer
participate [pɑː'tɪsɪpeɪt] *V/i.* teilnehmen, beteiligt sein
particular [pə'tɪkjʊlə] *Adj.* besondere(r, -s), speziell
party ['pɑːtɪ] *Subst.* Party, Fest; *Politik*: Partei; Trupp, Abordnung
Parvati Patil [pɑːˌvɑːtɪ 'pætɪl] *Name* → ***Patil***
pass [pɑːs] *V/i.* vorübergehen, -fahren; ***pass out*** *umgangsspr.* ohnmächtig werden, wegtreten
passageway ['pæsɪdʒweɪ] *Subst.* Durchgang, Verbindungsgang
passers-by [ˌpɑːsəz'baɪ] *Subst. Pl.* Passanten, Vorübergehende
past[1] [pɑːst] *Subst.* Vergangenheit
past[2] [pɑːst] *Adj.* vergangen, verflossen, vorüber; ***he would not put it past him*** er würde es ihm glatt zutrauen
paste [peɪst] *V/t.* kleben, kleistern
pasties ['pæstɪz] *Subst. Pl.* Teigwaren, Gebäck
pastime ['pɑːstaɪm] *Subst.* Zeitvertreib, Belustigung, Unterhaltung
pasty ['peɪstɪ] *Adj.* teigig, käsig
pat [pæt] *V/t.* tätscheln, einen Klaps geben; ***pat s.o. on the back*** j-m auf die Schulter klopfen

patch [pætʃ] *Subst.* Flecken, Flicken; Beet, Flecken Land

patched [pætʃt] *Adj.* flickenbesetzt, geflickt

patchwork ['pætʃwɜːk] *Subst.* Flickwerk; ***patchwork quilt*** wattierte Flickendecke

paternal [pə'tɜːnl] *Adj.* väterlich

pathetic [pə'θetɪk] *Adj.* erbärmlich, miserabel; Mitleid erregend

> **Patil** ['pætɪl] indisch klingender Nachname; **Parvati**: indischer Frauenname („Tochter des Berges“), ein Beiname der Gattin des Gottes Shiva – Gryffindor-Mitschülerin aus Harrys Jahrgang; **Padma**: indischer Frauenname („Lotusblüte“), Beiname der Göttin Lakshmi; die Lotusblüte symbolisiert die Zentren psychischer Energie (*Chakras*) im menschlichen Körper – Parvatis Zwillingsschwester, Ravenclaw-Schülerin.

patrol¹ [pə'trəʊl] *Subst.* Streife, Patrouille

patrol² [pə'trəʊl] *Vt/i.* patrouillieren, Streife gehen

patronizing ['pætrənaɪzɪŋ] *Adj.* gönnerhaft, herablassend

> **Patronus Charm** [pə'trəʊnəs tʃɑːm] *Zauber vgl. lat.* ***patronus*** Schirmherr, Schutzherr, Anwalt, Retter; ***charm*** Bann, Beschwörung

pattern ['pætən] *Subst.* Muster

paunchy ['pɔːntʃɪ] *Adj.* dickbäuchig

pause [pɔːz] *V/i.* innehalten, pausieren

pavement ['peɪvmənt] *Subst.* (Straßen)Pflaster

paving slab ['peɪvɪŋ slæb] *Subst.* Steinplatte, Gehwegplatte

paving stone ['peɪvɪŋ stəʊn] *Subst.* Pflasterstein

paw¹ [pɔː] *Subst.* Pfote

paw² [pɔː] *Vt/i.* scharren; begrapschen

pawn [pɔːn] *Subst.* Bauer (*niedrigste Figur im Schachspiel*)

Paws, Mr. ['pɔːz, ˌmɪstə] *Name vgl.* ***paw*** Pfote (*eine der Katzen von →* ***Mrs. Figg***)

pea-brain ['piːbreɪn] *Subst. vgl.* ***pea*** Erbse; ***brain*** Verstand, Hirn

> **peacock** ['piːkɒk] *Subst.* ZOOL Pfau; Paradiesvogel und Reittier Buddhas, den Göttinnen Hera und Juno sowie den römischen Kaiserinnen heilig. Das Pfauenrad – der ausgefächerte Schwanz mit den schillernden „Pfauenaugen“ – galt als Abbild des sternenbesetzten Firmaments. Er ist ein Symbol für Reichtum, Pracht und Unsterblichkeit, aber auch für Eitelkeit und Hochmut; davon zeugen auch die englischen Redewendungen *proud as a peacock, vain as a peacock.*

peaky ['piːkɪ] *Adj.* spitz, kränklich

pear [peə] *Subst.* BOT Birne

pear drop ['peə drɒp] *Subst.* KUL *birnenförmiges und nach Birne schmeckendes Bonbon*

pearly ['pɜːlɪ] *Adv.* perlmuttschimmernd

Peasegood, Arnold ['piːzgʊd, ˌɑːnəld] *Name vgl.* ***pease*** Erbsen(pürree), *Anklang an* ***peace*** Frieden; ***Arnold***

engl. Männername (*Obliviator, der magische Unfälle vergessen macht*)

pebble ['pebl] *Subst.* Kiesel, Kieselstein

pebble-dashed ['pebldæʃt] *Adj.* mit Rauputz versehen

peck [pek] *V/i.* (*Vögel*) picken

peckish ['pekɪʃ] *Adj. umgangsspr.* hungrig

peculiar [pɪ'kjuːlɪə] *Adj.* merkwürdig, sonderbar

peeling ['piːlɪŋ] *Adj.* abblätternd

peer[1] [pɪə] *Subst.* Gleiche(r), Gleichrangige(r); seinesgleichen

peer[2] [piːə] *V/i.* spähen, schielen

Peeves ['piːvz] *Name vgl.* ***peeve*** (ver)ärgern (*Poltergeist in Hogwarts*); → ***poltergeist***

peevish ['piːvɪʃ] *Adj.* gereizt

peg [peg] *Subst.* (Zelt)Hering, Haken, Pflock

pelt [pelt] *Vt/i.* bewerfen, bombardieren; prasseln, prallen

penalty ['penltɪ] *Subst.* Strafstoß (*ähnlich einem Elfmeter im Fußball*)

pencilled ['pensəld] *Adj.* mit Bleistift gezeichnet; nachgezeichnet, aufgemalt

Penelope Clearwater [pɪˌneləpɪ 'klɪəˌwɔːtə] *Name* → ***Clearwater, Penelope***

penetrate ['penɪtreɪt] *Vt/i.* eindringen, durchdringen

penknife ['pennaɪf] *Subst.* Taschenmesser

pensive ['pensɪv] *Adj.* nachdenklich, gedankenverloren, sinnend

Pensieve ['pensɪv] *Neubildung vgl.* ***pensive*** nachdenklich, gedankenverloren, sinnend; ***sieve*** Sieb

pension ['penʃən] *Subst.* Rente, Ruhegeld

pent-up [ˌpent'ʌp] *Adj.* (*Gefühle*) angestaut; aufgewühlt

peony bush ['piːənɪ bʊʃ] *Subst.* BOT Pfingstrosenbusch

pep [pep] *Subst.* Schwung; ***pep talk*** anfeuernde Rede

pepper up [ˌpepər 'ʌp] *V/t.* würzen; *übertr.* auf die Beine bringen, aufpäppeln

pep up [pep 'ʌp] *V/t.* in Schwung bringen; aufmöbeln

perceive [pə'siːv] *V/t.* wahrnehmen, erkennen

perch[1] [pɜːtʃ] *Subst.* Vogelstange

perch[2] [pɜːtʃ] *V/i.* (*in einer Reihe, auf einer Stange*) hocken

perchance [pə'tʃɑːns] *Adv. poet.* von ungefähr, zufällig; etwa, vielleicht

perform [pə'fɔːm] *V/t.* aufführen, durchführen, vollführen

performance [pə'fɔːməns] *Subst.* Darbietung, Vorstellung, Leistung

peril ['perɪl] *Subst.* Gefahr, Übel, Bedrohung

perimeter [pə'rɪmətə] *Subst.* Umkreis, Peripherie

periscope ['perɪskəʊp] *Subst.* Periskop

perish ['perɪʃ] *V/i.* untergehen, zugrunde gehen

periwinkle ['perɪwɪŋkl] *Subst.* BOT Immergrün (*blüht leuchtend blau*)

permission form [pə'mɪʃn fɔːm] *Subst.* Genehmigungsformular, Erlaubnisschein

permit [pə'mɪt] *V/t.* erlauben, gestatten

perplexed [pə'plekst] *Adj.* verblüfft, verdutzt

persecution [ˌpɜːsɪ'kjuːʃn] *Subst.* Verfolgung

persist [pə'sɪst] *V/i.* bestehen, beharren

persistent [pə'sɪstənt] *Adj.* beharrlich, hartnäckig
persuade [pə'sweɪd] *V/t.* überreden, überzeugen
perturb [pə'tɜːb] *V/t.* beunruhigen, ängstigen
peruse [pə'ruːz] *V/t.* (sorgfältig) durchlesen, prüfen
pervade [pə'veɪd] *V/t.* (*Duft*) durchziehen, durchdringen

> **Peskipiksi Pesternomi!** ['peskɪˌpɪksɪ 'pestəˌnəʊmɪ] *Zauber*; *vgl.* ***pesky*** ärgerlich, lästig; ***pixie*** Pixie, eine Art von Elf (→ ***pixie***); ***pester*** belästigen, quälen, plagen; ***nomi*** steht für ***no(t) me***: *don't pester me!* lass mich in Ruhe!

pest [pest] *Subst.* BOT, ZOOL Schädling; *übertr.* Plage, Nervensäge
pestle ['pesl] *Subst.* Stößel, Mörserkeule
pet [pet] *Subst.* Haustier

> **Petrificus Totalus** [pəˌtrɪfɪkəs 'təʊtləs] *Zauber vgl.* ***petrify*** versteinern; ***total*** komplett, gänzlich

petrify ['petrɪfaɪ] *Vt/i.* versteinern; erstarren
Pettigrew, Peter ['petɪgruː, ˌpiːtə] *Name vgl.* ***petty*** geringfügig, unbedeutend; ***grew*** *Prät. von* ***grow*** wachsen (*Freund von Harrys Vater während dessen Schulzeit in Hogwarts*)
petty ['petɪ] *Adj.* geringfügig, unbedeutend
petulant ['petʃʊlənt] *Adj.* bockig
Petunia [pɪ'tjuːnɪə] *Name* → ***Dursley***
pewter ['pjuːtə] *Subst.* Zinn; Zinnbecher
phase [feɪz] *Subst.* Phase, Abschnitt
pheasant ['fezənt] *Subst.* ZOOL Fasan
phial ['faɪəl] *Subst.* Fläschchen, Ampulle, Phiole
philosopher's stone [fɪ'lɒsəfəs ˌstəʊn] *Subst.* Stein der Weisen; → ***alchemy***

phoenix

> **phoenix** ['fiːnɪks] *Subst.* Phönix. Mythischer Vogel orientalischer Herkunft, der im Feuer verbrennt und aus der Asche zu neuem Leben ersteht. Er war den Ägyptern heilig, die sein leuchtendes Gefieder dem Sonnengott Re, später Osiris zuordneten und ihn als

Schutzvogel für Jubiläen betrachteten. Die Vorstellung von der Langlebigkeit bzw. Unsterblichkeit des Phönix nahm hier ihren Ausgang. Er gilt auch als Paradiesvogel und wird häufig in einem Strahlenkranz abgebildet. Den Tränen des Phönix wird Heilkraft zugeschrieben. In der christlichen Ikonographie wurde er zum Bild für die Auferstehung, in China galt er als Glückszeichen.

photocall ['fəʊtəʊkɔːl] *Subst.* Fototermin

pick [pɪk] *Vt/i.* stochern; aussuchen; (auf)klauben; ***pick up*** aufheben; abholen

pickle ['pɪkl] *V/t.* pökeln, einlegen

pickled ['pɪkld] *Adj.* (*in Essig oder Salzlake*) eingelegt, gepökelt

picture¹ ['pɪktʃə] *Subst.* Bild; Gemälde

picture² ['pɪktʃə] *V/t.* abbilden; *übertr.* ausmalen, bildlich vorstellen

pie [paɪ] *Subst.* KUL Pastete

pier [pɪə] *Subst.* Pier, Landungsbrücke

pierce [pɪəs] *V/t.* stechen, durchbohren; durchdringen

piercing ['pɪəsɪŋ] *Adj.* durchdringend

Piers Polkiss [ˌpɪəz 'pɒlkɪs] *Name* → ***Polkiss, Piers***

piglet ['pɪglɪt] *Subst.* Ferkel

pigsty ['pɪgstaɪ] *Subst.* Schweinestall

pigtail ['pɪgteɪl] *Subst.* Zopf

Pigwidgeon ['pɪgˌwɪdʒən] *Name*; *vgl.* ***Pigwiggin***: Elf aus dem Gedicht *Nymphidia* von Michael Drayton (1627); auch die engl. Namensendung *-widger* soll von *wihtgar*: Elfenspeer abgeleitet sein – überaktive Zwergeule, mit der Ron Weasley für den Verlust seiner Ratte entschädigt wird.

pile [paɪl] *Subst.* Stapel, Haufen

pilfer ['pɪlfə] *Vt/i.* stehlen, stibitzen, mausen

pillar ['pɪlə] *Subst.* Pfeiler, Säule

pillock ['pɪlək] *Subst.* *umgangsspr.* Spinner, Blödmann

pillowcase ['pɪləʊkeɪs] *Subst.* Kissenbezug

pimple ['pɪmpl] *Subst.* Pickel

Pince, Madam ['pɪns, ˌmædəm] *Name vgl.* ***pincers*** Beißzange, Kneifzange (*Bibliotheksaufsicht in Hogwarts*)

pince-nez [ˌpæns'neɪ] *Subst.* Zwicker, Kneifer (*Brille, die auf den Nasenrücken geklemmt wird*)

pincers ['pɪnsəz] *Subst. Pl.* Beißzange, Kneifzange

pineapple ['paɪnæpl] *Subst.* BOT Ananas

ping off [ˌpɪŋ 'ɒf] *V/i. lautmalerisch* (geräuschvoll) abprallen

pinch¹ [pɪntʃ] *Subst.* Prise, Quäntchen

pinch² [pɪntʃ] *V/t.* kneifen, zwicken

pincushion ['pɪnˌkʊʃn] *Subst.* Nadelkissen

pine [paɪn] *V/i.* sich sehnen, schmachten; sich vor Kummer verzehren

pine-fresh ['paɪnfreʃ] *Neubildung vgl.* ***pine*** Kiefer, Föhre; ***fresh*** frisch

pinhead ['pɪnhed] *Subst.* Stecknadelkopf

pinpoint ['pɪnpɔɪnt] *Subst.* Nadelspitze

pinprick ['pɪnˌprɪk] *Subst.* Nadelstich *übertr.* Stichelei

pint [paɪnt] Pint (*brit. Hohlmaß*, ***1 pint*** *entspricht 0,57 Liter*)

pipe [paɪp] *Subst.* Rohr, Röhre, Wasserleitung
piping ['paɪpɪŋ] *Adj.* pfeifend, schrill; (*Stimme auch*) piepsend
piston ['pɪstən] *Subst.* TECH Kolben
pit [pɪt] *Subst.* Grube; Bergwerkstollen; ***pit of the stomach*** Magengrube
pitch[1] [pɪtʃ] *Subst.* Spielfeld
pitch[2] [pɪtʃ] *Vt/i.* schleudern; (kopfüber) stürzen, (hin)schlagen
pitch-darkness [ˌpɪtʃ'dɑːknəs] *Subst.* Pechschwärze, Stockfinsternis
piteous ['pɪtɪəs] *Adj.* Mitleid erregend, kläglich
pitiful ['pɪtɪfəl] *Adj.* erbärmlich, Mitleid erregend
pity ['pɪtɪ] *Subst.* Mitleid, Mitgefühl

pixie ['pɪksɪ], auch ***piksie***, ***pigsie*** *Subst.* Kobold, Elf, Feenwesen. Den Überlieferungen zufolge gleichen *pixies* den *brownies*: kleine, koboldartige oder feenähnliche Geschöpfe, die zuweilen freundlich und hilfreich sein können, doch überwiegend Schabernack im Kopf haben. So locken sie gerne Wanderer in undurchdringliche Wälder oder Bergwerke; sie leben selbst in Erdhügeln oder Hünengräbern. Immer wieder liegen sie mit Feen im Krieg. *Pixies* kommen vor allem im Westen Englands, in Somerset, Devon und in Cornwall vor; sie haben rote Köpfe, spitze Ohren und Stupsnasen und sollen häufig schielen. Ähnlich wie Elfen oder Brownies können sie an Menschen gebunden werden, indem man ihnen Kleider schenkt (!). Dabei bevorzugen sie die Farbe Grün. Es gibt die Theorie, dass die Bezeichnung *pixie* entweder auf *pitch*: „Pech“ zurückgeht oder aber auf die Pikten: Diese Ureinwohner der britischen Inseln, ein Volk kleinwüchsiger, dunkler Menschen, wurden bis zum 9. Jh. fast völlig von den Ulster-Gälen (den späteren Schotten) verdrängt.

placid ['plæsɪd] *Adj.* gelassen, gemütlich
plain [pleɪn] *Adj.* einfach, klar; schlicht, gewöhnlich
plaintive ['pleɪntɪv] *Adj.* wehleidig, klagend
plait [plæt] *Subst.* Zopf, Haarflechte
planetary ['plænɪtrɪ] *Adj.* die Himmelskörper betreffend, Planeten…
plaque [plɑːk] *Subst.* Plakette, Schild
plaster ['plɑːstə] *V/t.* bepflastern
pleading ['pliːdɪŋ] *Adj.* flehentlich
pleasure ['pleʒə] *Subst.* Vergnügen
pliable ['plaɪəbl] *Adj.* geschmeidig, biegsam
plinth [plɪnθ] *Subst.* Säulenfuß, Sockel, Fußleiste
plonk [plɒŋk] *V/t. lautmalerisch* hinknallen, geräuschvoll hinstellen
plot [plɒt] *V/t.* einen Plan anfertigen; (*Grundstück*) parzellieren
plough [plaʊ] *Vt/i. brit.* umpflügen; umrennen; (*in Prüfung*) durchfallen (lassen)
pluck [plʌk] *V/t.* zupfen, ziehen
plug [plʌg] *Subst.* Stöpsel; Elektrostecker
plug hole ['plʌg həʊl] *Subst.* Abfluss
plumage ['pluːmɪdʒ] *Subst.* Gefieder

plumber ['plʌmə] *Subst.* Klempner, Installateur
plumbing ['plʌmɪŋ] *Subst.* Installation; Wasserrohre, Gasleitungen
plum colour ['plʌm ˌkʌlə] *Subst.* Violett (wie eine Pflaume)
plumed [pluːmd] *Adj.* gefiedert, mit Federn geschmückt
plummet ['plʌmɪt] *V/i.* sinken, stürzen, im Sturzflug fallen
plunderer ['plʌndərə] *Subst.* Plünderer
plunge [plʌndʒ] *V/t.* stoßen, hineintreiben
plus [plʌs] *Adv.* plus, zuzüglich
plus-fours [plʌs'fɔːz] *Subst. Pl.* Überfallhose, Knickerbocker

Pluto ['pluːtəʊ] *Subst.* Pluto; unter den derzeit bekannten Planeten unseres Sonnensystems der sonnenfernste; er ist nach dem griech. Gott des Reichtums und der Unterwelt (Beiname des Hades) benannt. Sein erst 1978 entdeckter Mond heißt Charon (in der griech. Mythologie der Fährmann, der die Toten in die Unterwelt bringt) und hat möglicherweise in ferner Vergangenheit zu Neptun gehört. Astrologisch soll Pluto mit seiner langsamen Fortbewegung (fast 250 Jahre für eine Umlaufbahn) vor allem über die großen historischen Umwälzungen Auskunft geben.

pod [pɒd] *Subst.* BOT Schote
point¹ [pɔɪnt] *Subst.* Punkt; Spitze; Gesichtspunkt, Sinn, Pointe
point² [pɔɪnt] *Vt/i.* (mit dem Finger) deuten; hinweisen; (sich) richten auf
pointed ['pɔɪntɪd] *Adj.* spitz
pointer ['pɔɪntə] *Subst.* Zeiger, Zeigestock; *übertr.* Fingerzeig, Tipp
pointless ['pɔɪntləs] *Adj.* witzlos, sinnlos
poise [pɔɪz] *Vt/i.* ins Gleichgewicht bringen; (in der Luft) schweben; ***be poised to do s.th.*** dicht davor *oder* auf dem Sprung sein, etwas zu tun
poison¹ ['pɔɪzn] *Subst.* Gift
poison² ['pɔɪzn] *V/t.* vergiften
poisonous ['pɔɪznəs] *Adj.* giftig
poke [pəʊk] *Vt/i.* knuffen; stoßen, stechen; tasten
poker ['pəʊkə] *Subst.* Feuerhaken, Schüreisen
pole [pəʊl] *Subst.* Pfosten, Stange, Mast
polecat ['pəʊlkæt] *Subst.* ZOOL Iltis
Poliakoff ['pəʊljəkɒf] *russ. Nachname (Schüler aus der konkurrierenden Zauberschule Durmstrang, zu Gast in Hogwarts)*
polish¹ ['pɒlɪʃ] *Subst.* Politur
polish² ['pɒlɪʃ] *V/t.* polieren
polite [pə'laɪt] *Adj.* höflich
Polkiss, Piers ['pɒlkɪs, ˌpɪəz] *Name* ***Piers*** *aus altfrz. Pier(re) (unausstehlicher Schulfreund des unausstehlichen Dudley Dursley)*

poltergeist ['pɒltəgaɪst] *Subst.* Poltergeist; zählt zu den Klopfgeistern. Dabei handelt es sich – außerhalb des Bereichs der Literatur – nicht um mythische Geister wie Feen und Elfen, sondern um im weitesten Sinne parapsychologische Phänomene: Spukerscheinungen, die Unordnung oder Zerstörung bewirken und den Eindruck erwecken, als würden sie von einer infantilen, schabernack-freudigen Intelligenz gesteuert. Spiritisten deuten sie als Wirkung von Geistern, die Parapsychologie untersucht sie als spontane, jedoch wiederholt auftretende Fälle von Parakinese (wörtlich: nicht willkürlich gesteuerte oder überrationale Bewegung).

Polyjuice Potion ['pɒlɪˌdʒuːs 'pəʊʃn] *Neubildung vgl. griech.* ***poly...*** viel, vielgestaltig; ***juice*** Saft; ***potion*** Trank, Gebräu

Pomfrey, Poppy ['pʌmfrɪ, ˌpɒpɪ] *Name vgl.* ***poppy*** *abgeleitet von lat.* ***papaver*** Mohn(blüte), Klatschmohn (*Pflanze mit betäubender Wirkung, Schlafmohn*)

pompous ['pɒmpəs] *Adj.* pompös, wichtigtuerisch, aufgeblasen

poncho ['pɒntʃəʊ] *Subst.* Poncho

pond [pɒnd] *Subst.* Teich, Tümpel

ponder ['pɒndə] *Vt/i.* bedenken, nachsinnen, grübeln

pool [puːl] *V/t.* (*Geld*) zusammenlegen

pop[1] [pɒp] *Subst. US* ***popsicle*** Fruchteislutscher

pop[2] [pɒp] *Vt/i.* knallen, platzen; zum Platzen bringen; ***pop out*** (*Augen*) aus den Höhlen treten, hervorquellen; ***pop one's clogs*** *umgangsspr.* den Löffel abgeben, ins Gras beißen; *vgl.* ***pop off*** den Löffel abgeben

porcupine ['pɔːkjʊpaɪn] *Subst.* ZOOL Stachelschwein

pore over ['pɔːˌəʊvə] *V/i.* brüten über, eifrig studieren

pork chop [ˌpɔːk 'tʃɒp] *Subst.* KUL Schweinekotelett

porridge ['pɒrɪdʒ] *Subst.* KUL Haferbrei, Porridge (*traditionelles britisches Frühstücksgericht*)

Porsekoff Ploy [ˌpɔːskəf 'plɔɪ] *Neubildung; vgl.* ***ploy*** (Kriegs)List; Strategien und taktische Manöver, in der Geschichte häufig nach Feldherren benannt, tragen auch im Sport oft den Namen desjenigen, der sie mit Erfolg eingesetzt hat – Quidditch-Taktik, eingesetzt beim Endspiel des World Cup.

portent ['pɔːtent] *Subst.* Vorbedeutung, Zeichen, Omen

porthole ['pɔːthəʊl] *Subst.* Bullauge

Portkey ['pɔːtkiː] *Neubildung vgl.* ***port*** tragen; ***key*** Schlüssel (*magisches Massentransportmittel, funktioniert mit Hilfe eines unverfänglichen Gegenstands*)

portly ['pɔːtlɪ] *Adj.* stattlich, würdevoll; behäbig, beleibt

positive ['pɒzɪtɪv] *Adj.* positiv; überzeugt, sicher

possession [pə'zeʃən] *Subst.* Besitz

potent ['pəʊtənt] *Adj.* mächtig, einflussreich; (*Argument*) zwingend

potentially [pə'tenʃəlɪ] *Adv.* möglicherweise

pothole ['pɒthəʊl] *Subst.* Schlagloch; unterirdische Höhle

potion ['pəʊʃn] *Subst.* Trank, Gebräu. Die Zubereitung von Tränken verschiedenster Art gehört zu den wichtigen Betätigungsfeldern von Hexen und Magiern. In allen alten Kulturen gehören Heilkunst und Religion zusammen; Krankheit und Genesung galten als von den Göttern gesandt, deshalb war das Wissen um die Wirkung von

Kräutern und um verschiedene Behandlungsmethoden Vorrecht und Gabe der spirituellen Autoritäten. Ob afrikanische oder indianische Schamanen und Medizinmänner oder die weisen Frauen bzw. Hexen in Europa – die Grenze zwischen Medizin und Magie ist fließend. Tränke wurden zubereitet, um alltägliche Erkrankungen zu lindern, Verletzungen zu kurieren oder Trance- und Rauschzustände herbeizuführen, die den Blick in die Zukunft oder die Kommunikation mit Göttern und Geistern ermöglichten. Tränke sollten besondere Kräfte verleihen oder jemanden in Liebe entbrennen lassen. Doch auch Tränke, die Vergessen bewirken oder aber dazu zwingen, Verschüttetes, Verdrängtes oder Verschwiegenes preiszugeben, spielen in der mythischen Überlieferung (z.B. der Erinnerungstrank der nordischen Epen), in Märchen und in der Literatur eine Rolle.

Potter ['pɒtə] Familienname, abgeleitet von der Berufsbezeichnung „Töpfer“; **Potter, Harry**: männl. Vorname, Koseform von *Henry*; **Potter, James**: engl. Männername; **Potter, Lily**: Mädchenname nach dem Wort für die Blume, abgeleitet von *lat.* ***lilium*** Lilie; christl. Symbol für Reinheit – Harrys verstorbene Mutter.

potter ['pɒtə] *V/i.* ***potter around*** herumwerkeln, hantieren

pouch [paʊtʃ] *Subst.* Beutel, Sack

pouchy face ['paʊtʃɪ 'feɪs] *Adj.* Gesicht mit Hängebacken

pouffe [pu:f] *Subst.* Puff, orientalisches Sitzpolster

pounce [paʊns] *V/i.* einen Satz machen; ***pounce at*** sich herabstürzen, losspringen, losgehen auf

poundage ['paʊndɪdʒ] *Subst.* Gewicht

pour [pɔ:] *V/t.* gießen, schütten

powder-blue [ˌpaʊdə'blu:] *Adj.* taubenblau, graublau

powdered ['paʊdəd] *Adj.* pulverisiert, zu Puder gemahlen

powerful ['paʊəfəl] *Adj.* mächtig; kraftvoll

power-hungry ['paʊəˌhʌŋgrɪ] *Adj.* machthungrig

practise ['præktɪs] *V/t.* ausüben, praktizieren

Prang, Ernie ['præŋ, ˌɜ:nɪ] *Name vgl. brit.* MILIT *umgangsspr.* ***prang*** „Bruch“, Bruchlandung, Zusammenstoß zweier Fahrzeuge, abschießen, zertrümmern; ***Ernie*** *Verniedlichung von Ernest* (*Fahrer des Knight Bus*)

prat [præt] *Subst. umgangsspr.* Depp, Arsch, Idiot(in)

prattle ['prætl] *V/i.* plappern

pray [preɪ] *V/i.* beten

preamble [prɪ'æmbl] *Subst.* Vorwort, Vorrede, Einleitung

precarious [prɪ'keərɪəs] *Adj.* bedenklich, unsicher

precaution [prɪ'kɔ:ʃn] *Subst.* Vorkehrung, Vorsorge, Sicherheitsmaßnahme

precede [prɪ'si:d] *Vt/i.* vorangehen, vorausgehen; Vorrang haben (vor)

precious[1] ['preʃəs] *Adj.* kostbar, wertvoll, edel

precious[2] ['preʃəs] *Adv.* reichlich; ***precious few*** herzlich wenig(e)

precision [prɪ'sɪʒən] *Subst.* Präzision, Genauigkeit; ***pinpoint precision*** haarscharfe Treffgenauigkeit

predict [prɪ'dɪkt] *V/t.* vorhersagen, voraussagen

prediction [prɪ'dɪkʃən] *Subst.* Voraussage, Wahrsagung

preen [priːn] *V/i.* ***preen oneself*** (*Vogel*) sich putzen; (*Person*) sich in die Brust werfen

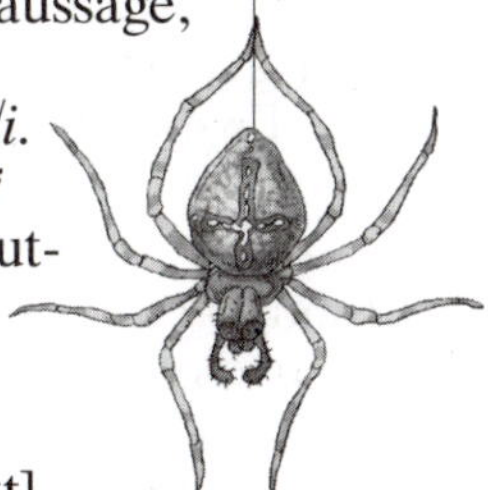

prefect ['priːfekt] *Subst.* Präfekt, Vertrauensschüler (*Sprecher eines Internats-Hauses*)

prefer [prɪ'fɜː] *V/t.* vorziehen, bevorzugen

pregnant ['pregnənt] *Adj.* schwanger; *übertr.* bedeutungsschwer

prejudiced ['predʒʊdɪst] *Adj.* voreingenommen, voller Vorurteil

premonition [ˌpremə'nɪʃn] *Subst.* Vorahnung

preoccupied [priː'ɒkjʊpaɪd] *Adj.* gedankenverloren, vertieft, beschäftigt; besorgt

prepare [prɪ'peə] *V/t.* vorbereiten

preposterous [prɪ'pɒstərəs] *Adj.* absurd, lächerlich, grotesk

present[1] ['prezənt] *Subst.* Geschenk

present[2] ['prezənt] *Adj.* gegenwärtig

present[3] [prɪ'zent] *V/t.* überreichen; präsentieren; schenken; ***be presented*** beschenkt werden

presentation [ˌprezən'teɪʃn] *Subst.* Überreichung, Übergabe, Schenkung; Präsentation

preserve [prɪ'zɜːv] *V/t.* aufbewahren; erhalten

pressure ['preʃə] *Subst.* Druck

pretence [prɪ'tens] *Subst.* Vorwand, Anlass; Vorspiegelung, Verstellung

pretend [prɪ'tend] *Vt/i.* vorgeben, vortäuschen; so tun als ob

pretext ['priːtekst] *Subst.* Vorwand

prevent [prɪ'vent] *V/t.* verhindern

previous ['priːvɪəs] *Adj.* vorige(r, -s), letzte(r, -s)

prey [preɪ] *Subst.* Beute, Raub; ***bird of prey*** Raubvogel

prick [prɪk] *V/t.* (*Ohren*) spitzen

prickling ['prɪklɪŋ] *Subst.* Prickeln, Kribbeln, Stechen

pride[1] [praɪd] *Subst.* Stolz

pride[2] [praɪd] *V/t.* ***pride oneself on*** stolz sein auf, sich etwas einbilden auf, sich brüsten mit

Pringle, Apollyon ['prɪŋgl, əˌpɒljən] *Name* ***Apollyon*** *vgl. Apoll, der griechische Gott der Künste* (*Vorgänger von Argus Filch als Hausmeister in Hogwarts*)

prior ['praɪə] *Adv. zeitlich*: ***prior to*** vor

> **Prior Incantato!** ['praɪər ˌɪnkən'tɑːtəʊ] *Zauber vgl. lat.* ***prior*** der/die/das Frühere, Vorige, Ranghöhere; *lat.* ***incantatio*** Anrufung, Beschwörung (*eine Art magischer „Wahlwiederholung“*)

priority [praɪ'ɒrɪtɪ] *Subst.* Priorität, Wichtigkeit

prise [praɪz] *V/t.* ***prise open*** aufstemmen, aufbrechen

prison ['prɪzn] *Subst.* Gefängnis

prisoner ['prɪznə] *Subst.* Gefangener, Sträfling

privacy ['prɪvəsɪ] *Subst.* Privatsphäre

private[1] ['praɪvɪt] *Adj.* privat, persönlich

private[2] ['praɪvɪt] *Subst.* ***privates*** Intimregion, Geschlechtsteile

privet ['prɪvɪt] *Subst.* BOT Liguster (*immergrüner Strauch, der gerne für Vorgartenhecken benützt wird*)

prize [praɪz] *Subst.* Preis, Auszeichnung

prized [praɪzd] *Adj.* hochgeschätzt

probable ['prɒbəbl] *Adj.* wahrscheinlich

procedure [prə'siːdʒə] *Subst.* Vorgehensweise, Ablauf

proceed [prə'siːd] *V/i.* fortfahren, weitergehen, weitermachen

proceeds ['prəʊsiːdz] *Subst. Pl.* Ertrag, Erlös, Einnahmen

procession [prə'seʃn] *Subst.* Prozession

procure [prə'kjʊə] *V/t.* besorgen, erwerben

prod [prɒd] *V/t.* stupsen, stoßen, knuffen, puffen

> **Prod, D. J.** ['prɒd, 'diː 'dʒeɪ] *Name*; *vgl.* ***prod*** Stich, Stoß; Ansporn; ***D.J.***: Namensinitialen, auch Abk. für Discjockey; zusammen ergibt es ***prodigy*** Wunder oder ***protégé*** Schützling, Schüler – Zauberer aus Didbury (*vgl.* ***did bury*** hat begraben), der, wie sein überschwängliches Schreiben beweisen soll, mit dem *Kwikspell*-Fernlehrgang Zaubern gelernt haben will, ein Werbekniff, den man als *testimonial* (Zeugnis) bezeichnet.

produce [prə'djuːs] *V/t.* hervorbringen, produzieren

profuse [prə'fjuːs] *Adj.* überschwänglich, heftig

progress ['prəʊgres] *Subst.* Vorankommen, Vorwärtskommen; Fortschritt

project ['prɒdʒekt] *Subst.* Projekt

promote [prə'məʊt] *V/t.* fördern, voranbringen, vorantreiben; befördern

promotion [prə'məʊʃn] *Subst.* Beförderung

prompt[1] [prɒmpt] *Adj.* unverzüglich, prompt

prompt[2] [prɒmpt] *Vt/i.* einflüstern; soufflieren

prone [prəʊn] *Adj.* auf dem Bauch liegend, hingestreckt

Prongs [prɒŋz] *Name vgl.* ***prong*** Zacke, Zinken, Geweihsprosse (*Deckname eines der Autoren der Marauder's Map, des magischen Lageplans von Hogwarts*)

pronounce [prə'naʊns] *V/t.* aussprechen; verkünden

pronouncement [prə'naʊnsmənt] *Subst.* Ankündigung

pronto ['prɒntəʊ] *Adv. ital.* bereit; fix, dalli

proof [pruːf] *Subst.* Beweis

prop [prɒp] *V/t.* ***prop up*** stützen

propel [prə'pel] *V/t.* antreiben, vorwärts treiben

proper ['prɒpə] *Adj.* ordentlich, sachkundig, sachgemäß, richtig

property ['prɒpə] *Subst.* Eigentum; Eigentümlichkeit, Eigenschaft

> **prophet** ['prɒfɪt] *Subst.* Prophet; aus *griech.* ***prophetes***: Verkünder göttlicher Offenbarung; durch Gott legitimierter Weissager vor allem im Alten Testament, aber auch im Islam – *Daily Prophet* heißt die Tageszeitung der Zauberer.

proposal [prə'pəʊzl] *Subst.* Vorschlag
proprietor [prə'praɪətə] *Subst.* Eigentümer, Inhaber
proscribe [prəʊ'skraɪb] *V/t.* ächten, verbannen; verbieten
prosecute ['prɒsɪkjuːt] *V/t.* (*strafrechtlich*) verfolgen; (*gerichtlich*) belangen
prospect ['prɒspekt] *Subst.* Aussicht
prostrate ['prɒstreɪt] *V/t.* ***prostrate o.s.*** sich zu Boden werfen, sich demütigen
protection [prə'tekʃn] *Subst.* Schutz
protective [prə'tektɪv] *Adj.* schützend
protector [prə'tektə] *Subst.* Beschützer
prototype ['prəʊtətaɪp] *Subst.* Prototyp, Modell, (Waren)Muster
protract [prə'trækt] *V/t.* verzögern, verschleppen
protrude [prə'truːd] *V/i.* hervorkommen, herausragen
protruding [prə'truːdɪŋ] *Adj.* abstehend, hervorstehend
proud [praʊd] *Adj.* stolz
prove [pruːv] *V/t.* beweisen, nachweisen; ***prove oneself*** sich beweisen
provide [prə'vaɪd] *V/t.* vorsehen, bereitstellen
prowess ['praʊɪs] *Subst.* Können, Tüchtigkeit
prowl [praʊl] *V/i.* herumschleichen, herumstreichen; Streife gehen, patrouillieren
prudent ['pruːdənt] *Adj.* klug, wohlbedacht, besonnen
prune[1] [pruːn] *Subst.* (Back)Pflaume; *übertr.* (*Person*) Pflaume, Muffel
prune[2] [pruːn] *V/t.* beschneiden, stutzen
pry [praɪ] *V/i.* schnüffeln, neugierig herumsuchen

Ptolemy ['tɒləmɪ] *Name*; Ptolemäus; alexandrinischer Astronom, Mathematiker und Geograph (100 – ca. 160 n. Chr), entwickelte Berechnungsmethoden für Längen- und Breitengrade. Darüber hinaus begründete er die mathematische Astronomie, die fast 1500 Jahre lang maßgeblich das Weltbild bestimmte, demzufolge die Sonne um die Erde kreist – *Ptolemy* ist verewigt auf einem der Sammelbilder, die den *Chocolate Frogs* beiliegen.

puce [pjuːs] *Adj.* braunrot
Pucey, Adrian ['pjuːsɪ, ˌeɪdrɪən] *Name* (*Mitschüler Harrys und Chaser im Slytherin-Quidditch-Team*)

pudding ['pʊdɪŋ] *Subst.* KUL britische Art von Auflauf oder reichhaltiger Mehlspeise, meist im Wasserbad zubereitet oder gedämpft. Als Süßspeise ähnelt *pudding* mehr einem saftigen Kuchen als dem deutschen Pudding, als Fleischgericht gleicht er einem Hackbraten oder einer rustikalen Pastete.

pudding-basin haircut ['pʊdɪŋˌbeɪsn 'heəkʌt] *Subst.* Topfschnitt
puddle ['pʌdl] *Subst.* Pfütze
pudgy ['pʌdʒɪ] *Adj.* dicklich, rundlich, pummelig
puffapod ['pʌfəpɒd] *Subst. magische Pflanzenschote*

puffer-fish ['pʌfəfɪʃ] *Subst.* ZOOL *Tetraodontindae*; Fischarten aus warmen Meereszonen, die sich bei

Bedrohung aufblasen, um Feinde abzuschrecken; ihre inneren Organe sind hochgiftig.
Der bekannteste von ihnen ist der japanische *Fugu*; er gilt als Delikatesse, darf jedoch nur von besonderen Experten zubereitet werden.

puff up [pʌf 'ʌp] *V/t.* aufblasen, aufplustern
puffy-eyed [ˌpʌfɪ'aɪd] *Adj.* mit verquollenen Augen
pug [pʌg] *Subst.* ZOOL Mops
puke [pjuːk] *V/i.* sich erbrechen, kotzen
pull [pʊl] *V/t.* ziehen; ***pull one's leg*** j-n auf den Arm nehmen
pulp [pʌlp] *V/t.* zu Brei quetschen
pummel ['pʌml] *V/t. auch* ***pommel*** schlagen, puffen; (ein)trommeln (auf)
pump [pʌmp] *Vt/i.* pumpen
pumpkin ['pʌmpkɪn] *Subst.* BOT, KUL Kürbis

pumpkin

punch [pʌntʃ] *V/t.* schlagen; stoßen, durchstoßen; boxen
punch-bag ['pʌntʃbæg] *Subst.* Sandsack (*als Übungsgerät für Boxer*)
punchline ['pʌntʃlaɪn] *Subst.* Pointe
punctuality [ˌpʌŋktjʊ'ælətɪ] *Subst.* Pünktlichkeit
punctuate ['pʌŋktʃʊeɪt] *V/t.* Satzzeichen setzen; unterbrechen; *übertr.* überschatten
puncture¹ ['pʌŋktʃə] *Subst.* Loch, Nadelstich; Reifenpanne, „Plattfuß"
puncture² ['pʌŋktʃə] *V/t.* durchstechen; anstechen, ein Loch machen in
punishment ['pʌnɪʃmənt] *Subst.* Strafe, Bestrafung
pupil¹ ['pjuːpl] *Subst.* Schüler
pupil² ['pjuːpl] *Subst. von Auge*: Pupille
puppeteer [ˌpʌpɪ'tɪə] *Subst.* Marionettenspieler, Puppenspieler
puppy ['pʌpɪ] *Subst.* Welpe
puppy-fat ['pʌpɪfæt] *Subst.* Babyspeck
purchase ['pɜːtʃɪs] *Subst.* Einkauf, Erwerbung
pure [pjʊə] *Adj.* rein
purge [pɜːdʒ] *V/t.* säubern, reinigen
purple¹ ['pɜːpl] *Adj.* violett, lila
purple² ['pɜːpl] *V/i.* violett anlaufen
purplish ['pɜːplɪʃ] *Adj.* (*Farbe*) ins Violette spielend
purpose ['pɜːpəs] *Subst.* Absicht, Vorsatz; ***on purpose*** mit Absicht
purr [pɜː] *V/i.* schnurren
purse [pɜːs] *V/t.* ***purse one's lips*** die Lippen schürzen, beleidigt dreinschauen
pursue [pə'sjuː] *V/t.* verfolgen
pursuit [pə'sjuːt] *Subst.* Streben, Beschäftigung
purveyor [pɜː'veɪə] *Subst.* Lieferant
pus [pʌs] *Subst.* MED Eiter

push [pʊʃ] *Vt/i.* stoßen, drücken; ***push one's luck*** sein Glück strapazieren
pushover ['pʊʃˌəʊvə] *Subst. umgangsspr.* Schwächling, leichter Gegner; Kinderspiel
putrid ['pjuːtrɪd] *Adj.* verfault, verwest
puzzle[1] ['pʌzl] *Subst.* Rätsel, Knobelei, Denksportaufgabe
puzzle[2] ['pʌzl] *V/t.* verblüffen, verdutzen; vor ein Rätsel stellen
puzzlement ['pʌzlmənt] *Subst.* Verwirrung, Verblüffung
python ['paɪθən] *Subst.* ZOOL Python

Q

Quaffle ['kwɒfl] *Neubildung vgl.* ***quaff*** hinunterstürzen, zechen (*roter Ball im Quidditch-Spiel, mit dem Treffer erzielt werden*); → ***Quidditch***

quagmire ['kwægmaɪə] *Subst.* Morast, Moorboden

quail [kweɪl] *V/i.* vor Angst zittern

quake [kweɪk] *V/i.* zittern, beben

quarry ['kwɒrɪ] *Subst.* Steinbruch; *bei der Jagd*: Beute; *übertr.* Opfer

quarter ['kwɔːtə] *Subst.* Viertel

quash [kwɒʃ] *V/t.* (*Gerücht*) als haltlos erklären; (*Aufstand*) unterdrücken

quaver ['kweɪvə] *Subst.* Zittern, Vibrato, Tremolieren

quavering ['kweɪvərɪŋ] *Adj.* (*Ton*) tremolierend; (*Stimme*) zittrig, zitternd

queasy ['kwiːzɪ] *Adj.* unwohl, übel

quelling ['kwelɪŋ] *Adj.* bezwingend; ***with a quelling look*** mit einem scharfen Blick

query ['kwɪərɪ] *Subst.* Zweifel, (Rück-) Frage

quest [kwest] *Subst.* Suche; HIST Ritterzug; ***the quest of the Holy Grail*** die Suche nach dem Heiligen Gral; → ***adventure***

question[1] ['kwestʃən] *Subst.* Frage

question[2] ['kwestʃən] *V/t.* befragen, verhören

queue [kjuː] *Subst.* (Warte)Schlange

queue up [kjuː 'ʌp] *V/i.* sich einreihen, anstehen, in der Warteschlange stehen

quibble ['kwɪbl] *Subst.* Wortklauberei, Spitzfindigkeit

> **Quidditch** ['kwɪdɪtʃ] *Neubildung*; *vgl.* ***quiddity*** Essenz, Wesen, Besonderheit (einer Sache); feiner Unterschied, Feinheit, Spitzfindigkeit; ***ditch*** Graben, Kanalisation; ***quids in*** etwas mit Leichtigkeit tun, gelingen, Glück haben; *vgl. auch* ***pitch*** Spielfeld, werfen; *vgl.* → ***winged*** – enthusiastisch geliebter Mannschaftssport unter Zauberern;
>
> **Quaffle**: *vgl.* ***quaff*** hinunterstürzen, zechen – roter Ball im Quidditch-Spiel, mit dem Treffer erzielt werden, **Bludger**: *vgl.* ***bludgeon*** Knüppel, Keule – selbstständig agierende schwarze Bälle im Quidditch-Spiel, die die Spieler attackieren; **Golden Snitch**: *vgl.* ***snitch*** klauen,

stibitzen – selbstständig agierender, kleiner goldener Ball im Quidditch-Spiel, der gefangen werden muss.

quieten ['kwaɪətn] *Vt/i.* beruhigen, besänftigen; still werden

Quietus [kwaɪ'iːtəs] *Zauber vgl.* ***quiet*** ruhig

Quigley ['kwɪglɪ] *Name vielleicht von schott.* ***quigle*** gurgeln *oder* ***quickly*** schnell (*Spieler der irischen Nationalmannschaft beim Quidditch World Cup*)

quill [kwɪl] *Subst.* Feder(kiel)

quilt [kwɪlt] *Subst.* Steppdecke, wattierte Decke

Quirrell, Prof. ['kwɪrəl, prəˌfesə] *Name*; klingt so ähnlich wie ***squirrel*** Eichhörnchen; *vgl. auch* ***quirk*** Verschrobenheit, Sonderlichkeit und ***quisling*** Verräter – Lehrer für *Defence Against the Dark Arts* in Harrys erstem Schuljahr in Hogwarts.

quits [kwɪts] *Adj.* quitt, ausgeglichen

quiver ['kwɪvə] *V/i.* zittern, beben

quizzical ['kwɪzɪkl] *Adj.* (*Blick*) fragend; *auch* spöttisch

quote [kwəʊt] *Vt/i.* zitieren

R

rabbit[1] ['ræbɪt] *Subst.* ZOOL Kaninchen

rabbit[2] ['ræbɪt] *V/i. brit. umgangsspr.* quasseln, schwafeln

raccoon [rə'kuːn] *Subst.* ZOOL Waschbär

rack [ræk] *Subst.* Gepäckträger, Gestell, Ständer

racket ['rækɪt] *Subst.* Radau, Tumult, Aufruhr, Getöse

racking ['rækɪŋ] *Adj.* (*Schmerzen*) rasend; (*Schluchzen*) schmerzerfüllt

radiate ['reɪdɪeɪt] *Vt/i.* abstrahlen, ausstrahlen

radish ['rædɪʃ] *Subst.* BOT, KUL Radieschen; Rettich

raffle ['ræfl] *V/t.* versteigern, verlosen

rafter ['rɑːftə] *Subst.* Dachsparren

rag-doll ['ræg'dɒl] *Subst.* Lumpenpuppe, Stoffpuppe

ragged ['rægɪd] *Adj.* zerrissen, zerfetzt

raid [reɪd] *Subst.* Überfall; (polizeiliche) Razzia, Durchsuchung

rake[1] [reɪk] *Subst.* Rechen, Harke

rake[2] [reɪk] *V/t.* rechen, harken; durchstöbern, (mit den Augen) absuchen, mustern

rally ['rælɪ] *Subst.* Zusammenkunft, Versammlung, Treffen

ram [ræm] *Subst.* ZOOL Widder, Schafbock; TECH Ramme; ***battering ram*** Rammbock

rampage[1] [ræm'peɪdʒ] *Subst.* ***be on the rampage*** durchdrehen, toben, randalieren, gewalttätig werden

rampage[2] [ræm'peɪdʒ] *V/i.* herumtoben, rasen

random[1] ['rændəm] *Adj.* ziellos, wahllos, zufällig

random[2] ['rændəm] *Subst.* ***at random*** aufs Geratewohl, auf gut Glück

range [reɪndʒ] *Subst.* Reichweite, Bereich; Anordnung; ***top of the range*** Spitzenklasse...

ransack ['rænsæk] *V/t.* durchwühlen, durchstöbern

rant [rænt] *V/i.* geifern, lärmen, schwadronieren

rap [ræp] *Vt/i.* klopfen, pochen

rapid ['ræpɪd] *Adj.* schnell, rasch

rapt [ræpt] *Adj.* versunken, hingerissen; ***with rapt attention*** mit gespannter Aufmerksamkeit

rapturous ['ræptʃərəs] *Adj.* entzückt, verzückt, hingerissen

rare [reə] *Adj.* selten

rash [ræʃ] *Adj.* (vor)eilig, übereilt

rasping ['rɑːspɪŋ] *Adj.* raspelnd, kratzend

rat [ræt] *Subst.* ZOOL Ratte. Wie Mäuse und alles andere Ungeziefer soll die Ratte nach englischem Volksglauben aus Unrat entstanden sein; sie weckt in vielen Menschen Abscheu und ist Gegenstand zahlreicher abergläubischer Vorstellungen. Vor allem ihr nackter Schwanz, der an eine kleine Schlange erinnert, wird als eklig wahrgenommen. Tatsache ist, dass Ratten verschiedenste Krankheiten übertragen können; die Verbreitung ansteckender Seuchen wie der Pest im Mittelalter ist auf sie zurückzuführen. Als Alles- und Abfallfresser lebten sie immer schon in der Nähe menschlicher Ansiedlungen. Ratten sind außerordentlich intelligente Tiere mit einem differenzierten Sozialverhalten; gezähmt sind sie gelehrige Haustiere.

rat

rattle ['rætl] *V/i.* rattern, klappern; rasseln, röcheln

rattlesnake ['rætlsneɪk] *Subst.* ZOOL Klapperschlange

ratty ['rætɪ] *Adj.* rattenverseucht; *umgangsspr.* gereizt, bissig

raucous ['rɔːkəs] *Adj.* (*Stimme*) rau; heiser, kratzig

rave [reɪv] *V/i.* fantasieren, irre reden; ausgelassen sein, toben

raven ['reɪvən] *Subst.* ZOOL Rabe, Krähe

raven

Ravenclaw ['reɪvənklɔː] *Name*; *vgl.* ***raven*** Rabe; ***claw*** Klaue, Krallen; Raben zählen zu den klügsten Vögeln überhaupt. Zahlreiche abergläubische Vorstellungen verbinden sich mit dem Raben bzw. der Krähe (zwischen beiden wird meist nicht unterschieden): Er gilt als Totenvogel, aber auch als Seelenvogel, als Begleiter oder Inkarnation keltischer oder nordischer Götter (Odin). Schwarze Magier können sich und andere in Raben verwandeln. Doch es werden dem Raben auch prophetische Gaben zugeschrieben, und in Persien galt er als Inkarnation der Weisheit – eines der vier Häuser in Hogwarts, in dem rasche Auffassungsgabe, Wissensdurst und Arbeitsdisziplin besonders hoch geschätzt werden; **Ravenclaw, Rowena**: Rowena heißt die Geliebte des Helden in Sir Walter Scotts Mittelalterepos *Ivanhoe* – eine der Begründerinnen von Hogwarts und Stifterin des nach ihr benannten Hauses.

ravenous ['rævənəs] *Adj.* heißhungrig

ravine [rə'viːn] *Subst.* Schlucht, Klamm

raw [rɔː] *Adj.* roh, ungekocht

ray [reɪ] *Subst.* Strahl

razor-sharp [ˌreɪzə'ʃɑːp] *Adj.* scharf wie ein Rasiermesser *oder* eine Rasierklinge

reappear [ˌriːə'pɪə] *V/i.* wieder auftauchen, wieder erscheinen

rear[1] [rɪə] *Subst.* hinterer Teil

rear[2] [rɪə] *V/i.* (*Pferde*) sich aufbäumen

reasoning ['riːznɪŋ] *Subst.* Argumentation, Beweisführung

reassurance [ˌriːə'ʃʊərəns] *Subst.* Versicherung, Zuspruch, Bestärkung

reassuring [ˌriːə'ʃʊərɪŋ] *Adj.* bestätigend, versichernd, beruhigend

rebel ['rebl] *Subst.* Rebell, Aufrührer

rebound [rɪ'baʊnd] *V/i.* zurückprallen, zurückfallen

recapture [riː'kæptʃə] *V/t.* wieder erlangen, zurückerobern

recede [rɪ'siːd] *V/i.* zurückweichen, sich zurückziehen, sich entfernen, verschwinden

receive [rɪ'siːv] *V/t.* empfangen, erhalten, bekommen

receiver [rɪ'siːvə] *Subst.* (Telefon)Hörer; Empfänger

recent ['riːsnt] *Adj.* jüngste(r, -s), neue(r, -s), kürzlich geschehen *etc.*

receptivity [ˌriːsep'tɪvɪtɪ] *Subst.* Empfänglichkeit

reckless ['rekləs] *Adj.* unbesorgt; sorglos, verwegen; rücksichtslos

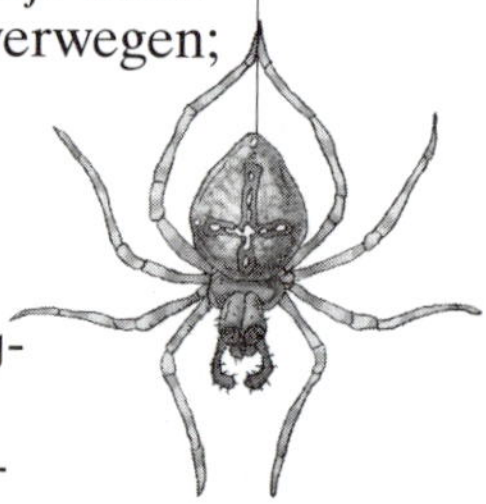

reckon ['rekən] *V/t.* (ein)schätzen, annehmen

recognizable ['rekəgnaɪzəbl] *Adj.* wiedererkennbar, wieder zu erkennen

recognize ['rekəgnaɪz] *V/t.* erkennen; anerkennen

recoil [rɪ'kɔɪl] *V/i.* zurückprallen, zurückfallen, zurückschaudern

recollection [ˌrekə'lekʃn] *Subst.* Erinnerung

recommence [ˌriːkə'mens] *Vt/i.* wieder beginnen, von neuem anfangen

reconstruction [ˌriːkən'strʌkʃən] *Subst.* Rekonstruktion, Wiederherstellung, Wiederaufbau

record ['rekɔːd] *Subst.* Bericht, Niederschrift; Akte, Sündenregister

recover [rɪ'kʌvə] *V/i.* genesen, sich erholen

recovery [rɪ'kʌvərɪ] *Subst.* Genesung, Heilung, Erholung

recruit [rɪ'kruːt] *V/t.* anwerben

rectangular [rek'tæŋgjʊlə] *Adj.* rechteckig

Red Cap [ˌred ˈkæp] *Subst. vgl.* ***cap*** Mütze, Kappe; gilt als ganz und gar übler Dämon.
Er lebt in verfallenen Ruinen entlang der schottischen Grenze und erscheint als kleiner, verwachsener alter Mann mit langem Bart und Klauen anstelle von Händen; er trägt eine Mütze, die rot ist vom Blut seiner Opfer, und Eisenstiefel, in denen er sich blitzschnell bewegen kann; trotz seiner kleinen Statur kann er die stärksten Männer überwältigen. Der Red Cap kann nur durch Bibelzitate gebannt werden – Gegenstand von Prof. Lupins praxisorientiertem *Defence Against the Dark Arts*-Unterricht in Harrys drittem Schuljahr.

redcurrant [ˌredˈkʌrənt] *Subst.* BOT rote Johannisbeere

red-handed [ˌredˈhændɪd] *Adv.* auf frischer Tat

Reductor Curse [rɪˈdʌktə kɜːs] *Zauber*; „Reducio!" oder „Reducto!", *vgl.* ***reduce*** verringern, verkleinern; schwächen, unterwerfen; -***or***: lateinische Wortendung, die j-n als Handelnden bezeichnet; ***curse*** Fluch, Verwünschung

reedy [ˈriːdɪ] *Adj.* schilfbedeckt; lang und schlank; (*Stimme*) dünn, quäkend

reel [riːl] *V/i.* wirbeln, sich schnell drehen; wanken, taumeln

re-emerge [ˌriːɪˈmɜːdʒ] *V/i.* wieder auftauchen

re-enact [ˌriːɪˈnækt] *V/t.* nachspielen, nachstellen

re-enter [ˌriːˈentə] *V/i.* wieder eintreten

referee [ˌrefəˈriː] *Subst.* Schiedsrichter

reference [ˈrefərəns] *Subst.* Bezug, Nachweis

reflection [rɪˈflekʃən] *Subst.* Spiegelbild, Lichtreflex, Reflexion

refrain [rɪˈfreɪn] *V/i.* sich enthalten, unterlassen

refusal [rɪˈfjuːzl] *Subst.* Weigerung, Ablehnung

refuse [rɪˈfjuːz] *Vt/i.* zurückweisen, ablehnen; sich weigern

regain [rɪˈgeɪn] *V/t.* wieder erlangen, zurückbekommen

regard [rɪˈgɑːd] *V/t.* betrachten, ansehen

register[1] [ˈredʒɪstə] *Subst.* Liste, Register

register[2] [ˈredʒɪstə] *V/t.* registrieren, bemerken

registry [ˈredʒɪstrɪ] *Subst.* Register, Verzeichnis

Registry of Proscribed Charmable Objects [ˌredʒɪstrɪ əv prəʊˈskraɪbd ˌtʃɑːməbl ˈɒbdʒɪkts] *Neubildung vgl.* ***registry*** Verzeichnis; ***object*** Gegenstand; ***proscribed*** verboten, verbannt; ***charmable*** verzauberbar

regrettable [rɪˈgretəbl] *Adj.* bedauerlich

regulation [ˌregjʊˈleɪʃn] *Subst.* Regelung, Durchführungsbestimmung

regurgitate [rɪˈgɜːdʒɪteɪt] *V/t.* (*Essen*) erbrechen; auswürgen (*Eulen etc.*)

rehearse [rɪˈhɜːs] *Vt/i.* proben

reignite [ˌriːɪgˈnaɪt] *V/t.* wieder entzünden

reindeer [ˈreɪndɪə] *Subst.* ZOOL Rentier

reinforcement [ˌriːɪnˈfɔːsmənt] *Subst.* Verstärkung

reins [reɪnz] *Subst. Pl.* Zügel

reinstate [ˌriːɪn'steɪt] *V/t.* wieder einrichten, wieder aufleben lassen

rejection [rɪ'dʒekʃən] *Subst.* Zurückweisung, Negativbescheid; ***rejection letter*** Absagebrief

rejoice [rɪ'dʒɔɪs] *V/i.* frohlocken, sich freuen

rejoin [ˌriː'dʒɔɪn] *Vt/i.* sich wieder anschließen, wieder zurückkehren zu; sich wieder vereinigen (mit)

rekindle [riː'kɪndl] *Vt/i.* wieder entfachen; wieder aufleben

> **Relashio!** [rɪ'læʃɪəʊ] *Zauber vgl. ital.* ***rilascio*** Freilassung, Befreiung

relation [rɪ'leɪʃn] *Subst.* Verwandtschaft; Beziehung

relative ['relətɪv] *Subst.* Verwandte(r)

relax [rɪ'læks] *Vt/i.* entspannen

relaxation [ˌriːlæk'seɪʃn] *Subst.* Entspannung, Erholung

release [rɪ'liːs] *V/t.* freigeben, freilassen, loslassen

relent [rɪ'lent] *V/i.* nachgeben

reliability [rɪˌlaɪə'bɪlɪtɪ] *Subst.* Verlässlichkeit, Zuverlässigkeit

reliable [rɪ'laɪəbl] *Adj.* zuverlässig, verlässlich

relic ['relɪk] *Subst.* Überbleibsel, Relikt

relief [rɪ'liːf] *Subst.* Erleichterung, Entlastung

relieve [rɪ'liːv] *V/t.* lindern, erleichtern

relish ['relɪʃ] *Subst.* Wohlgeschmack; *übertr.* Behagen, Genuss

relive [ˌriː'lɪv] *V/t.* wieder aufleben lassen, noch einmal durchleben

reluctant [rɪ'lʌktənt] *Adj.* widerstrebend, widerwillig

rely [rɪ'laɪ] *V/i.* ***rely on*** sich verlassen auf

remain [rɪ'meɪn] *V/i.* bleiben

remainder [rɪ'meɪndə] *Subst.* Rest, Überbleibsel

remark [rɪ'mɑːk] *Subst.* Bemerkung, Anmerkung

remedy ['remɪdɪ] *Subst.* Heilmittel

Remembrall [rɪ'membrɔːl] *Neubildung vgl.* ***remember*** erinnern; ***all*** alles (*magische Gedächtnisstütze, die sich verfärbt, wenn man etwas vergessen hat*)

reminisce [ˌremɪ'nɪs] *V/i.* in Erinnerungen schwelgen

reminiscent [ˌremɪ'nɪsnt] *Adj.* ***be reminiscent of*** ähnlich sein, erinnern an

remnant ['remnənt] *Subst.* Überbleibsel, Rest

remorse [rɪ'mɔːs] *Subst.* Reue, Gewissensbisse

remote [rɪ'məʊt] *Adj.* entfernt; *übertr.* unwahrscheinlich

remote-control [rɪˌməʊtkən'trəʊl] *Subst.* Fernsteuerung, Fernbedienung

removal [rɪ'muːvl] *Subst.* Entfernung, Beseitigung

remove [rɪ'muːv] *V/t.* entfernen, wegnehmen

rend [rend] *V/t.* zerreißen

rendition [ren'dɪʃn] *Subst.* Wiedergabe, *künstlerischer* Vortrag

renew [rɪ'njuː] *V/t.* erneuern

renounce [rɪ'naʊns] *V/t.* verleugnen, abschwören

> **Reparo!** [rɪ'pɑːrəʊ] *Zauber vgl.* ***repair*** reparieren, wieder herstellen, in Ordnung bringen

repel [rɪ'pel] *V/t.* abweisen, abstoßen, abwehren, zurückschlagen

repellent [rɪ'pelənt] *Subst.* Abwehrmittel
replace [rɪ'pleɪs] *V/t.* ersetzen
replay ['riːpleɪ] *Subst.* SPORT Wiederholungsspiel
replenish [rɪ'plenɪʃ] *V/t.* ergänzen, auffüllen
replica ['replɪkə] *Subst.* Ebenbild, Kopie
reply [rɪ'plaɪ] *Vt/i.* antworten, erwidern
repossess [ˌriːpə'zes] *V/t.* wieder in Besitz nehmen, wieder Besitz ergreifen von
re-pot [ˌriː'pɒt] *V/t.* umtopfen
represent [ˌreprɪ'zent] *V/t.* vertreten, repräsentieren
representative [ˌreprɪ'zentətɪv] *Subst.* Vertreter, Repräsentant
repressive [rɪ'presɪv] *Adj.* unterdrückend, hemmend
reprimand ['reprɪmɑːnd] *Subst.* Tadel, Rüge, Verweis
reproachful [rɪ'prəʊtʃfəl] *Adj.* vorwurfsvoll, tadelnd
reproving [rɪ'pruːvɪŋ] *Adj.* missbilligend
repulsive [rɪ'pʌlsɪv] *Adj.* abstoßend
reputation [ˌrepjʊ'teɪʃn] *Subst.* Ruf, Ansehen
request [rɪ'kwest] *Subst.* Nachfrage, Anfrage, Bitte; ***on request*** auf Anfrage
require [rɪ'kwaɪə] *V/t.* erfordern; nötig haben, brauchen
rescue ['reskjuː] *V/t.* retten, in Sicherheit bringen
resemblance [rɪ'zembləns] *Subst.* Ähnlichkeit
resemble [rɪ'zembl] *V/t.* ähneln

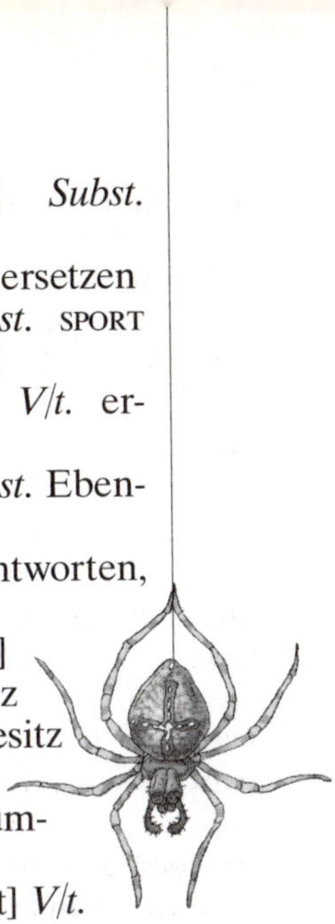

resentful [rɪ'zentfəl] *Adj.* aufgebracht, grollend
resign [rɪ'zaɪn] *V/t.* aufgeben, verzichten; ***resign oneself to s.th.*** sich mit etwas abfinden
resist [rɪ'zɪst] *Vt/i.* widerstehen, Widerstand leisten
resolution [ˌrezə'luːʃn] *Subst.* Entschlossenheit, Beschluss, Vorsatz
resolve[1] [rɪ'zɒlv] *Subst.* Entschluss, Vorsatz
resolve[2] [rɪ'zɒlv] *Vt/i.* beschließen; sich entschließen
resonance ['rezənəns] *Subst.* Resonanz, Nachhall, Schwingung
resort [rɪ'zɔːt] *V/i.* ***resort to*** Zuflucht nehmen zu, greifen zu (*einem Trick etc.*)
resourcefulness [rɪ'zɔːsfəlnəs] *Subst.* Einfallsreichtum, Erfindungsreichtum, Talent
respectable [rɪ'spektəbl] *Adj.* angesehen, ehrenwert, respektabel
respective [rɪ'spektɪv] *Adj.* jeweilig, betreffend
resplendent [rɪ'splendənt] *Adj.* strahlend, prächtig
respond [rɪ'spɒnd] *V/i.* antworten, zur Antwort geben
response [rɪ'spɒns] *Subst.* Antwort, Erwiderung
responsibility [rɪˌspɒnsɪ'bɪlɪtɪ] *Subst.* Verantwortung, Verantwortlichkeit
responsible [rɪ'spɒnsɪbl] *Adj.* verantwortlich
restless ['restləs] *Adj.* rastlos, ruhelos
restorative[1] [rɪ'stɔːrətɪv] *Subst.* Stärkungsmittel; Wiederherstellungsmittel
restorative[2] [rɪ'stɔːrətɪv] *Adj.* stärkend
restore [rɪ'stɔː] *V/t.* wiederherstellen
restrain [rɪ'streɪn] *V/t.* zurückhalten

Restricted Section [rɪˌstrɪktɪd 'sekʃn] *Subst.* Abteilung mit beschränktem Zutritt: Teile von Bibliotheken, die nicht oder nur mit besonderer Erlaubnis betreten werden dürfen. Da Wissen ein Schlüssel zur Macht ist, haben Autoritäten im Lauf der Geschichte immer wieder versucht, den Zugriff auf Bücher zu kontrollieren oder einzuschränken. Verbotenes aber beschäftigt stets die Fantasie der Menschen, und je größer die Hindernisse, desto reizvoller erscheinen die verborgenen Schätze.

restriction [rɪ'strɪkʃən] *Subst.* Beschränkung, Einschränkung
result [rɪ'zʌlt] *Subst.* Ergebnis
resurface [ˌriː'sɜːfɪs] *V/i.* wieder auftauchen
resurrect [ˌrezə'rekt] *Vt/i.* wieder zum Leben erwecken, auferstehen lassen; auferstehen
retaliate [rɪ'tælɪeɪt] *Vt/i.* heimzahlen; sich rächen
retaliation [rɪˌtælɪ'eɪʃn] *Subst.* Vergeltung
retch [retʃ] *V/i.* würgen
retelling [ˌriː'telɪŋ] *Subst.* Nacherzählung, Wiederholung
retirement [rɪ'taɪəmənt] *Subst.* Ruhestand
retort [rɪ'tɔːt] *V/t.* erwidern, entgegnen
retrace [rɪ'treɪs] *V/t.* (*Spuren*) zurückverfolgen; rekonstruieren, nachvollziehen
retrieve [rɪ'triːv] *V/t.* wiederbekommen, (zurück)holen, (wieder)finden, bergen
reunion [riː'juːnjən] *Subst.* Wiedervereinigung; Wiedersehen
rev [rev] *V/t.* (*Motor*) auf Touren bringen; ***rev up*** *auch* aufheulen lassen
reveal [rɪ'viːl] *V/t.* enthüllen, preisgeben
revealer [rɪ'viːlə] *Neubildung vgl.* ***reveal*** enthüllen (*das Gegenteil von einem Radiergummi*)
revelation [ˌrevə'leɪʃn] *Subst.* Enthüllung
revenge [rɪ'vendʒ] *Subst.* Rache, Vergeltung
reverberate [rɪ'vɜːbəreɪt] *V/i.* widerhallen
reverence ['revrəns] *Subst.* Ehrfurcht, Bewunderung
reverent ['revrənt] *Adj.* ehrfürchtig
reverie ['revərɪ] *Subst. frz.* Träumerei, Tagtraum
reversal [rɪ'vɜːsl] *Subst.* Umkehrung
reverse[1] [rɪ'vɜːs] *Subst.* Gegenteil
reverse[2] [rɪ'vɜːs] *Vt/i.* (um)wenden, umkehren; rückgängig machen; rückwärts fahren, zurücksetzen
revert [rɪ'vɜːt] *V/i.* ***revert to*** zurückkehren, zurückfallen (*in einen früheren Zustand*)
revise [rɪ'vaɪz] *V/t.* (*für Prüfung*) wiederholen
revision [rɪ'vɪʒn] *Subst.* Wiederholung (*von Lernstoff*); Überarbeitung
revive [rɪ'vaɪv] *V/t.* wieder beleben, wieder zum Leben bringen
revolting [rɪ'vəʊltɪŋ] *Adj.* widerlich, abstoßend, Ekel erregend
revolving [rɪ'vɒlvɪŋ] *Adj.* drehbar, drehend, kreisend
revulsion [rɪ'vʌlʃən] *Subst.* Abwehr, Abscheu, Ekel

reward[1] [rɪ'wɔːd] *Subst.* Anerkennung, Belohnung

reward[2] [rɪ'wɔːd] *V/t.* belohnen

rhino ['raɪnəʊ] *Subst.* ZOOL *Kurzform von* ***rhinoceros*** Nashorn, Rhinozeros

rib [rɪb] *Subst.* Rippe

rich[1] [rɪtʃ] *Subst.* ***the rich*** die Reichen; ***riches*** Reichtümer

rich[2] [rɪtʃ] *Adj.* reich; *übertr.* stark, allerhand

rickety ['rɪkɪtɪ] *Adj.* wacklig, gebrechlich

ricochet ['rɪkəʃeɪ] *V/i.* abprallen

> **Rictusempra!** [ˌrɪktə'semprə] *Zauber vgl. lat.* ***rictus*** weit geöffneter Rachen (*eines Tiers, z.B. der Schlange*); *lat.* ***semper*** immer, stets

> **Riddikulus!** [rɪ'dɪkjʊləs] *Zauber vgl.* ***ridicule*** Verspottung, lächerlich machen

> **Riddle, Tom Marvolo** ['rɪdl, ˌtɒm mɑː'vəʊləʊ] *Name*; *vgl.* ***riddle*** Rätsel; **Tom**: Kurzform von *Thomas*; **Marvolo**: *vgl.* ***marvel*** sich wundern, bewundern. – durch Verschiebung der Buchstaben des gesamten Namens ergibt sich ein Satz, der die wahre Identität dieses ehemaligen Schülers von Hogwarts verrät.

ridgeback ['rɪdʒbæk] *Subst. vgl.* ***ridge*** Riffel, Welle; ***back*** Rücken (*eine Drachenart*)

ridicule[1] ['rɪdɪkjuːl] *Subst.* Verspottung, Spott; ***turn s.th. to ridicule*** etwas ins Lächerliche ziehen

ridicule[2] ['rɪdɪkjuːl] *V/t.* lächerlich machen, verspotten

ridiculous [rɪ'dɪkjʊləs] *Adj.* lächerlich

riff-raff ['rɪfræf] *Subst. umgangsspr.* Gesindel, Pöbel

rifle[1] ['raɪfl] *Subst.* Gewehr

rifle[2] ['raɪfl] *V/t.* ***rifle through*** durchblättern; duchwühlen

rift [rɪft] *Subst.* Spalt, Kluft, Riss (*auch übertr.*)

rigging ['rɪgɪŋ] *Subst.* Takelage (*eines Segelschiffs*)

rigid ['rɪdʒɪd] *Adj.* (*Material*) hart, steif, starr, unbeweglich; *übertr.* streng, strikt

rigorous ['rɪgərəs] *Adj.* streng, hart, rigoros, genau

rim [rɪm] *Subst.* Rand

rimmed [rɪmd] *Adj.* gerändert, mit Rand

ring [rɪŋ] *Vt/i.* widerhallen, klingen; ***ring a bell*** *übertr.* bekannt vorkommen, eine Erinnerung wecken

ringing ['rɪŋɪŋ] *Adj.* klingend, klingelnd; ***ringing silence*** beredtes Schweigen, klingende Stille

ringleader ['rɪŋˌliːdə] *Subst.* Anführer, Rädelsführer

ringlet ['rɪŋlɪt] *Subst.* Ringellocke

riot ['raɪət] *Subst.* Aufruhr, Ausschreitungen

rip[1] [rɪp] *Subst.* Riss, Schlitz

rip[2] [rɪp] *V/t.* (zer)reißen, zerfetzen, aufschlitzen

ripe [raɪp] *Adj.* reif

ripped [rɪpt] *Adj.* zerfetzt, zerrissen

Ripper ['rɪpə] *Name vgl.* ***rip*** zerreißen, zerfetzen, aufschlitzen; *ein historischer Massenmörder wurde Jack the Ripper genannt (die Lieblingsbulldogge von Vernon Dursleys Schwester Marge)*

ripple[1] ['rɪpl] *Subst.* kleine Welle; *übertr.* Anflug (*von Ärger, Eifersucht etc.*)
ripple[2] ['rɪpl] *Vt/i.* (sich) kräuseln
rise[1] [raɪz] *Subst.* Aufstieg
rise[2] [raɪz] *Vt/i.* aufstehen, aufsteigen; (*Stimme*) erheben
risk [rɪsk] *Subst.* Risiko, Wagnis
risky ['rɪskɪ] *Adj.* riskant, gefährlich
rival ['raɪvl] *V/t.* konkurrieren mit, es aufnehmen mit
rivet ['rɪvɪt] *V/t.* (*Aufmerksamkeit*) fesseln
roam [rəʊm] *Vt/i.* (umher)streifen; (durch)wandern
roan [rəʊn] *Adj.* rötlich-grau
roar[1] [rɔː] *Subst.* Gebrüll; ***roar of laughter*** brüllendes Gelächter
roar[2] [rɔː] *Vt/i.* brüllen
roaring trade [ˌrɔːrɪŋ 'treɪd] *Subst. umgangsspr.* Bombenumsatz, Riesengeschäft
roast ox [ˌrəʊst 'ɒks] *Subst.* KUL gebratener Ochse
roast pork [ˌrəʊst 'pɔːk] *Subst.* KUL Schweinebraten
rock cake ['rɒk keɪk] *Subst.* KUL *hart gebackenes Plätzchen, gewürzte Rosinenhäufchen*
rocker ['rɒkə] *Subst. einer Wiege*: Kufe; Schaukelpferd, Schaukelstuhl; ***be off one's rocker*** *umgangsspr.* übergeschnappt sein
rocket[1] ['rɒkɪt] *Subst.* Rakete
rocket[2] ['rɒkɪt] *V/i.* hochschnellen, hochschießen
rockfall ['rɒkˌfɔːl] *Subst.* Steinschlag, Gerölllawine
rogue[1] [rəʊg] *Subst.* Schurke, Gauner
rogue[2] [rəʊg] *Adj.* verbrecherisch; (*Geschoss etc.*) fehlgeleitet
roguish ['rəʊgɪʃ] *Adj.* schurkisch, schelmisch, verschmitzt
roll [rəʊl] *Vt/i.* rollen; ***roll in gold*** in Gold *oder* Geld schwimmen
roller ['rəʊlə] *Subst.* Lockenwickler
roller-coaster ['rəʊləˌkəʊstə] *Subst.* Berg- und Talbahn, Achterbahn
Romania [ruː'meɪnjə] Rumänien
Ron Weasley [ˌrɒn 'wiːzlɪ] *Name* → ***Weasley***
Ronan ['rəʊnən] *männl. Vorname irischer Herkunft (einer der Zentauren, die im Forbidden Forest leben)*
roof [ruːf] *Subst.* Dach; ***roof of the mouth*** Gaumen
rooftop ['ruːftɒp] *Subst.* Dachfirst, Giebel
Rookwood, Augustus ['rʊkwʊd, ɔːˌgʌstəs] *Name vgl.* ***rook*** Saatkrähe; Betrüger, Gauner; ***wood*** Wald, Unterholz; ***Augustus*** *abgeleitet von lat. „erhaben" (Zauberer im Ministerium, der als Anhänger Lord Voldemorts enttarnt wird)*
roomy ['ruːmɪ] *Adj.* geräumig
rooster ['ruːstə] *Subst. US* Hahn, Gockel
root [ruːt] *V/i.* wurzeln, anwurzeln, verwurzeln
rope [rəʊp] *Subst.* Seil, Tau, Kordel
rosewood ['rəʊzwʊd] *Subst.* Rosenholz
Rosier, Evan ['rəʊzɪə, ˌevən] *Name vgl.* ***rosier*** (*Steigerungsform von* ***rosy***) rötlicher; ***Evan*** *walisisch für John (Anhänger Lord Voldemorts, getötet von einem Auror)*
Rosmerta [rɒz'mɜːtə] *Name vgl.* ***Rose*** *weibl. Vorname (Kellnerin in Honeydukes, der Konditorei in Hogsmeade)*
rotten ['rɒtn] *Adj.* verdorben, faulig
rotter ['rɒtə] *Subst.* Schweinehund, Nichtsnutz
rotting ['rɒtɪŋ] *Adj.* faulend, verrottend

rough [rʌf] *Adj.* rau, roh

rounders bat ['raʊndəz bæt] *Subst.* Schlagball-Schläger

rouse [raʊz] *V/t.* aufrütteln, aufjagen

rove [rəʊv] *V/i.* umherstreichen, umherschweifen

row¹ [raʊ] *Subst.* Krach, laute Auseinandersetzung, Krawall

row² [raʊ] *V/i.* lautstark streiten, Krach haben

row³ [rəʊ] *Vt/i.* rudern

rowdy ['raʊdɪ] *Adj.* ungezogen, lautstark, flegelhaft

rowing boat ['rəʊɪŋ bəʊt] *Subst.* Ruderboot

rubber ['rʌbə] *Adj.* Gummi

rubber glove [ˌrʌbə 'glʌv] *Subst.* Gummihandschuh

rubbish ['rʌbɪʃ] *Subst.* Abfall, Müll; *übertr.* Unfug, Quatsch, Schrott

rubble ['rʌbl] *Subst.* Trümmer, Schutt

ruby ['ruːbɪ] *Subst.* Rubin; leuchtend roter Edelstein. Er steht für feurige Liebe, für Stolz und Leidenschaft und – in fürstliche Waffen eingearbeitet – für herrscherliche Würde. In der Beschreibung des himmlischen Jerusalem bestehen die Zinnen aus Rubinen. Die Unterscheidung zum dunkler roten Granat wird nicht immer deutlich; der alte Ausdruck Karfunkelstein meint beide Steine. Nach Volksglauben macht er seinen Träger unsichtbar. Er ist dem Tierkreiszeichen Löwe und dem Monat Juli zugeordnet und soll heilende Wirkung haben.

ruddy ['rʌdɪ] *Adj. brit. umgangsspr.* verdammt, verflixt; (*Gesichtsfarbe*) rötlich, gerötet

rude [ruːd] *Adj.* grob, unhöflich, unverschämt

rudeness ['ruːdnəs] *Subst.* Frechheit, Unhöflichkeit, Unverschämtheit

rudimentary [ˌruːdɪ'mentərɪ] *Adj.* rudimentär, anfänglich

rue [ruː] *V/t.* bereuen

rueful ['ruːfəl] *Adj.* reuevoll, zerknirscht

ruff [rʌf] *Subst.* Halskrause, Spitzenkragen

ruffle ['rʌfl] *V/t.* (*Wellen, Laub*) kräuseln; (*Haare*) zerzausen; ***ruffle s.o.'s feathers*** j-n aus der Fassung bringen, j-n aufregen

ruin ['ruːɪn] *Subst.* Ruine, zerstörter Rest

rule [ruːl] *Subst.* Regel, Vorschrift

ruler ['ruːlə] *Subst.* Herrscher, Regent

rumble ['rʌmbl] *V/i.* rumpeln, grollen

rummage ['rʌmɪdʒ] *V/i.* stöbern, räumen, wühlen, suchen

rumour ['ruːmə] *Subst.* Gerücht

rumpled ['rʌmpld] *Adj.* zerwühlt, zerknittert, zerzaust

run [rʌn] *Subst.* ***on the run*** auf der Flucht

rune [ruːn] *Subst.* Rune; alte Schriftzeichen der german. Stämme. Ähnlich wie im Chinesischen repräsentiert ein Zeichen nicht nur einen Buchstaben, sondern einen Begriff; Runen konnten wahrscheinlich nur von Eingeweihten – Priestern, Magiern – gelesen werden; allgemeinere Bedeutung: Zauberzeichen.

runner-bean [ˌrʌnə'biːn] *Subst.* BOT Stangenbohne

runty ['rʌntɪ] *Adj.* schwächlich, armselig, zwergenhaft; rüpelhaft, gemein
rush [rʌʃ] *Subst.* Andrang, Massenansturm; Ausbruch
rushing ['rʌʃɪŋ] *Subst.* Rauschen
rustle ['rʌsl] *V/i.* rascheln, rauschen
rusty ['rʌstɪ] *Adj.* rostig
ruthless ['ruːθləs] *Adj.* ruchlos, erbarmungslos
Ryan ['raɪən] *irischer Nachname aus gälisch* **Ó riain**, *Sohn des Rian, (Spieler der irischen Nationalmannschaft beim Quidditch World Cup)*

S

sabotage ['sæbətɑːʒ] *V/t.* sabotieren; hintertreiben, unterlaufen

sabre-toothed tiger [ˌseɪbətuːθt 'taɪgə] *Subst.* ZOOL Säbelzahntiger

sack [sæk] *V/t. umgangsspr. j-n* rausschmeißen, rauswerfen (lassen), entlassen; ***get sacked*** rausfliegen, an die Luft gesetzt werden, entlassen werden

sacrifice ['sækrɪfaɪs] *Subst.* Opfer

safe [seɪf] *Adj.* sicher, in Sicherheit

safety ['seɪftɪ] *Subst.* Sicherheit

sag [sæg] *V/i.* herabsacken; durchhängen, schlaff herunterhängen

sagely ['seɪdʒlɪ] *Adv.* weise

sake [seɪk] *Subst.* ***for the sake of*** um *j-s* willen; ***for heaven's sake*** um Himmels willen

salamander ['sæləmændə] *Subst.* ZOOL Salamander, *meist* Feuersalamander. Kleiner Schwanzlurch, beheimatet in mitteleurop. Gebirgsregionen; er ist schwarz und leuchtend gelb gefleckt und lebt der Sage nach im Feuer. Seine Verwandte, die Eidechse, ist wie er ein Symbol der Auferstehung, da sie einen Winterschlaf hält, währenddessen sie in Totenstarre verfällt. Es wird auch berichtet, dass sie mit zunehmendem Alter erblindet und durch den Anblick der Sonne wieder sehend wird. In verschiedenen Regionen glaubte man, dass die Seelen Verstorbener in Eidechsen wiederkehren.

salamander

salary ['sælərɪ] *Subst.* Gehalt

saliva [sə'laɪvə] *Subst.* Speichel, Geifer

sallow ['sæləʊ] *Adj.* fahl, bleich

salmon ['sæmən] *Subst.* KUL Lachs

salmon-pink [ˌsæmən'pɪŋk] *Adj.* lachsrosa
salver ['sælvə] *Subst.* Tablett, Servierbrett
sample ['sɑːmpl] *Subst.* Warenprobe, Gebrauchsmuster
sanctimonious [ˌsæŋktɪ'məʊnɪəs] *Adj.* salbungsvoll, scheinheilig
sanctuary ['sæŋktʃʊərɪ] *Subst.* Heiligtum; Zuflucht, Asyl
sane [seɪn] *Adj.* (*geistig*) gesund
sanity ['sænɪtɪ] *Subst.* gesunder Menschenverstand, Zurechnungsfähigkeit
sapphire ['sæfaɪə] *Subst.* Saphir
sarcastic [sɑː'kæstɪk] *Adj.* sarkastisch, bissig
sardonic [sɑː'dɒnɪk] *Adj.* sardonisch, zynisch
satisfaction [ˌsætɪs'fækʃən] *Subst.* Zufriedenheit, Befriedigung
satisfying ['sætɪsfaɪɪŋ] *Adj.* befriedigend, zufriedenstellend

Saturn ['sætən] *Subst.* Saturn. Zweitgrößter Planet des Sonnensystems nach Jupiter; charakteristisch ist der Ring, der ihn umgibt und der tatsächlich aus mehreren Ringen besteht. Außerdem hat er mehr als zwanzig Monde. Sein Name stammt von dem röm. Gott Saturn. Unter Saturns Herrschaft hätten, so glaubten die Römer, die Menschen ein Goldenes Zeitalter erlebt. Die Astrologie ordnet Saturn die Wesenskraft „Erfahrung" zu. Er ist der Planet der Zauberer und der Melancholie, alles Finstere, Kalte, langsam Fließende ist ihm zugeordnet, die dunklen Farben, schwarz und braun, der Mohn, alle kriechenden, einsamen, nächtlichen und traurigen Tiere (so sagt → ***Agrippa***), der Tiefsinn und das Streben nach Wissen, die Verschwiegenheit und die Einsamkeit.

saucer ['sɔːsə] *Subst.* Untertasse, Unterteller
saucy ['sɔːsɪ] *Adj.* frech, flott
sausage ['sɒsɪdʒ] *Subst.* KUL Würstchen
savage¹ ['sævɪdʒ] *Subst.* Wilde(r), Halbwilde(r), Barbar(in)
savage² ['sævɪdʒ] *Adj.* wild; brutal, grausam
savage³ ['sævɪdʒ] *V/t.* anfallen, böse zurichten, zerfleischen; *übertr.* scharf kritisieren
savour ['seɪvə] *V/t.* auskosten, genießen
savoury ['seɪvərɪ] *Adj.* wohlschmeckend, aromatisch, appetitlich
scabbard ['skæbəd] *Subst.* (Schwert-) Scheide
scabbed [skæbd] *Adj.* grindig, schorfig
Scabbers ['skæbəz] *Name vgl.* ***scab*** Schorf, Krätze, Räude (*Ron Weasleys alte Ratte*)
scabby ['skæbɪ] *Adj.* schorfig, grindig
scalding ['skɔːldɪŋ] *Adj.* brühheiß, siedend heiß
scaled [skeɪld] *Adj.* geschuppt
scale rot ['skeɪl rɒt] *Subst.* Schuppenfäule

scales [skeɪlz] *Subst. Pl.* (Apotheker)Waage mit zwei Schalen für kleine Gewichte. An der Verwendung solcher Werkzeuge wird die ursprüngliche Verwandtschaft von Zauberei und früher Naturwissenschaft sichtbar – die Zubereitung von Tränken beispielsweise erforderte eine genaue Dosierung der Ingredienzen, ebenso die Experimente der (Al)Chemie. Mit dem aufkommenden Rationalismus in der frühen Neuzeit wurden Kräutertränke und andere Praktiken, die auf überliefertes Wissen über Pflanzenheilkunde zurückgingen, als Zauberei verdammt und verfolgt (→ ***potion***).

scallywag ['skælɪwæg] *Subst. auch* ***scalawag*** Kümmerling, Schwächling; Lump, Taugenichts
scalp [skælp] *V/t.* skalpieren
scaly ['skeɪlɪ] *Adj.* geschuppt, schuppig
Scamander, Newt [skə'mændə, ˌnjuːt] *Name vgl.* ***scamander*** sich schlängeln, sich winden; ***newt*** Wassermolch (*Autor des Schulbuchs „Fantastic Beasts and Where to Find Them“*)
scamper ['skæmpə] *V/i.* (umher)tollen, (herum)springen
scan [skæn] *V/t.* genau *oder* kritisch prüfen; (*Text*) überfliegen, durchsehen
scandalised ['skændəlaɪzd] *Adj.* schockiert, empört
scar [skɑː] *Subst.* Narbe

scarab beetle ['skærəb ˌbiːtl] *Subst.* ZOOL Skarabäus. Käfer der Familie der Pillendreher, deren Nachkommen aus Kotkügelchen ausschlüpfen. Deshalb galt der mediterrane Skarabäus den alten Ägyptern als Urwesen und Verkörperung des Urgotts *Chepre* bzw. des Sonnengotts *Re* und wurde als heilig verehrt. Davon zeugen zahlreiche kostbare Siegel und Amulette mit dem Abbild eines Skarabäus.

scarce [skeəs] *Adj.* knapp, spärlich
scare [skeə] *V/t.* erschrecken, einen Schrecken einjagen; Angst machen; ***scare s.o. out of one's wits*** j-n zu Tode erschrecken, j-m eine Heidenangst einjagen
scarf [skɑːf], *Pl.* ***scarves*** [skɑːvz] *Subst.* Schal
scarhead ['skɑːhed] *Subst.* Narbenkopf, Narbengesicht
scarlet ['skɑːlɪt] *Adj.* scharlachrot, kardinalsrot
scarlet woman [ˌskɑːlɪt 'wʊmən] *Subst.* Vamp, Femme fatale
scarper ['skɑːpə] *V/i. umgangsspr.* die Flucht ergreifen, davonrennen
scarred [skɑːd] *Adj.* narbig, vernarbt
scary ['skeərɪ] *Adj.* schaurig, gruselig
scathing ['skeɪðɪŋ] *Adj.* (*Kritik, Kommentar*) ätzend, beißend, vernichtend
scatter ['skætə] *V/t.* zerstreuen, verstreuen, übersäen
scent [sent] *Subst.* Duft, Geruch
scepticism ['skeptɪsɪzm] *Subst.* Zweifel, Skepsis
scheme [skiːm] *Subst.* Plan, Projekt, Programm
scintillation [ˌsɪntɪ'leɪʃn] *Subst.* Funkensprühen, Schillern; *übertr.* Geistesblitz
scoff [skɒf] *V/i.* spotten, höhnen
scold [skəʊld] *Vt/i.* schelten; zanken
scoop[1] [skuːp] *Subst.* Schaufel, Schöpfkelle; *übertr.* Fang, Sensation

scoop² [skuːp] *V/t.* schaufeln, schöpfen; ***scoop up*** aufklauben, einsammeln, schöpfen; ***scoop in*** (*Gewinn*) einstecken

scoot off [skuːt 'ɒf] *V/i.* abzischen

scope [skəʊp] *Subst.* Reichweite; Betätigungsfeld

scops owl ['skɒps aʊl] *Subst.* ZOOL Ohreule

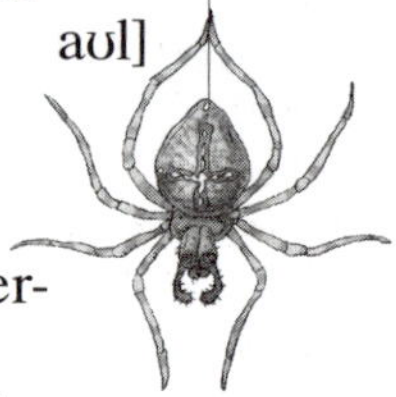

scorch¹ [skɔːtʃ] *Subst.* Brandfleck

scorch² [skɔːtʃ] *V/t.* versengen, anbrennen

score [skɔː] *Vt/i.* SPORT Punkt(e) erzielen; ***score a goal*** einen Treffer erzielen, ein Tor schießen

scorn [skɔːn] *V/t.* höhnen, schmähen, verachten

scornful ['skɔːnfəl] *Adj.* verächtlich

scour [skaʊə] *V/t.* scheuern, schrubben

scowl¹ [skaʊl] *Subst.* finsterer Blick, missmutige Miene

scowl² [skaʊl] *V/i.* finster *oder* böse blicken

scowling ['skaʊlɪŋ] *Adj.* missmutig, finster

scramble ['skræmbl] *V/i.* (*auf allen vieren*) klettern, krabbeln

scrambled egg [ˌskræmbld 'eg] *Subst.* KUL Rührei

scrap¹ [skræp] *Subst.* Brocken; Rest, Überbleibsel

scrap² [skræp] *V/t.* verschrotten, ausrangieren, über Bord werfen

scrape [skreɪp] *Vt/i.* (ab)kratzen, schaben; scharren

scratch¹ [skrætʃ] *Subst.* Kratzen; Kratzer; ***be*** *oder* ***come up to scratch*** den Erwartungen *oder* Anforderungen entsprechen; ***bring up to scratch*** in Form bringen, auf Vordermann bringen

scratch² [skrætʃ] *V/t.* kratzen, zerkratzen

scrawl [skrɔːl] *Subst.* Krakelei, Gekritzel, Gekrakel

scrawny ['skrɔːnɪ] *Adj.* hager, mager; dürr, knochig

scream [skriːm] *Vt/i.* schreien, kreischen

screech [skriːtʃ] *Vt/i.* kreischen, quietschen

screech owl ['skriːtʃ aʊl] *Subst.* ZOOL Zwergohreule, Schleiereule

screechy ['skriːtʃɪ] *Adj.* kreischend, gellend

screen¹ [skriːn] *Subst.* (Bild)Schirm

screen² [skriːn] *V/t.* verdecken, (ab-)schirmen; *übertr.* beschirmen, beschützen

screw up [skruː 'ʌp] *V/t.* (*Schraube*) anziehen; (*Gesicht*) verzerren; (*Prüfung*) vermasseln

scribble¹ ['skrɪbl] *Subst.* Gekritzel

scribble² ['skrɪbl] *Vt/i.* hinkritzeln; kritzeln

scroll [skrəʊl] *Subst.* Schriftrolle, Pergamentrolle

scrounger ['skraʊndʒə] *Subst.* Schnorrer, Dieb

scrub [skrʌb] *V/t.* scheuern, schrubben

scrubby ['skrʌbɪ] *Adj.* kümmerlich, schäbig

scruff [skrʌf] ***by the scruff of the neck*** am Genick

scruffy ['skrʌfɪ] *Subst.* Schlamper, Gammler

scrutinize ['skruːtɪnaɪz] *V/t.* prüfend beobachten, genau untersuchen

scuffle¹ ['skʌfl] *Subst.* Handgemenge, Balgerei, Rauferei; Schlurfen, Scharren

scuffle[2] ['skʌfl] *V/i.* sich balgen; schlurfen, scharren
scum [skʌm] *Subst. umgangsspr.* Abschaum
scumbag ['skʌmbæg] *Subst. Schimpfwort*: Schwein, Schleimscheißer
scummy ['skʌmɪ] *Adj.* gemein, fies
scurry ['skʌrɪ] *V/i.* eilig trippeln, huschen, hasten
scurvy ['skɜːvɪ] *Adj.* hundsgemein
scuttle ['skʌtl] *V/i.* huschen
sea [siː] *Subst. die* See, Meer; ***be all at sea*** völlig ratlos sein
seal [siːl] *Subst.* Siegel; ***set the seal*** besiegeln
seamless ['siːmləs] *Adj.* nahtlos, reibungslos
sea-monster ['siːˌmɒnstə] *Subst.* Seeungeheuer, Meeresungeheuer
sear [sɪə] *Vt/i.* ausbrennen; (*Wunde, Narbe*) brennen, schmerzen
sea-sickness ['siːˌsɪknɪs] *Subst.* Seekrankheit
seaweed ['siːwiːd] *Subst.* Seegras, Tang, Algen
second ['sekənd] *Subst.* Sekundant (*im Duell*)
second-in-command [ˌsekəndɪnkə'mɑːnd] *Subst.* stellvertretender Befehlshaber
secrecy ['siːkrəsɪ] *Subst.* Geheimhaltung
secretion [sɪ'kriːʃn] *Subst.* Absonderung, Sekret
secretive ['siːkrɪtɪv] *Adj.* verschlossen, geheimniskrämerisch, geheim
secret-keeper ['siːkrətˌkiːpə] *Subst.* Geheimniswahrer
seed [siːd] *Subst.* ***gone to seed*** heruntergekommen, verwahrlost; aus den Fugen geraten
seedling ['siːdlɪŋ] *Subst.* Sämling, Setzling
seek [siːk] *V/t.* suchen
seep [siːp] *V/i.* sickern; ***seep through*** durchsickern, durchdringen
seethe [siːð] *V/i.* sieden, kochen, brodeln
seize [siːz] *V/t.* packen, ergreifen, fassen
seizure ['siːʒə] *Subst.* MED Anfall; Beschlagnahme
select [sɪ'lekt] *V/t.* auswählen, aussuchen
selfconscious [ˌself'kɒnʃəs] *Adj.* befangen, gehemmt
self-control [ˌselfkən'trəʊl] *Subst.* Selbstbeherrschung
self-disgust [ˌselfdɪs'gʌst] *Subst.* Selbstverachtung
self-shuffling ['selfˌʃʌflɪŋ] *Adj.* selbst mischend
self-stirring ['selfˌstɜːrɪŋ] *Adj.* selbst umrührend
semi-transparent [ˌsemɪtræn'spærənt] *Adj.* halb transparent, durchscheinend
sensation [sen'seɪʃn] *Subst.* Gefühl, Empfindung, Sinneswahrnehmung
sense[1] [sens] *Subst.* Sinn; *übertr.* Verstand, Vernunft
sense[2] [sens] *V/t.* spüren, verspüren, empfinden
sensible ['sensɪbl] *Adj.* vernünftig
sensitive ['sensɪtɪv] *Adj.* sensibel, feinfühlig, empfindsam
sentiment ['sentɪmənt] *Subst.* Empfindung, Gefühl, Sentiment
sentry ['sentrɪ] *Subst.* Wachposten
seperate ['sepəreɪt] *V/t.* trennen, fernhalten
seperation [ˌsepə'reɪʃn] *Subst.* Trennung
sequined ['siːkwɪnd] *Adj.* mit Ziermünzen bestückt
serene [sɪ'riːn] *Adj.* gelassen, heiter

Serpensortia! [ˌsɜːpən'sɔːʃɪə] *Zauber vgl. lat.* ***serpens*** (Gift-) Schlange; *frz.* ***sortir*** herauskommen

serpent ['sɜːpənt] *Subst.* ZOOL Schlange; auch *snake* (german. Ursprungs, während *serpent* eine roman. Wurzel hat). Im Mythos wird nicht präzise zwischen Schlange und Drachen (→ ***dragon***) unterschieden, die Symbolbedeutung beider überschneidet sich. Im christlichen Kontext hat die Schlange meist eine negative Symbolbedeutung als Verkörperung des Teufels und Verführerin zum Bösen (im biblischen Sündenfall); giftig und Verderben bringend, symbolisiert sie auch den Tod. In fast allen Schöpfungsmythen spielt die Schlange (oder der Drache) als Verkörperung des ursprünglichen Chaos eine Rolle. Die Vorstellung einer Schlange, die sich selbst in den Schwanz beißt, ist ein uraltes Symbol, das in der christlichen Emblematik als Zeichen der Ewigkeit oder Unsterblichkeit aufgegriffen wurde und auch in die Alchemie (→ ***alchemy***) Eingang fand. Vorchristlichen Religionen – westlichen wie orientalischen – galt die Schlange oft als heilig und Heil bringend, daran erinnert noch die Äskulap-Natter (nach dem griech. Gott der Heilkunst) im Zeichen der Apotheker. Als gefiederte Schlange erscheint der mexikanische Gott Quetzacloatl.

servant ['sɜːvənt] *Subst.* Bedienstete(r), Diener

settlement ['setlmənt] *Subst.* Ansiedlung

sever ['sevə] *V/t.* abtrennen; durchtrennen

severe [sɪ'vɪə] *Adj.* ernsthaft, ernst zu nehmend

Severing Charm ['sevərɪŋ tʃɑːm] *Zauber vgl.* ***sever*** abtrennen, durchtrennen

sew ['sjuː] *Vt/i.* nähen

sewer ['sjuːə] *Subst.* Abwasserkanal, Abwasserleitung

sewn [səʊn] *Part. Perf.* → ***sew***

shabby ['ʃæbɪ] *Adj.* schäbig, abgenutzt

shack [ʃæk] *Subst.* Hütte, Schuppen, Baracke

shadow ['ʃædəʊ] *Subst.* Schatten

shaggy ['ʃægɪ] *Adj.* zottig, struppig

shakes [ʃeɪks] *Subst.* ***be no great shakes at*** *umgangsspr.* nicht gerade eine Leuchte sein in

shaky ['ʃeɪkɪ] *Adj.* wackelig

shallow¹ ['ʃæləʊ] *Subst.* Untiefe, seichte Stelle

shallow² ['ʃæləʊ] *Adj.* flach, seicht; *übertr.* oberflächlich

shallow-bottomed [ˌʃæləʊ'bɒtəmd] *Adj.* dünnwandig

shame [ʃeɪm] *Subst.* Scham, Schande

shamrock ['ʃæmrɒk] *Subst.* BOT Klee; Kleeblatt (*Wahrzeichen Irlands*)

shape-shifter ['ʃeɪpˌʃɪftə] *Subst.* Gestaltwechsler

shard [ʃɑːd] *Subst.* Scherbe

shark [ʃɑːk] *Subst.* ZOOL Hai

sharp [ʃɑːp] *Adj.* scharf, schneidend, beißend

sharpish ['ʃɑːpɪʃ] *Adj. umgangsspr.* fix, schnell

shatter ['ʃætə] *Vt/i.* erschüttern, zerschlagen; zerspringen; bersten

shave [ʃeɪv] *Subst.* Rasur; ***have a close shave*** *umgangsspr.* um ein Haar davonkommen

sheaf [ʃiːv] *Subst.* Bündel

shears [ʃɪəz] *Subst. Pl.* (Garten)Schere

shed[1] [ʃed] *Subst.* Schuppen, Hütte

shed[2] [ʃed] *V/t.* abstreifen, abwerfen

sheet [ʃiːt] *Subst.* Bettlaken, Blatt Papier; ***the rain came down in sheets*** es regnete in Strömen

shell[1] [ʃel] *Subst.* (Muschel)Schale, Panzer, Gehäuse

shell[2] [ʃel] *V/t.* (ab)schälen, enthülsen

shellfish ['ʃelˌfɪʃ] *Subst.* ZOOL Schalentier

shellshocked ['ʃelʃɒkt] *Adj. umgangsspr.* neurotisch, konfus; *vgl.* ***shellshock*** *eigentl.* Kriegsneurose

shelter ['ʃeltə] *Vt/i.* Zuflucht suchen, sich unterstellen; Zuflucht gewähren, beschützen

shelve [ʃelv] *V/t.* (*Bücher*) in ein Regal stellen; (*Problem*) auf die lange Bank schieben; (*Stolz*, *Unmut etc.*) beiseite lassen

shepherd ['ʃepəd] *Subst.* Schäfer, Schafhirte

sherbet ['ʃɜːbət] *Subst.* Brause

sherbet lemon [ˌʃɜːbət 'lemən] *Subst.* KUL Zitronenbrause(bonbon)

shield[1] [ʃiːld] *Subst.* Schutzschild, Wappenschild

shield[2] [ʃiːld] *V/t.* beschirmen

Shield Charm ['ʃiːld tʃɑːm] *Zauber vgl.* ***shield*** Schutzschild, Wappenschild; ***charm*** Bann, Beschwörung

shift [ʃɪft] *Vt/i.* (sich) verlagern, wegräumen, (hin und her) rutschen

shifty ['ʃɪftɪ] *Adj.* zwielichtig, mehrdeutig, verschlagen, falsch

shin [ʃɪn] *Subst.* Schienbein

shirty ['ʃɜːtɪ] *Adj.* ***get shirty with s.o.*** j-n anschnauzen

shiver ['ʃɪvə] *V/i.* frösteln, schauern

shoo [ʃuː] *V/t.* scheuchen

shooting star [ˌʃuːtɪŋ 'stɑː] *Subst.* ASTR Sternschnuppe; *übertr. j-d, der über Nacht berühmt geworden ist* (*älteres Besen-Modell*)

short-listed contender ['ʃɔːtˌlɪstɪd kən'tendə] *Subst.* vorausgewählter Bewerber

short-term [ˌʃɔːt'tɜːm] *Adj.* kurzfristig

shot[1] [ʃɒt] *Subst.* Schuss; SPORT Versuch; *US umgangsspr.* Chance

shot[2] [ʃɒt] *Adj.* ***get shot of*** loswerden

shot-putter ['ʃɒtˌpʊtə] *Subst.* Kugelstoßer

shout [ʃaʊt] *Vt/i.* (laut) rufen, schreien

shove [ʃʌv] *Vt/i.* stoßen, schieben

shovel ['ʃʌvl] *Vt/i.* schaufeln

shove off [ʃʌv 'ɒf] *V/i.* (*Boot*) ablegen; *umgangsspr.* abschieben, abhauen

show dog ['ʃəʊ dɒg] *Subst. Hund, der auf einer Hundeschau gezeigt wird*

shower ['ʃaʊə] *V/i.* duschen, brausen

show-off ['ʃəʊɒf] *Subst.* Angeber

shred[1] [ʃred] *Subst.* Fetzen, Fitzelchen

shred[2] [ʃred] *V/t.* zerpflücken, zerfetzen

shrewd [ʃruːd] *Adj.* gerissen, scharfsinnig

shriek[1] [ʃriːk] *Subst.* schriller Schrei, Kreischen, Quietschen

shriek[2] [ʃriːk] *Vt/i.* schrill schreien, kreischen

shrill [ʃrɪl] *Adj.* schrill, scharf, heftig

shrink [ʃrɪŋk] *V/i.* schrumpfen, schrumpeln

shrivelfig ['ʃrɪvlfɪg] *Subst.* BOT Schrumpffeige

shrivelled ['ʃrɪvld] *Adj.* verschrumpelt, schrumpelig; verwelkt

shrivel up [ˌʃrɪvl 'ʌp] *V/i.* kräuseln, runzlig werden, zusammenschrumpfen

shroud [ʃraʊd] *V/t.* einhüllen, verschleiern

shrub [ʃrʌb] *Subst.* BOT Strauch, Busch

shrug [ʃrʌg] *V/i.* die Schultern zucken

> **shrunken head** [ˌʃrʌŋkən'hed] *Subst.* Schrumpfkopf. Kopftrophäe eines Indiostammes der Ost-Anden. Das Haupt eines Blutracheopfers wurde vom Schädelknochen befreit, ausgenommen und mit speziellen Kräutern gekocht und geräuchert; dabei modellierte man die Gesichtszüge wieder nach. Schrumpfköpfe dienten bei Heilungszeremonien und zur Mehrung des Ansehens. Bis in die 1950er Jahre waren diese Praktiken üblich, heute werden dazu Faultierköpfe verwendet.

shudder[1] ['ʃʌdə] *Subst.* Schauder, Zittern

shudder[2] ['ʃʌdə] *V/i.* erschauern, schaudern; zittern; stottern

shuffle ['ʃʌfl] *Vt/i.* schlurfen; (*Spielkarten*) mischen

shun [ʃʌn] *V/t.* meiden, ausgrenzen

Shunpike, Stan ['ʃʌnpaɪk, ˌstæn] *Name vgl.* ***shun*** vermeiden, ausweichen; ***pike*** Maut, Straßennutzungsgebühr; ***Stan*** *Kurzform von Stanley* (*Schaffner im Knight Bus*)

shunt [ʃʌnt] *V/t.* beiseite schieben, beiseite drängen

sick [sɪk] *Adj.* krank; ***I'm sick*** mir ist übel *oder* schlecht

Sickle ['sɪkl] *Neubildung vgl.* ***sickle*** Sichel (*Silbermünze, mittlere Einheit der Zaubererwährung →* ***Gringotts***)

sick leave ['sɪk liːv] *Subst.* Fehlen wegen Krankheit; ***be on sick leave*** krankgeschrieben sein

sidekick ['saɪdˌkɪk] *Subst. US* Kumpan, Handlanger

sidle ['saɪdl] *V/i.* (sich) schleichen; ***sidle away*** sich davonschleichen, sich verdrücken

sight [saɪt] *Subst.* Sicht, Anblick; Sehvermögen; ***have the Sight*** *übertr.* das zweite Gesicht haben

sign [saɪn] *V/t.* unterschreiben, unterzeichnen

signature ['sɪgnətʃə] *Subst.* Unterschrift

silence ['saɪləns] *Subst.* Schweigen, Stille

silhouette [ˌsɪlʊ'et] *Subst.* Silhouette, Umriss

silk [sɪlk] *Subst.* Seide

silky ['silkɪ] *Adj.* seidig; glatt

silly ['sɪlɪ] *Adj.* dumm, albern

silt [sɪlt] *Subst.* Treibsand, Schlamm, Schlick

simper ['sɪmpə] *V/i* einfältig *oder* albern lächeln

sin [sɪn] *Subst.* Sünde

sinew ['sɪnjuː] *Subst.* Sehne

sinewy ['sɪnjuːɪ] *Adj.* sehnig, zäh

singe [sɪndʒ] *V/t.* versengen, ansengen

single out [ˌsɪŋgl 'aʊt] *V/t. j-n* herausgreifen, aussondern

sinister ['sɪnɪstə] *Adj.* finster, unheimlich; drohend, unheilvoll
Sinistra, Prof. ['sɪnɪstrə, prəˌfesə] *Name vgl. lat.* ***sinister*** links; ungünstig, unheimlich, unheilvoll (*Professorin für Astronomie in Hogwarts*)
sink [sɪŋk] *Subst.* Spülbecken, Waschbecken
sip [sɪp] *Vt/i.* nippen, einen Schluck nehmen
siphon ['saɪfən] *V/t.* absaugen, entleeren
Sirius Black [ˌsɪrɪəs 'blæk] *Name* → ***Black, Sirius***
Sir Nicolas de Mimsy-Porpington [sə 'nɪkləs də ˌmɪmsɪ'pɔːpɪŋtən] *Name* → ***Nearly Headless Nick***
site [saɪt] *Subst.* Sehenswürdigkeit
sizable ['saɪzəbl] *Adj.* ziemlich groß, ansehnlich, beträchtlich
sizzle ['sɪzl] *V/i.* zischen, brutzeln
skate [skeɪt] *V/i.* gleiten, schlittern
Skeeter, Rita ['skiːtə, ˌriːtə] *Name vgl.* ***skeet shooting*** Tontaubenschießen; ***Rita*** *weibl. Vorname* (*sensationslüsterne Journalistin, pflegt mit Fakten großzügig umzugehen*)
Skele-Gro ['skelɪgrəʊ] *Neubildung vgl.* ***skeleton*** Skelett, Knochen; ***grow*** wachsen
skeleton ['skelɪtən] *Subst.* Skelett, Knochen, (Toten)Gerippe
skid [skɪd] *V/i.* schlittern, schleudern, rutschen
skill [skɪl] *Subst.* Fertigkeit, Geschick
skim [skɪm] *Vt/i.* streifen, (darüber-) gleiten; ***skim through*** (*Buch*) überfliegen, durchblättern
skin[1] [skɪn] *Subst.* Haut; (*von Tieren*) Fell, Pelz
skin[2] [skɪn] *V/t.* häuten, enthäuten, abschälen; ***keep one's eyes skinned*** die Augen offenhalten
skinny ['skɪnɪ] *Adj.* mager, drahtig
skip [skɪp] *Vt/i.* hüpfen, in die Luft springen; *übertr.* überspringen, auslassen
skipping game ['skɪpɪŋ geɪm] *Subst.* Hüpfspiel, Seilhüpfen
skirt[1] [skɜːt] *Subst.* Rock
skirt[2] [skɜːt] *V/i.* entlangschleichen
skitter ['skɪtə] *V/i.* huschen
skive [skaɪv] *V/t.* schaben, spalten; *umgangsspr.* sich drücken

> **Mrs. Skower's** ['skaʊəz] **All-Purpose Magical Mess Remover** *vgl.* ***scour*** scheuern, schrubben, polieren; ***all-purpose*** Allzweck...; ***magical*** zauberhaft; ***mess*** Durcheinander, Unordnung; ***remove*** entfernen.

skrewt [skruːt] *Neubildung* → ***Blast-Ended Skrewts***
skulk [skʌlk] *V/i.* schleichen, sich herumdrücken, sich verstecken
skull [skʌl] *Subst.* Schädel, Totenkopf
slab [slæb] *Subst.* dicke Scheibe, großes Stück, Tafel (*Schokolade*)
slack[1] [slæk] *Subst.* ***take up the slack*** den Faden aufnehmen, die Sache am Laufen halten
slack[2] [slæk] *Adj.* schlaff, träge
slam [slæm] *Vt/i.* knallen, zuknallen, schlagen, (auf)schlagen, schmettern
slanting ['slɑːntɪŋ] *Adj.* schräg stehend
slap [slæp] *V/t.* (ins Gesicht) schlagen, ohrfeigen
slash[1] [slæʃ] *Subst.* Riss, Schnitt
slash[2] [slæʃ] *V/t.* kratzen, krallen; zerfetzen, aufschlitzen
slaughter ['slɔːtə] *V/t.* schlachten; niedermetzeln

slave [sleɪv] *Subst.* Sklave, Sklavin
slave-labour [ˌsleɪvˈleɪbə] *Subst.* Sklaverei, Sklavenarbeit
slavery [ˈsleɪvərɪ] *Subst.* Sklaverei, Sklavenhaltung
slay [sleɪ] *V/t.* erschlagen, schlachten, ermorden
sled [sled] *Subst.* Schlitten
Sleekeazy's Hair Potion [sliːˌkiːzɪz ˈheə ˌpəʊʃn] *Name vgl.* ***sleek*** glatt; ***easy*** einfach; ***hair potion*** Haarwasser
sleet [sliːt] *Subst.* Graupelschauer, Schneeregen
sleeve [sliːv] *Subst.* Ärmel
slender [ˈslendə] *Adj.* schlank, schmal
slice [slaɪs] *Subst. von Brot etc.*: Scheibe, Schnitte
slide [slaɪd] *V/i.* gleiten, rutschen
slide-rule [ˈslaɪdruːl] *Subst.* Rechenschieber
sliding panel [ˈslaɪdɪŋ ˌpænl] *Subst.* verschiebbare Wandtäfelung, Schiebewand
slight [slaɪt] *Adj.* unbedeutend, gering, leicht
slimy [ˈslaɪmɪ] *Adj.* schleimig, glitschig
slink [slɪŋk] *V/i.* schleichen
slip¹ [slɪp] *Subst.* Ausrutschen; *übertr.* Missgeschick, Panne, Schnitzer; ***give s.o. the slip*** j-m entwischen, j-m entkommen
slip² [slɪp] *V/i.* gleiten, rutschen
slippers [ˈslɪpəz] *Subst. Pl.* Pantoffeln, Hausschuhe
slippery [ˈslɪpərɪ] *Adj.* schlüpfrig; *übertr.* aalglatt, gerissen
slipstream [ˈslɪpstriːm] *Subst.* Fahrtwind, Sog; Windschatten
slit [slɪt] *Subst.* Schlitz
slither [ˈslɪðə] *V/i.* gleiten, rutschen, schlittern
sliver [ˈslɪvə] *Subst. von Glas*: Splitter; *von Holz*: Span
slobber [ˈslɒbə] *V/i.* schlabbern, sabbern, lecken
slog [slɒg] *Subst.* mühseliger Weg, Schinderei
slop [slɒp] *Vt/i.* verschütten; hinklatschen, platschen
slope¹ [sləʊp] *Subst.* Böschung, Abhang; Hang, Anhöhe
slope² [sləʊp] *Vt/i.* abfallen, sich neigen; ***slope away*** *übertr.* abziehen
sloping [ˈsləʊpɪŋ] *Adj.* schräg, geneigt, abfallend
slosh [slɒʃ] *Vt/i.* herumpanschen; bespritzen
sloth [sləʊθ] *Subst.* ZOOL Faultier
slouch [slaʊtʃ] *V/i.* krumm *oder* mit hängenden Schultern gehen, latschen, schlurfen
slow¹ [sləʊ] *Adj.* langsam; ***slow-acting*** langsam wirkend; ***slow-motion*** Zeitlupe
slow² [sləʊ] *V/t.* ***slow down*** verlangsamen, die Geschwindigkeit verringern
sludge [slʌdʒ] *Subst.* Schlamm, Matsch, Modder
slug [slʌg] *Subst.* ZOOL (Nackt-)Schnecke
sluggish [ˈslʌgɪʃ] *Adj.* träge, schwerfällig; zähflüssig
slug pellet [ˈslʌg ˌpelɪt] *Subst.* Blei- *oder* Schrotkugel, Bolzen
slump [slʌmp] *V/i.* fallen, sinken; plumpsen, sacken
slumped [slʌmpt] *Adj.* hingesunken, zusammengesackt
slurp [slɜːp] *Vt/i.* schlürfen
slushy [ˈslʌʃɪ] *Adj.* matschig, schlammig
sly [slaɪ] *Adj.* schlau, listig

Slytherin ['slɪðərɪn] *Name*; *vgl.* ***slither*** gleiten, rutschen: die Fortbewegungsart der Schlange; ***sly*** hinterlistig – eines der Häuser von Hogwarts, in dem Schüler ihren Ort finden, deren Antriebskräfte Ehrgeiz, Durchsetzungsvermögen und Macht sind; **Slytherin, Salazar**: orientalischer Vorname; ein diktatorischer portugiesischer Ministerpräsident in der ersten Hälfte des 20. Jh.s hieß mit Nachnamen Salazar – einer der Begründer von Hogwarts und Stifter des gleichnamigen Hauses, besaß die seltene Gabe, mit Schlangen sprechen zu können (→ ***Parseltongue***).

smack[1] [smæk] *Subst.* Klatsch, Platsch

smack[2] [smæk] *V/i.* schmecken, riechen

smack[3] [smæk] *V/t.* schmatzend genießen; ***smack one's lips*** sich die Lippen lecken

smaragd ['smærægd] *Subst.* Smaragd; tiefgrün funkelnder Edelstein, der röm. Liebesgöttin Venus heilig; repräsentiert nach der Vorstellung der Antike die kühle Natur. In der christlichen Ikonographie bedeutet er Jungfräulichkeit, Hoffnung und – als smaragdgrüner Regenbogen der Apokalypse – göttliche Gnade.

smarmy ['smɑːmɪ] *Adj. brit. umgangsspr.* schmierig, kriecherisch

smart[1] [smɑːt] *Adj.* klug, gescheit; schick, elegant

smart[2] [smɑːt] *V/i.* ***smart about*** *oder* ***under*** *seelisch* leiden unter, grollen wegen

smarten ['smɑːtn] *V/i.* ***smarten up*** sich schön machen, schick machen, etwas „Anständiges" anziehen

smash [smæʃ] *V/t.* schmettern; zertrümmen, einschlagen

smatter ['smætə] *V/t.* übersäen, pudern; ***smattered with silver*** mit Silber überzogen

smelly ['smelɪ] *Adj.* übel riechend, stinkend

Smeltings ['smeltɪŋz] *Name vgl.* ***smelt*** (Erz) schmelzen (*weiterführende Schule, die Dudley Dursley besucht*)

Smethley, Veronica ['smeðlɪ, vəˌrɒnɪkə] *Name*; vielleicht Anklang an ***smelt*** (dahin)schmelzen; **Veronica**: lat. Form des mittlerweile altmodischen *Berenice*, vermengt mit kirchenlat. *vera icon* (wahres Bild), was sich auf die Kalvarien-Legende bezieht: danach ist auf einem Schweißtuch das wahre Abbild vom Gesicht Christi erhalten – Verehrerin von Gilderoy Lockhart.

smirk [smɜːk] *V/i.* blöd grinsen, affektiert lächeln

smite [smaɪt] *V/t. übertr.* packen, ergreifen

smithereens [ˌsmɪðə'riːnz] *Subst. Pl.* ***smash into smithereens*** in tausend Stücke schlagen

smitten ['smɪtn] *Part. Perf.* ***Infinitiv*** → ***smite***

smooth[1] [smuːð] *Adj.* glatt

smooth[2] [smuːð] *V/t.* glätten, glatt streifen

smother ['smʌðə] *V/t.* ersticken, unterdrücken

smoulder ['sməʊldə] *V/i.* glimmen, schwelen, glühen
smudge [smʌdʒ] *Subst.* (Tinten-) Fleck, Klecks
smug [smʌg] *Adj.* selbstgefällig, blasiert; *altertüml.* geschniegelt
smuggle ['smʌgl] *V/t.* schmuggeln
smugness ['smʌgnəs] *Subst.* Blasiertheit, Selbstgefälligkeit
snag [snæg] *V/i.* sich verhaken, hängen bleiben
snail[1] [sneɪl] *Subst.* Schnecke
snail[2] [sneɪl] *V/i.* ***snail by*** (*Zeit*) dahinkriechen
snap [snæp] *V/t.* schnappen; knacken, entzweibrechen

Snape, Prof. Severus ['sneɪp, prəˌfesə sɪˌvɪərəs] *Name*; *vgl.* ***snap*** Schnappen, Biss, Reißen; ***snake*** Schlange; *lat.* ***Severus*** der Ernste (*vgl. auch* ***severe*** ernstzunehmend, ernsthaft) – Professor für Zaubertränke und Vorstand des Hauses Slytherin in Hogwarts.

snarl[1] [snɑːl] *Vt/i.* durcheinander bringen, verknoten, verheddern
snarl[2] [snɑːl] *Vt/i.* (wütend) knurren, Zähne fletschen
snatch[1] [snætʃ] *Subst.* Brocken, Bruchstück; ***snatches of conversation*** Gesprächsfetzen
snatch[2] [snætʃ] *V/t.* erhaschen, schnappen, fangen
sneak [sniːk] *Vt/i.* (herum)schleichen; ***sneak off*** sich davonschleichen; ***sneak a look at*** heimlich einen Blick werfen auf
sneakoscope ['sniːkəskəʊp] *Subst. vgl.* ***sneak*** (herum)schleichen; ***...scope*** *griech.* ...betrachter
sneaky ['sniːkɪ] *Adj.* raffiniert, hinterlistig
sneer [snɪə] *V/i.* höhnisch grinsen, feixen
sneeze [sniːz] *V/i.* niesen
snide [snaɪd] *Adj.* abfällig, höhnisch
sniff [snɪf] *Subst.* Schniefen; Naserümpfen
sniffy ['snɪfɪ] *Adj.* naserümpfend, hochmütig; verschnupft, eingeschnappt
snigger ['snɪgə] *V/i. auch* ***snicker*** kichern

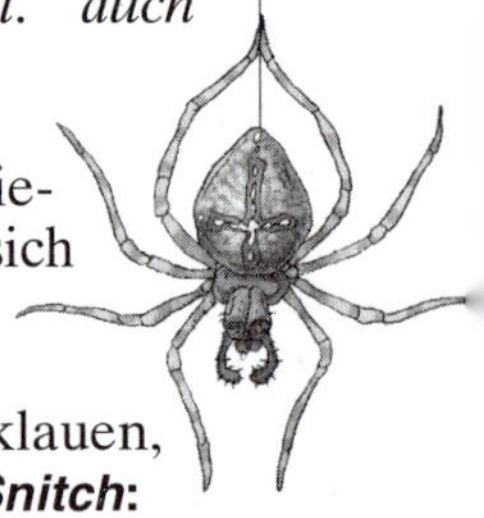

snipe [snaɪp] *V/i.* aus dem Hinterhalt schießen; sich angiften, sich anschießen
Snitch [snɪtʃ] *Neubildung vgl.* ***snitch*** klauen, stibitzen (***Golden Snitch***: *selbstständig agierender, kleiner goldener Ball im Quidditch-Spiel, der gefangen werden muss*); → ***Quidditch***
snobbish ['snɒbɪʃ] *Adj.* eingebildet, hochmütig
snooze [snuːz] *V/i.* dösen, ein Nickerchen machen
snore[1] [snɔː] *Subst.* Schnarcher, Schnauben
snore[2] [snɔː] *V/i.* schnarchen
snort [snɔːt] *V/i.* (*wütend, verächtlich*) schnauben; prusten
snout [snaʊt] *Subst.* ZOOL Schnauze, *von Schwein, Insekt*: Rüssel
snow-capped ['snəʊkæpt] *Adj.* schneebedeckt
snowy owl ['snəʊɪ aʊl] *Subst.* ZOOL Schneeeule
snuff [snʌf] *Vt/i.* schnüffeln, schnuppern; schnupfen; ***snuff it*** *umgangsspr.* abkratzen, den Löffel reichen

snuff-box ['snʌfbɒks] *Subst.* Schnupftabaksdose

Snuffles ['snʌflz] *Name vgl.* ***snuffle*** schnüffeln, schnuppern (*Name des Hundes, dessen Gestalt Sirius Black zeitweise angenommen hat und der sich in der Nähe von Hogsmeade herumtreibt*)

snug [snʌg] *Adj.* behaglich, gemütlich, wohlgeborgen

soak [səʊk] *Vt/i.* durchweichen

soar [sɔː] *V/i.* sich erheben, in die Lüfte steigen; segeln, schweben, fliegen

sob[1] [sɒb] *Subst.* Schluchzer

sob[2] [sɒb] *V/i.* schluchzen

sober ['səʊbə] *Adj.* nüchtern, sachlich

social ['səʊʃl] *Adj.* sozial, gesellschaftlich

socialize ['səʊʃlaɪz] *V/i.* gesellschaftlich zusammenkommen, Kontakt pflegen

socket ['sɒkɪt] *Subst.* Augenhöhle

sodden ['sɒdn] *Adj.* durchweicht, durchnässt, getränkt

soggy ['sɒgɪ] *Adj.* triefend; (*Boden*) aufgeweicht, durchweicht

solace ['sɒlɪs] *Subst.* Trost

sole [səʊl] *Subst.* Sohle

solemn ['sɒləm] *Adj.* feierlich

solid ['sɒlɪd] *Adj.* massiv, fest

solitary ['sɒlɪtərɪ] *Adj.* einsam, abgeschieden

solution [sə'luːʃn] *Subst. von Problem*: Lösung; (*Flüssigkeit*) Lösung, Tinktur

sombre ['sɒmbə] *Adj.* düster, trübe; melancholisch

somersault[1] ['sʌməsɔːlt] *Subst.* Purzelbaum, Salto

somersault[2] ['sʌməsɔːlt] *V/i.* einen Salto machen, einen Purzelbaum machen

sonnet ['sɒnɪt] *Subst. poet.* Sonett

sonny ['sʌnɪ] *Subst. Anrede*: Kleiner, mein Junge

soot [sʊt] *Subst.* Ruß

soothe [suːð] *V/t.* beruhigen, lindern

soothing ['suːðɪŋ] *Adj.* beschwichtigend, beruhigend; lindernd

sop [sɒp] *V/t.* durchnässen, überschwemmen; ***sopping wet*** triefnass

Sorc. *Abk. für* ***sorcerer*** Hexenmeister, Zauberer

sorcerer ['sɔːsərə] *Subst.* Hexenmeister, Zauberer

sorceress ['sɔːsərɪs] *Subst.* Zauberin, Hexe

> **sorcery** ['sɔːsərɪ] *Subst.* Zauberei; **sorcerer** Zauberer, Hexenmeister; abgeleitet von *lat.* **sors** Los, also Loszieher oder Orakelleser. Das Wort *sorcery* hat im Unterschied zu → ***wizardry*** einen tendenziell negativen Beigeschmack; *sorcerer* sind nur ihren eigenen, egoistischen Zielen verpflichtet, sie agieren aus Gewinnstreben oder sogar Bosheit, sind deshalb aber nicht zwangsläufig Schwarzmagier (→ ***Dark Arts***).

sore [sɔː] *Adj.* wund, entzündet, schmerzhaft; *übertr.* schmerzlich

sort [sɔːt] *V/t.* sortieren, einteilen

sorting hat ['sɔːtɪŋ ˌhæt] *Neubildung vgl.* ***sort*** einteilen (*sprechender Hut in →* ***Hogwarts****, der die Schüler den einzelnen Häusern zuteilt*)

sought [sɔːt] *Prät.* → ***seek***

sound [saʊnd] *Adj.* gesund, robust, in gutem Zustand

source [sɔːs] *Subst.* Quelle

space [speɪs] *V/t.* verteilen, (*räumlich*) anordnen
spade [speɪd] *Subst.* Spaten, Schippe
spangled ['spæŋgəld] *Adj.* flitterbesetzt; ***star-spangled*** sternenübersät; ***the Star-Spangled Banner*** das Sternenbanner (*US-Nationalflagge und -hymne*)
spare [speə] *Adj.* überzählig, überflüssig; ***spare key*** Reserveschlüssel
spark¹ [spɑːk] *Subst.* Funke
spark² [spɑːk] *V/i.* Funken sprühen, funkeln
sparkly ['spɑːklɪ] *Adj.* glitzernd
sparse [spɑːs] *Adj.* spärlich, schütter
spasm ['spæzm] *Subst.* MED Krampf
spat [spæt] *Prät.* → ***spit***
spate [speɪt] *Subst. brit.* Flut, Überschwemmung
spear [spɪə] *V/t.* aufspießen, durchbohren
specimen ['spesɪmɪn] *Subst.* ZOOL Art, Sorte
speck [spek] *Subst.* Fleck
spectacles ['spektəklz] *Subst. Pl.* Brille
spectacular [spek'tækjʊlə] *Adj.* Aufsehen erregend, spektakulär
spectator [spek'teɪtə] *Subst.* Zuschauer
spectral ['spektrəl] *Adj.* geisterhaft, gespenstisch
spectre ['spektə] *Subst.* (Schreck)Gespenst
speech bubble ['spiːtʃ ˌbʌbl] *Subst.* Sprechblase
speechless ['spiːtʃləs] *Adj.* sprachlos
speed¹ [spiːd] *Subst.* Geschwindigkeit
speed² [spiːd] *V/i.* eilen, sausen
speeded-up [ˌspiːdɪd'ʌp] *Adj.* beschleunigt, im Zeitraffer

spell [spel] *Subst.* Zauber, Zauberwort, Zauberspruch, Bann, Beschwörungsformel; **incantation** *Subst.* Beschwörung, Beschwörungsformel, Anrufung.

spell-book ['spelbʊk] *Subst.* Zauberbuch
spellbound ['spelbaʊnd] *Adj.* gebannt, fasziniert, gefesselt
Spellotape ['speləʊteɪp] *Markenname für magisches Klebeband* (*Wortspiel mit dem Markennamen „Sellotape"*)
spew [spjuː] *V/i.* sich erbrechen, spucken, speien

sphinx

sphinx [sfɪŋks] *Subst.* Sphinx. Rätselhaftes Fabelwesen der ägyptischen und griech. Mythologie, dargestellt als geflügelter Löwe mit menschlichem Kopf. Sie ist ein Sinnbild der Verschwisterung tierischer Kraft mit menschlichem Geist. Im Gegensatz zur ägyptischen ist die griechische Sphinx weiblich, sie hat Kopf und Oberkörper einer Frau, einen geflügelten Löwenleib und eine Schlange als Schwanz. Der oder die Sphinx (*Pl.* Sphingen) ist ein Symbol für Stärke und Weisheit, auch für Geheimnis und Rätsel.

spider ['spaɪdə] *Subst.* Spinne. Ein Tier eigener Gattung mit acht Beinen, das in verschiedensten Größen – behaart und unbehaart, giftig und ungiftig – fast überall auf der Welt vorkommt. Als Spinnerin ihres eigenen Fadens und Netzeweberin weckt die Spinne positive und negative Vorstellungen, als Schöpferin und Zerstörerin wird sie Mond- und Muttergottheiten zugeordnet, sie spinnt den Faden des Schicksals und – nach indianischen und afrikanischen Mythen – das kosmische Netz, das Himmel und Erde verbindet. Der Antike galt die Spinne als weise. Eine Legende erzählt, dass Christus sich hinter dem Netz einer Spinne vor Verfolgern verbarg; von Mohammed wird ähnliches berichtet, ebenso von dem schottischen König Robert the Bruce. Im Volksglauben wurde den Spinnweben gelegentlich Heilkraft zugeschrieben. Der Anblick einer Spinne löst bei vielen Menschen (auch bei Ron Weasley) beklemmende Angstzustände (Phobien) aus (→ ***Aragog***).

spidery ['spaɪdərɪ] *Adj.* spinnenartig

spiffing ['spɪfɪŋ] *Adj. altertüml.* toll, super, cool

spiked [spaɪkt] *Adj.* mit Dornen *oder* Spitzen *oder* Stacheln versehen

spider

spike-ridden ['spaɪk͵rɪdn] *Adj.* mit Stacheln gespickt

spiky ['spaɪkɪ] *Adj.* stachelig

spill [spɪl] *Vt/i.* kleckern, verschütten, ausgießen; sich ergießen

spin [spɪn] *Vt/i.* wirbeln, kreiseln, schleudern

spindle-legged [͵spɪndl'legd] *Adj.* storchenbeinig

spindly ['spɪndlɪ] *Adj.* spindeldürr

spine [spaɪn] *Subst.* Rückgrat; *von Tier, Pflanze*: Dorn, Stachel

spine-tingling ['spaɪn͵tɪŋlɪŋ] *Adj. wörtlich* im Rückgrat prickelnd; nervenkitzelnd, haarsträubend

Spinnet, Alicia ['spɪnɪt, ə͵lɪʃə] *Name*; *vgl.* ***spin*** wirbeln, kreiseln; ***Alicia*** *weibl. Vorname* (*Chaser im Gryffindor-Quidditch-Team, zwei Jahre älter als Harry*)

spinning top ['spɪnɪŋ tɒp] *Subst.* Kreisel
spiny ['spaɪnɪ] *Adj.* stachelig
spiral ['spaɪərəl] *V/i.* spiralförmig verlaufen; sich hinaufschrauben, kreisend aufsteigen; ***spiralling stair*** Wendeltreppe
spirit ['spɪrɪt] *Subst.* Geist; Einstellung; ***spirits*** Stimmung, Laune
spirited ['spɪrɪtɪd] *Adj.* temperamentvoll, energisch, lebhaft, munter
spit [spɪt] *V/i.* spucken
spittle ['spɪtl] *Subst.* Speichel, Spucke
splash[1] [splæʃ] *Subst.* Spritzer, Klecks, Tropfen
splash[2] [splæʃ] *V/i.* klecksen, kleckern, spritzen, tropfen
splatter ['splætə] *V/t.* bespritzen
splayed [spleɪd] *Adj.* auswärts gebogen, ausgedreht
splay-legged ['spleɪ'legd] *Adj.* alle Viere gespreizt
spleen [spliːn] *Subst.* MED Milz; *übertr.* schlechte Laune, Ärger
splendid ['splendɪd] *Adj.* prächtig
splinch [splɪntʃ] *V/i.* sich spalten, in zwei Teile zerfallen
splint [splɪnt] *Subst.* MED Schiene
splinter ['splɪntə] *V/i.* splittern, spleißen
split [splɪt] *Vt/i.* zerteilen, zerreißen, aufgliedern; auseinander brechen, reißen
splotched [splɒtʃt] *Adj.* fleckig, befleckt
splutter ['splʌtə] *V/i.* prusten; spucken, kotzen; (*Motor*) stottern
spoil [spɔɪl] *V/t.* verderben
spoilsport ['spɔɪlspɔːt] *Subst.* Spielverderber
spokesgoblin ['spəʊksˌgɒblɪn] *Neubildung vgl.* ***spokesman*** Sprecher; ***goblin*** Goblin; → ***goblin***
sponge[1] [spʌndʒ] *Subst.* Schwamm
sponge[2] [spʌndʒ] *V/t.* (*mit einem Schwamm*) reinigen, wischen, abwaschen
sponge cake ['spʌndʒ keɪk] *Subst.* Biskuitkuchen
spooky ['spuːkɪ] *Adj.* gespenstisch, unheimlich
spoon[1] [spuːn] *Subst.* Löffel
spoon[2] [spuːn] *V/t.* löffeln
Spore, Phyllida ['spɔː, ˌfɪlɪdə] *Name*; *vgl.* BOT ***spore*** Spore, Keimzelle; ***Phyllida*** *vgl. griech.* Blatt, Pflanze (*Autorin des Standard-Lehrbuchs für magische Pflanzen- und Pilzkunde*)
sport [spɔːt] *V/t.* zur Schau tragen, protzen mit
spot [spɒt] *V/t.* entdecken, erblicken
spotted dick [ˌspɒtɪd 'dɪk] *Subst.* KUL *gedämpfter oder gekochter Talgpudding mit getrockneten Früchten*
spotty ['spɒtɪ] *Adj.* pickelig
spout [spaʊt] *Subst. einer Kanne*: Tülle, Schnabel
sprained [spreɪnd] *Adj.* MED verstaucht
sprawl [sprɔːl] *V/i.* der Länge nach hinfallen; alle Viere von sich strecken, ausgestreckt daliegen
spray[1] [spreɪ] *Subst.* Gischt, Sprühnebel
spray[2] [spreɪ] *V/t.* sprühen, zerstäuben
spread [spred] *Vt/i.* sich verbreiten; ausbreiten
spread-eagled [spred'iːgld] *Adj.* mit ausgebreiteten Armen und Beinen
spring[1] [sprɪŋ] *Subst.* Frühling; TECH Sprungfeder
spring[2] [sprɪŋ] *V/i.* springen; schnellen; ***spring at s.o.*** j-n anfallen
sprout[1] [spraʊt] *Subst.* BOT Trieb,

Keim, Sprosse, Schössling; KUL Rosenkohl

sprout² [spraʊt] *V/i.* sprossen, sprießen, keimen, wachsen

Sprout, Prof. ['spraʊt, prəˌfesə] *Name vgl.* BOT ***sprout*** Trieb, Keim, Sprosse, Schössling; KUL Rosenkohl (*Professorin für Pflanzen- und Pilzkunde und Vorstand des Hufflepuff-Hauses in Hogwarts*)

spun [spʌn] *Prät.* → ***spin***

spur [spɜː] *V/t.* anspornen, anstacheln, antreiben

spurt [spɜːt] *Subst.* (*Blut, Feuer, Wasser*) Strahl

sputter ['spʌtə] *V/i.* → ***splutter***

spy¹ [spaɪ] *Subst.* Spion

spy² [spaɪ] *V/i.* spionieren, nachspüren

squabble¹ ['skwɒbl] *Subst.* Zankerei, Händel, Streiterei

squabble² ['skwɒbl] *V/i.* sich kabbeln, sich zanken

squad [skwɒd] *Subst.* Mannschaft, Einsatztruppe, Einsatzkommando

square [skweə] *V/t.* quadratisch *oder* rechtwinklig machen; (*Schultern*) straffen

squash [skwɒʃ] *V/t.* zerdrücken, zerquetschen

squashed [skwɒʃt] *Adj.* eingedrückt, gestaucht

squashy ['skwɒʃɪ] *Adj.* weich, knautschig; nachgiebig, matschig

squat¹ [skwɒt] *Adj.* gedrungen, vierschrötig

squat² [skwɒt] *V/i.* hinhocken, ducken, sich niederlassen

squawk [skwɔːk] *V/i.* kreischen, quäken

squeak [skwiːk] *V/i.* quietschen, fiepen

squeaky ['skwiːkɪ] *Adj.* fiepsig, quietschig

squeal [skwiːl] *V/i.* quieken, kreischen

squeeze [skwiːz] *V/t.* zusammendrücken, quetschen

squelch [skweltʃ] *V/i.* patschen, platschen

squelchy ['skweltʃɪ] *Adj.* platschend, klatschend

Squib [skwɪb] *Neubildung vgl. brit.* ***squib*** Feuerwerkskörper, Knallfrosch (*Abkömmling einer Zaubererfamilie, der keine magischen Talente geerbt hat*)

squid [skwɪd] *Subst.* ZOOL Polyp, Tintenfisch

squiggly ['skwɪglɪ] *Adj.* schnörkelig

squint [skwɪnt] *V/i.* schielen

squirm [skwɜːm] *V/i.* sich krümmen, sich winden

squirrel ['skwɪrəl] *Subst.* ZOOL Eichhörnchen

squirt¹ [skwɜːt] *Subst.* Spritzer

squirt² [skwɜːt] *Vt/i.* (heraus)spritzen, verspritzen, heraussprudeln

squish [skwɪʃ] *V/i.* matschen, platschen

stab¹ [stæb] *Subst.* ***take a stab*** *umgangsspr.* einen Vorstoß unternehmen, etwas probieren

stab² [stæb] *V/t.* (er)stechen; (durch-)bohren

stabbing ['stæbɪŋ] *Adj.* stechend

stack [stæk] *Subst.* Stapel

staff [stɑːf] *Subst.* Stock, Stecken; *einer Firma etc.*: Personal, Mitarbeiter

staff-room ['stɑːfruːm] *Subst.* Personalraum; *in Schule*: Lehrerzimmer

stag [stæg] *Subst.* ZOOL (Rot-)Hirsch. Der Hirsch hat in der inselkeltischen, aber auch der antiken Mythologie eine große Bedeutung: Er wurde niemals gezähmt, sondern war immer Jagdtier; so gilt er als Symbol von Wildheit und Freiheit wie auch Gefährdung, von Schönheit und Männlichkeit. Scheu und flüchtig wurde er als Verkörperung der Seele angesehen und als Feentier. Die griech. Jagdgöttin Artemis verwandelte den heimlichen Späher Aktaion in einen Hirsch, der von seinen eigenen Hunden zerrissen wurde. In der irischen Frühgeschichte galt er als königliches Tier, in Schottland gibt es zahlreiche Zeugnisse eines Hirschkults und die Überlieferung von einem gehörnten Gott Cerunnos, der sich in einen Hirschen verwandelte.

stage[1] [steɪdʒ] *Subst.* Bühne

stage[2] [steɪdʒ] *V/t.* inszenieren, vorspielen

stagecoach ['steɪdʒkəʊtʃ] *Subst.* Postkutsche

stagger ['stægə] *Vt/i.* taumeln, schwanken; wanken, stolpern; staffeln

stain [steɪn] *Subst.* Flecken

staircase ['steəkeɪs] *Subst.* Treppenhaus

stake [steɪk] *Subst.* Pfahl, Pfosten; Marterpfahl, Scheiterhaufen; ***be at stake*** *übertr.* auf dem Spiel stehen

stalactite ['stæləktaɪt] *Subst.* Stalaktit (*eiszapfenähnlich herabhängende Mineralablagerung in einer Tropfsteinhöhle*)

stalagmite ['stæləgmaɪt] *Subst.* Stalagmit (*kerzen- oder pyramidenförmig emporwachsende Mineralablagerung in einer Tropfsteinhöhle*)

stale [steɪl] *Adj.* altbacken, abgestanden

stalk[1] [stɔːk] *Subst.* Stengel, Stiel

stalk[2] [stɔːk] *V/i.* staksen; sich anschleichen

stammer ['stæmə] *Vt/i.* stammeln, stottern

stamp [stæmp] *V/t.* stampfen

stampede [stæm'piːd] *Vt/i.* bestürmen, in Panik versetzen; in wilde Flucht *oder* wilden Ansturm ausbrechen, durchgehen

stand [stænd] *Subst.* Tribüne

standard ['stændəd] *Subst* Standard, Norm; Maßstab, Anspruchsniveau; ***sub-standard*** mindere Qualität

standby ['stændbaɪ] *Subst.* Reserve, Ersatz

stark [stɑːk] *Adv.* völlig, gänzlich

starkers ['stɑːkəz] ***go starkers*** *umgangsspr.* nackt herumlaufen

starry ['stɑːrɪ] *Adj.* sternenklar; sternenbedeckt

startled ['stɑːtld] *Adj.* erschrocken

start-of-term [ˌstɑːtəv'tɜːm] *Adj.* Schulanfangs…, Schuljahresanfangs…; Semesteranfangs…

starve [stɑːv] *V/i.* hungern; ***starve to death*** zu Tode hungern, verhungern

starved [stɑːvd] *Adj.* ausgehungert, ausgezehrt

state-of-the-art [ˌsteɪtəvðɪ'ɑːt] *Adj.* auf dem neuesten Stand

station ['steɪʃn] *V/t.* stationieren

statue ['stætʃuː] *Subst.* Statue, Standbild, Denkmal

statute ['stætʃuːt] *Subst.* Statut, Vorschrift

stave [steɪv] *V/t.* ***stave off*** (*Angriff, Angreifer*) abwehren, zurückschlagen

St. Brutus's [snt 'bruːtəs] **Secure Centre for Incurably Criminal Boys** *Name*; *vgl. lat.* **brutus** der Hässliche; ***St.***: Abk. für ***Saint*** Heiliger;

vgl. ***secure*** sicher; ***incurably*** unheilbar; ***criminal*** kriminell, straffällig – Verwahranstalt für unheilbar straffällige Jungen; dort, so behauptet Vernon Dursley gegenüber seiner Schwester Marge, sei Harry während des Schuljahres untergebracht.

steady ['stedɪ] *Adj.* stabil, ruhig, gleichmäßig, stetig
steak-and-kidney-pie [ˌsteɪkənd'kɪdnɪˌpaɪ] *Subst.* KUL *Fleischauflauf mit Rindfleisch und Nieren, in tiefer Kuchenform gebacken*
steak-and-kidney-pudding [ˌsteɪkənd'kɪdnɪˌpʊdɪŋ] *Subst.* KUL *Fleischauflauf aus Rumpsteak und Schafsnieren, im Wasserbad gegart*
steal [stiːl] *Vt/i.* stehlen
stealth [stelθ] *Subst.* Heimlichkeit; ***by stealth*** heimlich
stealthy ['stelθɪ] *Adj.* verstohlen, heimlich
steam [stiːm] *Subst.* Dampf, Rauch; ***full steam ahead*** Volldampf voraus; ***under one's own steam*** aus eigener Kraft
steam engine ['stiːm ˌendʒɪn] *Subst.* Dampfmaschine, Dampflok
steamroller ['stiːmˌrəʊlə] *Subst.* Dampfwalze
steamrollered ['stiːmˌrəʊləd] *Adj.* plattgewalzt, überrollt
steed [stiːd] *Subst. altertüml.* (Streit-)Ross, Schlachtross
steel¹ [stiːl] *Subst.* Stahl
steel² [stiːl] *V/t.* sich wappnen, sich gefasst machen
steely ['stiːlɪ] *Adj.* stählern, hart
steep [stiːp] *Adj.* steil, jäh
steer [stɪə] *V/t.* steuern, lenken
steering wheel ['stɪərɪŋ wiːl] *Subst.* Lenkrad
stem [stem] *V/t.* aufhalten, Einhalt gebieten, eindämmen
stench [stentʃ] *Subst.* Gestank
stern [stɜːn] *Adj.* streng, hart
stew¹ [stjuː] *Subst.* KUL Schmorgericht, Eintopf
stew² [stjuː] *V/t.* schmoren, dünsten
stick ['stɪk] *Vt/i.* stechen; aufkleben; stecken, festsitzen, kleben; ***be stuck*** in der Klemme sitzen
sticky ['stɪkɪ] *Adj.* klebrig, zäh, eklig; ***meet a sticky end*** ein böses Ende nehmen
stiff [stɪf] *Adj.* steif, starr
stiffness ['stɪfnəs] *Subst.* Steife, Steifheit
stifle ['staɪfl] *V/t.* ersticken, unterdrücken
stifling ['staɪflɪŋ] *Adj.* erstickend
stile [staɪl] *Subst.* Zauntritt, Stiege
sting¹ [stɪŋ] *Subst.* Stachel, Dorn
sting² [stɪŋ] *Vt/i.* stechen; schmerzen
stink pellet ['stɪŋk ˌpelɪt] *Subst.* Stinkbombe; *vgl.* ***pellet*** Kügelchen, Munition
stir [stɜː] *V/t.* (um)rühren, bewegen
stitch [stɪtʃ] *Subst.* Stich; ***stitch in one's side*** Seitenstechen

St. Mungo's [snt 'mʌŋgəʊz] **Hospital for Magical Maladies and Injuries** *Name*; ***St. Mungo***: Schutzheiliger von Glasgow; oft als Name bzw. Namensteil von Krankenhäusern.

stoat [stəʊt] *Subst.* ZOOL Wiesel, Hermelin
Stoatshead Hill [ˌstəʊtshed 'hɪl] *Name* *vgl.* ***stoat*** Wiesel; ***head*** Kopf

(*Startplatz eines Portkeys nahe dem Wohnort der Familie Weasley*)

stock [stɒk] *V/t.* auf Lager haben, bevorraten

stocky ['stɒkɪ] *Adj.* stämmig, untersetzt

stoke [stəʊk] *V/t.* (ein)schüren

stomach ['stʌmək] *Subst.* Magen

stomp [stɒmp] *Vt/i.* *vgl.* ***stamp*** stampfen, stapfen

stone cold [ˌstəʊn 'kəʊld] *Adj.* eiskalt

stony ['stəʊnɪ] *Adj.* steinern, ungerührt

stool [stuːl] *Subst.* Hocker

stoop [stuːp] *Vt/i.* sich bücken; beugen

stooping ['stuːpɪŋ] *Adj.* gebeugt, gekrümmt

store [stɔː] *Subst.* Vorrat, Lager; ***be in store*** *übertr.* bevorstehen

store-cupboard ['stɔːˌkʌbəd] *Subst.* Vorratsschrank

stout [staʊt] *Adj.* untersetzt, stämmig; tapfer, beherzt

stow [stəʊ] *V/t.* ***stow away*** verstauen, wegpacken, wegräumen

straggle ['strægl] *V/i.* (hinterher)zockeln, stromern

straggler ['stræglə] *Subst.* Nachzügler, Bummler

straight [streɪt] *Adj.* gerade; ***get s.th. straight*** etwas gerade rücken, klarstellen, in Ordnung bringen

strain[1] [streɪn] *Subst.* Anspannung, Anstrengung, Strapaze

strain[2] [streɪn] *Vt/i.* zerren, ziehen; (sich) anstrengen, plagen

strained [streɪnd] *Adj.* angespannt, strapaziert, mitgenommen

straitjacket ['streɪtˌdʒækɪt] *Subst.* Zwangsjacke

strange [streɪndʒ] *Adj.* fremd, fremdartig, merkwürdig, seltsam

strangle ['stræŋgl] *V/t.* strangulieren, erwürgen

strap [stræp] *Subst.* Riemen, Gurt

strapping ['stræpɪŋ] *Adj.* stramm

straw [strɔː] *Subst.* Stroh(halm); ***the last straw*** *übertr.* der Tropfen, der das Fass zum Überlaufen bringt

strawberry ['strɔːbərɪ] *Subst.* BOT Erdbeere

straw-coloured ['strɔːˌkʌləd] *Adj.* strohfarben; (*Haare*) strohblond

stray[1] [streɪ] *Subst.* Streuner, streunender Hund

stray[2] [streɪ] *V/i.* streunen

streak [striːk] *Vt/i.* streifen; schießen, wie der Blitz rasen

streamer ['striːmə] *Subst.* (Papier-) Schlange, Girlande, Fahne

streamlined ['striːmlaɪnd] *Adj.* stromlinienförmig

strength [streŋθ] *Subst.* Stärke, Kraft; ***strength of character*** Charakterstärke

stretch [stretʃ] *Subst.* Streifen, Landstrich

stretcher ['stretʃə] *Subst.* Krankentrage, Bahre

stricken ['strɪkən] *Adj.* getroffen, betroffen

strict [strɪkt] *Adj.* streng

strip [strɪp] *Vt/i.* (sich) ausziehen; ***strip s.o. of his power*** j-n seiner Macht berauben; ***strip down*** auseinander nehmen, zerlegen

stroke[1] [strəʊk] *Subst.* Hieb, Streich; ***stroke of luck*** Glücksfall; ***stroke of brilliance*** Geistesblitz, Eingebung

stroke[2] [strəʊk] *V/t.* streicheln

stroll [strəʊl] *Subst.* Spaziergang

struggle ['strʌgl] *V/i.* kämpfen; sich sträuben, zappeln; sich anstrengen, sich quälen

strut [strʌt] *V/i.* umherstolzieren, sich brüsten, sich spreizen

stub [stʌb] *Subst. von Baum*: Stumpf; *von Bleistift, Kerze*: Stummel

stubble ['stʌbl] *Subst.* Bartstoppeln

stubborn ['stʌbən] *Adj.* stur, halsstarrig, widerborstig

stuck [stʌk] *Part. Perf.* → ***stick***

stuff [stʌf] *Subst.* Zeug, Sachen; ... ***and stuff*** ... und so Zeugs

stuffed [stʌft] *Adj.* ausgestopft

stuffing ['stʌfɪŋ] *Subst.* Füllung, Eingeweide; ***knock the stuffing out of s.o.*** j-n zur Schnecke machen, windelweich prügeln

stumble ['stʌmbl] *V/i.* stolpern, straucheln; torkeln, taumeln

stump[1] [stʌmp] *Subst. von Baum*: Stumpf; *von Bleistift, Zigarette*: Stummel

stump[2] [stʌmp] *V/t.* stampfen; *umgangsspr.* ratlos machen; ***be stumped*** überfragt sein, am Ende seiner Weisheit sein

stun [stʌn] *V/t.* betäuben, lähmen; bannen

stunned [stʌnd] *Adj.* (wie) betäubt, benommen, sprachlos

stunt [stʌnt] *Subst. hier*: (Sammel-) Aktion

stupefy ['stjuːpɪfaɪ] *V/t.* betäuben; verdummen, verblüffen

> **Stupefy!** ['stjuːpɪfaɪ] *Zauber vgl.* ***stupefy*** betäuben, verblüffen, dumm dastehen lassen

stupid ['stjuːpɪd] *Adj.* dumm, dämlich, beschränkt, bescheuert

stupidity [stjuː'pɪdɪtɪ] *Subst.* Dummheit, Dämlichkeit

stupor ['stjuːpə] *Subst.* Betäubung, Erstarrung

stutter ['stʌtə] *V/i.* stottern; (*Kerze*) flackern

subdue [səb'djuː] *V/t.* niederzwingen, überwältigen

subdued [səb'djuːd] *Adj.* kleinlaut; gedämpft, gedrückt

subject ['sʌbdʒɪkt] *Subst.* Gegenstand, Thema; *von Bild*: Motiv

submarine ['sʌbməriːn] *Subst.* U-Boot

submission [səb'mɪʃn] *Subst.* Unterwerfung, Ergebenheit

submit [səb'mɪt] *V/t.* (*Bewerbung etc.*) einreichen; gehorchen, sich fügen; ***submit oneself to s.th.*** sich etwas aussetzen, unterwerfen

subside [səb'saɪd] *V/i.* abklingen, sich legen

sub-standard [ˌsʌb'stændəd] *Adj.* von minderer Qualität

substitute ['sʌbstɪtjuːt] *Subst.* Ersatz

subtle ['sʌtl] *Adj.* fein, zart, raffiniert, scharfsinnig

suburban [sə'bɜːbən] *Adj.* vorstädtisch, Vorstadt..., Stadtrand...

success [sək'ses] *Subst.* Erfolg

successful [sək'sesfəl] *Adj.* erfolgreich

successor [sək'sesə] *Subst.* Nachfolger

succulent ['sʌkjʊlənt] *Adj.* saftig

suck [sʌk] *Vt/i.* saugen, aussaugen, einsaugen

sucker ['sʌkə] *Subst.* Sauger, Saugnapf

sudden ['sʌdn] *Adj.* plötzlich, unvermittelt

suffering ['sʌfərɪŋ] *Subst.* Leiden, Schmerzen

suffice [sə'faɪs] *V/i.* ausreichen, genügen

sufficient [sə'fɪʃənt] *Adj.* ausreichend, genügend

suffocate ['sʌfəkeɪt] *Vt/i.* ersticken

suffuse [sə'fjʊːz] *V/t.* übergießen, überziehen

suit of armour

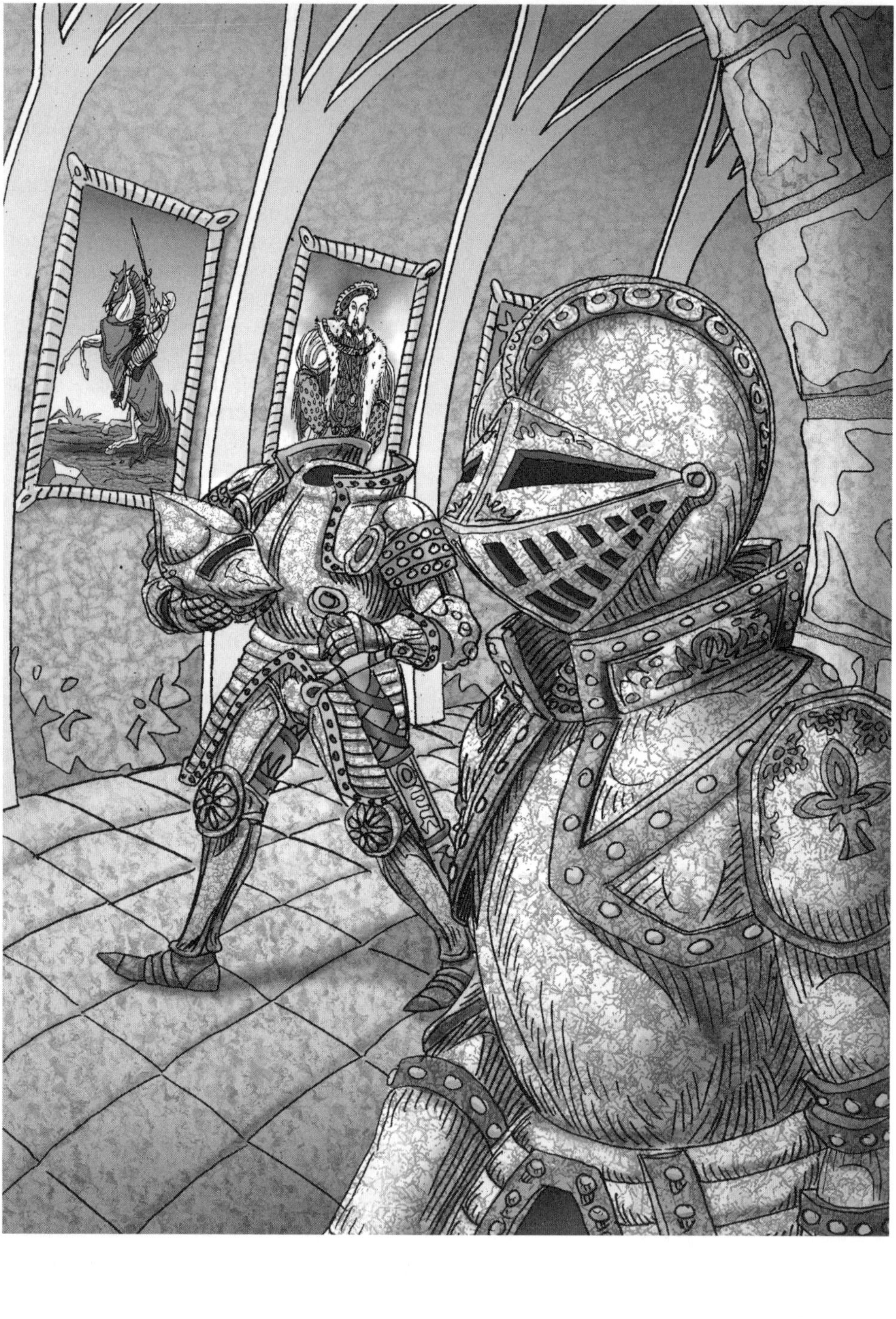

sugared violets [ˌʃʊgəd 'vaɪəlɪts] *Subst.* KUL kandierte Veilchen
suggest [sə'dʒest] *V/t.* vorschlagen, nahe legen
suit[1] [suːt] *Subst.* Anzug
suit[2] [suːt] *Vt/i.* passen; (*Kleidung*) stehen
suitability [ˌsuːtə'bɪlɪtɪ] *Subst.* Eignung; Angemessenheit
suit of armour [ˌsuːtəv'ɑːmə] *Subst.* (Ritter)Rüstung
sulky ['sʌlkɪ] *Adj.* schmollend, eingeschnappt; trotzig
sullen ['sʌlən] *Adj.* grämlich, verdrossen
sullenness ['sʌlənnɪs] *Subst.* Verdrossenheit, Widerspenstigkeit
sultry ['sʌltrɪ] *Adj.* schwül
sum [sʌm] *Subst.* Summe
summat ['sʌmət] *umgangsspr. für* ***somewhat*** etwas, ein wenig, ein bisschen
summon ['sʌmən] *V/t.* herbeiholen

> **Summoning Charm** ['sʌmənɪŋ tʃɑːm] *Zauber vgl.* ***summon*** herbeiholen; ***charm*** Bann, Beschwörung

sumptuous ['sʌmptʃʊəs] *Adj.* üppig, prächtig, verschwenderisch
sunburn ['sʌnbɜːn] *Subst.* Sonnenbrand
sundae ['sʌndeɪ] *Subst.* *US* KUL *Eisbecher mit Früchten oder Sirup*
sundial ['sʌndaɪəl] *Subst.* Sonnenuhr
sunken-faced [ˌsʌŋkən'feɪst] *Adj.* mit eingefallenem Gesicht
sunrise ['sʌnraɪz] *Subst.* Sonnenaufgang
suntan lotion ['sʌntæn ˌləʊʃn] *Subst.* Sonnenmilch
superb [sjuː'pɜːb] *Adj.* vorzüglich, ausgezeichnet
superconscious [ˌsuːpə'kɒnʃəs] *Subst.* Überbewusste(s)
superior[1] [suː'pɪərɪə] *Subst.* Vorgesetzter
superior[2] [suː'pɪərɪə] *Adj.* überlegen
superiority [suːˌpɪərɪ'ɒrɪtɪ] *Subst.* Überlegenheit, Überheblichkeit
supervise ['suːpəvaɪz] *V/t.* beaufsichtigen
supple ['sʌpl] *Adj.* geschmeidig, elastisch
supply [sə'plaɪ] *Subst.* Bedarf, Ausstattung, Angebot
support[1] [sə'pɔːt] *Subst.* Unterstützung, Hilfestellung
support[2] [sə'pɔːt] *V/t.* unterstützen, helfen; (*Gewicht*) tragen, aushalten
supporter [sə'pɔːtə] *Subst.* Unterstützer, Anhänger
suppose [sə'pəʊz] *V/t.* annehmen, vermuten
supposed [sə'pəʊzd] *Adj.* ***it is to be supposed that*** es ist anzunehmen, dass; ***you are not supposed to …*** du darfst nicht …
suppress [sə'pres] *V/t.* unterdrücken
supreme [suː'priːm] *Adj.* erhaben
surface ['sɜːfɪs] *Subst.* Oberfläche
surge[1] [sɜːdʒ] *Subst.* Welle, Woge
surge[2] [sɜːdʒ] *V/i.* wogen, branden
surly ['sɜːlɪ] *Adj.* griesgrämig, mürrisch, bärbeißig
surmise [sə'maɪz] *V/t.* mutmaßen, vermuten
surpass [sə'pɑːs] *V/t.* übertreffen, überholen
surreptitious [ˌsʌrəp'tɪʃəs] *Adj.* verstohlen, heimlich
surroundings [sə'raʊndɪŋz] *Subst. Pl.* Umgebung

survey ['sɜːveɪ] *V/t.* mustern, prüfend betrachten, begutachten
survive [sə'vaɪv] *Vt/i.* überleben
survivor [sə'vaɪvə] *Subst.* Überlebender
suspect [sə'spekt] *V/t.* verdächtigen, argwöhnen
suspend [sə'spend] *Vt/i.* (auf)hängen, (in Flüssigkeit) schweben; *vom Dienst etc.*: suspendieren, entlassen
suspension [sə'spenʃən] *Subst.* Ausschluss, Amtsenthebung, Entlassung

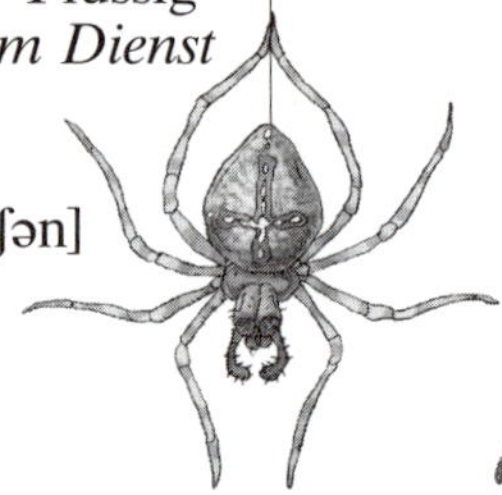

suspension bridge [sə'spenʃən brɪdʒ] *Subst.* Hängebrücke
suspicion [sə'spɪʃn] *Subst.* Verdacht, Misstrauen, Argwohn
suspicious [sə'spɪʃəs] *Adj.* verdächtig; misstrauisch
sustain [sə'steɪn] *V/t.* in Gang halten, bei der Stange halten, stützen, aufrechterhalten
swagger[1] ['swægə] *Subst.* Prahlerei, Großtuerei
swagger[2] ['swægə] *V/i.* stolzieren
swallow ['swɒləʊ] *V/t.* schlucken, verschlingen
swam [swæm] *Prät.* → ***swim***
swap [swɒp] *V/t.* (ein)tauschen, vertauschen; hinauswerfen; wegkippen
swarm [swɔːm] *V/i.* wimmeln, schwärmen
swarthy ['swɔːðɪ] *Adj.* dunkel(häutig)
swat [swɒt] *V/t.* (zer)klatschen
swathe [sweɪð] *V/t.* einhüllen, einwickeln
sway [sweɪ] *V/i.* schwanken, sich wiegen
swear ['sweə] *Vt/i.* schwören; fluchen
swearword ['sweəwɜːd] *Subst.* Fluch(wort), Schimpfwort
sweep [swiːp] *Vt/i.* fegen, kehren
sweeping ['swiːpɪŋ] *Adj.* stürmisch, schwungvoll
sweetshop ['swiːtʃɒp] *Subst.* Süßigkeitenladen
sweetums ['swiːtəmz] *Subst. Kosewort, etwa*: Süßer, Herzchen, Schätzchen, Goldjunge
swell [swel] *V/i.* anschwellen, sich aufblasen

> **Swelling Solution** ['swelɪŋ səˌluːʃn] *Zauber vgl.* ***swell*** anschwellen, sich aufblasen; ***solution*** Lösung

sweltering ['sweltərɪŋ] *Adj.* glühend
swerve[1] [swɜːv] *Subst.* Ausfall, rasche Seitenbewegung
swerve[2] [swɜːv] *V/i.* (seitlich) ausbrechen, schlingern
swift [swɪft] *Adj.* rasch, schnell, eilig
swig[1] [swɪg] *Subst. umgangsspr.* kräftiger Schluck, Zug
swig[2] [swɪg] *Vt/i. umgangsspr.* austrinken, runterkippen
swill [swɪl] *V/t. brit.* spülen
swim ['swɪm] *V/i.* schwimmen
swimming trunks ['swɪmɪŋ trʌŋks] *Subst. Pl. US* Badehose
swipe [swaɪp] *Subst.* Schlag, Hieb
swirl[1] [swɜːl] *Subst.* Wirbel
swirl[2] [swɜːl] *V/i.* wirbeln, einen Strudel bilden
swish [swɪʃ] *V/i.* schwenken, zischen
Switch, Emeric ['swɪtʃ, ˌemərɪk] *Name vgl.* ***switch*** wechseln zu, umstellen, ein- und ausschalten;

Emeric *männl. Vorname (Autor des Transfiguration-Lehrbuchs für Anfänger)*

swivel ['swɪvl] *Vt/i.* herumdrehen, sich drehen, schaukeln

swooning fit ['swuːnɪŋ fɪt] *Subst. poet.* Ohnmachtsanfall

swoop [swuːp] *V/i.* rauschen, schweben; herabstoßen, einen Sturzflug machen

sword [sɔːd] *Subst.* Schwert

swore [swɔː] *Prät.* → ***swear***

swotty [swɒtɪ] *Adj. brit.* streberhaft

sycamore ['sɪkəmɔː] *Subst.* BOT Sykomore, Maulbeerfeigenbaum

sycophantic [ˌsɪkə'fæntɪk] *Adj.* kriecherisch, speichelleckerisch

syllable ['sɪləbl] *Subst.* Silbe, Wortteil

symbol ['sɪmbl] *Subst.* Symbol (*Bildzeichen, grafisches Zeichen für etwas*)

syrup ['sɪrəp] *Subst.* Sirup, konzentrierter Saft

T

tab [tæb] *Subst.* Streifen; Etikett; ***keep tabs on*** ein wachsames Auge haben auf

tabby cat ['tæbɪ kæt] *Subst.* getigerte Katze

tablecloth ['teɪblklɒθ] *Subst.* Tischtuch

tack [tæk] *Subst.* Reißnagel; *übertr.* Gang, Kurs, Richtung

tackle ['tækl] *V/t.* angehen, angreifen, sich stürzen auf, es aufnehmen mit

tactful ['tæktfəl] *Adj.* taktvoll, feinfühlig

tactics ['tæktɪks] *Subst. Pl.* Taktik, Vorgehensweise

tad [tæd] *Subst. US umgangsspr.* Stückchen; ***a tad*** ein bisschen, etwas

tadpole ['tædpəʊl] *Subst.* ZOOL Kaulquappe

tag [tæg] *V/t.* anheften, zusammenheften; ***tag around*** *übertr.* kleben an, sich an j-s Fersen heften

tail[1] [teɪl] *Subst.* Schwanz; ***tail-twig*** Schwanzborste (*beim Besen*)

tail[2] [teɪl] *Vt/i.* beschatten, verfolgen; ***tail away*** abflauen, schwächer werden, verklingen

tailcoat [teɪl'kəʊt] *Subst.* Frack, Schwalbenschwanz

tale [teɪl] *Subst.* Erzählung, Bericht, Geschichte

talentless ['tæləntləs] *Adj.* unbegabt

talisman ['tælɪzmən] *Subst.* Glücksbringer, Talisman

talk [tɔːk] *Vt/i.* sprechen, reden; ***talk of the devil (and he's sure to appear)*** wenn man vom Teufel spricht …

talkative ['tɔːkətɪv] *Adj.* gesprächig

tall [tɔːl] *Adj.* hoch gewachsen, hoch aufragend

tally ['tælɪ] *V/i.* übereinstimmen, entsprechen; (*Rechnung etc.*) aufgehen

talon ['tælən] *Subst.* Kralle, Klaue

tame[1] [teɪm] *Adj.* zahm, gezähmt

tame[2] [teɪm] *V/t.* zähmen

tamper ['tæmpə] *V/i.* herumpfuschen, sich (unbefugt) zu schaffen machen

tangle ['tæŋgl] *Subst.* Gewirr, Knäuel; verfilzte Strähnen

tank [tæŋk] *Subst.* Tank, Behältnis; MILIT Panzer

tankard ['tæŋkəd] *Subst.* (Bier)Krug

tank top ['tæŋk tɒp] *Subst.* Pullunder

tantalize ['tæntəlaɪz] *V/t.* peinigen, quälen, zappeln lassen

tantrum ['tæntrəm] *Subst.* Koller, Wutanfall

tap[1] [tæp] *Subst. brit.* Wasserhahn

tap[2] [tæp] *Subst.* Klopfen, Stupser

tap-dance ['tæpˌdæns] *Subst.* Steptanz

tape measure ['teɪp ˌmeʒə] *Subst.* Bandmaß, Maßband

taper ['teɪpə] *Subst.* dünne Wachskerze

tapestry ['tæpɪstrɪ] *Subst.* Wandteppich, Gobelin

tar [tɑː] *Subst.* Teer

Tarantallegra! [ˌtærəntə'legrə] *Zauber*; *vgl.* ***tarantella***: rasanter süditalienischer Tanz in 3/8, 6/8 oder 12/8-Takt; er wird immer schneller, bis einem schwindlig wird, abgeleitet von der apulischen Stadt Tarent, wo er entstanden ist; eventuell gibt es einen Zusammenhang mit der Tarantel (→ ***tarantula***), weil die tanzenden Paare springen müssen, „wie von der Tarantel gestochen"; ***allegro*** *lat. ital. vgl.* MUS Tempobezeichnung: fröhlich, ausgelassen.

tarantula [tə'ræntjʊlə] *Subst.* ZOOL Tarantel; vermutlich nach der Stadt Tarent in Apulien (Süditalien), eine Wolfsspinne mit prägnanter schwarzer Zeichnung auf dem Rücken. Sie wird 25 bis 30 cm lang und lebt in Erdhöhlen. Ihr Biss verursacht schmerzhafte Entzündungen, ist jedoch nicht gefährlich (→ ***spider***).

target ['tɑːgɪt] *Subst.* Ziel

tarnish ['tɑːnɪʃ] *V/t.* trüben, beflecken, besudeln

tarry ['tærɪ] *V/i.* zögern, zaudern, säumen

tart[1] [tɑːt] *Subst. brit.* (Obst)Kuchen

tart[2] [tɑːt] *Adj.* (*Geschmack*) sauer; *übertr.* scharf, beißend

tartan ['tɑːtn] *Subst.* Schottenkaro. Jeder Clan hat sein eigenes Muster in charakteristischen Farben; der traditionell von Männern getragene, als „Schottenrock" bekannte *kilt* wird aus *tartan* gefertigt. Die Karos unterscheiden sich in Farbstellung, Streifenanordnung und -breite. Es gibt jeweils unterschiedliche Muster für „dress" (Haus- bzw. Abendkleidung) und „hunting" (Jagdkleidung), die dem Verwendungszweck entsprechend aus unterschiedlich dickem Garn gewebt sind.

task [tɑːsk] *Subst.* Aufgabe

task force ['tɑːsk fɔːs] *Subst.* Einsatztruppe

tasseled ['tæsld] *Adj.* mit Troddeln verziert

tatter ['tætə] *Subst.* Fetzen, Lumpen

tattered ['tætəd] *Adj.* zerfetzt, zerrissen

tatty ['tætɪ] *Adj.* billig, schäbig, minderwertig

taught [tɔːt] *Prät.*, *Part. Perf.* → ***teach***

taunt [tɔːnt] *V/t.* aufziehen, hänseln; verspotten, verhöhnen

taut [tɔːt] *Adj.* angespannt, straff

tawny owl ['tɔːnɪ aʊl] *Subst.* ZOOL Waldkauz

tax [tæks] *Subst.* Steuer; ***for tax reasons*** aus steuerlichen Gründen

tea-cosy ['tiːˌkəʊzɪ] *Subst.* Teewärmer

teach [tiːtʃ] *Vt/i.* lehren, unterrichten; beibringen

tear¹ [tɪə] *Subst.* Träne
tear² [teə] *V/t.* zerreißen, zerfetzen; ***tear out*** herausreißen
tear-streaked ['tɪəstri:kt] *Adj.* tränenverschmiert
teashop ['ti:ʃɒp] *Subst.* Teestube; Teeladen
tea-strainer ['ti:ˌstreɪnə] *Subst.* Teesieb
tea-towel ['ti:ˌtaʊəl] *Subst.* Geschirrtuch, Küchentuch
teeming ['ti:mɪŋ] *Adj.* wimmelnd
teeter ['ti:tə] *V/i.* balancieren, schwanken, schaukeln

teethe [ti:ð] *V/i.* zahnen, Zähne bekommen
television aerial ['telɪˌvɪʒn 'eərɪəl] *Subst.* (Fernseh)Antenne
tell [tel] *Vt/i.* erzählen
tell-tale *Adj.* verräterisch, viel sagend
temper ['tempə] *Subst.* Stimmung, Laune; Temperament; ***lose one's temper*** die Beherrschung verlieren
temple ['templ] *Subst.* Schläfe
temporary ['tempərərɪ] *Adj.* zeitweilig, vorübergehend
tempt [tempt] *V/t.* versuchen, in Versuchung führen
temptation [temp'teɪʃn] *Subst.* Versuchung, Verlockung
tend [tend] *V/t.* pflegen, sich kümmern um
tendril ['tendrɪl] *Subst.* BOT Ranke, Fühler
tenpin bowling [ˌtenpɪn 'bəʊlɪŋ] *Subst.* *US* Bowling
tense [tens] *Adj.* gespannt, angespannt
tent [tent] *Subst.* Zelt
tentacle ['tentɪkl] *Subst.* Tentakel, Fühler, Fangarm
tentacula [ten'tækjʊlə] *vgl.* ZOOL, BOT ***tentacle*** Fühler, Fangarm, Tentakel
tentative ['tentətɪv] *Adj.* versuchsweise, tastend
tenterhook ['tentəhʊk] TECH Spannhaken; *übertr.* ***on tenterhooks*** auf die Folter gespannt, auf glühenden Kohlen
term¹ [tɜ:m] *Subst.* Fachausdruck; Trimester, Semester
term² [tɜ:m] *V/t.* nennen, bezeichnen
terrify ['terɪfaɪ] *V/t.* in Angst und Schrecken versetzen
terror ['terə] *Subst.* Entsetzen, tiefe Furcht; Terror; Gewaltherrschaft
terse [tɜ:s] *Adj.* kurz, knapp, bündig, abgehackt
test [test] *V/t.* prüfen
testimony ['testɪmənɪ] *Subst.* Zeugnis, Aussage
testy ['testɪ] *Adj.* gereizt, unwirsch
tetchy ['tetʃɪ] *Adj.* empfindlich, reizbar
tether¹ ['teðə] *Subst.* Strick, Kette; ***reach the end of one's tether*** *übertr.* am Ende sein
tether² ['teðə] *V/t.* anbinden, an den Strick legen
thatched [θætʃt] *Adj.* strohgedeckt
thick [θɪk] *Adj.* dick; *übertr.* dumpf, dumm, dämlich
thicket ['θɪkɪt] *Subst.* Dickicht
thief [θi:f] *Subst.* Dieb
thieves [θi:vz] *Pl.* → ***thief***
thigh-length ['θaɪleŋθ] *Adj.* schenkelhoch
thistle ['θɪsl] *Subst.* BOT Distel
Thomas, Dean ['tɒməs, ˌdi:n] *Name vgl. einer der Apostel, „der Ungläubige"*; ***Dean*** *männl. Vorname (Gryffindor-Mitschüler von Harry)*

thorn [θɔːn] *Subst.* Dorn, Stachel
thorough ['θʌrə] *Adj.* gründlich, allumfassend
thoroughfare ['θʌrəfeə] *Subst.* Hauptverkehrsweg, Durchgangsstraße
thoughtful ['θɔːtfəl] *Adj.* nachdenklich, rücksichtsvoll, aufmerksam
thrash [θræʃ] *V/t.* schlagen, prügeln, dreschen
thread[1] [θred] *Subst.* Faden, Garn
thread[2] [θred] *V/t.* (ein)fädeln
threaten ['θretn] *Vt/i.* drohen, bedrohen
Three Broomsticks [ˌθriː 'bruːmstɪks] *Name* „Zu den drei Besenstielen" (*beliebte Kneipe in Hogsmeade*)
threshold ['θreʃhəʊld] *Subst.* Schwelle
thrill [θrɪl] *Subst.* Schauder, Kitzel, Prickeln
thriving ['θraɪvɪŋ] *Adj.* blühend, prächtig gedeihend
throat [θrəʊt] *Subst.* Kehle
throaty ['θrəʊtɪ] *Adj.* heiser, kehlig
throb [θrɒb] *V/i.* klopfen, pochen, hämmern
throng[1] [θrɒŋ] *Subst.* Andrang, Gedränge, Menschenmassen
throng[2] [θrɒŋ] *Vt/i.* sich drängen (in)
through [θruː] *Adv., Präp.* durch, hindurch; ***have been through the mill*** viel durchgemacht haben
throw [θrəʊ] *Vt/i.* werfen; ***throw up*** erbrechen
thrust [θrʌst] *V/t.* stoßen, stechen
thud[1] [θʌd] *Subst.* dumpfer Laut, Aufschlag, Plumps
thud[2] [θʌd] *V/i.* klopfen, hämmern
thuggish ['θʌgɪʃ] *Adj.* gewalttätig, brutal
thumb [θʌm] *Subst.* Daumen; ***thumbs-up!*** alles in Ordnung, prima
thumbscrew ['θʌmskruː] *Subst.* Daumenschrauben (*Folterinstrument*)
thumping ['θʌmpɪŋ] *Adj.* hämmernd; *übertr.* riesig, Mords…
thunder[1] ['θʌndə] *Subst.* Donner
thunder[2] ['θʌndə] *V/i.* donnern
thunderclap ['θʌndəklæp] *Subst.* Donnerschlag
thunderstruck ['θʌndəstrʌk] *Adj.* vom Donner(schlag) gerührt
thwart [θwɔːt] *V/t.* vereiteln, durchkreuzen
Tibbles ['tɪblz] *Name vgl.* ***tib*** schwänzen, auskneifen (*eine der Katzen von Mrs. Figg*)
tick [tɪk] *Subst.* Häkchen, Zeichen
tickle ['tɪkl] *Vt/i.* kitzeln
tidal wave ['taɪdl weɪv] *Subst.* Flutwelle
tie [taɪ] *Subst.* Band, Verbindung, Beziehung
tight [taɪt] *Adj.* straff, eng
tighten ['taɪtn] *Vt/i.* straffen; enger werden; (*Griff*) verstärken
tight-lipped [ˌtaɪt'lɪpt] *Adj.* schmallippig, mit verkniffenem Mund
tile [taɪl] *Subst.* Ziegel
tilt [tɪlt] *V/t.* kippen, neigen
timetable ['taɪmˌteɪbl] *Subst.* Stundenplan, Arbeitsplan; Zeittafel
timid ['tɪmɪd] *Adj.* ängstlich, furchtsam
tin [tɪn] *Subst.* Blechdose, Konservenbüchse
tinge [tɪndʒ] *Subst.* Hauch, Spur, Anstrich, Tönung, Schattierung
tinged [tɪndʒd] *Adj.* getönt, gefärbt
tingle ['tɪŋgl] *V/i.* kribbeln, prickeln, brennen
tinker ['tɪŋkə] *V/i.* (herum)pfuschen, basteln
tinkle ['tɪŋkl] *Subst.* Bimmeln, Klingeln
tinned [tɪnd] *Adj.* konserviert, Büchsen…, Konserven…

tinned soup [ˌtɪnd 'suːp] *Subst.* KUL Dosensuppe
tinny ['tɪnɪ] *Adj.* blechern
tinpot ['tɪnpɒt] *Adj.* schäbig
tinsel ['tɪnsəl] *Subst.* Flitter, Glitzerschmuck
tiny ['taɪnɪ] *Adj.* winzig
tip¹ [tɪp] *Subst.* Spitze
tip² [tɪp] *V/t.* ***tip down*** (hinter)kippen; ***tip s.o. off*** j-m einen Tipp geben
tipsy ['tɪpsɪ] *Adj.* angeheitert, beschwipst, torkelnd
tip-toe ['tɪptəʊ] *V/i auch* ***tiptoe*** auf Zehenspitzen gehen
tireless ['taɪələs] *Adj.* unermüdlich
tissue ['tɪʃuː] *Subst.* Seidenpapier, Papiertaschentuch
titter ['tɪtə] *Subst.* Kichern

toad

toad [təʊd] *Subst.* ZOOL Kröte. Gilt in der abendländischen Tradition als Hexentier und dem mittelalterlichen kirchlichen Verständnis nach neben Schlange und Wurm als teuflisch oder als Zeichen für Wollust und Geiz. Ihr Hautsekret wurde früher (meist zu Unrecht) als giftig angesehen. Gleichwohl hat die Kröte im Volksglauben auch positive Eigenschaften: Sie gilt dort als Schatzhüterin und guter Geist, der das Haus vor Unglück bewahrt, zuweilen auch als unverwundbar. Außerdem soll man Kröten nicht beleidigen oder gar töten, da in ihnen eine „arme Seele" (→ ***ghost***) wohnen könnte. Auch die Alchemie setzt die Kröte mit dem fruchtbaren, dunklen Bodensatz gleich.

toadstool ['təʊdstuːl] *Subst.* ZOOL giftiger, größerer Blätterpilz
toddle ['tɒdl] *V/i.* sich trollen
toe¹ [təʊ] *Subst.* Zehe
toe² [təʊ] *V/t. übertr.* ***toe the line*** spuren, gehorchen
toffee ['tɒfɪ] *Subst.* Sahnebonbon
token ['təʊkən] *Subst.* Zeichen; Andenken
tomb [tuːm] *Subst.* Grab, Gruft
ton [tʌn] *Subst. Maßeinheit* Tonne (*1 brit. Tonne entspricht 1.016 kg*)
tongs [tɒŋz] *Subst. Pl. auch* ***pair of tongs*** Zange
tongue [tʌŋ] *Subst.* Zunge
tongue-tied ['tʌŋtaɪd] *Adj.* sprachlos
toothfloss ['tuːθflɒs] *Subst.* Zahnseide
toothless ['tuːθləs] *Adj.* zahnlos
top [tɒp] *Subst.* Spitze; *Spielzeug*: Kreisel
top-grade [ˌtɒp'greɪd] *Subst.* Bestnote
top hat [ˌtɒp 'hæt] *Subst.* Zylinder(hut)
topic ['tɒpɪk] *Subst.* Thema
topple ['tɒpl] *V/i.* (um)kippen, purzeln
torch [tɔːtʃ] *Subst.* Fackel; Taschenlampe
torch bracket ['tɔːtʃ ˌbrækɪt] *Subst.* Fackelhalterung
torch-lit ['tɔːtʃlɪt] *Adj.* fackelerleuchtet

torment [tɔː'ment] *V/t.* piesaken, quälen

torn [tɔːn] *Part. Perf.* → ***tear***

torpor ['tɔːpə] *Subst.* Erstarrung, Apathie

torrent ['tɒrənt] *Subst.* Sturzbach, reißender Strom; Fontäne

torrential [tɒ'renʃəl] *Adj.* sintflutartig, hinabstürzend

torso ['tɔːsəʊ] *Subst.* Rumpf, Körper

tortoise ['tɔːtəs] *Subst.* ZOOL (Land-) Schildkröte

torture[1] ['tɔːtʃə] *Subst.* Folter, Qual

torture[2] ['tɔːtʃə] *V/t.* quälen, foltern

tosh [tɒʃ] *Subst. brit.* Quatsch, Unsinn

toss [tɒs] *V/t.* (herum)werfen, schleudern

totter ['tɒtə] *V/i.* torkeln, wanken

touchy ['tʌtʃɪ] *Adj.* empfindlich

tournament ['tʊənəmənt] *Subst.* Turnier, Wettstreit

tousle-haired ['taʊzlheəd] *Adj.* mit zerzausten Haaren

tow [təʊ] *Subst.* Schleppen; Schlepptau

tower ['taʊə] *V/i.* (auf)ragen

trace [treɪs] *V/t.* (*Spur*) verfolgen, nachgehen

track[1] [træk] *Subst.* Spur, Pfad; ***track of time*** Zeitgefühl

track[2] [træk] *V/t.* ***track down*** aufspüren

traffic lights ['træfɪk ˌlaɪts] *Subst. Pl.* Ampel

trail[1] [treɪl] *Subst.* Pfad

trail[2] [treɪl] *V/t.* nachschleifen, hinter sich her ziehen

trainers ['treɪnəz] *Subst. Pl.* Turnschuhe

train-tracks ['treɪntræks] *Subst. Pl.* Schienen, Bahngeleise

traipse [treɪps] *V/i. auch* ***trapse*** (dahin)latschen, schlendern

traitor ['treɪtə] *Subst.* Verräter

trample ['træmpl] *V/t.* niedertrampeln

transfiguration [trænsˌfɪgə'reɪʃn] *Subst.* Verwandlung, Verklärung, Gestaltwechsel; z.B. Verwandlung einer Larve in eine Puppe und dann zum Schmetterling. Die Vorstellung, dass Götter oder Naturmächte sich in Tiere oder Pflanzen verwandeln können, haben die Naturreligionen gemeinsam; die Mythen der keltischen Bevölkerung Großbritanniens und Irlands sind besonders reich an Beispielen von Gestaltwechsel von Göttern und Geistern – ob nun Fingal (Finn) von zwei Hunden begleitet wird, die in Wahrheit seine Neffen sind, oder die Göttin des Todes (Bawd oder Morrig'ain) als Rabe übers Schlachtfeld streicht … Verwandlungen eines Stoffes in einen anderen (→ ***alchemy***) oder eines Wesens in ein anderes willkürlich herbeizuführen, ist wesentliches Ziel magischer Praktiken. Gestaltwechsel wie die des → ***werewolf*** oder des Froschkönigs im Märchen hingegen sind auf Fluch zurückzuführen, eine negative Anwendung zauberischer Verwandlungskünste – *Transfiguration* gilt als besonders anspruchsvolle magische Disziplin in Hogwarts und wird von Prof. McGonagall unterrichtet.

transfixed [træns'fɪkst] *Adj. übertr.* wie versteinert, gelähmt

translucent [trænz'luːsənt] *Adj.* durchscheinend, durchsichtig

transmogrify [trænz'mɒgrɪfaɪ] *V/t.* ummodeln

transpire [træn'spaɪə] *V/i.* transpirieren, schwitzen; *übertr.* sich herausstellen, sich ereignen

Transylvania [ˌtrænsɪl'veɪnjə] Transylvanien; (→ ***vampire***)

trap [træp] *V/t.* einsperren; in einer Falle fangen

trapdoor ['træpdɔː] *Subst.* Falltür

trauma ['trɔːmə] *Subst.* Trauma, tiefe seelische Erschütterung

travelling ['trævlɪŋ] *Adj.* unterwegs, auf Reisen; Reise…

travel-worn ['trævlwɔːn] *Adj.* von der Reise zerknittert, vom Reisen abgenutzt

Travers ['trævəz] *Name vgl.* ***traverse*** durchqueren, durchwandern (*Anhänger Lord Voldemorts*)

treachery ['tretʃərɪ] *Subst.* Verrat, Betrug

treacle ['triːkl] *Subst.* KUL Sirup

treacle fudge [ˌtriːkl 'fʌdʒ] *Subst.* KUL *Geleebonbon aus Zuckersirup*

treacle pudding [ˌtriːkl 'pʊdɪŋ] *Subst.* KUL *kuchenartige, sirupgetränkte Mehlspeise*

treacle tart [ˌtriːkl 'tɑːt] *Subst. brit.* KUL *Kuchen mit Sirupüberzug*

tread [tred] *Vt/i.* beschreiten; treten auf

treasure ['treʒə] *Subst.* Schatz

treasured ['treʒəd] *Adj.* geschätzt, gehütet

treasure detector ['treʒə dɪˌtektə] *Subst.* Schatzsucher

treasurer ['treʒərə] *Subst.* Schatzmeister

treat [triːt] *Subst.* Genuss, Vergügen

treble ['trebl] *Subst.* MUS Diskantstimme

tree [triː] *Subst.* Baum; ***be up a tree*** *umgangsspr.* in der Klemme *oder* Patsche sitzen; ***be out of one's tree*** bescheuert sein, einen Knall haben

tree frog ['triː frɒg] *Subst.* ZOOL Baumfrosch, Laubfrosch; ***widemouthed tree frog*** Breitmaulfrosch

Trelawney, Sybill [trɪ'lɔːnɪ, ˌsɪbɪl] *alter Familienname nach einem Ortsnamen in Cornwall*; ***Sybill*** *lat. Sybille, in der röm. Antike Bezeichnung für Wahrsagerinnen (Lehrerin für Weissagung in Hogwarts)*

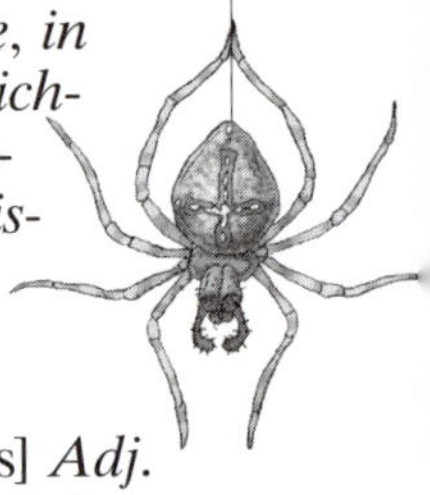

tremble ['trembl] *V/i.* zittern, beben

tremendous [trɪ'mendəs] *Adj.* gewaltig, enorm, kolossal

trench [trentʃ] *Subst.* Graben, Rinne

trepidation [ˌtrepɪ'deɪʃn] *Subst.* Angst, Bestürzung

trespass ['trespəs] *V/i.* eine unerlaubte Handlung begehen, ein Haus *oder* Grundstück unbefugt betreten

trestle bench ['tresl ˌbentʃ] *Subst.* Tisch auf Böcken, Tapeziertisch

trestle table ['tresl ˌteɪbl] *Subst.* Tisch(platte) auf Böcken

Trevor ['trevə] *männl. Vorname, abgeleitet von einem walisischen Ortsnamen (die Kröte von Neville Longbottom)*

trial ['traɪəl] *Subst.* Versuch, Probe, Prüfung; *juristisch*: Prozess, Gerichtsverhandlung; SPORT Qualifikationsspiel

triangular [traɪ'æŋgjʊlə] *Adj.* dreieckig

tricky ['trɪkɪ] *Adj.* heikel, schwierig; *übertr.* aufsässig, durchtrieben, raffiniert

trifle ['traɪfl] *Subst.* Kleinigkeit, Bagatelle; KUL Sahnespeise (*getränkter Biskuit mit Pudding und Sahne*)
trigger ['trɪgə] *V/t.* auslösen
Trimble, Quentin ['trɪmbl, ˌkwentɪn] *Name vgl.* **tremble** zittern; **Quentin** *männl. Vorname* (*Autor einer Einführung in Selbstverteidigung gegen Schwarze Magie*)
trip [trɪp] *V/i.* stolpern, straucheln, fehltreten
tripe [traɪp] *Subst.* KUL Kutteln, Kaldaunen
Triwizard Tournament [ˌtraɪwɪzəd 'tʊənəmənt] *Neubildung vgl. griech. lat.* **tri...** drei; **wizard** Zauberer; **tournament** Turnier, Wettstreit
trod [trɒd] *Prät.* → **tread**

> **troll** [trəʊl] *Subst.* Troll. In der german. Mythologie Sammelbezeichnung gleichermaßen für Zwerge und Riesen beiderlei Geschlechts; manche haben den Charakter niedriger Dämonen. Trolle stammen aus gebirgigen Regionen, wo sie gerne über verirrte Wanderer herfallen. Ihre mangelnde Intelligenz kompensieren sie durch beachtliche Körperkräfte; sie neigen zu Gewalttätigkeit. Trifft sie ein Sonnenstrahl, müssen sie zu Stein erstarren. In Island gibt es eine Felsenlandschaft, wo Konturen versteinerter Trolle gut erkennbar sind.

Troll [trəʊl] *Subst. Sprache der Trolle*
trolley ['trɒlɪ] *Subst.* Karren, (Gepäck)Wagen
trollish ['trɒlɪʃ] *Adj.* koboldartig, garstig
troop [truːp] *V/i.* sich scharen, sich sammeln; **troop out** davonmarschieren, abziehen
trophy ['trəʊfɪ] *Subst.* Trophäe, Auszeichnung
trot [trɒt] *V/i.* trotten, traben
trouble ['trʌbl] *Subst.* Unannehmlichkeit, Last, Plage; **get in trouble** in Schwierigkeiten geraten *oder* bringen
troupe [truːp] *Subst.* Truppe
trowel ['traʊəl] *Subst.* Kelle; Pflanzenheber
Troy [trɔɪ] *Nachname* (*Spieler der irischen Quidditch-Nationalmannschaft beim World Cup*)
trudge [trʌdʒ] *V/i.* trotten
true [truː] *Adj.* wahr
trundle ['trʌndl] *Vt/i.* rollen, kugeln
trunk [trʌŋk] *Subst.* Baumstamm; Schrankkoffer
tub [tʌb] *Subst.* Wanne
tubeworm ['tjuːbwɜːm] *Subst.* ZOOL Erdwurm, Röhrenwurm
tuck [tʌk] *V/t.* verstauen; **tuck in** *umgangsspr.* (*beim Essen*) reinhauen, zulangen; verdrücken
tuffet ['tʌfɪt] *Subst. altertüml.* **tuft** Büschel
tuft [tʌft] *Subst.* Büschel
tufty ['tʌftɪ] *Adj.* buschig, büschelig
Tufty ['tʌftɪ] *Name vgl.* **tufty** buschig (*eine der Katzen von Mrs. Figg*)
tug [tʌg] *V/t.* zerren, ziehen
tumble ['tʌmbl] *V/i.* purzeln, taumeln, sich überschlagen
tumbledown ['tʌmbldaʊn] *Adj.* baufällig, verfallen
tumbler ['tʌmblə] *Subst.* Trinkbecher
tune [tjuːn] *V/t.* (*Instrument*) stimmen; (*Radio*) (den Sender) einstellen
turban ['tɜːbən] *Subst.* Turban
tureen [tjʊ'riːn] *Subst.* Suppen- *oder* Saucen-Terrine

turkey ['tɜːkɪ] *Subst.* Truthahn, Puter; ***roast turkey*** Truthahnbraten

turn [tɜːn] *Subst.* Drehung, Neigung, Wendung, Umdrehung

turncoat ['tɜːnkəʊt] *Subst.* *wörtlich* Wendemantel; *übertr.* Bäumchenwechsle-dich; Wendehals

turnip ['tɜːnɪp] *Subst.* BOT (Steck)Rübe; Zwiebel

turquoise ['tɜːkwɔɪz] *Adj.* türkis

turret ['tʌrɪt] *Subst.* Mauer- *oder* Eckturm

turtle ['tɜːtl] *Subst.* ZOOL (Wasser-)Schildkröte

tussle ['tʌsl] *Subst.* Balgerei, Handgemenge

tut [tʌt] *V/i.* missbilligende Geräusche machen, Missbilligung ausdrücken

twang [twæŋ] *V/i.* klirren, schwirren; (*Sprache*, *Stimme*) näseln

tweak [twiːk] *Subst.* Zwicken, Zupfen

tweezers ['twiːzəz] *Subst. Pl.* Pinzette

twiddle ['twɪdl] *Vt/i.* müßig drehen, spielen mit; ***twiddle one's thumbs*** die Daumen drehen

twig [twɪg] *Subst.* Zweig

twin [twɪn] *Subst.* Zwilling

twinge [twɪndʒ] *V/i.* zwicken, kneifen

twirl [twɜːl] *Subst.* Wirbel, Umdrehung

twist[1] [twɪst] *Subst.* Wendung, Drehung

twist[2] [twɪst] *V/t.* wenden, herumdrehen, verreißen, verzerren

twisted ['twɪstɪd] *Adj.* verdreht

twitch [twɪtʃ] *Vt/i.* zucken, rucken; zupfen

twitchy ['twɪtʃɪ] *Adj.* zuckend

twitter ['twɪtə] *V/i.* zwitschern, tschilpen

tyke [taɪk] *Subst.* *umgangsspr.* Lümmel, Bengel; Lausejunge, Racker

tyre ['taɪə] *Subst. brit.* ***tire*** Reifen

U

ugly ['ʌglɪ] *Adj.* hässlich
umbrella [ʌm'brelə] *Subst.* (Regen-) Schirm
unable [ʌn'eɪbl] *Adj.* unfähig, außerstande
unanswerable [ʌn'ɑːnsərəbl] *Adj.* unbeantwortbar
unbearable [ʌn'beərəbl] *Adj.* unerträglich
unbecoming [ˌʌnbɪ'kʌmɪŋ] *Adj.* ungeziemend, unschicklich
unbiased [ʌn'baɪəst] *Adj.* unvoreingenommen, unparteiisch
unbidden [ˌʌn'bɪdn] *Adj.* unaufgefordert, ungebeten; (*Gast*) ungeladen
unblemished [ˌʌn'blemɪʃt] *Adj.* unversehrt, ohne (sichtbare) Verletzungen; *übertr.* makellos
unbreakable [ʌn'breɪkəbl] *Adj.* unzerbrechlich, unzerstörbar
uncanny [ʌn'kænɪ] *Adj.* unheimlich
uncertain [ʌn'sɜːtn] *Adj.* unsicher
uncoil [ˌʌn'kɔɪl] *V/t.* abwickeln, aufwickeln
uncomfortable [ʌn'kʌmftəbl] *Adj.* unbequem; unbehaglich
unconcern [ˌʌnkən'sɜːn] *Subst.* Sorglosigkeit
unconcerned [ˌʌnkən'sɜːnd] *Adj.* unbeteiligt, nicht betroffen; unbesorgt, unbekümmert
unconscious [ʌn'kɒnʃəs] *Adj.* bewusstlos, ohnmächtig
uncontrollable [ˌʌnkən'trəʊləbl] *Adj.* unkontrollierbar
unconvincing [ˌʌnkən'vɪnsɪŋ] *Adj.* nicht überzeugend, unglaubwürdig
uncork [ʌn'kɔːk] *V/t.* entkorken
unctuous ['ʌŋktʃʊəs] *Adj.* fettig, ölig; *übertr.* salbungsvoll
undaunted [ʌn'dɔːntɪd] *Adj.* unerschrocken
underage [ˌʌndər'eɪdʒ] *Adj.* minderjährig
underdog ['ʌndədɒg] *Subst.* Benachteiligter, Unterlegener
underfed [ˌʌndə'fed] *Adj.* unterernährt
undergrowth ['ʌndəgrəʊθ] *Subst.* Unterholz
undertone ['ʌndətəʊn] *Subst.* ***in an undertone*** mit gedämpfter Stimme, halblaut
undetectable [ˌʌndɪ'tektəbl] *Adj.* unentdeckbar, nicht nachweisbar
undignified [ʌn'dɪgnɪfaɪd] *Adj.* würdelos, unwürdig

undiluted [ˌʌndaɪˈluːtɪd] *Adj.* unverdünnt, unvermischt

undoable [ʌnˈduːəbl] *Adj.* unlösbar, nicht machbar, unmöglich

undoubtedly [ʌnˈdaʊtɪdlɪ] *Adv.* zweifellos

undulate [ˈʌndjʊleɪt] *V/i.* sich wellenförmig bewegen, schlängeln

unease [ʌnˈiːz] *Subst.* Unbehagen, Unwohlsein

uneasy [ʌnˈiːzɪ] *Adj.* unruhig, unbehaglich, ruhelos

uneducated [ʌnˈedjʊkeɪtɪd] *Adj.* ungebildet

unexpected [ˌʌnɪkˈspektɪd] *Adj.* unerwartet

unflattering [ˌʌnˈflætərɪŋ] *Adj.* wenig schmeichelhaft

unfocused [ʌnˈfəʊkəst] *Adj.* ungerichtet, unscharf

unforgivable [ˌʌnfəˈgɪvəbl] *Adj.* unverzeihlich, nicht zu entschuldigen

unfortunate [ʌnˈfɔːtʃənɪt] *Adj.* (*Geschehen*) unglückselig, verhängnisvoll; (*Umstand*) bedauerlich

unfounded [ʌnˈfaʊndɪd] *Adj.* unbegründet, grundlos

unfurl [ʌnˈfɜːl] *V/t.* entrollen, entfalten

ungainly [ʌnˈgeɪnlɪ] *Adj.* unbeholfen, plump

unhinge [ʌnˈhɪndʒ] *V/t.* (*Tür*) aus den Angeln heben; *übertr.* (*Geist*) zerrütten

unicorn [ˈjuːnɪkɔːn] *Subst.* Einhorn. Sagenhaftes Tier, das in Zauberwäldern wohnt und nicht nur im abendländischen und orientalischen Kulturbereich, sondern auch in Japan und China bekannt ist. Dieses mythische Tier ähnelt einem zierlichen (manchmal auch übergroßen) Pferd oder einem weißen Reh mit einem einzelnen, spiralförmig gedrehten Horn auf der Stirn; orientalische Einhörner gleichen mehr einer Ziege. Unter dem Horn ist ein Edelstein, häufig ein Rubin, verborgen. Das Einhorn ist sehr scheu – zwar friedlich, doch nicht zu zähmen – und schenkt nur einer Jungfrau sein Vertrauen. Es verkörpert Reinheit und Unschuld, in der christlichen Ikonographie wird es als Symbol Christi gedeutet. In China ist das Einhorn Bild herrscherlicher Tugenden, als Rahmenfigur des britischen Wappens repräsentiert es Schottland in Gegenüberstellung zum englischen Löwen.

unicorn

unimpressed [ˌʌnɪm'prest] *Adj.* unbeeindruckt
unison ['juːnɪsn] *Subst.* MUS Gleichklang, Unisono; ***in unison*** unisono, einstimmig, gleichzeitig
unite [juː'naɪt] *Vt/i.* vereinigen, sich verbünden
universal [ˌjuːnɪ'vɜːsl] *Adj.* universell, allumfassend
universe ['juːnɪvɜːs] *Subst.* Universum, Weltall, *übertr.* Welt
unkempt [ˌʌn'kempt] *Adj.* zerzaust, verwahrlost
unleash [ʌn'liːʃ] *V/t.* loslassen, freisetzen, entbinden
unless [ʌn'les] *Konj.* wenn nicht …, sofern nicht …
unlikely [ʌn'laɪklɪ] *Adj.* unwahrscheinlich
unnatural [ʌn'nætʃərəl] *Adj.* unnatürlich
unnerve [ˌʌn'nɜːv] *V/t.* nerven, entnerven
unobtrusive [ˌʌnəb'truːsɪv] *Adj.* unauffällig, unscheinbar, unaufdringlich
unperturbed [ˌʌnpə'tɜːbd] *Adj.* gleichmütig, gelassen, unbesorgt
unpleasant [ʌn'plezənt] *Adj.* unerfreulich
unpleasantness [ʌn'plezəntnɪs] *Subst.* Unannehmlichkeit
unplottable [ʌn'plɒtəbl] *Adj.* nicht kartographisch erfassbar
unpopular [ʌn'pɒpjʊlə] *Adj.* unbeliebt
unpredictable [ˌʌnprɪ'dɪktəbl] *Adj.* nicht vorhersagbar, unvorhersehbar
unravel [ʌn'rævl] *Vt/i.* sich lösen; entwirren, entrollen
unrecognisable [ʌn'rekəgnaɪzəbl] *Adj.* nicht wiederzuerkennen
unremarkable [ˌʌnrɪ'mɑːkəbl] *Adj.* unauffällig, unscheinbar
unrestrained [ˌʌnrɪ'streɪnd] *Adj.* uneingeschränkt, ungehindert; (*Gelächter, Weinen*) hemmungslos
unrivalled [ʌn'raɪvəld] *Adj.* konkurrenzlos
unruffled [ʌn'rʌfəld] *Adj.* gelassen, unerschütterlich
unsatisfactory ['ʌnˌsætɪs'fæktərɪ] *Adj.* unbefriedigend, nicht zufriedenstellend, unerfreulich
unscathed [ʌn'skeɪðd] *Adj.* unversehrt
unscrew [ʌn'skruː] *V/t.* aufschrauben, abschrauben
unseal [ˌʌn'siːl] *V/t.* (*Brief*) öffnen, entsiegeln; *übertr.* (*Geheimnis*) enthüllen
unseat [ʌn'siːt] *V/t.* abwerfen
unshaven [ʌn'ʃeɪvən] *Adj.* unrasiert
unspeakable [ʌn'spiːkəbl] *Adj.* unsagbar, unbeschreiblich; unsäglich
unstable [ʌn'steɪbl] *Adj.* labil, instabil
unstick [ˌʌn'stɪk] *V/t.* lösen; ***unstick one's throat*** sich räuspern
unstuck [ˌʌn'stʌk] *Prät., Part. Perf.* → ***unstick***
unsure [ˌʌn'ʃʊə] *Adj.* unsicher
unsurpassable [ˌʌnsə'pɑːsəbl] *Adj.* unübertrefflich
unsurprising [ˌʌnsə'praɪzɪŋ] *Adj.* nicht überraschend
unswerving [ʌn'swɜːvɪŋ] *Adj.* unerschütterlich, unentwegt
untidy [ʌn'taɪdɪ] *Adj.* unordentlich; (*Haare*) strubbelig
untouched [ˌʌn'tʌtʃt] *Adj.* unberührt
untraceable [ˌʌn'treɪsəbl] *Adj.* unauffindbar; unergründlich
untrustworthy [ˌʌn'trʌstˌwɜːðɪ] *Adj.* nicht vertrauenswürdig, verdächtig

unusual [ʌn'juːʒʊəl] *Adj.* ungewöhnlich

unwitting [ʌn'wɪtɪŋ] *Adj.* unwissend; unabsichtlich

unworthy [ˌʌn'wɜːðɪ] *Adj.* unwürdig, nichtswürdig

unwrap [ˌʌn'ræp] *V/t.* auswickeln

unzip [ˌʌn'zɪp] *V/t.* den Reißverschluss öffnen von

upend [ʌp'end] *V/t.* auf den Kopf stellen, umdrehen

uphold [ˌʌp'həʊld] *V/t.* hoch halten, aufrecht halten; *übertr.* aufrechterhalten

uplift [ʌp'lɪft] *V/t.* emporheben; (*Stimmung*) heben

uproar ['ʌprɔː] *Subst.* Aufschrei, Aufruhr

upswing ['ʌpˌswɪŋ] *Subst.* Aufschwung

uptight ['ʌptaɪt] *Adj.* angespannt, nervös

Uranus ['jʊərənəs] *Subst.* Uranus; siebter Planet unseres Sonnensystems mit einem Ringsystem aus fünf Monden. Er ist nach Uranos, („Himmel"), dem ältesten Gott der griech. Mythologie benannt, der zusammen mit Gaia („Erde") die Welt erzeugte; er ist Vater der Titanen und Zyklopen und wurde von seinem Sohn Zeus entmachtet. In der Astrologie gibt die Stellung des Uranus Aufschluss über Individualität und Freiheit.

urge [ɜːdʒ] *V/t.* dringen auf, drängen

urgency ['ɜːdʒənsɪ] *Subst.* Dringlichkeit

Urg the Unclean [ˌɜːg ðɪ ʌn'kliːn] *Name vgl.* ***urgh*** *Laut des Abscheus oder Ekels*; ***unclean*** unrein, schmutzig, ungewaschen (*Goblin-Rebell*)

Uric the Oddball [ˌjʊərɪk ðɪ 'ɒdbɔːl] *Name vgl.* ***oddball*** *umgangsspr.* Exzentriker, Spinner, schräger Vogel (*Zauberer, findet Erwähnung im History of Magic-Unterricht bei Prof. Binns*)

usher ['ʌʃə] *V/t.* geleiten, begleiten, führen

utmost ['ʌtməʊst] *Adj.* äußerste(r, -s), größte(r, -s)

utter[1] ['ʌtə] *Adj.* ausgesprochen, äußerste(r, -s), völlig, komplett

utter[2] ['ʌtə] *V/t.* äußern, ausdrücken; (*Schrei*) von sich geben

V

> **Vablatsky, Cassandra** [və'blætskɪ, kəˌsændrə] *Name*; *vgl.* ***fable*** Märchen, Lüge; **Cassandra**: trojanische Seherin, die nach der Überlieferung der griech. Antike dazu verdammt war, stets die Wahrheit zu weissagen und niemals Glauben zu finden – Autorin eines Lehrbuchs zur Zukunftsdeutung.

vacant ['veɪkənt] *Adj.* frei, unbesetzt

vacuum cleaner ['vækjʊəm ˌkliːnə] *Subst.* Staubsauger

vagrant ['veɪgrənt] *Subst.* Landstreicher

vague [veɪg] *Adj.* verschwommen, nebelhaft, unklar

vain ['veɪn] *Adj.* eitel, eingebildet; (*Drohung*) leer; (*Mühe*) vergeblich, ***in vain*** vergebens, vergeblich

Valentine ['væləntaɪn] Valentinstag (*14. Februar*; *Tag der Liebenden*, *an dem Blumen oder Liebesgrüße verschenkt werden*)

valiant ['vælɪənt] *Adj.* kühn, tapfer, heldenhaft

valuable ['væljʊəbl] *Adj.* wertvoll, kostbar

value[1] ['væljuː] *Subst.* Wert

value[2] ['væljuː] *V/t.* (hoch)schätzen, bewerten

> **vampire** ['væmpaɪə] *Subst.* Vampir. Blut saugender Untoter mit Reißzähnen, der tagsüber in seinem Sarg ruht, bei Nacht jedoch aufsteht und sich vom Blut lebender Menschen ernährt, die durch seinen Biss gleichfalls zu Vampiren werden. Deshalb umgibt den Vampir auch häufig ein Hauch von Tragik, da er keine Schuld an seinem „Laster" trägt. Manche Vampire müssen vor dem ersten Sonnenstrahl ihr schützendes Versteck erreichen, sonst zerfallen sie. Besonders verbreitet sind Vampire der Sage nach in Transylvanien, einer Hochlandregion Rumäniens, in der viele alte Burgen stehen. Das traditionelle Abwehrmittel gegen Vampire sind – neben Weihwasser und dem christlichen Kreuz – Knoblauchknollen; nur durch Pfählen kann ein Vampir getötet werden. Als „Echte Vampire" wird in der Zoologie eine

> Fledermausart bezeichnet, die in Mittel- und Südamerika beheimatet ist und sich von Säugetierblut ernährt.

vanish ['vænɪʃ] *V/i.* verschwinden, sich in Luft auflösen

vanquish ['væŋkwɪʃ] *V/t.* überwältigen, bezwingen

vapour ['veɪpə] *Subst.* Dunst, Dampf

vast [vɑːst] *Adj.* gewaltig, riesig, ausgedehnt

vault[1] [vɔːlt] *Subst.* Gewölbe, Kellergewölbe; Stahlkammer, Tresorraum

vault[2] [vɔːlt] *V/i.* ***vault*** (***over***) springen (über), setzen (über)

vaulted ['vɔːltɪd] *Adj.* gewölbt

Vector, Prof. ['vektə, prəˌfesə] *Name vgl.* ***vector*** Vektor; *mathematische Größe, die durch drei Zahlen festgelegt ist* (*Prof. Vector unterrichtet das Fach Arithmancy in Hogwarts*)

> **Veela** ['viːlə] *Neubildung*; *vgl. slaw.* ***vila***: Vampir, auch Sturm- und Wettergeister der slawischen Kulturen, die Hagel, Wirbelsturm und Regen bringen; davon abgeleitet die *Wilis*, gespenstische Tänzerinnen; in der Kunst des 19. Jh.s oft von ihren Geliebten verlassene Bräute, die aus Gram starben und als Untote in (Vollmond-) Nächten an ihren Liebhabern, aber auch glücklichen Liebenden furchtbare Rache nehmen. *Vgl. auch* ***weal*** *altertüml.* Wohlergehen; ***vilify*** schmähen, verächtlich machen – die *Veela*, die Cheerleaders der bulgarischen Quidditch-Nationalmannschaft. – Sie ähneln den *Sirenen* der Odyssee: Angesichts ihres Singens und Tanzens vergessen die Männer all ihre Ziele und Verpflichtungen, so wie die griechischen Seeleute mit ihren Schiffen gegen die Sirenenfelsen fuhren, wo sie zerschellten.

veer [vɪə] *V/i.* abdrehen, umschwenken; ***veer off course*** vom Kurs abkommen

vegetable garden ['vedʒtəbl ˌgɑːdn] *Subst.* Gemüsegarten

vehicle ['viːɪkl] *Subst.* Fahrzeug

veiled [veɪld] *Adj.* verschleiert, verhüllt; (*Kritik*) versteckt

vein [veɪn] *Subst.* Vene, Ader

velvet ['velvɪt] *Subst.* Samt

vendetta [ven'detə] *Subst. ital.* Rache(feldzug), Blutrache

venerable ['venrəbl] *Adj.* ehrwürdig

vengeance ['vendʒəns] *Subst.* Rache

venom ['venəm] *Subst.* (Schlangen-) Gift; *übertr.* Bosheit, Hass

venomous ['venəməs] *Adj.* (*Schlange etc.*) giftig; *übertr.* giftig, gehässig

vent [vent] *V/t.* (*Emotionen*) Luft machen, rauslassen

ventriloquist [ven'trɪləkwɪst] *Subst.* Bauchredner

venture ['ventʃə] *Vt/i.* riskieren; sich wagen

verbal ['vɜːbl] *Adj.* verbal, mündlich

verdict ['vɜːdɪkt] *Subst.* Urteil, Urteilsspruch

verge [vɜːdʒ] *Subst.* Rand, Grenze

veritable ['verɪtəbl] *Adj.* echt, wahrhaftig

veritaserum [ˌverɪtə'serəm] *Subst.* Wahrheitsdroge; *vgl. lat.* ***veritas*** Wahrheit; *lat.* ***serum*** Molke; → ***potion***

vermin ['vɜːmɪn] *Subst.* Ungeziefer, Schädling

Vernon Dursley [ˌvɜːnən 'dɜːslɪ] *Name* → ***Dursley***

versus ['vɜːsəs] *Präp.* gegen

vestige ['vestɪdʒ] *Subst.* Spur, Überbleibsel

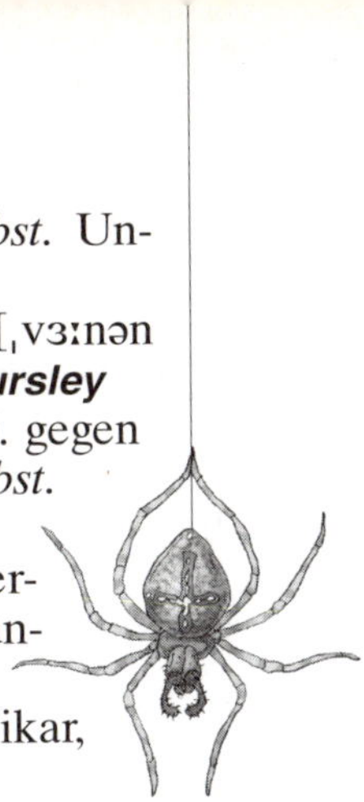

vexed [vekst] *Adj.* verärgert; gequält, beunruhigt

vicar ['vɪkə] *Subst.* Vikar, Pfarrer

vicious ['vɪʃəs] *Adj.* gemein, bösartig, gehässig

victim ['vɪktɪm] *Subst.* Opfer

view [vjuː] *V/t.* (*Liste, Dokument*) einsehen, betrachten; (*Wohnung*) besichtigen

vigilance ['vɪdʒɪləns] *Subst.* Wachsamkeit

vigorous ['vɪgərəs] *Adj.* energisch, kräftig, leidenschaftlich

village ['vɪlɪdʒ] *Subst.* Dorf; ***village square*** Dorfplatz

villain ['vɪlən] *Subst.* Schurke

vindictive [vɪn'dɪktɪv] *Adj.* rachsüchtig, nachtragend

vindictiveness [vɪn'dɪktɪvnɪs] *Subst.* Rachsucht

violent ['vaɪələnt] *Adj.* gewalttätig, gewaltsam; krass

violet ['vaɪəlɪt] *Subst.* BOT Veilchen; ***sugared violet*** kandiertes Veilchen

Viridian, Vindictus [vɪ'rɪdɪən, vɪnˌdɪktəs] *Name vgl.* ***viridity*** grünliches Aussehen (*grün gilt als Farbe des Neides*); ***vindictive*** rachsüchtig, nachtragend (*Autor eines Handbuchs mit dem Titel „Curses and Counter-Curses"*)

virtue ['vɜːtʃuː] *Subst.* Tugend, positive Eigenschaft

visor ['vaɪzə] *Subst.* Visier, Augenschutz

vivacious [vɪ'veɪʃəs] *Adj.* lebhaft, munter

vivid ['vɪvɪd] *Adj.* lebhaft, kräftig; (*Farben*) leuchtend

vociferous [və'sɪfərəs] *Adj.* lärmend, laut(stark)

> **Voldemort, Lord** ['vɒldəmɔːt, ˌlɔːd] *Name; vgl. frz.* ***vol*** Flug, Fliegen; *frz.* ***mort*** Tod – *Lord Voldemort* oder *The Dark Lord*: mächtigster Schwarzmagier (→ ***Dark Arts***) seit Jahrhunderten, gefürchtet von allen, von einigen auch bewundert, Harrys Todfeind.

vole [vəʊl] *Subst.* ZOOL Wühlmaus

Volkov ['vɒlvɒf] *Name vgl. russ.* ***volk*** Wolf; ***...ov*** *russ.* Sohn von ... (*Spieler der bulgarischen Quidditch-Nationalmannschaft beim World Cup*)

volley ['vɒlɪ] *Subst.* Salve

volume ['vɒljuːm] *Subst.* Volumen; Lautstärke; (*Buch*) Band

volunteer [ˌvɒlən'tɪə] *V/i.* sich freiwillig melden

vomit ['vɒmɪt] *Subst.* Erbrochenes, Kotze

Vulchanov ['vʌlkənɒf] *Name vgl.* ***Vulcan*** Vulkan (*nach dem röm. Gott*); ***...ov*** *russ.* Sohn von ... (*Spieler der bulgarischen Quidditch-Nationalmannschaft beim World Cup*)

vulnerable ['vʌlnərɪbl] *Adj.* verwundbar, verletzlich

vulture ['vʌltʃə] *Subst.* ZOOL Geier

W

wacky ['wækɪ] *Adj. umgangsspr.* verrückt

wad [wɒd] *Subst.* Packen, Knäuel; Pfropfen, Knebel

> **Waddiwasi!** ['wɒdɪˌwɒzɪ] *Zauber vgl.* **wad** Pfropfen, Klumpen; ***was*** *Prät. von* ***to be***

waddle ['wɒdl] *V/i.* watscheln

wade [weɪd] *V/i.* waten

Waffling, Adalbert ['wɒflɪŋ, ˌædəlbɜːt] *Name vgl. umgangsspr.* **waffle** quasseln, schwätzen (*Autor eines Lehrbuches über magische Theorie*)

waft[1] [wɑːft] *Subst.* Lufthauch, Brise

waft[2] [wɑːft] *V/i.* wehen, schweben; (*Duft*) strömen

wag [wæg] *Vt/i.* wackeln, wedeln

wage[1] [weɪdʒ] *Subst. meist* **wages** Lohn, Bezahlung

wage[2] [weɪdʒ] *V/t.* ***wage a war against*** Krieg führen gegen

Wagga Wagga [ˌwægə 'wægə] *Name vgl.* **wag** wedeln, wackeln; **waggery** Schelmerei (*von einem Wagga Wagga Werewolf berichtet Gilderoy Lockhart in einem seiner Bücher*)

waggle ['wægl] *Vt/i.* wedeln, wackeln, wippen

wail[1] [weɪl] *Subst.* Heulen, Geheule

wail[2] [weɪl] *V/i.* klagen, jammern, heulen

waistcoat ['weɪskəʊt] *Subst.* Weste, Wams

wake [weɪk] *Subst.* Kielwasser

walkie-talkie [ˌwɔːkɪ'tɔːkɪ] *Subst.* Funkgerät

wallop ['wɒləp] *V/t.* reinhauen, einen Hieb versetzen, verdreschen, verprügeln

walnut ['wɔːlnʌt] *Subst.* BOT Walnuss

walrus ['wɔːlrəs] *Subst.* ZOOL Walross

waltz [wɔːls] *V/i.* Walzer tanzen

wan [wɒn] *Adj.* bleich, fahl

> **wand** [wɒnd] *Subst.* Zauberstab; verwandt mit der (Wünschel-)Rute, dem Stab eines Führers und dem Szepter eines Fürsten, die sich wohl vom Blitzsymbol der alten Wettergottheiten (Zeus, Jupiter, Odin) herleiten. Er ist ein phallisches Symbol und das Komplement zum „weiblichen" Kessel (→ ***cauldron***). Der Zauberstab dient dazu, die kosmische Energie

auf die Erde zu lenken bzw. die magische Energie einer Beschwörung zu bündeln und auf ein Ziel zu konzentrieren. Schamanen, Magier und Medizinmänner aller Kulturen kennen den Zauberstab in der einen oder anderen Form; auch der Stab, an dem sich die heilende Schlange des griech. Medizingotts Äskulap emporwindet, ist eine Art von Zauberstab, ebenso der Stab, mit dem Moses eine Quelle aus dem Felsen schlägt.

wand

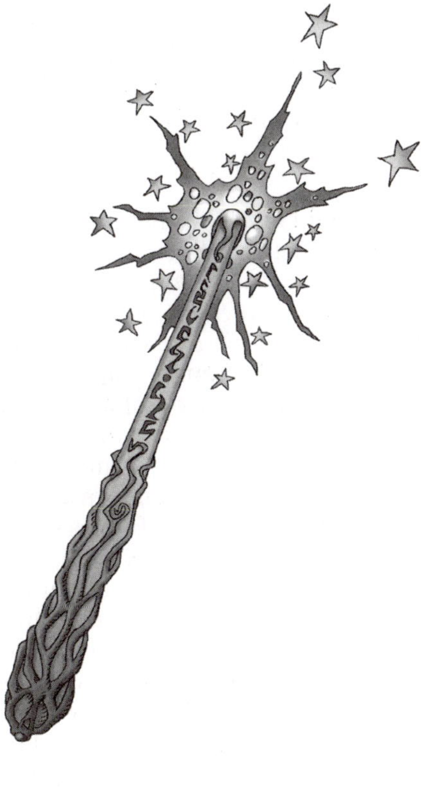

wander ['wɒndə] *V/i.* herumwandern, umherstreifen

wane [weɪn] *V/i.* (*Mond*) abnehmen

wangle ['wæŋgl] *V/t. übertr.* drehen, organisieren

war [wɔː] *Subst.* Krieg

Warbeck, Celestina ['wɔːbek, ˌseləs'tiːnə] *Name vgl.* ***warlock*** Zauberer (*singende Zauberin im Radio*)

ward[1] [wɔːd] *Subst. in Krankenhaus*: Station

ward[2] [wɔːd] *V/t.* abwenden; (*Schlag*) parieren

warlock ['wɔːlɒk] *Subst.* Hexer, Hexenmeister

warming pan ['wɔːmɪŋ pæn] *Subst.* Wärmepfanne

warmth [wɔːmθ] *Subst.* Wärme

warpath ['wɔːpɑːθ] *Subst.* Kriegspfad

warring ['wɔːrɪŋ] *Adj.* sich bekriegend, widerstreitend

Warrington ['wɒrɪŋtən] *Nachname* (*Mitschüler Harrys, Spieler im Slytherin-Quidditch-Team*)

warty ['wɔːtɪ] *Adj.* warzig

wary ['weərɪ] *Adj.* wachsam

wasp [wɒsp] *Subst.* ZOOL Wespe

waspish ['wɒspɪʃ] *Adj. übertr.* giftig, reizbar

wastrel ['weɪstrəl] *Subst.* Taugenichts, Lump, Herumtreiber

water-logged ['wɔːtəlɒgd] *Adj.* vollgesogen, voller Wasser

watersnake ['wɔːtəsneɪk] *Subst.* ZOOL Wasserschlange

water tray ['wɔːtə treɪ] *Subst.* Wasserbehälter

watery ['wɔːtərɪ] *Adj.* wässrig, feucht

wattlebird ['wɒtlbɜːd] *Subst.* ZOOL Klunkervogel

wave [weɪv] *Vt/i.* winken; hin und her bewegen

waxy ['wæksɪ] *Adj.* wächsern

way [weɪ] *Subst.* Weg; ***give way*** Platz machen; *übertr.* nachgeben
waylay [weɪ'leɪ] *V/t. j-m* auflauern
wayside inn [ˌweɪsaɪd 'ɪn] *Subst.* Herberge *oder* Gastwirtschaft an einer Landstraße
weak [wiːk] *Adj.* schwach
wealthy ['welθɪ] *Adj.* wohlhabend, vermögend
weapon ['wepən] *Subst.* Waffe
wear off [ˌweər 'ɒf] *V/i.* sich abnutzen
weary ['wɪərɪ] *Adj.* müde, matt, überdrüssig
weasel ['wiːzl] *Subst.* ZOOL Wiesel; *übertr.* Schleicher, Ratte

Weasley ['wiːzlɪ] *Name*; *vgl.* ZOOL ***weasel*** Wiesel; fortpflanzungsfreudiges, flinkes, bewegliches Nagetier; **Weasley, Arthur**: traditioneller brit. Männername – Vater von Harrys bestem Freund Ron, arbeitet beim *Ministery of Magic* in dem Büro, das *Misuse of Muggle Artefacts* verhindern soll, und hat selbst eine Schwäche für Experimente mit Autos, Elektrosteckern und ähnlichem. **Weasley, Molly**: eine der vielen Sonderformen von *Mary* – Rons Mutter, eine Mutter wie aus dem Bilderbuch. **Weasley, Ron**: Kurzform von *Ronald* – Harrys bester Freund, Gryffindor-Schüler aus demselben Jahrgang; **Weasley, Fred**: Kurzform von *Frederic* – älterer Bruder von Ron, *Beater* im Gryffindor-Quidditch-Team, stets zu Streichen aufgelegt, am liebsten mit seinem Zwillingsbruder George; **Weasley, George**: aus griech. *georgos*: Bauer, alter Männername – älterer Bruder von Ron, *Beater* im Gryffindor-Quidditch-Team, stets zu Streichen aufgelegt, am liebsten mit seinem Zwillingsbruder; **Weasley, Percy**: urspr. *Persi*, Nachname normannischer Barone – Rons älterer Bruder, Gryffindor-*Prefect*, dann *Head Boy*, und sehr von seiner Wichtigkeit überzeugt; **Weasley, Ginny**: Koseform von *Virginia* – Rons ein Jahr jüngere Schwester, Gryffindor-Schülerin und sehr eingenommen von Harry; **Weasley, Bill**: Kurzform von William – erwachsener Bruder, ehemals Hogwarts-Schüler und *Head Boy*, arbeitet nun als *Cursebreaker* in Ägypten; **Weasley, Charlie**: Koseform von *Charles* – erwachsener Weasley-Bruder, ehemals Hogwarts-Schüler und *Captain* des Gryffindor-Quidditch-Team, jetzt Drachenforscher in Rumänien.

weather-beaten ['weðəˌbiːtn] *Adj.* vom Wetter gegerbt
weather-vane ['weðəveɪn] *Subst.* Wetterfahne
weave [wiːv] *Vt/i.* weben, spinnen; flechten; ***weave one's way through*** sich schlängeln *oder* winden durch
webbed [webd] *Adj.* mit Schwimmhäuten versehen
wedding ['wedɪŋ] *Subst.* Hochzeit
wedge [wedʒ] *V/t.* verkeilen, einklemmen
weed [wiːd] *Subst.* BOT Unkraut, Kraut
weedy ['wiːdɪ] *Adj.* voller Unkraut; *übertr.* schwächlich, schmächtig, klapprig
weeny ['wiːnɪ] *Adj.* klein, winzig
weigh [weɪ] *Vt/i.* wiegen

weight [weɪt] *Subst.* Gewicht, Last

weird [wɪəd] *Adj.* seltsam, merkwürdig; unheimlich

weirdo ['wɪədəʊ] *Subst. umgangssspr.* Verrückter, Knaller, Spinner

welfare ['welfeə] *Subst.* Wohlergehen

well [wel] *Subst.* Brunnen, Quelle

wellington boots [ˌwelɪŋtən 'buːts] *Subst. Pl. brit.* Gummistiefel

wend [wend] *V/t.* ***wend one's way to*** sich auf den Weg machen nach

Wendelin the Weird [ˌwendəlɪn ðə 'wɪəd] *Name weibl. Form des mittelalterlichen Namens*; ***weird*** seltsam, merkwürdig; unheimlich (*Hexe, die sich dem Lehrbuch „A History of Magic" zufolge 47 Mal verbrennen ließ*)

> **werewolf** ['weəwʊlf] *Subst.* Werwolf; von ***wer*** (*altengl.* Mann) und ***wolf***: Mann in Wolfsgestalt. Die Vorstellung von der Verwandlung eines Menschen in ein (Jagd)Tier dürfte auf schamanist. Praktiken zurückgehen (es gibt regionale Varianten wie *Wertiger, -bären* oder *-krokodile*); der Werwolfglaube war in ganz Europa verbreitet. Zum Werwolf wird man demnach durch Biss, Vererbung oder Fluch; die Zeiten der Verwandlung unterliegen den Phasen des Mondes und sind sehr schmerzhaft. In seiner menschlichen Existenz erlebt der Werwolf seine Natur als Fluch, bereut Raub und Blutdurst seiner wölfischen Existenz und kann sich doch dem Zwang zur Verwandlung nicht widersetzen; deshalb ist der Werwolf in jüngeren Interpretationen oft eine tragische Gestalt.

werewolf

whack [wæk] *V/t.* heftig schlagen, stoßen

whale [weɪl] *Subst.* ZOOL Wal

whatsoever [ˌwɒtsəʊ'evə] *Adv.* was auch immer

wheedle ['wiːdl] *Vt/i.* schmeicheln; überreden

wheeze[1] [wiːz] *Subst.* Atemstoß, Keuchen; *umgangssspr.* Scherz, Gag, Jux

wheeze[2] [wiːz] *V/i.* keuchen, pfeifend atmen

wheezing waffle [ˌwiːzɪŋ 'wɒfl] *Subst.* albernes Geschwätz

wheezy ['wiːzɪ] *Adj.* pfeifend, asthmatisch

whelk [welk] *Subst.* ZOOL Wellhornschnecke

whiff [wɪf] *Subst.* Hauch, Wölkchen

while[1] [waɪl] *Subst.* Weile, Zeitspanne

while² [waɪl] *Konj.* während
while³ [waɪl] *V/t.* ***while away*** (*Zeit*) vertreiben
whilst [waɪlst] *Konj. poet.* ***while²*** während
whimper¹ ['wɪmpə] *Subst.* Winseln, Wimmern
whimper² ['wɪmpə] *Vt/i.* winseln, wimmern
whine [waɪn] *Vt/i.* quengeln, jaulen, heulen
whip¹ [wɪp] *Subst.* Peitsche
whip² [wɪp] *V/t.* peitschen; reißen, raffen; ***whip round*** sich ruckartig umdrehen
whip-crack ['wɪpkræk] *Subst. auch* ***whipcrack*** Peitschenschnalzen
whipped cream [ˌwɪpt 'kriːm] *Subst.* KUL Schlagsahne
whippy ['wɪpɪ] *Adj.* biegsam, elastisch
whirl [wɜːl] *Vt/i.* wirbeln
whirlpool ['wɜːlpuːl] *Subst.* Sprudelbecken, Whirlpool
whirr [wɜː] *V/i.* schwirren, surren
whisk [wɪsk] *Vt/i.* ***whisk around*** sich herumwerfen; ***whisk away*** (*Decke etc.*) wegreißen; (*Insekt*) verscheuchen
whiskers ['wɪskəz] *Subst. Pl.* Schnurrbarthaare
whiskery ['wɪskərɪ] *Adj.* haarig, stachelig, bartstoppelig
whisper ['wɪspə] *Vt/i.* flüstern, tuscheln
whistle ['wɪsl] *Subst.* (Triller)Pfeife
white-hot [ˌwaɪt'hɒt] *Adj.* weiß glühend
whittle ['wɪtl] *V/t.* schnitzen
whiz [wɪz] *V/i. auch* ***whizz*** zischen, schwirren
whizzbee ['wɪzbiː] *Neubildung vgl.* ***whizz*** sausen, schwirren, zischen; ***bee*** Biene (*Süßigkeit im berühmten Süßwarenladen von Hogsmeade*)
whomp [wɒmp] *Vt/i.* rumsen, bumsen; verdreschen, verprügeln
whoop¹ [wuːp] *Subst.* Freudenschrei
whoop² [wuːp] *Vt/i.* brüllen, schreien, jauchzen
whoosh [wʊʃ] *V/i.* zischen, rauschen
wicked ['wɪkɪd] *Adj.* bösartig, lasterhaft
wickerwork basket [ˌwɪkəwɜːk 'bɑːskɪt] *Subst.* Weidenkorb
widemouthed ['waɪdmaʊðd] *Adj.* breitmäulig; ***widemouthed tree frog*** Breitmaulfrosch
wig [wɪg] *Subst.* Perücke
wiggle ['wɪgl] *V/i. auch* ***wriggle*** schwänzeln, sich schlängeln
wildfire ['waɪldfaɪə] *Subst.* Lauffeuer, Feuersbrunst
Wilkes ['wɪlks] *engl. Familienname* (*Anhänger Lord Voldemorts, getötet von einem Auror*)

willow ['wɪləʊ] *Subst.* BOT Weide(nbaum). Der Weide, die nah am Wasser wächst, wurden schon im griech. Altertum magische Kräfte zugeschrieben, sie war Mondgöttinnen wie Hekate heilig. Im druidischen Baumorakel entspricht die Weide dem 5. Monat und dem 5. Buchstaben des Alphabets, und die Menschenopfer sollen in Weidenkörben dargebracht worden sein (*wickermen*).
Das Wort *willow* entstammt derselben Wurzel wie *wicca* (→ ***witchcraft***). Die Weide ist auch der Nistbaum des Phönix, der Baum der Verzauberung und Weissagung, der Baum der Dichter und der zurückgewiesenen Liebenden.

willow-pattern ['wɪləʊˌpætən] *Subst.* Weidenmuster (*traditionelles blauweißes Dekor chinesischen Teegeschirrs*)

Wimbourne Wasps [ˌwɪmbɔːn 'wɒsps] *Name klingt wie* **win-born** zum Siegen geboren; **wasp** Wespe (*bekanntes Profi-Quidditch-Team, für das Ludo Bagman Beater spielte*)

Wimple, Gilbert ['wɪmpl, ˌgɪlbət] *Name vgl.* **wimple** Nonnenschleier; **Gilbert** *männl. Vorname aus dem Altfrz.* (*Zauberer im Committee of Experimental Charms, der seine magischen Neuentwicklungen im Selbsttest prüft*)

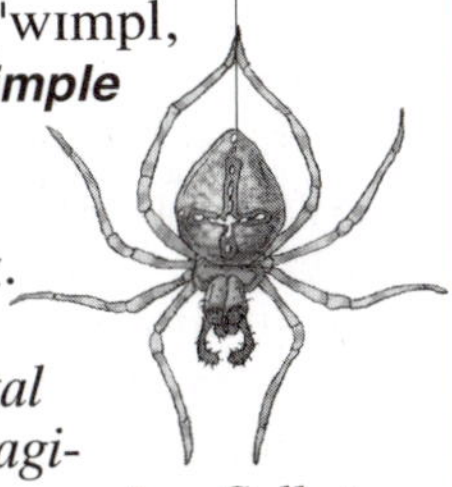

wince [wɪns] *V/i.* zusammenzucken, schaudern

windfall ['wɪndfɔːl] *Subst.* unverhofftes Geschenk, unerwarteter Gewinn

window-latch ['wɪndəʊlætʃ] *Subst.* Schnappriegel, Fensterverschluss

window-ledge ['wɪndəʊledʒ] *Subst.* Fenstersims, Fensterbrüstung

window-sill ['wɪndəʊˌsɪl] *Subst.* Fensterbrett

windscreen ['wɪndskriːn] *Subst.* Windschutzscheibe

windswept ['wɪndswept] *Adj.* windzerzaust, windgepeitscht

Wingardium Leviosa! [wɪnˌgɑːdɪəm ˌliːvɪ'əʊzə] *Zauber vgl.* **wing** Flügel; **guard** hüten, wachen, bewachen *lat.* **levis** leicht

winged [wɪŋd] *Adj.* geflügelt. Geflügelte Pferde wie der Pegasus oder Hippogriff, geflügelte Löwen wie der Sphinx oder Greif, geflügelte Eber, Cherubim und allerhand mehr geflügelte Fabelwesen, magische Vögel wie der Phönix, nachtsichtige Flügelwesen wie Eule und Fledermaus, geflügelte Feen und kleine Kinder bevölkern die Mythologien verschiedener Kulturen. Diese Bilder verleihen der menschlichen Sehnsucht nach Aufhebung der Schwerkraft Ausdruck, sie stehen für Begeisterung, für den Eintritt in einen geistigen, überirdischen oder göttlichen Bereich.

wing mirror ['wɪŋ ˌmɪrə] *Subst.* Seitenspiegel, Außenspiegel

wink [wɪŋk] *V/i.* blinzeln, zwinkern; *übertr.* ein Auge zudrücken

Winky ['wɪŋkɪ] *Name vgl.* **wink** blinzeln, zwinkern, ein Auge zudrücken (*Hauself bei Barty Crouch*)

wintry ['wɪntrɪ] *Adj.* winterlich

wire [waɪə] *Subst.* Draht(geflecht), Kabel

wireless ['waɪələs] *Subst. altertüml.* Rundfunk

wiry ['waɪərɪ] *Adj.* drahtig

wise [waɪz] *Adj.* weise, erfahren, gut unterrichtet

wishy-washy ['wɪʃɪˌwɒʃɪ] *Adj.* saft- und kraftlos, lasch; (*Gespräch*) seicht

wisp [wɪsp] *Subst.* Fetzen, Wölkchen

wispy ['wɪspɪ] *Adj.* schmächtig, dünn

wistful ['wɪstfəl] *Adj.* wehmütig, sehnsüchtig

wit [wɪt] *Subst. auch* ***wits*** Intelligenz, Verstand; Köpfchen; ***out of one's wits*** von Sinnen, verrückt
witch [wɪtʃ] *Subst.* Hexe, Zauberin

witchcraft ['wɪtʃkrɑːft] *Subst.* Hexerei, Hexenkunst. Bezeichnung für übernatürliche Kräfte, urspr. positiv oder wertneutral für heil- und kräuterkundige Menschen mit besonderen spirituellen Gaben, später verknüpft mit der Vorstellung eines Teufelspakts.
Das Wort ***witch*** Hexe, Zauberin, ist verwandt mit dem german. Wortstamm von „weihen", wahrscheinlich auch mit *victim*: (religiöses) Opfer; *vgl.* altengl. ***wicca*** Zauberer, ***wicce*** Hexe, Zauberin; später ***wicked*** verflucht, verdammt.
Folgende Gaben zählte man zur Hexenkunst: die Fähigkeit, sich unsichtbar zu machen oder andere Gestalten anzunehmen (→ ***transfiguration***), Weissagung (→ ***divination***), Unverwundbarkeit, Kenntnis von Drogen und Heilmitteln, von Zaubersprüchen und Flüchen, die Macht über Liebe, Fruchtbarkeit und Tod und die Gabe, das Wetter zu beeinflussen.

wither ['wɪðə] *V/i.* welken, verdorren, vertrocknen, austrocknen
witness ['wɪtnɪs] *Subst.* Zeuge

Wit-Sharpening-Potion ['wɪtˌʃɑːpənɪŋ'pəʊʃn] *Zauber vgl.* ***wit*** Intelligenz, Verstand; Köpfchen; ***sharpen*** schärfen; ***potion*** Trank, Gebräu

witty ['wɪtɪ] *Adj.* witzig, geistreich
wiv [wɪv] *umgangsspr. für* ***with*** mit
wizard ['wɪzəd] *Subst.* Zauberer, Hexenmeister

wizard

wizardry ['wɪzədrɪ] *Subst.* Zauberei, Magie; urspr. im Sinne von Wissen, Weisheit – im Gegensatz zu *sorcery*, was einen negativen Beiklang hat(te); eindeutig negativ war ***warlock*** Hexer, Hexenmeister; urspr.: Meineidiger, Verräter, Betrüger; auch Bezeichnung für den Teufel; dann: böser Zauberer, Schwarzmagier; **wizard:** Zauberer, Hexenmeister; abgeleitet von *wise* weise; urspr. Bezeichnung für ei-

nen weisen Mann oder Philosophen. Bedingt durch das Bild der Hexe im Märchen, wo sie häufig als unansehnliches altes Weib überliefert wird (im Englischen steht dafür der Begriff → ***hag***), verbindet man mit Hexenkunst eine archaische Form des Zaubers, vor allem Kräutertränke, Viehzauber und weitere Formen von Naturmagie.
Wizardry hat im Gegensatz dazu einen kultivierteren, „wissenschaftlicheren" Anstrich und steht assoziativ in Verbindung mit Künsten wie der Astrologie (→ ***astronomy***) und der Alchemie (→ ***alchemy***), die aus den Anfängen der Naturwissenschaft stammen.

wizened ['wɪzənd] *Adj.* verhutzelt, verschrumpelt

wobble[1] ['wɒbl] *Subst.* Wackeln, Schlingern

wobble[2] ['wɒbl] *V/i.* wabbeln, wackeln; schwanken, taumeln, schlottern

woe[1] [wəʊ] *Subst.* **woe betide you if ...** *poet.* wehe dir, wenn ...

woe[2] [wəʊ] *Ausruf* wehe, ach

woebegone ['wəʊbɪgɒn] *Adj.* jammervoll, vergrämt, verwahrlost

woeful ['wəʊfəl] *Adj.* erbärmlich, jämmerlich

wolf [wʊlf] *V/t.* verschlingen, runterschlingen

wolfsbane ['wʊlfsbeɪn] *Subst.* BOT Eisenhut, Aconitum; Hahnenfußgewächs, zahlreiche Arten, blau, weiß oder gelb blühende Staude; die Wurzeln (Akonit-Knollen oder Teufelswurzeln) enthalten halluzinationsfördernde Alkaloide und sind hochgiftig (→ ***monkshood***). **Wolfsbane Potion**: *vgl.* ***wolf*** Wolf; ***bane*** Verderben, Ruin, Gift – spezieller, erst kürzlich entwickelter Zaubertrank, zubereitet von Prof. Snape.

wolverine ['wʊlvəriːn] *Subst.* *US* ZOOL Vielfraß

wonky ['wɒŋkɪ] *Adj.* *umgangsspr.* wacklig

wood [wʊd] *Subst.* Wäldchen, Unterholz

wood-nymph ['wʊdnɪmf] *Subst.* Wald-Nymphe; → ***nymph***

wood-panelled ['wʊdˌpænld] *Adj.* holzgetäfelt

woolly ['wʊlɪ] *Adj.* wollig, flaumig; *übertr.* unklar, wirr, verschwommen, nebulös

Wormtail ['wɜːmteɪl] *Name* *vgl.* ***worm*** Wurm; ***tail*** Schwanz (*Deckname eines der Autoren der Marauder's Map, des magischen Lageplans von Hogwarts; Vertrauter von Lord Voldemort*)

wormwood ['wɜːmwʊd] *Subst.* BOT Wermut, auch Absinthpflanze. Duftender, gelb blühender Strauch, wächst in Trockenregionen, enthält ein ätherisches Öl mit einem giftigen Wirkstoff, das als Bitterstoff, gegen Wurmbefall und zur Herstellung des alkoholischen Getränks Absinth benutzt wurde, das zahlreiche Todesopfer forderte und mittlerweile verboten ist.

worry[1] ['wʌrɪ] *Subst.* Sorge, Kummer, Kümmernis

worry[2] ['wʌrɪ] *Vt/i.* sich sorgen, Sorgen machen

worthless ['wɜːθləs] *Adj.* wertlos

worthy ['wɜːðɪ] *Adj.* *umgangsspr.* würdig, wert

woss [wɒs] *umgangsspr. für* ***what is***

woven ['wəʊvn] *Parf. Perf* → ***weave***

wrap [ræp] *V/t.* einwickeln, einhüllen; ***wrap up*** zu Ende bringen

wrapping ['ræpɪŋ] *Subst.* Umhüllung, Hülle

wrath [rɒθ] *Subst.* Grimm, Wut

wrathful ['rɒθfəl] *Adj.* zornentbrannt, wutentbrannt

wreak [riːk] *V/t.* ***wreak havoc*** verheerenden Schaden anrichten

wreath [riːθ] *Subst.* Kranz, Girlande

wrench[1] [rentʃ] *Subst.* Ruck, Drehung; MED Verrenkung, Verstauchung

wrench[2] [rentʃ] *V/t.* (los)reißen, aus der Hand winden; ***wrench one's way*** sich den Weg erkämpfen

wrestle ['resl] *Vt/i.* ringen, einen Ringkampf liefern

wrestling match ['reslɪŋ mætʃ] *Subst.* Ringkampf

wretched ['retʃɪd] *Adj.* elend, miserabel

wriggle ['rɪgl] *V/i.* zappeln, schlängeln, sich (heraus)winden

wriggly ['rɪglɪ] *Adj.* sich ringelnd, schlängelnd

wrist [rɪst] *Subst.* Handgelenk

wristwatch ['rɪstwɒtʃ] *Subst.* Armbanduhr

writhe [raɪð] *V/i.* sich krümmen, sich winden

wrong [rɒŋ] *Adj.* falsch; ***go wrong*** schief gehen

Wronski Feint [ˌrɒnskɪ 'feɪnt] *Subst.* *vgl.* ***feint*** Finte, Täuschungsmanöver, Scheinangriff.
Kriegerische Taktiken und Strategien wurden in der Geschichte häufig nach Feldherren benannt und tragen auch im Sport oft den Namen desjenigen, der sie zuerst mit Erfolg eingesetzt hat – Taktik im Quidditch, von Hermione irrtümlich als *Wonky Faint* bezeichnet, *vgl.* ***wonky*** wackelig, ***faint*** Ohnmacht.

wrought iron [ˌrɔːt'aɪən] *Subst.* Schmiedeeisen

wrought-iron [ˌrɔːt 'aɪən] *Adj.* schmiedeeisern

wry [raɪ] *Adj.* verzerrt, schief

yak [jæk] *Subst.* ZOOL Yak (*asiatisches Wildrind mit zottigem Pelz und gewaltigen Hörnern*)

yank [jæŋk] *V/t.* ziehen, zerren

yard [jɑːd] *Subst.* Hof, Hinterhof

yawn [jɔːn] *V/i.* gähnen

yearn [jɜːn] *V/i.* ***yearn for*** sich sehnen nach, Verlangen empfinden nach, herbeisehnen

yell[1] [jel] *Subst.* Schrei

yell[2] [jel] *V/i.* schreien, brüllen

yellow-bellied ['jeləʊˌbelɪd] *Adj.* gelbbäuchig

yelp[1] [jelp] *Subst.* Jaulen, Aufschrei

yelp[2] [jelp] *V/i.* kläffen, jaulen

yeoman ['jəʊmən] *Subst. brit.* Freisasse, kleiner Gutsbesitzer

yeti ['jetɪ] *Subst.* Yeti. Sagenhafter Schneemensch aus dem Himalaya; geheimnisvolles Wesen zwischen Mensch und Affe, in dem ein überlebender Urmensch vermutet wird.
Verschiedene wissenschaftliche Expeditionen wurden unternommen, konnten den Yeti aber bislang nicht aufspüren.

yew tree ['juː triː] *Subst.* BOT Eibe (*Taxus*). Dunkelgrün glänzender Nadelbaum mit rötlichen Beeren, der gerne auf Friedhöfen gepflanzt wird; Nadeln und Samen enthalten hochgiftige Alkaloide. Eibenbäume können bis zu 1000 Jahren alt werden.

yield [jiːld] *Vt/i.* liefern, gewähren; bereithalten, enthalten; nachgeben, sich fügen, sich unterwerfen

Yorkshire pudding [ˌjɔːkʃə 'pʊdɪŋ] *Subst.* KUL *traditionsreiches Gericht aus dem engl. Nordosten: gebackener Eierteig, der zum Rinderbraten gegessen wird*

You Know Who → ***name***; → ***Voldemort, Lord***

yowl [jaʊl] *V/i.* jaulen, heulen

Yule [juːl] *Subst.* Julfest (*der 24. Dezember, der in England noch kein richtiger Weihnachtstag ist. Ein Brauch für diesen Tag ist das rituelle Einbringen von Brennholz für die Feiertage,* ***Yule Log****, bes. im Nordwesten Englands und in Schottland*)

Z

zero ['zɪərəʊ] *Subst.* Null

Zograf ['zəʊgrɑːf] *Name* (*Spieler der bulgarischen Quidditch-Nationalmannschaft beim World Cup*)

zombie ['zɒmbɪ] *Subst.* Zombie, Untoter; abgeleitet von dem Kongo-Wort *zumbi*: Fetisch, geknechteter Geist. Ein Zombie ist eine zu künstlichem Leben erweckte Leiche, die zwar körperlich aktionsfähig ist, deren Persönlichkeit und Gefühle jedoch tot sind. Afrikanische oder haitianische Voodoo-Zauberer erwecken Zombies, die dann als willenlose Werkzeuge ihren Wünschen dienen.

Zonko's Joke Shop [ˌzɒŋkəʊz 'dʒəʊk ʃɒp] *Name vgl. umgangsspr.* **zonked** zugedröhnt (*mit Alkohol oder Drogen*) (*Scherzartikelladen in Hogsmeade*)

zoom [zuːm] *Vt/i.* sausen; (*Fotomotiv*) heranholen

Anhang

Aktualisierter Ergänzungswortschatz

A

Abbott, Hannah ['æbət, 'hænə] *Name; entstanden aus dem Rufnamen für Angestellte im Haushalt eines Abtes;* ***Hannah****: aus hebräisch* **hannah** von Gott Begünstigte, *als Name der Mutter Mariens mit dem Christentum weit verbreitet; besonders beliebt im ländlichen Irland – Hufflepuff-Vertrauensschülerin in Harrys Jahrgang*

Abercrombie, Euan [ˌæbə'krɒmbɪ, 'juːən] *Name; abgeleitet von einem Ortsnamen in Fife, Schottland;* ***Euan*** *männl. bes. schott. Vorname, auch* ***Evan*** *geschrieben; entspricht dem englischen John, also* Johannes

Abraxan horse [ə'bræksənˌhɔːs] *Neubildung vgl. griech.* ***Abrax*** *eines der beiden Pferde der griech. Göttin der Morgenröte;* **horse** Pferd; vgl. auch ***abraxas*** *mystische oder magische Formel (die Summe aus den Zahlenwerten der Buchstaben im griech. Alphabet ergibt 365, die Zahl der Tage im Jahr); auch Gottheit der Gnosis (Sammelbegriff für geheime Weisheitslehren ab dem 2. Jh. nach Christus, in die griech. und orientalische philosophische Überlieferungen einflossen; sie bildet eine geistige Grundlage für die →* ***alchemy*** *S. 18)* – geflügeltes magisches Pferd

Accidental Magic Reversal Squad [ˌæksɪ'dentl 'mædʒɪk rɪ'vɜːsl skwɒd] *Neubildung vgl.* ***accidental*** versehentlich; ***magic*** Magie; ***reversal*** Aufhebung; Umkehrung; ***squad*** Kommando; Dezernat – *Abteilung im* ***Ministry of Magic***

accommodating [ə'kɒmədeɪtɪŋ] *Adj.* entgegenkommend

accord [ə'kɔːd] *Subst.* ***of one's own accord*** aus freien Stücken, freiwillig

accursed [ə'kɜːsɪd] *Adj.* verflucht, verwünscht

accusatory [ə'kjuːzətərɪ] *Adj. Blick*: anklagend, vorwurfsvoll

accustom [ə'kʌstəm] *V/t.* gewöhnen; ***be accustomed to s.th.*** an etwas gewöhnt sein; ***get accustomed to s.th.*** sich an etwas gewöhnen

acne ['æknɪ] *Subst.* MED Akne

acquit [ə'kwɪt] *V/t.* ***acquit o.s. well*** seine Sache gut machen, sich gut schlagen

Acromantula [ˌækrəʊ'mæntjʊlə] *Neubildung vgl.* ***acro-*** *griech.* äußerst, höchst; ***manteia*** *griech.* Vorhersage, Weissagung; ***tarantula*** ZOOL Tarantel, Wolfsspinne – *riesige, spinnenartige magische Wesen, die sprechen können.*

admonitory [əd'mɒnɪtərɪ] *Adj.* ermahnend

aerial ['eərɪəl] *Subst.* Antenne

afar [ə'fɑː] *Adv.* ***from afar*** aus der Ferne, aus der Distanz

age-blackened ['eɪdʒˌblækənd] *Adj.* mit der Zeit schwarz geworden

airing ['eərɪŋ] *Subst.* Lüftung, Lüften; ***airing cupboard*** Trockenschrank

all-clear [ɔːl'klɪə] *Subst.* Entwarnung; grünes Licht

alleyway ['ælɪweɪ] *Subst.* Durchgang

all-time ['ɔːltaɪm] *Adj.* aller Zeiten

amphitheatre ['æmfɪ'θɪətə] *Subst.* Amphitheater

Angelina → ***Johnson***

angry ['æŋrɪ] *Adj.* böse, verärgert; MED entzündet, schlimm → ***weal***

answer ['ɑːnsə] *V/t.* antworten; ***answer to s.o.*** sich j-m gegenüber verantworten, j-m Rechenschaft ablegen

Anti-Disapparation Jinx ['æntɪ ˌdisəpə'rɪʃən dʒɪŋks] *Zauber vgl. griech.* ***anti-*** Gegen-; ***disapparate*** verschwinden, sich in Luft auflösen; ***jinx*** verhexen, *hier* Hexspruch, Zauber

anti-theft device [ˌæntɪ'θeftˌdɪvaɪs] *Subst.* Anti-Diebstahls-Vorrichtung

appaling [ə'pɔːlɪŋ] *Adj.* entsetzlich

apparition test [ˌæpə'rɪʃən test] *Neubildung vgl.* ***apparition*** (unerwartetes) Erscheinen; *von* ***apparere*** *lat.* zum Vorschein kommen, sichtbar werden, erscheinen; ***test*** Prüfung

Apparation Test Centre [ˌæpə'rɪʃən test 'sentə] *Neubildung vgl.* ***apparition*** unerwartetes Erscheinen, Erscheinung; ***test*** Probe, Versuch, Prüfung; ***centre*** Zentrale, Hauptstelle – *Abteilung im* ***Ministry of Magic***

appoint [ə'pɔɪnt] *V/t.* ernennen; einstellen

apprehend [ˌæprɪ'hend] *V/t.* festnehmen; *förmlich*: befürchten

apprehension [ˌæprɪ'henʃən] *Subst.* Besorgnis, Befürchtung, Vorahnung

aptitude ['æptɪtjuːd] *Subst.* Begabung, Talent

Aquavirius Maggot [ˌækwə'vaɪrɪəs 'mægət] *Neubildung vgl. lat.* ***aqua*** Wasser ***aquarius*** Wassermann (*Tierkreiszeichen*); ***virus*** (*lat.*) Schleim, Gift, Geifer; ***maggot*** ZOOL Made, Larve; *übertr.* Schrulle, Grille, launiger Einfall – *im Wasser lebende magische Wesen*

archway ['ɑːtʃweɪ] *Subst.* Torbogen

arse [ɑːs] *Subst. vulgär* Arsch; ***be a real pain in the arse*** einem gewaltig auf den Sack gehen

ask [ɑːsk] *V/t.* fragen, bitten; ***ask s.o. to do s.th.*** j-n darum bitten, etwas zu tun; ***ask s.o. out*** j-n einladen, j-n ausführen (wollen)

aspersion [əs'pɜːʃən] *Subst.* Verleumdung, Verunglimpfung

assault [ə'sɔːlt] *Subst.* Angriff

assiduous [ə'sɪdjʊəs] *Adj.* beharrlich, gewissenhaft

assorted [ə'sɔːtɪd] *Adj.* gemischt, verschiedenartig

Auror Headquarters ['ɔːrə 'hedˌkwɔːtəz] *Neubildung vgl.* ***auror*** *S.*

24; ***headquarters*** Zentrale – *Abteilung im* ***Ministry of Magic***

Auto-Answer Quill ['ɔːtəʊɑːnsəˌkwɪl] *Neubildung vgl. griech.* ***auto-*** selbst-, von selbst; ***answer*** Antwort, Beantwortung; ***quill*** Feder(kiel)

aware [ə'weə] *Adj.* ***be aware of s.th.*** sich einer Sache bewusst sein; ***not that I'm aware of*** nicht dass ich wüsste

awry [ə'raɪ] *Adj.* schief; ***go awry*** (*Person*) sich irren; (*Sache*) daneben gehen

B

Babbling Beverage ['bæblɪŋ 'bevərɪdʒ] *Zaubertrank vgl.* ***babble*** stammeln, lallen, plappern, schnattern, schwatzen; ***beverage*** Getränk, Trank

back [bæk] *Subst.* Rücken; Rückseite, Hinterseite; ***push s.th. to the back of one's mind*** etwas verdrängen

backfire[1] [ˌbæk'faɪə] *V/i.* (*Auto*) eine Fehlzündung haben; *übertr.* (*Plan*) ins Auge gehen

backfire[2] ['bækfaɪə] *Subst. von Auto*: Fehlzündung

Bagnold, Millicent ['bægnəʊld, 'mɪlɪsənt] *Name*; *vgl.* ***bag*** Sack, Beutel, Tasche; ***Millicent*** *gebräuchlicher weibl. Vorname von german.* ***amal*** arbeitsam, ***suintha*** stark; *verbreitet bei Langobarden und Burgundern, in der frz. Form* ***Melisent*** *im 12. Jh. nach England importiert – Vorgängerin von Cornelius →* ***Fudge*** *als* ***Minister of Magic***

bait[1] [beɪt] *Subst.* Köder

bait[2] [beɪt] *V/t.* mit einem Köder versehen; ködern; *mit Hunden*: hetzten, jagen; quälen

baldly ['bɔːldlɪ] *Adv.* unumwunden, geradeheraus

ballistic [bə'lɪstɪk] *Adj.* ballistisch; ***go ballistic*** *umgangsspr.* austicken, ausrasten

balmy ['bɑːmɪ] *Adj. Wetter*: mild

ban [bæn] *V/t.* verbieten

Ban on Experimental Breeding ['bæn ɒn ɪk'sperɪməntl 'briːdɪŋ] *Neubildung vgl.* ***ban*** Bann, Acht, Verbannung; amtliches Verbot; ***experimental*** Versuchs-, experimentell; ***breeding*** Fortpflanzung, Züchtung, Aufzucht

bargain on [ˌbɑːgɪn'ɒn] *V/t.* rechnen mit, gefasst sein auf

bark [bɑːk] *Subst. von Baum*: Rinde, Borke

barking ['bɑːkɪŋ] *Adj. auch* ***barking mad*** *umgangsspr.* völlig durchgeknallt

Barnabas the Barmy ['bɑːnəbəs ðə 'bɑːmɪ] *Name; männl. Vorname aramäisch/hebräisch/griechisch* Sohn der Prophezeiung *oder* des Trostes; HIST *Zeitgenosse Christi, Vermittler zwischen Paulus und den Uraposteln;* ***barmy*** *brit. umgangsspr.* verdreht, blöde, schwachsinnig – *seine Statue steht auf einem der Korridore in Hogwarts*

Barnsley ['bɑːnsleɪ] *Name; Ortsname in Gloucester, in Shropshire und in der entsprechend benannten Region* ***Barnsley****; die Endung* ***-ley*** *oder* ***-leigh*** *bezeichnet ein waldiges Gelände, eine Lichtung oder eine Weide*

barter ['bɑːtə] *V/t.* (*Sammlerobjekte*) tauschen

Baruffio's Brain Elixir [bə'rʌfɪəs ˌbreɪn ɪ'lɪksə] *Name; vgl. ital.* ***baruffa*** Rauferei, Schlägerei, Zank; ***brain*** Gehirn, Verstand; ***elixir*** Elixir, Zauber-, Heiltrank

basic ['beɪsɪk] *Adj.* elementar; ***basic facts*** Grundlagen

Basic Blaze Box ['beɪsɪk 'bleɪz bɒks] *Neubildung vgl.* ***basic*** elementar; ***blaze*** (lodernde) Flamme, helles *oder* loderndes Feuer, ***box*** Kiste, Schachtel, Box – *Artikel aus dem Sortiment der Weasley-Zwillinge*

basics ['beɪsɪks] *Subst. Pl.* Grundlagen, Basiswissen

Bat Bogey Hex [bæt'bəʊgɪ ˌheks] *Zauber vgl.* ZOOL ***bat*** Fledermaus; ***bogey*** Nasenpopel; ***hex*** Zauberspruch, Verwünschung, Fluch

battle fumes ['bætlfjuːmz] *Subst. Pl.* Pulverdampf

bay[1] [beɪ] *Subst.* Bucht

bay[2] [beɪ] *Subst. von Hundemeute*: Gebell; ***be at bay*** *übertr.* in die Enge getrieben sein

bear down [beə'daʊn] *V/t.* zu Boden drücken

beeline ['biːlaɪn] *Subst.* ***make a beeline for s.o.*** *umgangsspr.* schnurstracks auf j-n zugehen

befoul [bɪ'faʊl] *V/t.* besudeln; verpesten

begone! [bɪ'gɒn] *Ausruf* fort!

Bellatrix → ***Lestrange***

bell jar ['beltʃɑː] *Subst.* Glasglocke, Vakuumglocke

bellow ['beləʊ] *V/i.* brüllen

belt [belt] *Subst.* Gürtel; ***be way below the belt*** *übertr.* weit unter der Gürtellinie sein

berate [bɪ'reɪt] *V/t.* ausschimpfen

berk [bɜːk] *Subst. umgangsspr.* Idiot, Trottel

besmirch [bɪ'smɜːtʃ] *V/t.* besudeln beschmutzen; *übertr.* in den Schmutz ziehen

Bethnal Green [ˌbeθnəl 'griːn] *Name; Bezirk im Osten von Central London*

betray [bɪ'treɪ] *V/t.* verraten, im Stich lassen

betrayal [bɪ'treɪəl] *Subst.* Verrat

bid[1] [bɪd] *Subst.* Gebot; Versuch; ***make a bid for power*** nach der Macht greifen

bid[2] [bɪd] *V/t.* bieten; *Gruß* entbieten; ***bid s.o. goodbye*** j-m auf Wiedersehen sagen, sich von j-m verabschieden

big deal! ['bɪg'diːl] *umgangsspr. Ausruf*: na und?

bilge [bɪldʒ] *Subst. brit. umgangspr.* Schwachsinn, Quatsch

bin [bɪn] *V/t. umgangsspr.* wegwerfen
bite [baɪt] *Subst.* Biss; *von Nahrung*: Bissen, Happen; ***give s.o. a second*** *oder* ***another bite*** j-m eine zweite Chance geben
blab [blæb] *V/t. etwas* ausplaudern

> **Black** [blæk] *Name; gängiger Nachname, der ursprünglich eine dunkelhaarige oder -häutige Person bezeichnet haben mag (altengl.* ***blæc*** *mit kurzem Vokal),* also „Schwarz"; ***Sirius***: *auf Deutsch im Volksmund* „Hundsstern" *genannt, der hellste Stern am nächtlichen Himmel im Sternbild „Großer Hund" – Schulfreund von James und Lily Potter und Harrys Pate, der sich in einen Hund verwandeln kann;* → ***padfoot*** *S. 149;* ***Alphard*** *männl. Vorname german. Ursprungs, altengl.* ***ælf*** Elfe ***hærd*** hart, stark; ***Elladora*** *weibl. Vorname, wahrscheinlich aus* ***Ella****, einem Namen französischen Ursprungs aus der Normannenzeit, der auch als Kurzform für* ***Eleanor*** *oder* ***Isabella*** *verwendet wird, und* ***Dora****, einer Kurzform des verbreiteten Namens Dorothy – Tante von Sirius.* ***Regulus*** *vgl. lat.* ***regulus*** kleiner König; *Stern im Tierkreiszeichen des Löwen – Sirius' Bruder.*

blacken ['blækən] *Vt/i.* schwärzen, schwarz machen, schwarz werden; ***his left eye is blackened*** sein linkes Auge ist blau
black market [ˌblæk'mɑːkət] *Subst.* Schwarzmarkt
blank [blæŋk] *Adj.* leer; *Gesicht, Augen*: ausdruckslos
bleary ['blɪərɪ] *Adj. Augen*: trübe, getrübt
bleary-eyed ['blɪərɪˌaɪd] *Adj.* mit getrübten Augen; *auch* verschlafen
bleat [bliːt] *V/i.* (*Schaf, Kalb*) blöken; (*Ziege*) meckern; *übertr.* plärren, herumjammern
blemish ['blemɪʃ] *Subst.* Makel; Schönheitsfehler
bless [bles] *V/t.* segnen; ***be blessed with*** (*Talent etc.*) gesegnet sein mit
blessing ['blesɪŋ] *Subst.* Segen
Bletchley, Miles ['bletʃleɪ, 'maɪlz] *Name; entweder normannischer Herkunft oder abgeleitet von Ortsnamen wie* ***Bletchley*** *oder* ***Bletchingley****; vgl. auch* ***bletch*** Schuhwichse; ***bletchy*** bekleckert, schmutzig; ***Miles*** *alter männlicher Vorname umstrittener Herkunft; wahrscheinlich nicht vom lat.* ***miles*** Krieger; *in Irland als englische Version von* ***maolmuire*** Diener der Jungfrau Maria *verwendet – Keeper im Slytherin-Quidditch-Team*
Blibbering Humdinger ['blɪbərɪŋ ˌhʌm'dɪŋə] *Neubildung vgl.* ***blubber*** heulen, weinen; ***blibberin'*** *schott.* schlürfen, schlabbern; ***hum*** summen; ***humdinger*** TECH *umgangsspr.* schnelles Flugzeug *oder* Fahrzeug; rund laufender Motor; *US umgangsspr.* hervorragende Person *oder* Sache; „Brummer" – *Erscheinungen, deren Existenz in der magischen Welt umstritten ist*
blimey! ['blaɪmɪ] *umgangsspr. Ausruf von* (***God***) ***blind*** *oder* ***blame me!*** meine Güte!, verdammt, verflucht
blinding ['blaɪndɪŋ] *Adj. Licht*: blendend; *Schmerz*: furchtbar
blink [blɪŋk] *Subst.* Blinzeln; Augenblick

blinkers [blɪŋkəz] *Subst. Pl.* Scheuklappen

blinkered ['blɪŋkəd] *Adj.* mit Scheuklappen; *übertr.* engstirnig

Blood Blisterpod [ˌblʌd'blɪstəpɒd] *Neubildung vgl.* ***blood*** Blut; MED ***blister*** (Wund)Blase, Bläschen, Pustel; ***pod*** ZOOL (Schutz)Hülle, Beutel; *umgangsspr.* Wampe, Bauch – *Artikel aus dem Sortiment der Weasley-Zwillinge*

Blood-Replenishing Potion [ˌblʌdrɪ'plenɪʃɪŋˌpəʊʃən] *Zaubertrank vgl.* ***blood*** Blut, ***replenish*** (wieder) auffüllen, ergänzen, ***potion*** Trank, Gebräu

bloomer ['bluːmə] *Subst. brit. altertüml.* peinlicher Fehler, Schnitzer

bloomers ['bluːməz] *Subst. Pl. altertüml.* Schlüpfer mit langen Beinen

blustery ['blʌstərɪ] *Adj. Wetter:* stürmisch

Boardman, Stubby ['bɔːdmən, 'stʌbɪ] *Name vgl.* ***boards*** *Pl. übertr.* Bretter, Bühne; ***Stubby*** *Spitzname; vgl.* ***stubby*** kurz, stummelartig; untersetzt – *Leadsänger der Musikgruppe* → ***Hobgoblins***

Bode, Broderick [bəʊd, 'brɒdərɪk] *Name vgl.* ***bode*** prophezeien, Vorbedeutung haben; ***Broderick*** *Sonderform des männl. Vornamen* ***Roderick****, aus den german. Wortelementen für* Ruhm *und* Macht *zusammengesetzt; wurde auch als engl. Form der walisischen Herrschernamen* ***Rhodri*** *und* ***Rhydderch*** *verwendet; das walisische Beiwort* ***'ap*** Sohn von *verschmolz mit Roderick zu Broderick – ein* → ***Unspeakable****, unbeschreiblicher Zauberer aus dem* ***Department of Mysteries*** *im* ***Ministry of Magic***

bog [bɒg] *Subst.* Sumpf, Moor

Bole [bəʊl] *Name vgl.* ***bole*** Baumstamm; Rolle, Walze – *ausgeschiedener Beater aus dem Slytherin-Quidditch-Team*

bolt [bɒlt] *V/t. auch* ***bolt down*** (*Essen*) hinunterschlingen; (*Getränk*) hinunterstürzen

Bonaccord, Pierre ['bɒnəkɔːd, 'pɪeə] *Name; vgl.* ***bon-accord*** *frz.* gutes Einvernehmen (*im Schottischen eingebürgerte Wendung*); ***Pierre*** *frz. Form des meist verbreiteten christlichen Männernamens* ***Peter****, von griech.* Fels – *erster Supreme* → ***Mugwump*** *(S. 138) der neu gegründeten* ***International Confederation of Wizards***

bone [bəʊn] *Subst.* Knochen; ***to the bone*** bis auf die Knochen, durch und durch

bone re-growth ['bəʊnˌrɪgrəʊθ] *Subst. Neubildung etwa* Knochenwiederwuchs

Bones [bəʊnz] *Name; vgl.* ***bone*** Knochen, Bein; ***Amelia*** *weibl. Vorname, zuweilen abgeleitet vom römischen Familiennamen* ***Aemilius****, jedoch wahrscheinlich von den germanischstämmigen Namen* ***Amalburga*** (***amal*** arbeitsam); *der Name wurde im 19. Jh. sehr beliebt, vor allem in der engl. Form* ***Emily*** *– Abteilungsleiterin im* ***Ministry of Magic, Department of Magical Law Enforcement****;* ***Edgar*** *sehr alter, durch die Schriftsteller der Romantik wieder popularisierter männl. Vorname, von altengl.* ***ead*** Gedeihen, Wohlstand *und* ***gar*** Speer, *bezeichnet also einen erfolgreichen Krieger – Amelias Bruder, Mitglied* *im ersten Orden des Phönix, ein Opfer der* **Death Eater**, **Susan** *geläufiger weibl. Vorname mit der Bedeutung* Lilie, *entstammt der apokryphen biblischen Erzählung über die vom falschen Verdacht der Untreue befreite schöne Susanna – Nichte von Amelia, Mitschülerin Harrys und →* ***D.A.****-Mitglied*

Boot, Terry [buːt,ˈterɪ] *Name; abgeleitet von der Berufsbezeichnung* Stiefelhersteller *oder* -händler; *vgl.* **boot** (Schaft-)Stiefel, hoher *oder* schwerer Schuh; **Terry** *männl. Kurzname, von* **Terence** (*nach einem röm. Komödiendichter*) *– Ravenclaw-Schüler und →* ***D.A.****-Mitglied*

bottle up [ˌbɒtlˈʌp] *V/t.* in sich hineinfressen

bottom [ˈbɒtəm] *Subst.* Boden, unteres Ende; ***be in the bottom ten*** (*in Anlehnung an* **be in the top ten**) *etwa* zum Letzten gehören, zu den Letzten gehören

bow [bɑʊ] *Subst.* Haarschleife

Bowtruckle [ˈbəʊtrʌkəl] *Neubildung vgl.* **bout** Runde; Anfall; Kraftprobe, Kampf; ***truckler*** Kriecher; ***ruck*** Haufen; Falte, Runzel; ***ruck up*** hochrutschen, aufwerfen *– zweiggestaltige magische Wesen, die in Bäumen leben.*

bracken [ˈbrækən] *Subst.* BOT Adlerfarn

breathless [ˈbreθləs] *Adj.* atemlos

British and Irish Quidditch League Headquarters [ˈbrɪtɪʃ ən ˈaɪrɪʃ ˌkwɪdɪtʃ liːg ˈhedˌkwɔːtəz] *Neubildung vgl.* **quiddity** Spitzfindigkeit; ***league*** Liga; ***headquarters*** Zentrale *– Abteilung im* ***Ministry of Magic***

broach [brəʊtʃ] *V/t.* (*Thema*) anschneiden

Broom Compass [ˈbruːmˌkʌmpəs] *Neubildung vgl.* **broom** Besen (*das traditionelle Fortbewegungsmittel europäischer Hexen*); ***compass*** Kompass, Anzeiger der Himmelsrichtungen

Broom Regulatory Control [ˌbruːm ˈregjʊleɪtərɪ ˌkənˈtrəʊl] *Neubildung vgl.* **broom** Besen; ***regulatory control*** behördliche Kontrolle *– Abteilung im* ***Ministry of Magic***

bubble [ˈbʌbl] *V/i.* sprudeln, brodeln (*auch übertr.*)

buck-toothed [ˈbʌktuːθd] *Adj.* mit vorstehenden Zähnen

buffoon [bəˈfuːn] *Subst. altertüml.* Hanswurst, Blödmann

Bulbadox Powder [ˈbʌlbədɒks ˌpaʊdə] *Neubildung vgl.* **bulb** Knolle, Zwiebel; zwiebelförmiger Gegenstand, MED Schwellung eines Organs; ***bulbar*** eine Pflanzenzwiebel betreffend; ***-tox*** *griech.* giftig; ***powder*** Pulver, Puder

buoy [bɔɪ] *Subst.* Boje

buoy up [bɔɪˈʌp] *V/t. übertr.* Auftrieb geben

burglar [ˈbɜːglə] *Subst.* Einbrecher(in)

bustling [ˈbʌslɪŋ] *Adj.* geschäftig, voller Leben

buttocks [ˈbʌtəks] *Subst. Pl.* Gesäß, Hintern

C

cake [keɪk] *Subst.* Kuchen; ***be a piece of cake*** ein Kinderspiel sein

call[1] [kɔːl] *Subst.* Ruf; Besuch; ***make a call*** einen Besuch machen

call[2] [kɔːl] *V/t.* rufen

Calming Draught ['kɑːmɪŋ ˌdrɑːft] *Zaubertrank vgl.* **calm** beruhigen, besänftigen; ***draught*** MED (Arznei-) Trank; *von Pflanzen, Kräutern*: Auszug

candlelight ['kændllaɪt] *Subst.* Kerzenlicht; ***by candlelight*** bei Kerzenlicht

candlestick ['kændlˌstɪk] *Subst.* Kerzenhalter

candlewick ['kændlˌwɪk] *Subst.* Kerzendocht

cane [keɪn] *V/t.* (mit dem Stock) züchtigen, schlagen

captive[1] ['kæptɪv] *Adj.* gefangen; ***take captive*** gefangen nehmen; ***hold captive*** gefangen halten

captive[2] ['kæptɪv] *Subst.* Gefangene(r)

career advice [kə'rɪəˌədvaɪs] *Subst.* Berufsberatung

career path [kə'rɪəpɑːθ] *Subst.* Berufsweg

Carmichael, Eddie [kə'maɪkəl, 'edɪ] *Name*; *Familienname schott. Ursprungs, abgeleitet von Ortsnamen* (*gälisch* ***cær*** Festung): Michaels Festung; ***Eddie*** *männl. Vorname, Kurzform verschiedener alter englischer Namen wie* ***Edgar, Edmund, Edward*** *oder* ***Edwin*** – *Ravenclaw-Schüler ein Jahrgang über Harry*

carpet bag ['kɑːpətbæg] *Subst.* Reisetasche

carpet slippers ['kɑːpətˌslɪpəz] *Subst.* Hausschuhe, Pantoffeln

carry ['kærɪ] *V/t.* tragen; ***carry away*** wegtragen; ***get carried away*** *auch übertr.* sich hineinsteigern, die Kontrolle über sich verlieren

cast iron[1] [ˌkɑːst'aɪən] *Subst.* Gusseisen

cast-iron[2] [ˌkɑːst'aɪən] *Adj. übertr. Alibi, Ausrede*: hieb- und stichfest

cat [kæt] *Subst.* Katze; ***the cat's among the pixies now*** *umgangsspr.* jetzt haben wir den Salat (*in Anlehnung an* ***put the cat among the pigeons*** für helle Aufregung sorgen)

Catherine wheel ['kæθərɪnwiːl] *Subst.* Feuerrad (*Feuerwerkskörper*); *benannt nach der Märtyrerin Katharina von Alexandria*; *einer verbreiteten*

Legende zufolge wurde sie im 4. Jh. nach Christus über ein Rad gebunden und gefoltert

centre[1] ['sentə] *Subst.* Zentrum, Mittelpunkt

centre[2] ['sentə] *V/t.* in den Mittelpunkt stellen, zentrieren

cert [sɜːt] *Subst. brit. umgangsspr.* sichere Sache; ***you are a cert*** du bist eine Bank, auf dich kann man sich hundertprozentig verlassen

chandelier [ˌʃændə'lɪə] *Subst.* Kronleuchter

charge [tʃɑːdʒ] *Subst.* Anklage; ***press charges*** Anzeige erstatten

cherub ['tʃerəb] *Subst.* Cherub; Putte

chide [tʃaɪd] *V/t.* schelten, rügen

Chimaera [kʌɪ'mɪərə] *Name; von griech.* Ziege; *Fabeltier der griech. Antike; nach der Überlieferung in Homers* „Odyssee" *hat die Chimäre den Kopf eines Löwen, den Körper einer Ziege und den Schwanz einer Schlange; bei Hesiod verfügt sie über drei Köpfe. Wie andere zusammengesetzte Fabelwesen (z. B.* → ***sphinx*** *S. 190,* → ***basilisk*** *S. 28) wird sie gelegentlich als Kalendersymbol gedeutet. Bereits in der Antike wurde an ihrer Existenz gezweifelt; der griech. Schriftsteller Plutarch deutete Chimäre als einen Piratenkapitän, dessen Schiffe die drei Tiere als Bugfiguren trügen. Im allgemeinen Sprachgebrauch wurde die Chimäre zum Begriff für eine Fantasievorstellung, die der Realität entbehrt; in der Botanik versteht man darunter einen Organismus oder Trieb, der aus genetisch verschiedenen Zellen aufgebaut ist.*

Chinese Chomping Cabbage [ˌtʃaɪ'niːz 'tʃɒmpɪŋ ˌkæbɪdʒ] *Neubildung vgl.* ***Chinese*** chinesisch; ***cabbage*** Kohl, Kraut; ***Chinese cabbage*** *umgangsspr.* Chinakohl (*einer von mehreren Namen für verschiedene asiatische Kohlsorten, wie z. B. Bok Choy*); ***chomp*** kauen, mampfen

Cho → ***Chang*** *S. 46*

chunter ['tʃʌntə] *V/i. umgangsspr.* maulen, undeutlich murmeln, nuscheln

churlish ['tʃɜːlɪʃ] *Adj.* ungehobelt

Clapham ['klæpəm] *Name; Bezirk in London, südlich der Themse gelegen*

clean [kliːn] *Adj.* sauber; ***keep your nose clean*** bleib sauber

clever ['klevə] *Adj.* schlau, klug; ***be clever with s.o.*** *etwa* den Klugscheißer spielen

clientele [ˌkliːən'tel] *Subst.* Klientel, Kundschaft

clipboard ['klɪpˌbɔːd] *Subst.* Klemmbrett

clip-clop [ˌklɪp'klɒp] *Subst. von Pferdehufen*: Klippklapp

close in [kləʊs'ɪn] *V/i.* (*Abend etc.*) anbrechen; ***close in on s.o.*** j-m bedrohlich nahe rücken

close-run [kləʊs'rʌn] *Adj. Wettbewerb, Rennen*: eng, knapp

clunk [klʌŋk] *Subst.* dumpfes Geräusch, Klacken

coast [kəʊst] *Subst.* Küste; ***the coast is clear*** *übertr.* die Luft ist rein

cobweb ['kɒbweb] *Subst.* Spinnennetz, Spinnweben

codswallop ['kɒdzwɒləp] *Subst. umgangsspr.* Quatsch, Blödsinn

cold [kəʊld] *Adj.* kalt; ***knock s.o. cold*** j-n k. o. schlagen

Colloportus! [ˌkɒləˈpɔːtəs] *Zauber vgl. lat. Vorsilbe* ***co-*** mit, zusammen, gründlich; *griech.* ***kólla*** Leim; *lat.* ***porta*** Türe, Tor – *Zauber zum Versiegeln von Türen*

comb[1] [kəʊm] *Subst.* Kamm
comb[2] [kəʊm] *V/t.* kämmen; *übertr.* durchkämmen, durchforsten
come [kʌm] *V/i.* kommen; ***come off*** (*Knopf*) abgehen; ***come off it!*** *umgangsspr.* nun mach mal halblang
common room [ˈkɒmənruːm] *Subst.* Aufenthaltsraum; *für Lehrer*: Lehrerzimmer
complain [kəmˈpleɪn] *V/i.* sich beklagen, sich beschweren
compress [kəmˈpres] *V/t.* zusammendrücken; verdichten; komprimieren
Concealment and Disguise [kənˈsiːlmənt ən dɪsˈgaɪz] *Neubildung vgl.* ***concealment*** Verstellung, Verbergen, Geheimhaltung, Deckung, Tarnung; ***disguise*** Verkleidung, Vermummung, Verschleierung – *Prüfungsfach in der Ausbildung eines* → ***Auror*** *S. 24*
concuss [kənˈkʌs] *V/t.* erschüttern; ***be concussed*** eine Gehirnerschütterung (erlitten) haben
concussion [kənˈkʌʃən] *Subst.* MED Gehirnerschütterung
confidence [ˈkɒnfɪdəns] *Subst.* Vertrauen, Zutrauen; ***repose one's confidence in s.o.*** j-m Vertrauen schenken

Confusing and Befuddlement Draughts [kənˈfuːzɪŋ ən bɪˈfʌdəlmənt ˌdrɑːfts] *Zaubertränke vgl.* ***confuse*** durcheinander bringen, verwirren, aus der Fassung bringen; ***befuddlement*** Betrunkenheit, Dusel; Verwirrung; ***draught*** MED (Arznei-)Trank; *von Pflanzen, Kräutern*: Auszug

Conjuring Spells [ˈkʌndʒərɪŋ ˌspelz] *Zauber vgl.* ***conjure*** (herbei-)beschwören, anrufen; bezaubern, behexen; ***spell*** Zauber, Zauberwort, -spruch; Beschwörungsformel

contradict [ˌkɒntrəˈdɪkt] *V/t.* widersprechen
converge [kənˈvɜːdʒ] *V/i.* zusammenlaufen; (*Flüsse*) zusammenströmen
corner [ˈkɔːnə] *V/t. übertr.* in die Enge treiben
Corner, Michael [ˈkɔːnə, ˈmaɪkəl] *Name*; *zurückzuführen entweder auf j-n, der an einer (Straßen-)Ecke lebte, auf altfrz.* ***Cornoer*** Hornbläser *oder auf* ***crowner*** *oder* ***coroner****, den offiziell Zuständigen für Wünsche des Königs*; ***Michael*** *weit verbreiteter männl. Vorname biblischen Ursprungs*; *der Erzengel Michael gilt als Vernichter des Satans und Anführer der himmlischen Heerscharen – Ravenclaw-Schüler und* → ***D.A.****-Mitglied*
corporeal [kɔːˈpɔːrɪəl] *Adj.* mit einem Körper; körperlich, leiblich
cough[1] [kɒf] *Subst.* MED Husten; ***give a nervous cough*** nervös hüsteln
cough[2] [kɒf] *V/i.* husten
cough drop [ˈkɒfdrɒp] *Subst.* Hustenbonbon
cough up [kɒfˈʌp] *V/t. umgangsspr.* (*Geld*) herausrücken, ausspucken, lockermachen

counter jinx ['kaʊntə ˌdʒɪŋks] *Zauber vgl.* ***counter-*** gegen, gegenseitig, Vegeltungs-; ***jinx*** verhexen

countersign ['kaʊntəsaɪn] *V/t.* (*Dokument*) gegenzeichnen

courtroom ['kɔːtruːm] *Subst.* Gerichtssaal

cousin ['kʌzən] *Subst.* Vetter; Cousine → ***removed***

Cragg, Elfrida [kræg, əl'friːdə] *Name*; *vgl.* ***crag*** spitzer Felsbrocken, Klippe; ***cragged*** felsig, schroff; *der schott. Name* ***Craig*** *bezeichnete ursprünglich j-n, der nahe eines steilen Felsens lebte*; ***Elfrida*** *weibl. Vorname, aus altengl.* ***ælf*** Elfe *und* ***thryth*** Macht, Stärke; *mächtige Königin im 12. Jahrhundert, Gattin König Edgars – Bewohnerin eines der Porträts in Prof. Dumbledores Büro*

cram [kræm] *V/t.* hineinstopfen; (*Essen*) hinunterschlingen

cranky ['kræŋkɪ] *Adj.* verschroben; gereizt, schlecht gelaunt

crease [kriːs] *Subst.* Falte

creed [kriːd] *Subst.* Glaube, Glaubensbekenntnis; *übertr.* Überzeugung

crook [krʊk] *Subst. umgangsspr.* Gauner

cross [krɒs] *V/t.* kreuzen, überkreuzen, überqueren; ***have/keep one's fingers crossed*** die Daumen drücken

Crucio! ['kruːʃɪə] *Zauberspruch vgl. lat.* ***crucio*** ich foltere, martere, quäle → ***Cruciatus curse*** *S. 56*

crumple ['krʌmpəl] *V/t. auch* ***crumple up*** zusammenknüllen, zerknittern

Crumple-Horned Snorkack [ˌkrʌmpəl-hɔːnd 'snɔːkək] *Neubildung vgl.* ***crumple*** zerknittern, zerknüllen, krumpeln, faltig werden, zusammenschrumpfen; ***horned*** gehörnt, ***snore*** schnarchen; ***snork*** grunzen, schnauben; ***snork*** *austr. umgangsspr.* Ferkel; ***snorken*** *niederländisch* schnarchen; prahlen, angeben, aufschneiden; ***cuckold*** Hahnrei, Gehörnter; ***kakka*** *isländisch* einen Haufen machen – *Erscheinung, deren Existenz in der magischen Welt umstritten ist*

crup [krʌp] *Neubildung im Dialekt Version von* ***crump*** kurz, spröde, *übertr.* kurz, schnippisch; ***crup(e)*** Kruppe, Hinterteil (*z. B. eines Pferdes*); *vgl. auch* ***Cearb*** *oder* ***kerrap*** das, was tötet: *ein Wesen, von dem in den schottischen Highlands erzählt wird, es töte Menschen und Vieh – magisches Wesen, durch ungewöhnliche Schwanzform zu unterscheiden von einem Jack Russell-Terrier, der „Urform" des Fox Terriers, im 19. Jh. von dem engl. Pfarrer Jack Russell als Rattenjäger und zum Aufstöbern von Füchsen gezüchtet; Jack Russell-Terrier sind kurzhaarig und 25–30 cm hoch.*

Cultivated Fungus Trade ['kʌltɪveɪtɪd ˌfʌŋgəs 'treɪd] *Neubildung vgl.* ***cultivated*** gezüchtet; ***fungus*** Pilz, Schwamm; ***trade*** Handel(sverkehr)

cuppa ['kʌpə] *umgangsspr. für* ***cup of tea*** eine Tasse Tee

curl [kɜːl] *V/t.* (*Lippen*) kräuseln, (verächtlich) schürzen

curl up [kɜːl'ʌp] *V/i.* sich zusammenrollen

Curse Breaker [ˈkɜːsˌbreɪkə] *Neubildung vgl.* ***curse*** Fluch, Verwünschung; ***break*** brechen – *magischer Beruf*

custard [ˈkʌstəd] *Subst. etwa* Vanillesoße

curriculum [kəˈrɪkjʊləm] *Subst.* Curriculum, Lehrplan

cushion [ˈkʊʃən] *Subst.* Kissen; Polster (*auch übertr.*)

cut [kʌt] *V/t.* schneiden; ***cut it out*** lass das!; ***cut across s.o.*** j-m widersprechen

cutting [ˈkʌtɪŋ] *Adj. übertr.* scharf, schneidend, spitz (*Bemerkung*, *Antwort*)

D

D.A. [diːˈeɪ] *Abk. Kreis von Hogwarts-Schülern, gegründet als* ***Defence Association*** *zum Studium des Fachs* ***Defence Against the → Dark Arts*** *S. 58, dann* ***Dumbledore's Army*** *genannt*; ***defence*** Verteidigung; ***association*** Vereinigung, Bund; ***army*** Armee

dabble [ˈdæbəl] *V/i.* ***dabble in s.th.*** sich oberflächlich mit etwas beschäftigen, in etwas dilettieren

daffodil [ˈdæfədɪl] *Subst.* BOT Narzisse, Osterglocke

> **Dai Llewellyn Ward** [ˈdaɪ luːˈɛlɪn wɔːd] *Name*; vgl. ***Dai*** *walisische Kurzform für* David, *der nach biblischer Überlieferung den Riesen Goliath tötete und als weiser, Musik liebender König in die biblische Geschichte einging; der Name leitet sich vom hebräischen Wort für „Geliebter" oder „Freund" ab*; ***Llewellyn*** *gebräuchlicher walisischer Familienname unklarer Abstammung; seine Schreibweise wurde beeinflusst durch das walisische Wort* ***llew*** Löwe; ***ward*** Abteilung, Station – *Station für gefährliche Bisse im →* ***St Mungo's Hospital*** *S. 195*

dais [ˈdeɪɪs] *Subst.* Podium

dandelion [ˈdændɪlaɪən] *Subst.* BOT Löwenzahn; ***dandelion juice*** Löwenzahnsaft

danger sign [ˈdeɪndʒə ˌsaɪn] *Subst.* Gefahrenzeichen

dare [deə] *V/i.* wagen; ***how dare you!*** wie kannst du es wagen!

dart [dɑːt] *V/t.* (*Blicke*) werfen

dash[1] [dæʃ] *Subst.* Sprung; ***make a dash at*** losstürzen auf

dash[2] [dæʃ] *V/i.* losstürzen, losstürmen

date[1] [deɪt] *Subst.* Datum, Zeitpunkt; Verabredung; ***have a date with s.o.*** mit j-m verabredet sein

date[2] [deɪt] *V/t.* datieren; verabredet sein mit, gehen mit

dawdle ['dɔːdl] *V/i.* trödeln, bummeln

Dawlish ['dɔːlɪʃ] *Name; vgl.* **Dawley** *relativ junge Stadt in Shropshire;* ***dawdle*** trödeln, bummeln; ***-ish*** *Adj.-Endung, die eine Eigenschaft bezeichnet; vgl. auch altertüml.* ***dawish*** dumm, ***daw*** Dohle, kleiner Rabenvogel; *übertr.* dummer Geselle, Einfaltspinsel; Faulpelz, Schlamper – *ein* → ***Auror*** *S. 24 im* ***Ministry of Magic***

dawn [dɔːn] *V/i.* dämmern; ***dawn on s.o.*** j-m dämmern, j-m klar werden

Dean [diːn] → ***Thomas*** *S. 204*

Dearborn, Caradoc ['dɪəbɔːn, 'kærədɒk] *Name; vgl.* ***dear*** teuer, lieb, wert; ***born*** geboren; ***Dearborn*** *Name einer Stadt in Michigan, die 1833 nach einem Helden der amerikanischen Unabhängigkeitsbewegung benannt wurde;* ***Caradoc*** *in Wales beliebter männlicher Vorname, abgeleitet von walisisch* ***caradawg*** liebenswert; *ruhmreicher Stammesfürst zur Zeit der röm. Besiedelung Britanniens – ein Mitstreiter im ersten Ordens des Phönix, der spurlos verschwunden ist*

decontaminate [ˌdiːkən'tæmɪneɪt] *V/t.* dekontaminieren, entseuchen

decree [dɪ'kriː] *Subst.* Verfügung, Anordnung, Erlass; ***educational decree*** *etwa* Schulverordnung

dedication [ˌdedɪ'keɪʃən] *Subst.* Hingabe

deduce [dɪ'djuːs] *V/t.* folgern, schließen

deem [diːm] *V/t.* halten für, erachten für

defeated [dɪ'fiːtɪd] *Adj.* niedergeschlagen; ***in a defeated voice*** mit einem niedergeschlagenen *oder* resignierten Tonfall

Deflagrations Deluxe [ˌdɪflæ'greɪʃənz də'lʌks] *Neubildung vgl.* ***deflagration*** Verpuffung, rasches Abbrennen; ***deluxe*** erstklassig, hochelegant, *Luxusartikel aus dem Sortiment der Weasley-Zwillinge*

deflate [dɪ'fleɪt] *V/t.* Luft ablassen; ***deflate one's head*** *umgangsspr.* von seinem hohen Ross steigen

delusion [dɪ'luːʒən] *Subst.* Irrglaube; MED Wahnvorstellung

delusional [dɪ'luːʒənəl] *Adj.* eingebildet; MED wahnhaft

delve [delv] *V/i.* erforschen, ergründen; sich vertiefen in

demand[1] [dɪ'mɑːnd] *Subst.* Forderung, Verlangen; *Wirtschaft:* Nachfrage

demand[2] [dɪ'mɑːnd] *V/t.* fordern, verlangen

demise [dɪ'maɪz] *Subst.* Ableben, Dahinscheiden

demote [dɪ'məʊt] *V/t.* degradieren, zurückstufen

den [den] *Subst. eines Tieres:* Bau; *übertr.* Loch

Department of Mysteries [dɪ'pɑːtmənt əf 'mɪstərɪz] *Neubildung vgl.* ***department*** Abteilung; ***mystery*** Rätsel, Geheimnis – *Abteilung im* ***Ministry of Magic***

dependable [dɪ'pendəbəl] *Adj.* zuverlässig, verlässlich

dereliction [ˌderɪ'lɪkʃən] *Subst.* ***dereliction of duty*** Pflichtverletzung

Derrick ['derɪk] *Name; vgl.* **derrick**; *häufiger Familienname;* TECH Dreh- und Wippkran, *benannt nach einem berüchtigten Henker des 17. Jahrhunderts, dem über 3000 Hinrichtungen und technische Verbesserungen bei der Konstruktion von Galgen zugeschrieben werden;* **derrick** *heißen auch zwergenartige, übel wollende Elfenwesen aus Shropshire und Devonshire – ausgeschiedener Beater aus dem Slytherin-Quidditch-Team*

Derwent, Dilys ['dɜːwənt, 'dɪlɪs] *Name; mehrere Flüsse in England tragen diesen Namen, der vom keltischen Wort* **derwenta** Eichenfluss *abgeleitet ist, das auch die Ortsbezeichnungen Darent, Dart, Dartford oder Dartmoor stiftete;* **Dilys** *weibl. walisischer Vorname, erst seit dem 19. Jh. gebräuchlich, mit Bedeutungen* sicher, vollkommen, echt *– berühmte Heilerin und ehemalige Rektorin von Hogwarts, verewigt auf Porträts in Dumbledores Büro und in →* ***St Mungo's Hospital*** *S. 195*

desktop ['desktɒp] *Subst.* Schreibtischplatte

destabilise [diː'steɪbəlaɪz] *V/t.* destabilisieren, zum Wanken bringen

Detachable Cribbing Cuff [dɪ'tætʃəbəl ˌkrɪbɪŋ kʌf] *Neubildung vgl.* **detachable** abnehmbar, abtrennbar; **crib** *altertüml.* kleiner Diebstahl; *brit. umgangsspr.* Eselsbrücke, Spickzettel (*unerlaubtes Hilfsmittel bei Prüfungen*); **cuff** Manschette

Diddydums, Diddykins ['dɪdɪdʌms, 'dɪdɪkɪns] *Kindersprache vgl.* **diddy** *austr. umgangsspr. für* „Töpfchen" *oder* „Geschäftchen"; **diddums!** *Ausruf, der zum Ausdruck bringt, dass der Sprechende sein Gegenüber für kindisch hält, von umgangsspr.* **did 'ems did they?** *– Kosenamen von Aunt Petunia für Dudley →* ***Dursley*** *S. 72*

Dijon ['diːʒõ] *Name; frz. Stadt, Hauptstadt der Region Burgund*

dim-witted ['dɪmwɪtɪd] *Adj.* blöd, dämlich

dirt [dɜːt] *Subst.* Schmutz, Dreck

disagree [ˌdɪsə'griː] *V/t.* anderer Meinung sein, nicht zustimmen

> **Disarming Charm** [dɪs'ɑːmɪŋ ˌtʃɑːm] *Zauber vgl.* **disarm** entwaffnen, unschädlich machen; **charm** Bann, Beschwörung, Zauberformel

disciplinarian [ˌdɪsɪplɪ'neərɪən] *Subst.* strenger Lehrer

disciplinary hearing [ˌdɪsɪ'plɪnərɪ 'hɪərɪŋ] *Subst.* Disziplinarverfahren

discipline ['dɪsɪplɪn] *Subst.* Disziplin

disconsolate [dɪs'kɒnsəlɪt] *Adj.* untröstlich

discredit [dɪs'kredɪt] *V/t.* diskreditieren

disillusion [dɪsɪ'luːʒən] *V/t.* desillusionieren

disillusionment [dɪsɪ'luːʒənmənt] *Subst.* Desillusionierung

> **Disillusionment Charm** [ˌdɪsə'luːʃənmənt tʃɑːm] *Zauber* vgl. **disillusion** Ernüchterung, Enttäuschung, Desillusion; *bis um 1600 auch noch im gegenteiligen Sinn* Illusion, Täuschung *gebraucht;* vgl. **disilluminate** (*selten*) des Lichts *oder* der Beleuchtung berauben, verdunkeln; **charm** Bann, Beschwörung, Zauberformel

dismay[1] [dɪsˈmeɪ] *Subst.* Bestürzung; *stärker:* Entsetzen; ***meet with dismay*** (*Nachricht*) Bestürzung *oder* Entsetzen auslösen

dismay[2] [dɪsˈmeɪ] *V/t.* erschrecken, entsetzen

dismissal [dɪsˈmɪsəl] *Subst.* Entlassung

dispel [dɪˈspel] *V/t.* vertreiben; (*Zweifel, Sorgen*) zerstreuen

displease [dɪsˈpliːz] *V/t.* missfallen; verstimmen

displeased [dɪsˈpliːzd] *Adj.* verstimmt, verärgert

disregard [ˌdɪsrɪˈgɑːd] *V/t.* keine Beachtung schenken, ignorieren

distance[1] [ˈdɪstəns] *Subst.* Entfernung, Distanz

distance[2] [ˈdɪstəns] *V/t.* ***distance o.s. from s.o.*** von j-m abrücken, sich von j-m distanzieren

distraught [dɪsˈtrɔːt] *Adj.* verwirrt, beunruhigt; *stärker:* außer sich

distressing [dɪˈstresɪŋ] *Adj.* bedrückend; besorgniserregend

dither[1] [ˈdɪðə] *V/i.* schwanken, sich nicht entscheiden können; durcheinander kommen

dither[2] [ˈdɪðə] *Subst. brit. umgangsspr.* Schwanken; Nervosität, Aufregung; ***be all of a dither*** ganz aufgeregt sein, ganz durcheinander sein

dive-bomb [ˈdaɪvbɒm] *V/t.* im Sturzflug bombardieren

divine[1] [dɪˈvaɪn] *Adj.* göttlich

divine[2] [dɪˈvaɪn] *V/t.* (*Zukunft*) weissagen, prophezeien

division [dɪˈvɪʒən] *Subst.* Teilung; *Ministerium:* Abteilung

do [duː] *V/t.* tun, machen; ***do good*** gut tun; Gutes tun

dock [dɒk] *V/t.* (*Punkte etc.*) abziehen

dodge [dɒdʒ] *Vt/i.* ausweichen, zur Seite springen

dog[1] [dɒg] *Subst.* Hund; ***dirty dog*** *übertr.* Mistkerl

dog[2] [dɒg] *V/t.* nachspüren, beharrlich verfolgen; ***be dogging s.o.'s footsteps*** j-m hart auf den Fersen bleiben, j-n nicht aus den Augen lassen

Doge, Elphias [dəʊdʒ, ˈelfɪəs] *Name; vgl.* ***doge*** HIST *Oberhaupt der einstigen Republiken Venedig und Genua, von ital.* ***duce*** Führer; ***Elphias*** *Name eines Städtebauers der Antike, genannt in Vivtruvs „De architectura" (1547); vgl.* ***Eliphas*** *Levi, Pseudonym eines frz. Autors, der sich mit Okkultismus und Nekromantie* (*Weissagung durch Toten- und Geisterbeschwörung*) *beschäftigte und damit das Interesse an Magie im Frankreich des 19. Jh. wieder weckte – Mitglied im* → ***Order of the Phoenix***

doggy paddle [ˈdɒgɪ ˌpædəl] *Subst.* Hundepaddeln, Hundekraulstil

do in [duːˈɪn] *V/t. umgangsspr.* kaltmachen, um die Ecke bringen

doleful [ˈdəʊlfəl] *Adj.* tieftraurig; *Lied, Laut:* klagend

dolt [dəʊlt] *Subst. altertüml.* Tölpel, Dummkopf

doodle [ˈduːdl] *V/i. auf Papier:* herumkritzeln, Männchen malen

door [dɔː] *Subst.* Tür; ***slam the door in s.o.'s face*** j-m die Tür vor der Nase zuschlagen

doorway [ˈdɔːweɪ] *Subst.* Tür, Eingang

Dorkins, Mary [ˈdɔːkɪns, ˈmeərɪ] *Name; vgl.* ***Dorking*** *Stadt in Surrey, nach ihr heißt eine Rasse großer weißer Haushühner mit kurzen Beinen;* ***dork*** Trottel; ***Mary*** *weiblicher Allerwelts-*

name, entspricht Maria – *Reporterin im Muggle-Fernsehen*

dormant ['dɔːmənt] *Adj.* schlafend

dot[1] [dɒt] *Subst.* Punkt, Pünktchen

dot[2] [dɒt] *V/t.* pünkteln; den i-Punkt machen; ***dot one's i's and cross one's t's*** peinlich genau sein

dotty ['dɒtɪ] *Adj.* schrullig, verrückt

double-check ['dʌbltʃek] *Vt/i.* nachprüfen, noch einmal prüfen; ***double--and triple-check*** mehrfach überprüfen

doubt[1] [daʊt] *Subst.* Zweifel

doubt[2] [daʊt] *V/t.* zweifeln, bezweifeln

doubter ['daʊtə] *Subst.* Zweifler(in)

doubtful ['daʊtfəl] *Adj.* zweifelhaft, unsicher

doubtless ['daʊtləs] *Adj.* zweifellos

douse [dɑʊs] *V/t.* (*Wäsche*) einweichen

down[1] [daʊn] *Adv. und Präp.* herunter; hinunter

down[2] [daʊn] *Subst. von Bett*: Daunen

down[3] [daʊn] *V/t.* (*Getränk*) runterkippen; ***down one's glass in one*** sein Glas (auf) ex trinken

downpour ['daʊnpɔː] *Subst.* Wolkenbruch, Platzregen

dowse [daʊs] → ***douse***

> **Doxy** ['dɒksɪ] *Neubildung* (*Pl.* ***doxys***), *vgl.* ***doxy*** *umgangsspr.* Meinung (*vor allem in religiösen Dingen*), *altertüml.* Dirne, ausgehaltene Geliebte; *vgl. auch* ***toxi-*** *griech./lat.* giftig; *möglicherweise Analogbildung zu* → ***pixie*** *S. 155 – geflügelte kleine magische Wesen, die in alten Textilien nagen und giftige Zähne haben.*

> **Doxycide** ['dɒksɪsaɪd] *Neubildung* vgl. → ***doxy***; ***-cide*** von *lat.* ***caedere*** fällen, töten; ***-cidium*** Tötung, *vgl.* ***herbicide*** Unkrautvertilgungsmittel

dragonish ['drægənɪʃ] *Adj.* drachenhaft

dragon meat ['drægənmiːt] *Subst.* Drachenfleisch

draw back [drɔː'bæk] *V/i.* zurückweichen

draw near [drɔː'nɪə] *V/i.* herankommen; (*Termin*) herannahen, näherrücken

dream[1] [driːm] *Subst.* Traum; ***have a bad dream*** schlecht träumen

dream[2] [driːm] *V/i.* träumen

> **dream** [driːm] *Subst.* Traum; *nicht reale Erlebnisse bei eingeschränktem Bewusstsein, vor allem während des Schlafs. Im Unterschied zum Wachbewusstsein sind im Traumerleben Raum- und Zeiterfahrung sowie die Unterscheidung zwischen Ich und Umwelt verwischt; Trauminhalte bestehen häufig aus mehrdeutigen, irrealen oder fantastischen Bildern mit vielfältigen Bezügen, daneben finden sich Widerspiegelungen von Alltagserfahrung. Zu allen Zeiten haben Menschen Träume als Botschaften einer anderen Welt oder göttlichen Wahrheit zu deuten versucht; Priester oder Propheten haben seit biblischer Zeit sowie in den antiken Hochkulturen Träume als göttliche Botschaft, Kunde aus dem Jenseits, Vorausschau in die Zukunft interpretiert; schon im Alten Orient gab*

es Traumdeutungsbücher mit fixierten Symbolbedeutungen, die bis in Renaissance und Barock überliefert und genutzt wurden. Neben der wissenschaftlichen Erforschung des Körper- und Gehirngeschehens im Schlaf war in der Moderne Sigmund Freud wegweisend: Er verstand die Träume als Ausformungen des Unbewussten und sah in ihrer Deutung einen Schlüssel für die Psychoanalyse. Schüler Freuds modifizierten seine Theorie, darunter Carl Gustav Jung; er begriff die immer wiederkehrenden, universellen Traumsymbole als Urbilder (Archetypen) eines kollektiven Unbewussten; sie weisen häufig Verwandtschaft zu Motiven aus Märchen und Mythen auf.

dream analysis [ˌdriːm əˈnæləsɪs] *Subst.* Traumdeutung

dream diary [ˈdriːm ˌdaɪərɪ] *Subst.* Traumtagebuch

dreamy [ˈdriːmɪ] *Adj.* verträumt, träumerisch

droning [ˈdrəʊnɪŋ] *Subst.* Geleier

drop[1] [drɒp] *Subst.* Tropfen

drop[2] [drɒp] *Vt/i.* tropfen; fallen lassen; ***drop it!*** hör auf damit!, lass das!

drop in [drɒpˈɪn] *V/i.* auf einen Sprung hereinkommen, kurz vorbeischauen

droppings [ˈdrɒpɪŋz] *Subst. Pl.* Kot, Köttel; ***dropping-strewn*** mit Kot bedeckt; ***worthless pile of bat droppings*** (*in Anlehnung an* ***worthless pile of shit***) *etwa* Nichtsnutz, nichtsnutziger Kerl

dulcet [ˈdʌlsət] *Adj.* melodisch, wohlklingend

Dumbledore, Albus Percival Wulfric Brian [ˈdʌmbldɔː, ˌælbəs ˈpɜːsɪvəl ˌwʌlfrɪk ˈbraɪən] *Name; vgl. umgangsspr.* **dumbledore** Hummel (*bumblebee*), *aber auch* Maikäfer *und andere* „Brummer"; *lat.* **albus** weiß, *weckt die Assoziation an „weiße" Magie;* **Percival** *altfrz. Name des Helden mittelalterlicher Romane, der aufgrund seiner besonderen Qualitäten den Gral, einen viel begehrten, geheimnisvollen und segenspendenden Gegenstand (Gefäß oder Stein) findet und die verwunschene Gralsritterschaft vom Fluch erlöst;* **Wulfric** *altengl. Form von* Ulrich (vgl. *german.* **wulf** Wolf **ric** Macht), *Name eines engl. Heiligen im 12. Jh.;* **Brian** *ab 9. Jh. nachgewiesener männl. Vorname, abgeleitet von* ***bre** Hügel; *der irische Nationalheld* **Brian Broimhe** *trug zur Beliebtheit des Namens (auch geschrieben* **Bryan**) *bei, der bis ins 18. Jh. auch in England verbreitet war; danach wurde er als spezifisch irisch angesehen und erst im 20. Jh. wiederentdeckt – Rektor von Hogwarts, umstrittene Autoritätsfigur der Zauberwelt, Gegenspieler→* **Lord Voldemorts** *S. 217*

dunce [dʌns] *Subst.* Dummkopf

Dung [dʌŋ] *Name; vgl.* **dung** Mist, Dung; (Tier-)Kot; *übertr.* Schmutz – *Spitzname von Mundungus →* ***Fletcher*** *S. 84*

dunk [dʌŋk] *V/t.* (ein)tunken

E

ear [ɪə] *Subst.* Ohr; ***be all ears*** ganz Ohr sein; ***be up to the ears in homework*** bis über die Ohren in Hausaufgaben stecken; ***turn a deaf ear to s.th.*** vor etwas die Ohren verschließen

ear-splitting ['ɪəˌsplɪtɪŋ] *Adj.* ohrenbetäubend

eavesdrop ['iːvzdrɒp] *V/i.* heimlich lauschen

eavesdropper ['iːvzdrɒpə] *Subst.* Lauscher

eavesdropping ['iːvzdrɒpɪŋ] *Subst.* heimliches Lauschen

echo ['ekəʊ] *Subst.* Echo, Widerhall; ***echoing silence*** *etwa* widerhallende Stille

Edgecombe, Marietta ['edʒkuːm, ˌmærɪ'etə] *Name*; *vgl.* **edge** Schneide, Schärfe, Spitze; Kante; **combe** enge Talschlucht; **Marietta** *weibl. Vorname, entweder nach der Stadt in Ohio, USA, die 1788 nach Königin Marie Antoinette benannte wurde, oder eine der unzähligen Abwandlungen des Namens* Maria – *Mitschülerin Harrys,* → **D.A.***-Mitglied, befreundet mit* → **Cho Chang** *S. 46; ihre Mutter arbeitet im* **Ministry of Magic**

educational [edjʊ'keɪʃənəl] *Adj.* erzieherisch, pädagogisch; ***educational decree*** *etwa* Schulverordnung

effort ['efət] *Subst.* Anstrengung, Bemühen, Einsatz; ***make an effort*** sich bemühen, sich anstrengen

effortless ['efətləs] *Adj.* mühelos

ehwaz ['exwæs] *Subst. Rune german.* Pferd; *20. Rune des älteren, Futhark genannten Runen-„Alphabets"; entstehungsgeschichtlich mit lat.* **equus** Pferd *verwandt; wird mit Sleipnir, dem mythischen achtbeinigen Pferd des german. Gottes Odin in Verbindung gebracht; im Tarot und in neuheidnischen Interpretationen steht ehwaz für Bewegung, Veränderung wie auch (die enge Beziehung zwischen Pferd und Reiter widerspiegelnd) für Vertrauen und Zusammengehörigkeit – Gegenstand einer* → **O.W.L.***-Prüfung; vgl.* → **rune** *S. 175*

eihwaz ['eɪxwæs] *Subst. Rune auch* **ïwaz** *german.* Eibe (*Nadelbaum mit giftigen Beeren und sehr hartem, aber biegsamem Holz*), *13. Rune des älteren, Futhark genann-*

ten Runen-„Alphabets“; in der nord. Mythologie wurde der Weltenbaum Yggdrasil als Eibe angesehen; sie ist dem german. Gott Odin heilig; im europäischen Volksbrauchtum steht die Eibe in Verbindung mit dem Tod und ist häufig auf Friedhöfen zu finden; im Tarot und in neuheidnischen Interpretationen steht eihwaz für Ausdauer, Schutz und Abwehr, Tod und Verwandlung – Gegenstand einer → ***O.W.L.****-Prüfung; vgl. →* ***rune*** *S. 175*

elbow ['elbəʊ] *V/t.* mit dem Ellbogen stoßen

elementary [elə'mentərɪ] *Adj.* einfach, elementar; grundlegend

Elephant and Castle ['elɪfənt ən 'kɑːsəl] *Name; Verkehrsknotenpunkt und U-Bahnhof im Südosten Londons, benannt nach einer Gaststätte aus dem 18. Jh.*

emerald ['emərəld] *Adj.* smaragd(grün)

emphatic [ɪm'fætɪk] *Adj.* nachdrücklich, mit Nachdruck

encouragement [ɪn'kʌrɪdʒmənt] *Subst.* Ermutigung, Ermunterung; Unterstützung

end [end] *Subst.* Ende; Spitze; ***get the wrong end of s.th.*** etwas falsch verstehen

endear [ɪn'dɪə] *V/t.* ***endear oneself to s.o.*** sich bei j-m beliebt machen

enough [ɪ'nʌf] *Adj.* genug, genügend; → ***plate***

entertain [ˌentə'teɪn] *V/t.* (*Gäste*) bewirten, zu Gast haben; *amüsieren*: unterhalten

Entrail-expelling Curse ['entraɪl-ˌɪk'spelɪŋ 'kɜːs] *Zauber; vgl.* ***entrails*** Eingeweide, innere Organe, Gedärme; *übertr.* das Innere; ***expel*** hinaustreiben, wegjagen; ***curse*** Fluch, Verwünschung

enthralled [ɪn'θrɔːld] *Adj.* gefesselt, gebannt

Ernie → ***Macmillan***

erstwhile ['ɜːstwaɪl] *Adj. altertüml.* einstig, ehemalig

esteem [ɪ'stɪːm] *Subst.* Wertschätzung; ***hold s.o. in great esteem*** j-n sehr schätzen

ethereal [ɪ'θɪərɪəl] *Adj.* entrückt, vergeistigt

euphoria [juː'fɔːrɪə] *Subst.* Euphorie

evaluate [ɪ'væljʊeɪt] *V/t.* bewerten, auswerten

evaluation [ɪˌvælju'eɪʃən] *Subst.* Beurteilung, Bewertung

Evanesco! [ˌevə'nɛskəʊ] *Zauberspruch; vgl.* ***evanesce*** verschwinden; *lat.* ***(e)vanesco*** ich verschwinde, vergehe

Evans, Lily ['evənz, 'lɪlɪ] *Name; gängiger walisischer Nachname mit der Bedeutung* Sohn des Evan (*oder* Euan), *walisische Entsprechung zu* John; ***Lily*** *weibl. Vorname, abgeleitet von lat.* ***lilium*** Lilie; *die Lilie ist das christl. Symbol für Reinheit – Mädchenname von Harrys Mutter vor ihrer Heirat mit James →* ***Potter*** *S. 158*

eventuality [ɪˌventʃu'ælɪtɪ] *Subst.* Möglichkeit, Eventualität

Everard ['evərɑːd] *Name; altertüml.*

männl. Vorname, von german. ***Ebur*** Eber *und* ***hardu*** hart; *kam mit den Normannen aus Frankreich nach England, im 12. und 13. Jh. sehr verbreitet – ehemaliger Rektor in Hogwarts, abgebildet auf einem der Porträts in Dumbledores Büro*

every ['evrɪ] *Adj.* jede(r, -s); ***have every confidence in s.o.*** volles Vertrauen in j-n haben; ***every so often*** hin und wieder, gelegentlich

exchange [ɪks'tʃeɪndʒ] *V/t.* austauschen, tauschen; (*Blicke*) wechseln

exhilarated [ɪg'zɪləreɪtɪd] *Adj.* überglücklich

explain [ɪk'spleɪn] *V/t.* erklären, erläutern; ***explain yourself!*** was soll das?, kannst du mir das erklären?

expound [ɪk'spaʊnd] *V/t.* (*Sachverhalt*) erklären, erläutern

expression [ɪk'spreʃən] *Subst.* Ausdruck

extendable [ɪk'stendəbl] *Adj.* ausdehnbar, streckbar, verlängerbar

Extendable Ears [ɪk'stendəbl ˌɪəz] *Neubildung Pl. vgl.* ***extendable*** ausdehnbar, streckbar, verlängerbar; ***ear*** Ohr – *eine Erfindung der Weasley Zwillinge*

extended [ɪk'stendəd] *Adj.* ausgedehnt; verlängert

external [ɪk'stɜːnl] *Adj.* äußere(r, -s); äußerlich

eye [aɪ] *Subst.* Auge; ***as far as the eye can see*** so weit das Auge reicht; ***keep one's eyes peeled*** die Augen offen halten; → ***meet***

eye witness ['aɪwɪtnəs] *Subst.* Augenzeuge; ***eye witness accounts*** Berichte von Augenzeugen

F

face[1] [feɪs] *Subst.* Gesicht; ***shout in s.o.'s face*** j-n anschreien

face[2] [feɪs] *V/t.* ***face death*** dem Tod ins Auge sehen; ***let's face it*** machen wir uns nichts vor

face-on [feɪs'ɒn] *Adv.* von Angesicht zu Angesicht

Fainting Fancies ['feɪntɪŋ 'fænsɪz] *Neubildung Pl. vgl.* ***fancies*** süße Teile, Süßigkeiten; ***faint*** in Ohnmacht fallen, bewusstlos werden – *Artikel aus dem Sortiment der Weasley-Zwillinge*

fall[1] [fɔːl] *Subst.* Fall; *der Nacht*: Einbruch

fall[2] [fɔːl] *V/i.* fallen

fall for [fɔːl'fɔː] *V/i.* ***fall for s.th.*** auf etwas hereinfallen; ***fall for s.o.*** sich in j-n verknallen

falsehood ['fɔːlshʊd] *Subst.* Unwahrheit, Lüge

falter ['fɔːltə] *V/i.* (*Stimme*) stocken

family ['fæməlɪ] *Subst.* Familie

family ties ['fæməlɪtaɪs] *Subst. Pl.* Familienbande, familiäre Bindungen

Fanged Frisbee [ˌfæŋd 'frɪzbɪ] *Neubildung vgl.* ***fanged*** ZOOL mit Gift- *oder* Reißzähnen versehen; ***frisbee*** Frisbee (*Sportgerät, tellerartige Wurfscheibe aus Plastik*)

Fanged Geranium [ˌfæŋd dʒə'reɪnɪəm] *Neubildung vgl.* ***fanged*** ZOOL mit Gift- *oder* Reißzähnen; ***geranium*** BOT Pelargonie, *umgangsspr.* Geranie (*beliebte Balkonpflanze*)

feedback ['fiːdbæk] *Subst.* Feedback, Rückmeldung; ***on-the-ground feedback*** Rückmeldung aus erster Hand

Fenwick, Benjy ['fenwɪk, 'bendʒɪ] *Name; Familienname von altengl.* ***fenn*** Sumpfland *und* ***wic*** Anwesen; *vgl.* ***fenfire*** Irrlicht; ***Benjy*** *Koseform des männl. Vornamens* Benjamin; *in der Bibel der jüngste der zwölf Söhne Jakobs, deshalb oft für das kleinste oder besonders geliebte Kind – Mitstreiter im ersten Orden des Phönix und Opfer von Voldemorts Anhängern*

fetter ['fɛtə] *V/t.* fesseln; *übertr.* beschränken

Fever Fudge ['fiːvə fʌdʒ] *Neubildung vgl.* ***fever*** MED Fieber; ***fudge*** KUL weicher Karamell – *Artikel aus dem Sortiment der Weasley-Zwillinge*

field [fiːld] *Subst.* Feld; ***have a clear field*** freie Bahn haben

Figg, Arabella Doreen [fɪg, ˌærə'belə dɔː'riːn] *Name; vgl.* ***fig*** Feige; ***Arabella*** *weibl. Vorname vielleicht schott. Herkunft oder aus span.* „kleine Araberin“; ***Doreen*** *irische Form von* ***Dorothy*** (*von griech.* Geschenk Gottes) – *alte Dame mit vielen Katzen (z. B. Mr. →* ***Tibbles*** *S. 205) in der Nachbarschaft der Dursleys, bei der Harry als Kind öde Nachmittage verbringen musste; in Wirklichkeit eine nicht magisch begabte Hexe →* ***Squib*** *S. 193, die zu den Unterstützern im Kampf gegen Lord Voldemort zählt*

figment ['fɪgmənt] *Subst.* ***a figment of the imagination*** eine Einbildung, ein Hirngespinst

fill [fɪl] *V/t.* füllen; ***fill s.o. in*** j-n ins Bild setzen, j-n einweihen

Finite! ['faɪnaɪt] *Zauberspruch vgl. lat.* ***finite!*** hört auf!, beendet!

fire[1] ['faɪə] *Subst.* Feuer

fire[2] ['faɪə] *Vt/i.* anzünden; *umgangsspr.* feuern, rausschmeißen; ***fire away!*** schieß los!, fang an!

Fire Crab ['faɪə ˌkræb] *Neubildung; vgl.* ***fire*** Feuer; ***crab*** Krabbe; *analog zu* ***firedrake*** feuerspeiender Drache.

Firewhisky ['faɪəˌwɪskɪ] *Neubildung vgl.* ***fire*** Feuer; ***whisky*** *schott.* (*von gälisch* ***uisge-beatha*** Lebenswasser) Whisky, *Getreidebranntwein; analog zu brit. umgangsspr.* ***firewater*** Feuerwasser

Fizzing Whizzbee ['fɪzɪŋ ˌwɪzbiː] *Neubildung vgl.* ***fizz*** zischen, sprühen;

whizz zischen, schwirren, sausen, flitzen; ***bee*** Biene – *magische Leckerei, in →* ***Honeydukes, Hogsmeade*** *S. 107 erhältlich; Passwort zu Dumbledores Büro*

Flagrate! [flə'greɪt] *Zauberspruch; vgl. lat.* ***flagrare*** brennen, lodern

flashy ['flæʃɪ] *Adj.* auffallend, auffällig

flaw [flɔː] *Subst. in einem Plan*: Fehler

flay [fleɪ] *V/t.* häuten, die Haut abziehen

flick [flɪk] *V/t.* ***he flicked his wand*** er machte eine schnelle Bewegung mit seinem Zauberstab

flick through [flɪk'θruː] *V/t.* (*Buch*) schnell durchblättern, überfliegen

flight of steps [ˌflaɪt əf 'steps] *Subst.* Treppe; ***flight of stone steps*** Treppe aus Stein, Steintreppe

Floo network ['fluː ˌnetwɜːk] *Neubildung vgl.* ***floo*** *klingt wie* ***flue*** Rauchfang, Kamin; ***network*** Verbindungsnetz; Netzwerk; → ***Floo powder*** *S. 85*

fluke [fluːk] *Subst. umgangsspr.* Dusel, Schwein

flush [flʌʃ] *Subst.* Röte

Foe Glass ['fəʊ ˌglɑːs] *Neubildung vgl.* ***foe*** Feind, Gegner, Widersacher; ***glass*** Glas, Spiegel, Lupe, Linse; *magischer Spiegel, der dem Besitzer in der Nähe befindliche Feinde zeigt*

foolproof ['fuːlpruːf] *Adj.* unfehlbar; *umgangsspr.* narrensicher

foray ['fɒreɪ] *Subst.* Raubzug; *übertr.* Ausflug

forerunner ['fɔːˌrʌnə] *Subst.* Vorläufer(in)

foresee [fɔː'siː] *V/t.* vorhersehen

foretell [fɔː'tel] *V/t.* vorhersagen

forge [fɔːdʒ] *V/t.* schmieden; (*Beziehung*) aufbauen

fount [faʊnt] *Subst. poet.* Quelle

Fountain of Magical Brethren ['faʊntən əf 'mædʒɪkəl ˌbreðrən] *Name; vgl.* ***fountain*** Quelle, Brunnen; ***magical*** magisch, zauberisch; ***brethren*** *altertüml. Pl. von* ***brother*** Brüder, Gebrüder, Bruderschaft

fragment ['frægmənt] *V/t.* in Stücke schlagen; *übertr.* fragmentieren

frame-up ['freɪmʌp] *Subst.* Komplott, abgekartetes Spiel

frantically ['fræntɪklɪ] *Adv.* verzweifelt; fieberhaft, hektisch

freakish ['friːkɪʃ] *Adj.* außergewöhnlich, irr; *Wetter*: launisch, wechselhaft

free [friː] *Adj.* frei; kostenlos; ***do s.th. for free*** etwas umsonst tun

frisk [frɪsk] *V/t. umgangsspr.* filzen, durchsuchen

frisson ['friːsɒn] *Subst.* Schauder

Frobisher, Vicky ['frɒbɪʃə, 'vɪkɪ] *Name; Nachname, abgeleitet von altfrz.* ***fourbisseor***, *engl.* ***furbisher*** *Berufsbezeichnung für j-n, der Rüstungen polierte oder lackierte;* ***Vicky*** *weibl. Kurzform von* ***Victoria*** *lat.* Siegerin; *Name der die Epoche prägenden engl. Königin (1837–1901) – Bewerberin um Aufnahme ins Gryffindor-Quidditch-Team*

frosty ['frɒstɪ] *Adj.* frostig; *übertr.* kühl, frostig, eisig

Fudge, Cornelius Oswald [fʌdʒ, kɔː'niːlɪəs 'ɒzwəld] *Name; vgl.* ***fudge*** weicher Karamell; *als Verb: einem Problem* ausweichen, aus dem Weg gehen; ***fudge an issue*** etwas beschönigen, auf Kosten der Wahrheit schönreden; *abgeleitet von einem Handelsschiffskapitän Fudge, der den Schiffseignern ungeachtet des tatsächlichen Ertrags seiner Reise bei der Rückkehr einen Haufen Lügen zu erzählen pflegte; die Matrosen prägten den Ausspruch* ***you fudge it****, wenn sie jemanden kräftig lügen hörten;* **Cornelius** *männl. Vorname, lat.* der Milde; **Oswald** *männl. Vorname, aus german.* **os** *oder* **as** (Gott) *und* **wæld** (Macht); *verbreitet durch zwei frühe britische Heilige und im Gegensatz zu anderen Namen ähnlicher Ableitung nie gänzlich außer Gebrauch gekommen. – Minister of Magic*

fully-fledged [ˌfʊlɪ'fledʒd] *Adj. Vogel*: flügge; *übertr.* richtig, richtiggehend; voll qualifiziert

fuse [fjuːz] *Subst. Elektrizität*: Sicherung

fuse wire ['fjuːzˌwaɪə] *Subst. altertüml. Elektrizität*: Sicherungsdraht, Schmelzdraht

fussed ['fʌst] *Adj.* ***I'm not fussed about the exams*** die Prüfungen sind mir egal

G

galling ['gælɪŋ] *Adj.* äußerst ärgerlich

galumph [gə'lʌmf] *V/i.* trapsen

Ganymede ['gænɪmiːd] *Subst.* Ganymed; *dritter und größter Jupitermond, benannt nach dem schönen Jüngling, der in der griech. Mythologie von Zeus in Adlergestalt aus seiner irdischen Heimat Troja entführt wurde, um in ewiger Jugend und Schönheit als Mundschenk an der olympischen Tafel zu dienen*

garbled ['gɑːbəld] *Adj.* verfälscht; entstellt

Garrotting Gas [gə'rɒtɪŋ gæs] *Neubildung vgl.* ***garrotte*** Garotte, Halseisen zum Erdrosseln, Erdrosselung; ***gas*** Gas

geranium [dʒə'reɪnɪəm] *Subst.* BOT Geranie

gesture ['dʒestʃə] *V/i.* gestikulieren

get [get] *V/t.* bekommen, erhalten

get away [getə'weɪ] *V/i.* entkommen, entwischen; ***he gets away with***

everything er kann sich alles erlauben

get in [get'ɪn] *V/i.* hereinkommen; hineinkommen; angenommen werden

get out [get'aʊt] *V/i.* herauskommen, hinauskommen; ***get out and about*** an die frische Luft gehen; herumkommen

get to [get'tʊ] *Vt/i.* ankommen, kommen zu; *umgangsspr.* ärgern, nerven

gibbon ['gɪbən] *Subst.* ZOOL Gibbon (*Affenart*)

giddy ['gɪdɪ] *Adj.* schwind(e)lig; *übertr.* ausgelassen; unbesonnen, flatterhaft, leichtsinnig

gimlet ['gɪmlət] *Subst.* Handbohrer, Vorbohrer; ***gimlet-eyed*** mit stechenden Augen

Ginger Newt ['dʒɪndʒə ˌnjuːt] *Neubildung vgl.* ***ginger*** Ingwer; ***gingerbread*** Ingwer-, Pfeffer-, Lebkuchen (*engl. Gebäck*); ***newt*** Wassermolch; *Anspielung auf engl. Kekssorte* ***Ginger Nuts****, die oft zu Tee oder Kaffee gegessen wird*

glare [gleə] *Subst.* scharfer Blick

glimpse [glɪmps] *V/t.* einen Blick erhaschen, flüchtig zu sehen bekommen

goad [gəʊd] *V/t.* reizen, aufstacheln; ***goad s.o. into s.th.*** j-n zu etwas antreiben, j-n zu etwas anspornen

Goblin Liaison Office ['gɒblɪn lɪ'eɪzən ˌɒfɪs] *Neubildung vgl.* ***goblin*** Kobold; ***liaison*** Verbindung, Zusammenarbeit; ***office*** Büro, Amt – *Abteilung im* ***Ministry of Magic***

go for [gəʊ'fɔː] *V/t.* attackieren, losgehen auf

goings-on [ˌgəʊɪŋz'ɒn] *Subst. Pl.* Treiben, Vorgänge

goblin-wrought ['gɒblinˌrɔːt] *Neubildung etwa* von Kobolden geschmiedet

Goldstein, Anthony ['gəʊldstiːn, 'æntənɪ] *Name; jüdischer Familienname deutscher oder österreichischer Herkunft, von der Berufsbezeichnung* Goldschmied; ***Anthony*** *männl. Vorname, stammt vom römischen Familiennamen Antonius; ab dem 16. Jh. mit sprachgeschichtlich zweifelhaftem Bezug griech.* ***anthos*** Blume *mit th geschrieben; beliebt aufgrund des Ruhms zweier Heiliger, eines frühchristlichen Einsiedlers sowie des Gelehrten Antonius von Padua – Ravenclaw-Vertrauensschüler aus Harrys Jahrgang*

Golgomath *Name; vgl.* ***Golgotha*** (*Ort bei Jerusalem, Leidensstätte Christi*) *übertr.* Leidensstätte, Friedhof, *aus aramäisch* ***golgolta*** Schädel; *vgl.* ***Goliath*** *biblischer Riese, von David mit einem Stein aus der Schleuder getötet; Versuche, diesen Namen mit dem griech. Wort* ***gigantes*** Riese *in Verbindung zu bringen, sind sprachhistorisch nicht haltbar; in der sagenhaften „Geschichte der britischen Könige" von Geoffrey von Monmouth aus dem 10. Jh. wird vom Sieg des Feldherrn Brutus über ein Heer von Riesen unter Führung eines* ***Gogmagog*** *berichtet; der Name wurde später in Verbindung gebracht mit dem alttestamentarischen Riesen* ***Gog*** *aus dem Lande Magog – Führer der Riesen nach dem Tod des ersten →* ***Gurg****;* vgl. auch → ***giant*** *S. 94*

good[1] [gʊd] *Subst.* Nutzen, Wert;

Vorteil; ***for your own good*** zu deinem eigenen Vorteil; ***be up to no good*** nichts Gutes im Schilde führen; ***it's no good crying over spilt potion*** (*in Anlehnung an* ***it's no use crying over spilt milk***) geschehen ist geschehen, passiert ist passiert; ***for good*** für immer, ein für alle Mal

good[2] [gʊd] *Adj.* gut; ***be a good boy*** *oder* ***girl*** sei brav!; ***good day!*** *altertüml.* guten Tag!

gossamer ['gɒsəmə] *Subst.* Spinnfäden; hauchdünner Stoff

gouge [gaʊdʒ] *V/t.* aushöhlen, ausmeißeln; ***gouge out s.o.'s eye*** j-m ein Auge ausstechen

graffiti [græ'fɪtɪ] *Subst.* Graffiti, Wandkritzeleien

Grawp [grɔːp] *Name*; *vgl.* ***grope*** herumtappen, -tasten, -greifen, tastend suchen; ***crop*** Ernte, Ertrag; Menge, Haufen; ernten; stutzen; abbeißen, -fressen; *altertüm.* ***grawous*** schmerzlich, bitter, drückend – *Hagrids „kleiner" Halbbruder*

great-great-granddaughter [greɪtgreɪt'græn,dɔːtə] *Subst.* Ur-Urenkelin

Greengras, Daphne ['griːngrɑːs, 'dæfnɪ] *Name*; *vgl.* ***green*** grün, ***grass*** Gras; ***Daphne*** *weibl. Vorname*; *griech.* Lorbeer; *der griech. Mythologie zufolge wurde die Nymphe Daphne von ihrem Vater in einen Lorbeerstrauch verwandelt, damit sie den Nachstellungen Apolls entgehen konnte – Hogwarts-Schülerin in Harrys Jahrgangsstufe*

Greenland ['griːnlænd] *Name* Grönland

green-tinged ['griːntɪndʒd] *Adj.* grün gefärbt, grünlich schimmernd

griffin ['grɪfɪn] *Subst.* *Mythologie*: (Vogel) Greif; *Fabel- und Wappentier* → ***griffon*** *S. 99*

grim [grɪm] *Adj.* grauenvoll; ernst; trostlos; düster

> **Grimmauld Place** ['grɪmɔːd ,pleɪs] *Name*; *klingt wie* ***grim old place***; *vgl.* ***grim*** grimmig, wild, schrecklich; düster; grausam; ***grimalkin*** alte Katze, *übertr.* Kratzbürste, böses altes Weib; ***grime*** (zäher) Schmutz *oder* Ruß; ***auld*** *schott.* alt; ***place*** Platz – *im Haus Nummer 12 hat der* → ***Order of the Phoenix*** *sein Hauptquartier.*

grindstone ['graɪndsəʊn] *Subst.* ***keep one's nose to the grindstone*** hart arbeiten, schuften; ***keep s.o.'s nose to the grindstone*** j-n hart arbeiten lassen, j-n schuften lassen

grip [grɪp] *Subst.* Griff; ***get a grip*** *umgangsspr.* reiß dich zusammen!

grouchy ['graʊtʃɪ] *Adj.* *umgangsspr.* nörglerisch; griesgrämig, grantig

grow [grəʊ] *V/i.* wachsen; (langsam *oder* allmählich) werden; ***grow uneasy*** allmählich unruhig *oder* beunruhigt werden

Grubbly-Plank, Wilhelmina [,grʌblɪ'plænk, ,wɪlhel'miːnə] *Name*; *vgl.* ***grub*** stöbern, jägen; ***grubby*** dreckig; *Person auch*: schmuddelig; ***plank*** Holzdiele, Planke; ***Wilhelmina*** *weibl. Form von* Wilhelm (*german.* ***vilja*** Wille; ***helma*** Helm), *im 18. Jh. aus dem Deutschen oder Niederländischen entlehnt*; – *Unterrichtsvertretung für das Fach* ***Care of Magical Creatures***

> **Gubraithian fire** [gʌ'breɪðɪən 'faɪə] *Name*; *vgl.* ***Galbraith*** *oder* ***Gulbraith*** *schott. Name, von gälisch*

gall fremd *und* ***Bhreathnach*** Bretone; *nach bretonischen Siedlern, die es zur Zeit der angelsächsischen Eroberung nach Schottland verschlagen hat;* **fire** Feuer; *vgl. Umkehrung des Mythos von Prometheus: Der Titan der griech. Mythologie stahl den Göttern das Feuer und stellte es den Menschen zur Verfügung; dafür bestrafte ihn Zeus, indem er ihn an einen Felsen schmieden ließ, wo ein Adler ihm die Leber zerfleischte – Gastgeschenk Hagrids an die Riesen;* → **Gurg**, → ***giant*** *S. 94*

Gudgeon, Gladys ['gʌgʒən, 'glædɪs] *Name; vgl.* ***gudgeon*** ZOOL Gründling (*Fisch*); *übertr.* Gimpel, Einfaltspinsel; ***Gladys*** *geläufiger walisischer Frauenname, der von dem röm. (Familien-)Namen Claudia abgeleitet wird – treuer Fan von Gilderoy* → **Lockhart** *S. 125*

guff [gʌf] *Subst. umgangsspr.* Quark, Quatsch

gully ['gʌlɪ] *Subst.* Schlucht

Gurg [gɜːg] *Name; vgl.* ***gurge*** strudeln, wirbeln; ***gurk*** *schott.* ein stämmiger, kräftig gebauter Mensch; ***Gurkha*** *in den Bergen Nepals ansässiges Hindu-Volk, besonders bekannt für Verwegenheit im Kampf;* ***gurk*** rülpsen – *Anführer der Riesen;* → ***Golgomath*** → ***Karkus***

gusto ['gʌstəʊ] *Subst.* Begeisterung; ***with great gusto*** genüsslich

guts [gʌts] *Subst. Pl.* Eingeweide, Gedärme; *umgangsspr.* Mumm, Schneid

H

habitat ['hæbɪtæt] *Subst.* Habitat, Lebensraum

Hagger ['hægə] *Name; vgl.* ***hag*** böse/r *oder* schreckerregende/r alte/r Hexe/r; ***haggard*** wild, verstört, abgehärmt, hager; ***hagged*** verhext, hässlich, verstört; *als* ***Hagge*** *wurde im 16. Jh. ein* Nachtmahr *bezeichnet, der Schlafenden auf der Brust saß, den Magen drückte und Alpträume verursachte – lautliche Verstümmelung des Namens* → ***Hagrid*** *S. 102*

hairnet ['heənet] *Subst.* Haarnetz; ***keep your hairnet on!*** (*in Anlehnung an* ***keep your hair on!***) reg dich ab!, nur keine Aufregung!

hairpin ['heəpɪn] *Subst.* Haarnadel; ***hairpin bend*** Haarnadelkurve

Hair-thickening Charm ['heəˌθɪkənɪŋ tʃɑːm] *Zauber vgl.* ***hair*** Haar; ***thicken*** dicker machen, dichter machen, verstärken; ***charm*** Bann, Beschwörung, Zauberformel

half[1] [hɑːf] *Subst.* Hälfte

half[2] [hɑːf] *Adj. und Adv.* halb, zur Hälfte; ***half done*** *Steak*: halb gar; ***he half wished/hoped*** er wünschte/hoffte fast

half-breed ['hɑːfbriːd] *Subst.* Mischling, Halbblut

half-darkness [ˌhɑːf'dɑːknəs] *Subst.* Halbdunkel

half-hearted [ˌhɑːf'hɑːtɪd] *Adj.* halbherzig

hallmark ['hɔːlmɑːk] *Subst. von Gold*: Feingehaltsstempel; *übertr.* Kennzeichen, Merkmal

handle[1] ['hændl] *Subst.* Griff; *Tür*: Klinke; ***fly off the handle*** *umgangsspr.* hochgehen, ausflippen

handle[2] ['hændl] *V/t.* handhaben; (*Thema*) behandeln; (*Problem*) fertig werden mit; ***I can handle him*** mit ihm werde ich fertig

hand-picked [ˌhænd'pɪkt] *Adj.* handverlesen

hang [hæŋ] *V/t.* hängen; aufhängen; ***we might as well be hanged for a dragon as an egg*** (*in Anlehnung an* ***we might as well be hanged for a sheep as a lamb***) wenn schon, denn schon

hang back [hæŋ'bæk] *V/i.* zögern

hangers-on [ˌhæŋəs'ɒn] *Subst. Pl.* Anhang, Gefolge

Hannah → ***Abbott***

harm [hɑːm] *Subst.* Schaden; ***no harm done*** nichts passiert!; ***out of harm's way*** in Sicherheit

Harold Dingle's Powdered Dragon ['hærəld ˌdɪŋgls 'paʊdəd ˌdrægən] *Name; vgl.* ***Harold*** *geläufiger männl. Vorname skandinavischen Ursprungs;* ***Dingle*** *abgeleitet von einer alten Ortsbezeichnung* enges Tal, Schlucht, Senke; ***powder*** Pulver, Puder; ***dragon*** Drache; → ***dragon*** *S. 68*

harp on [hɑːp'ɒn] *V/t.* herumreiten auf, dauernd reden über

hat [hæt] *Subst.* Hut; ***my hat!*** *brit. umgangsspr.* dass ich nicht lache!, von wegen!

haversack ['hævəsæk] *Subst.* Provianttasche

hazard ['hæzəd] *Subst.* Risiko, Gefahr, Wagnis; ***occupational hazard*** Berufsrisiko

head [hed] *Subst.* Kopf; ***have a head*** einen Brummschädel haben; ***keep one's head*** die Nerven behalten; ***keep one's head down*** vorsichtig sein; ***bite s.o.'s head off*** j-m den Kopf herunterreißen; ***make neither head nor tail of s.th.*** aus etwas nicht schlau werden

Headless Hat [ˌhedləs 'hed] *Neubildung vgl.* ***headless*** kopflos; ***hat*** Hut, Kopfbedeckung – *Artikel aus dem Sortiment der Weasley-Zwillinge*

heal [hiːl] *Vt/i.* heilen; ***heal over*** zuheilen

healer ['hiːlə] *Subst.* Heiler(in)

healing[1] ['hiːlɪŋ] *Subst.* Heilung, Zuheilen

healing[2] ['hiːlɪŋ] *Adj.* heilend; ***healing process*** Heilungsprozess; ***healing powers*** Heilkräfte

hear [hɪə] *V/t.* hören, anhören, zuhören; ***hear s.o. out*** j-n bis zum Ende anhören, j-n ausreden lassen

hearing ['hɪərɪŋ] *Subst.* Anhörung, Verhandlung → ***disciplinary hearing***

heartless ['hɑːtləs] *Adj.* herzlos, grausam

heavily ['hevɪlɪ] *Adv. Art des Sprechens*: schleppend

hedgerow ['hedʒrəʊ] *Subst.* Hecke

Heliopath [ˌhiːlɪə'pɑːθ] *Neubildung vgl. griech.* **helios** Sonne; *auch Name des Sonnengottes; griech.* **pathein** leiden; **path** Pfad, Weg – *Feuergeister, die alles auf ihrem Weg verbrennen; ihre Existenz ist in der magischen Welt umstritten*

hellebore ['helɪbɔː] *Subst.* BOT Nieswurz

help[1] [help] *Subst.* Hilfe; ***come to s.o.'s help*** j-m zu Hilfe kommen

help[2] [help][¶] *V/t.* helfen, beistehen; ***help oneself*** *beim Essen*: sich etwas nehmen; ***help yourself*** nehmt euch, nimm dir

helter-skelter ['heltəˌskeltə] *Subst.* Durcheinander; in Spiralen verlaufende Rutschbahn

heptomology [ˌheptə'mɒlədʒɪ] *Neubildung vgl. griech.* **hepta-** sieben, **-logy** *von griech.* **logos** Wort, Gespräch; (wissenschaftl.) Diskurs, Studien; *die Primzahl Sieben ist die heilige Zahl schlechthin; die Babylonier kannten sieben Planeten, davon abgeleitet sind die sieben Sphären des Ptolemäischen Weltbilds, siebentägige Feste und Fristen gibt es in dem hellenischen Kult wie auch in jüngeren Kulten; seit ca. 1600 umfasst eine Woche sieben Tage. In der abendländischen Überlieferung quer durch die Zeiten strukturiert die Sieben die Welt und ihre Erscheinungen: sieben biblische Schöpfungstage, sieben Tore Thebens, sieben Weltwunder, die sieben Weisen und die sieben Säulen der Weisheit (symbolisiert im siebenarmigen Leuchter des Judentums), die sieben christlichen Tugenden und Todsünden und die sieben Freien Künste, die ab der späten Antike die Gesamtheit des Wissens repräsentierten – magische Disziplin, gehört zum Fach* → **divination** *S. 66; vgl. auch* → **arithmancy** *S. 22 und* → **numerology**

hesitant ['hesɪtənt] *Adj.* zögernd

hidey-hole ['haɪdɪˌhəʊl] *Subst. umgangsspr.* Versteck

hieroglyphe [ˌhaɪrə'glɪf] *Subst.* (*von griech.* **hieroglyphika grammata** Heilige Schriftzeichen) Hieroglyphe; *Schriftzeichen in Gestalt von Bildern, besonders die ägyptische Schrift. Auch Schriftzeichen anderer Kulturen z. B. der Hethiter, der Maya und auf den Osterinseln werden als Hieroglyphen bezeichnet. Die Entstehung von Schrift ist untrennbar verknüpft mit religiösem Kult: schriftliche Aufzeichnung von Gebeten, Prophezeiungen oder Offenbarungen, Abbildungen von göttlichen Weisungen oder Erfahrungen mit den jeweiligen Gottheiten waren kultische Handlungen, die ausgewählten Priestern oder anderen Eingeweihten vorbehalten waren; insofern dürfte in der Frühzeit der Schriftgeschichte – unabhängig von der Bildgestalt der Zeichen – immer von „heiligen" Inhalten auszugehen sein;* → **rune** *S. 175*

high-backed [ˌhaɪ'bækt] *Adj. Stuhl*: mit hoher Lehne

High Court ['haɪ kɔːt] *Subst. JUR* Hoher Gerichtshof *in der britischen Gerichtsbarkeit bildet der in London angesiedelte* ***High Court of Justice*** *zusammen mit dem* ***Court of Appeal*** *den* ***Supreme Court of Judicature***

> **High Inquisitor** [haɪˌɪn'kwɪsɪtə] *Subst. Neubildung vgl.* ***inquisitor*** *Kirchengeschichte*: Inquisitor; ***Grand Inquisitor*** Großinquisitor; *ab dem Hochmittelalter bis in die frühe Neuzeit verfolgte die kirchliche, vom Papst legitimierte Inquisition Personen und Gruppierungen, die vom rechten Glauben abwichen (Ketzerverfolgung); dabei wurden ab 1252 Folter und Todesstrafe systematisch zur Anwendung gebracht; die Spanische Inquisition unter Leitung eines Großinquisitors errang düsteren Ruhm für besondere Grausamkeit – neu geschaffenes Amt für Dolores* → ***Umbridge***

highly ['haɪlɪ] *Adv.* hoch; ***highly gifted*** hochbegabt; ***think highly of s.o.*** viel von j-m halten, eine hohe Meinung von j-m haben

high-rise ['haɪraɪs] *Adj.* Hoch-, ***high-rise flats*** (Wohn-)Hochhaus, Hochhaus mit Wohnungen

high-security [ˌhaɪsɪ'kjʊərətɪ] *Adj.* Hochsicherheits...

Hobgoblins [ˌhɒb'gɒblinz] *Name*; *vgl.* ***hobgoblin*** (*zumeist freundlicher*) Kobold; → ***goblin*** *S. 96*, → ***brownie*** *S. 38 – Name der Band, in der Stubby* → ***Boardman*** *Leadsänger ist*

hold¹ [həʊld] *Subst.* Halt, Griff; ***get hold of s.o.*** j-n erwischen; ***put a hold on s.th.*** etwas stoppen; ***put on hold*** auf Eis legen

hold² [həʊld] *V/t.* halten, festhalten; ***hold your hippogriffs*** (*in Anlehnung an* ***hold your horses***) immer mit der Ruhe!, immer langsam!

holly ['hɒlɪ] *Subst.* BOT Stechpalme

homework planner ['həʊmwɜːk ˌplænə] *Subst.* Hausaufgabenplaner

honk [hɒŋk] *V/t.* hupen; *umgangsspr.* kotzen

honker [hɒŋkə] *Subst. große Nase*: Zinken

honour ['ɒnə] *Subst.* Ehre

honour-bound ['ɒnəbaʊnd] *Adj.* ***feel honour-bound to do s.th.*** sich moralisch verpflichtet fühlen, etwas zu tun, es als Ehrensache ansehen, etwas zu tun

hoof-shaped [huːf'ʃeɪpt] *Adj.* hufförmig

hook¹ [hʊk] *Subst.* Haken

hook² [hʊk] *V/t.* festhaken, zuhaken; fangen, angeln

Hooper, Geoffrey ['huːpə, 'dʒefrɪ] *Name*; *vgl.* ***hooper*** Küfner, Böttcher; ***hoop*** Reifen, Ring; *beim Krocket*: Tor; ***Geoffrey*** *männl. Vorname aus der Normannenzeit, kann auf verschiedene german. Namen zurückgeführt werden; erst seit dem 19. Jh. wieder in Gebrauch und vor allem in Schottland verwurzelt – Bewerber um Aufnahme ins Gryffindor-Quidditch-Team*

horsewhip ['hɔːswɪp] *Subst.* Reitpeitsche

hosepipe ['həʊzpaɪp] *Subst.* Schlauch

hour glass ['aʊəglɑːs] *Subst.* Stundenglas, Sanduhr

humble ['hʌmbəl] *V/t.* demütigen

hummingbird ['hʌmɪŋˌbɜːd] *Subst.* ZOOL Kolibri

hurry ['hʌrɪ] *Subst.* Eile; ***in a hurry*** schnell; ***be in a hurry*** es eilig haben, in Eile sein

hydrangea [hʌɪ'dreɪndʒə] *Subst.* BOT Hortensie

I

Imago, Inigo [ɪ'meɪgəʊ 'ɪnɪgəʊ] *Name*; *vgl. lat.* ***imago*** Bild, Abbild, Schattenbild, Trug-, Traumbild; Vorspiegelung, Erscheinung; ***Inigo*** *männl. Vorname* von *griech.* ***Ignatios***, *nach dem Bischof von Antiochia, der im 2. Jh. den Märtyrertod starb*; *bekannt vor allem in Russland und in Spanien*; *durch* ***Ignatius von Loyola***, *den Gründer des Jesuitenordens, in ganz Europa verbreitet*; ***Inigo Jones***, *berühmter engl. Architekt um 1600, machte den Namen in Wales so populär, dass man Inigo für einen walisischen Namen hielt – Autor des Traumdeutungsbuches* ***„The Dream Oracle“***; → ***dream***

immobilize [ɪ'məʊbɪlaɪz] *V/t.* bewegungsunfähig machen

impertinent [ɪm'pɜːtɪnənt] *Adj.* unverschämt

imperturbable [ɪmpə'tɜːbəbəl] *Adj.* unerschütterlich; *Zauberbann*: undurchdringlich

impostor [ɪm'pɒstə] *Subst.* Betrüger(in), Schwindler(in), Hochstapler(in)

imprecate ['ɪmprəkeɪt] *V/t.* verfluchen, verwünschen; ***imprecate curses on s.o.*** j-n verfluchen

imprecation [ɪmprə'keɪʃən] *Subst.* Verwünschung, Fluch

impressive [ɪm'presɪv] *Adj.* beeindruckend

imprison [ɪm'prɪzən] *V/t.* einsperren

Improper Use of Magic Office [ɪm'prɒpə juːz əf 'mædʒɪk ˌɒfɪs] *Neubildung vgl.* ***improper*** unsachgemäß; ***use*** Gebrauch; ***improper use*** Missbrauch; ***magic*** Magie; ***office*** Büro; Amt – *Abteilung im* ***Ministry of Magic***

improve [ɪm'pruːv] *V/i.* besser werden, sich verbessern; ***improve beyond all recognition*** so viel besser werden, dass man gar nicht wiederzuerkennen ist

inadvisable [ˌɪnəd'vaɪzəbəl] *Adj.* unratsam, nicht zu empfehlen

> **Inanimatus Conjurus Spell** [ɪn'ænɪmeɪtəs ˌkʌndʒərəs spel] *Neubildung vgl.* ***inanimate*** leblos, unbelebt; unbeseelt, ohne seelisches oder tierisches Leben; ***conjure*** (*Geister*) (herauf-, herbei-)beschwören; ***spell*** Zauber, Zauberwort, -spruch; Beschwörungsformel

inattention [ˌɪnə'tenʃən] *Subst.* Unaufmerksamkeit

incandesce [ˌɪnkən'des] *Vt/i.* weiß glühend machen *oder* werden

incandescence [ˌɪnkən'desens] *Subst.* Weißglut

incandescent [ˌɪnkən'desent] *Adj.* weiß glühend; *übertr. vor Wut*: zur Weißglut gebracht

incantation [ɪnkən'teɪʃən] *Subst.* Zauberspruch

incapacitate [ˌɪnkə'pæsɪteɪt] *V/t.* zum Invaliden machen; außer Gefecht setzen

> **Incarcereous!** [ɪn'kɑːsərɪəs] *Zauberspruch vgl.* ***incarcerate*** einkerkern, einsperren

incredulity [ˌɪnkrə'djuːlətɪ] *Subst.* Ungläubigkeit, Skepsis

incumbent [ɪn'kʌmbənt] *Adj.* obliegend; ***be incumbent upon s.o. to do s.th.*** j-s Pflicht sein etwas zu tun

incursion [ɪn'kɜːʃən] *Subst.* (feindlicher) Einfall; Eindringen

indifference [ɪn'dɪfərəns] *Subst.* Gleichgültigkeit

indifferent [ɪn'dɪfərənt] *Adj.* gleichgültig

indulgence [ɪn'dʌldʒəns] *Subst.* Nachsicht, Nachgiebigkeit; Verwöhnung

infernal [ɪn'fɜːnəl] *Adj.* höllisch, infernalisch; *übertr.* teuflisch, verdammt

infest [ɪn'fest] *V/t.* verseuchen

infestation [ɪnfe'steɪʃən] *Subst.* Verseuchung

infinitesimal [ˌɪnfɪnə'tesɪməl] *Adj.* unendlich klein, winzig

inflexible [ɪn'fleksɪbəl] *Adj.* unbeweglich, wenig flexibel

informant [ɪn'fɔːmənt] *Subst.* Informant(in)

ingratiate [ɪn'greɪʃɪeɪt] *V/i.* ***ingratiate oneself with s.o.*** sich bei j-m einschmeicheln

ingratiating [ɪn'greɪʃɪeɪtɪŋ] *Adj.* schmeichlerisch; *Lächeln*: gewinnend

innumerable [ɪ'njuːmərəbəl] *Adj.* unzählig, zahllos

> **Inperturbable Charm** [ˌɪnpə'tɜːbəbəl ˌtʃɑːm] *Zauber vgl.* ***inperturbable*** nicht zu beunruhigen, gleichmütig, gelassen; *lat.* ***in-*** *verneinende Vorsilbe*; ***perturb*** *oder* (*selten*) ***perturbate*** beunruhigen, verwirren, in Unruhe *oder* Schrecken versetzen; ***charm*** Bann, Beschwörung, Zauberformel

insensitive [ɪn'sensɪtɪv] *Adj.* gefühllos; taktlos

inside ['ɪnsaɪd] *Subst.* Inneres, Innenseite; ***insides*** Eingeweide

insinuation [inˌsɪnju'eɪʃən] *Subst.* Anspielung, versteckte Andeutung

insubordiantion [ˌɪnsəbɔːdɪ'neɪʃən] *Subst.* Gehorsamsverweigerung, Widersetzlichkeit

interlock [ˌɪntə'lɒk] *V/t.* (*Finger*) ineinander verschränken

invertebrate [ɪn'vɜːtɪbrət] *Subst.* wirbelloses Tier

Invigoration Draught [ˌɪnvɪgə'reɪʃən ˌdrɑːft] *Zaubertrank vgl.* ***invigorate*** stärken, kräftigen, beleben; ***invigorant*** Kräftigungsmittel; ***draught*** MED (Arznei-)Trank; *von Pflanzen, Kräutern*: Auszug

Invisibility Marquee [ɪnˌvɪsə'bɪlətɪ ˌmɑː'kiː] *Neubildung vgl.* ***invisibility*** Unsichtbarkeit; ***marquee*** großes Zelt (*z. B. für Zirkus*), Festzelt; Markise, Schirmdach (*z. B. über Hoteleingang*)

Invisibility Spell [ɪnˌvɪsə'bɪlətɪ ˌspel] *Zauber vgl.* ***invisibility*** Unsichtbarkeit; ***spell*** Zauber, Zauberwort, -spruch; Beschwörungsformel

irascible [ɪ'ræsɪbəl] *Adj.* reizbar, jähzornig

irk [ɜːk] *V/t.* ärgern

J

jab [dʒæb] *V/t.* (hinein)stechen, (hinein)stoßen

Janus Thickey Ward ['dʒeɪnəs ˌθɪkeɪ ˌwɔːd] *Name; vgl.* ***Janus*** *römischer Gott der Türen, des zeitlichen und örtlichen Eingangs; er wird doppelgesichtig dargestellt und symbolisiert damit die beiden Seiten einer Türe, so wie der nach ihm benannte Monat* ***Januar*** *die Schwelle zwischen altem und neuem Jahr bildet;* ***thick*** *umgangsspr.* dumm, beschränkt; ***ward*** Abteilung, Station – *geschlossene Station für Dauerpatienten in →* ***St Mungo's Hospital*** *S. 195*

jaunt [dʒɔːnt] *Subst.* Ausflug, Spritztour

jeopardise ['dʒepədaɪz] *V/t.* gefährden, in Gefahr bringen

jest[1] [dʒest] *Subst.* Spaß, Scherz; ***in jest*** im Spaß

jest[2] [dʒest] *V/i.* scherzen; ***you jest!*** du machst Scherze!

job [dʒɒb] *Subst.* Arbeit, Job; ***do a poor job*** etwas schlecht machen, eine dürftige Leistung abliefern; ***give up on s.th. as a bad job*** etwas als hoffnungslos aufgeben

jockey[1] ['dʒɒkɪ] *Subst.* Jockey

jockey[2] ['dʒɒkɪ] *V/i.* ***jockey for*** rangeln um

Johnson, Angelina ['dʒɒnsən, ˌændʒə-

ˈliːnə] *Name; geläufiger engl. Nachname* (Sohn des John); ***Angelina*** *Verkleinerungsform von* ***Angela*** *– Mitschülerin Harrys und Kapitän des Gryffindor-Quidditch-Team*

jolly [ˈdʒɒlɪ] *Adv. brit. umgangsspr.* ziemlich; ***jolly good*** prima

Jones, Hestia [ˈdʒəʊnz, ˈhestɪə] *Name; geläufiger Nachname, vor allem in Wales verbreitet, bedeutet* Johns Sohn; ***Hestia*** *griech. Göttin des Herdfeuers – Mitstreiterin im →* ***Order of the Phoenix***

jowl [dʒaʊl] *Subst.* Unterkiefer; Wange, Hängebacke

jug [dʒʌg] *Subst.* Krug, Kanne

jug-eared [ˈdʒʌgˌɪəd] *Adj. übertr.* mit abstehenden Ohren

Jugson [ˈdʒʌgsən] *Name; vgl.* ***jug*** Krug, Kanne; *umgangsspr.* Kittchen, „Loch" (*Gefängnis*) *– ein →* ***Death Eater*** *S. 59*

jumped up [dʒʌmpdˈʌp] *Adj.* hochnäsig

justice [ˈdzʌstɪs] *Subst.* Gerechtigkeit; Justiz; ***do oneself justice*** *in Prüfung*: zeigen was man kann, sein wahres Können zeigen

K

Karkus [ˈkɑːkəs] *Name; vgl.* ***carcass*** Kadaver, Aas; Tierleiche; (*verächtlich*) menschliche Leiche *– Name des ersten Anführers der Riesen*: *→* ***Gurg***

Kenmare Kestrels [ˈkenmeə ˌkestrəlz] *Name; vgl.* ***Kenmare*** *Stadt in der irischen Grafschaft Kerry, ausgezeichnet als „ordentlichste Stadt Irlands 2000"*; ***kestrel*** ZOOL Turmfalke *– irisches Profi-Quidditch-Team*

killjoy [ˈkɪldʒɔɪ] *Subst.* Spielverderber(in)

kind[1] [kaɪnd] *Adj.* nett, freundlich

kind[2] [kaɪnd] *Subst.* Art, Sorte; *Biologie*: Art

kinda [ˈkaɪndə] *umgangsspr. für* ***kind of*** so ein(e), eine Art ...

Kingsley Shacklebolt [ˈkɪŋsleɪ ˈʃækəlbɒlt] *Name →* ***Shacklebolt***

Kirke, Andrew [kɜːk, ˈɑndruː] *Name; schott. Nachname; ursprünglich für j-n, der nahe einer Kirche* (*schott.* ***kirk*** Kirche) *lebte oder für sie arbeitete;* ***Andrew*** *vor allem in Schottland weit verbreiteter männl. Vorname, nach Schottlands Schutzheiligem, dem Apostel* Andreas (*griech.* ***andreios*** männlich) *– neuer Beater im Gryffindor-Quidditch-Team*

klaxon [ˈklæksən] *Subst.* Horn, Hupe

Knarl [nɑːl] *Neubildung vgl.* ***knar*** Knorren, Höcker, Knoten (*v. a. an Baumstamm oder Wurzel*); *altertüml. für* ***snarl*** sich winden, krümmen, verdrehen; ***gnarled*** knorrig, ruppig; *der brit. Volksglaube kennt →* ***bogeys*** *S. 35 und →* ***pixies*** *S. 155, die Igelgestalt annehmen; sie werden* ***urchin*** *oder* ***hurgeon*** *genannt – magisches Geschöpf, das einem Igel ähnelt, sich also zusammenrollt oder -knotet*

Kneazle ['niːzəl] *Neubildung vgl.* ***knee*** Knie, Vorderfußgelenk; ***cat*** Katze; ***weasel*** Wiesel *flinkes, bewegliches Nagetier – magisches Wesen, Bestandteil des Lehrplans für den Care of Magical Creatures-Unterricht*

knowledge ['nɒlɪdʒ] *Subst.* Wissen

knowledgeable ['nɒlɪdʒəbl] *Adj.* gescheit, gut unterrichtet

Kreacher ['kriːtʃə] *Name*; *vgl.* ***creeper*** Kriechtier, kriechendes Insekt, Wurm; *übertr.* Kriecher, Schleicher; klingt wie ***creature*** Geschöpf, Wesen – *Name des Hauselfen (→* ***elf*** *S. 74) im Hause →* ***Black*** *am →* ***Grimmauld Place***

kumquat ['kʌmkwɒt] *Subst.* Kumquat, kleinfruchtige Goldorange

L

labour[1] ['leɪbə] *Subst.* Arbeit; Mühe

labour[2] ['leɪbə] *V/i.* arbeiten; ***labour under the delusion that ...*** in dem Wahn leben, dass ...

Laburnum Gardens [lə'bɜːnəm ˌgɑːdənz] *Name*; *Straßenname vgl.* ***laburnum*** BOT Goldregen (*gelb blühendes Ziergehölz*); ***garden*** Garten; *gebräuchliche Bezeichnung für einen Weg oder Platz in einem Wohnviertel, in London sogar zweimal zu finden*

Lachlan the Lanky ['lɒklən ðə 'læŋkɪ] *Name*; *männl. Vorname, stammt aus den schott. Highlands, abgeleitet vom norwegischen Namen* ***Lochlann***; *es gibt auch den schott. Familiennamen* ***McLachlan***; ***lanky*** schlank, schlaksig; lang und dünn – *Statue in einem der Korridore in Hogwarts*

lad [læd] *Subst. umgangsspr.* Junge; ***there's a good lad*** sei schön brav

lair [leə] *Subst.* Lager; *von Tier*: Höhle

lamentable [lə'mentəbəl] *Adj.* beklagenswert; kläglich, erbärmlich

languid ['læŋgwɪd] *Adj.* träge, matt; lustlos

lapdog ['læpdɒg] *Subst.* Schoßhund, Schoßhündchen

laughter ['lɑːftə] *Subst.* Gelächter → ***maniacal***

Lavender → ***Brown*** *S. 38*

lay[1] [leɪ] *Prät.* → ***lie***[1]

lay[2] [leɪ] *V/t.* legen

lay off [leɪ'ɒf] *V/t. umgangsspr.* aufhören mit

league [liːg] *Subst.* Bündnis, Bund; ***be in league with*** gemeinsame Sache machen mit, unter einer Decke stecken mit

lean on [liːn'ɒn] *V/t.* ***lean on s.o.*** sich auf j-n verlassen

least [liːst] *Adv.* am wenigsten; ***least of all*** am allerwenigsten

leather thong ['leðəθɒŋ] *Subst.* Lederriemen

leave[1] [liːv] *Subst.* Erlaubnis; Urlaub; ***leave of absence*** Beurlaubung

leave[2] [liːv] *V/t.* verlassen; lassen; ***let's leave it at that*** lassen wir es dabei (bewenden); ***leave me alone!*** lass mich in Ruhe!; ***leave s.th. till later*** etwas auf später verschieben

Legilimency [ˌledʒɪlɪ'mensɪ] *Zauber „Legilimens!"* vgl. ***legibility*** Lesbarkeit, Leserlichkeit; *lat.* ***mens*** Denkkraft, Verstand, denkender Geist, Vorstellungskraft; ***-mency*** *analog zu* ***-mancy*** *von griech.* ***manteia*** Weissagung; *die Übertragung von Gedanken, Empfindungen, Gefühlen und Antriebskräften von einer Person auf eine andere, die sich ohne Vermittlung der bekannten Sinnesorgane und unabhängig von räumlicher Entfernung vollzieht, wird als Telepathie (von griech. tele-* fern- *und griech. pathein* leiden; erfahren) *bezeichnet. Telepathische Übertragungen können sich gewollt oder ungewollt ereignen: als Visionen, Ahnungen oder plötzliches Wissen um vor allem emotional besetzte Inhalte; eine starke gefühlsmäßige Beziehung zwischen Sender und Empfänger begünstigt die Übertragung. Wissenschaftliche Untersuchungen konnten die Wirkungsweise der Telepathie, die der Parapsychologie zugerechnet wird, nicht erklären – Gegenzauber* → ***Occlumency***

leisure time ['leʃətaɪm] *Subst.* Freizeit

length [leŋθ] *Subst.* Länge; ***go to great lengths*** sich sehr bemühen

Lestrange, Bellatrix [lə'streɪndʒ, 'belətrɪks] *Name; vgl. frz.* ***L'Estrange*** Fremder; ***Bellatrix*** *vgl.* ***bella*** *lat.* die Schöne; ***bellatrix*** *lat. Adj.* kriegerisch; *Analogbildung zum weibl. Vornamen Beatrix – Cousine von Sirius* → ***Black****, Schwester von Narcissa* → ***Malfoy*** *S. 129 und* → ***Tonks****' Mutter Andromeda; gehört zu den Death Eaters;* ***Rodolphus*** *männl. Vorname; latinisierte Form von german.* ***hrothi*** Ruhm, ***wulf*** Wolf, *vgl. frz.* ***Rodolphe*** *– treuer Anhänger von Lord Voldemort;* ***Rabastan*** *Name vermutlich orientalischen Ursprungs – sein Bruder*

> **Levitation Charm** [ˌlevɪ'teɪʃən tʃɑːm] *Zauber vgl.* ***levitate*** frei schweben; schweben lassen; ***charm*** Bann, Beschwörung, Zauberformel

lie[1] [laɪ] *V/i.* liegen
lie[2] [laɪ] *V/i.* lügen
lie[3] [laɪ] *Subst.* Lüge
lie-down ['laɪdaʊn] *Subst.* Nickerchen; ***have a lie-down*** sich aufs Ohr legen
life [laɪf] *Subst.* Leben; ***I can't do it to save my life*** ich kann es beim besten Willen nicht tun
light [laɪt] *V/t.* ***light on*** *altertüml.* (*Blick*) fallen auf
likely ['laɪklɪ] *Adj.* wahrscheinlich; ***be not likely*** unwahrscheinlich sein; ***a likely story*** *ironisch*: wer's glaubt
likeness ['laɪknəs] *Subst.* Ähnlichkeit; ***good likeness*** *von Bild*: sehr ähnlich, sehr naturgetreu
limbo ['lɪmbəʊ] *Subst. Religion*: Vorhölle; ***be in limbo*** *übertr.* in der Schwebe sein
limit[1] ['lɪmɪt] *Subst. übertr.* Grenze; ***within limits*** in gewissen Grenzen; ***he is the limit!*** *umgangsspr.* er ist unmöglich!
limit[2] ['lɪmɪt] *V/t.* begrenzen, beschränken
line [laɪn] *Subst.* Linie, Strich; Zeile; ***make s.o. do lines*** j-n etwas zur Strafe schreiben lassen; ***he gave me 100 lines ...*** er ließ mich 100 Mal ... schreiben; ***be built along the same lines as*** ähnlich gebaut sein wie; ***know where to draw the line*** wissen, wann Schluss ist
lingo ['lɪŋgəʊ] *Subst. umgangsspr.* Sprache; Fachsprache, Kauderwelsch
link [lɪŋk] *Subst.* Verbindung; ***links of friendship*** freundschaftliche Beziehungen
little-girlish [lɪtl'gɜːlɪʃ] *Adj.* kleinmädchenhaft
Little Whinging [ˌlɪtl 'wɪndʒɪŋ] *Name*; *vgl.* ***little*** klein; ***whinge*** quengeln, jammern; ***whinging*** Gequengele; *im Ortsverzeichnis des United Kingdom sind ca. 1400 Ortschaften gelistet, die mit* ***Little*** *beginnen*; ***Little Whinging*** *ist nicht darunter – Wohnort der Familie →* ***Dursley*** *S. 72*

> **Locomotion Charm** [ˌləʊkə'məʊʃən tʃaːm] *Zauber „Locomotor ... !"* vgl. ***locomotive*** die (Fort-)Bewegung betreffend, von *lat.* ***locus*** Ort, *lat.* ***motor*** der Beweger

locomotor [ˌləʊkə'məʊtə] *Neubildung vgl.* ***locomotion*** Fortbewegung; ***motor*** Motor
lodgings ['lɒdʒɪŋz] *Subst. Pl.* Unterkunft
loggerhead ['lɒgəhed] *Subst.* ***be at loggerheads*** Streit haben, sich in den Haaren liegen
logogram [ˌləʊgəʊ'græm] *Subst.* Logogramm, Wortzeichen (*z. B. in Kurzschrift oder phonetischer Umschrift*)
lollop ['lɒləp] *V/i.* (*Hase*) hoppeln; (*Hund*) trotten; (*Person*) latschen
long-term ['lɒŋtɜːm] *Adj.* langfristig, Langzeit...
look[1] [lʊk] *Vt/i.* sehen; aussehen; ***look that ...*** darauf achten, dass ...
look[2] [lʊk] *Subst.* Blick; Miene; ***good looks*** gutes Aussehen
lookout ['lʊkaʊt] *Subst.* Wachposten
lord [lɔːd] *V/t.* ***lord it*** den Herrn spie-

len; ***lord it over s.o.*** j-n herumkommandieren

lose [luːz] *V/t.* verlieren

lounge[1] [laʊndʒ] *Subst.* Wohnzimmer; *in Hotel*: Salon

lounge[2] [laʊndʒ] *V/i.* sich lümmeln, sich rekeln; ***lounge about*** herumlümmeln

lousy ['laʊzɪ] *Adj. umgangsspr.* mies, lausig

lovage ['lʌvɪdʒ] BOT Liebstöckel

Lovegood, Luna ['lʌvgʊd, 'luːnə] *Name*; *vgl.* ***love*** Liebe; ***good*** gut; *als engl. Namensbestandteil kann* ***love-*** *jedoch auch vom altfrz.* ***louve*** Wölfin *abstammen, das zur Normannenzeit Eingang nach Großbritannien fand*; ***Luna*** röm. Mondgöttin, *heute assoziativ verbunden mit allem Nächtlichen und damit Irrationalen*; *Bestandteil des engl. Wortes* ***lunatic*** Wahnsinnige(r), Geisteskranke(r), *umgangsspr.* ***loony*** verrückt, plemplem – *Ravenclaw-Schülerin aus der Jahrgangsstufe von Ginny →* ***Weasley*** *S. 220, die Luna Loony nennt*; *Tochter des Chefredakteurs der Zeitschrift →* ***Quibbler***

Ludicrous Patents Office ['luːdɪkrəs 'peɪtənts ˌɒfɪs] *Neubildung vgl.* ***ludicrous*** lächerlich, albern; ***patent*** Patent; ***office*** Amt – *Abteilung im* ***Ministry of Magic***

lure [lʊə] *V/t.* (an)locken

M

Macmillan, Ernie [mək'mɪlən, 'ɜːnɪ] *Name*; *schott. Familienname (****Mc*** *oder* ***Mac*** *zeigt die Zugehörigkeit zu einem Clan an)*; ***Ernie*** *Verniedlichung von* ***Ernest*** *(entspricht* Ernst*) – Mitschüler aus Harrys Jahrgang, Hufflepuff-Vertrauensschüler*

Madam Puddifoot ['mædəm ˌpʌdɪfʊt] *Name*; *vgl.* ***Madam*** *Anrede* Gnädige Frau; ***puddi*** *wird oft statt* ***pussy*** Katze *verwendet*; ***pussyfoot*** wie eine Katze schleichen; *übertr.* leisetreten, sich nicht festlegen – *Wirtin eines kuscheligen Cafés in Hogsmeade*

magisterial [ˌmædʒɪ'stɪərɪəl] *Adj. Blick, Auftreten*: herrisch, gebieterisch; *Verfügung*: amtlich, behördlich

Magnolia Crescent [mæg'nəʊlɪə ˌkresənt] *Name*; *Straßenname vgl.* ***magnolia*** BOT Magnolie (*üppig blühendes Ziergehölz*); ***crescent*** *bes. brit.* Bogen (*halbmondförmige Häuserreihe*)

mallow ['mæləʊ] *Subst.* BOT Malve

mam [mæm] *Subst. umgangsspr.* Mutter

mammal ['mæməl] *Subst.* Säugetier

manhandle ['mænhændl] *V/t.* grob behandeln, misshandeln

maniacal [mə'naɪəkəl] *Adj.* wahnsinnig; ***maniacal laughter*** irres Gelächter

manners ['mænəz] *Subst. Pl.* Benehmen, Umgangsformen, Manieren; ***manners!*** benimm dich!

many-layered [ˌmenɪ'leɪəd] *Adj.* vielschichtig

map[1] [mæp] *Subst.* Karte, Landkarte; ***a star*** *oder* ***stellar map*** eine Sternkarte

map[2] [mæp] *V/t.* vermessen, in eine Karte eintragen

mar [mɑː] *V/t.* trüben; beeinträchtigen

Marchbanks, Griselda ['mɑːtʃbænks, grɪ'zeldə] *Name*; HIST ***Ratho-Majoribankis*** *Ländereien, die Robert Bruces Tochter* ***Marjorie*** *zu ihrer Heirat mit Walter, dem Ahnherrn des königlichen schott. Geschlechts der Stewart (Stuart), zur Mitgift erhielt*; *vgl.* ***march*** Mark, (umstrittenes) Grenzgebiet, Grenze; ***bank*** Erdwall, Damm; Böschung, Ufer; ***Griselda*** *Walkürenname, von german.* ***grisja*** grau, ***hilda*** Kämpferin, *vor allem in Schottland geläufig, wird aufgrund der bekannten literarischen Figur einer geduldig leidenden Ehefrau (Boccaccio, Chaucer) vor allem mit Geduld in Verbindung gebracht – Älteste im →* ***Wizengamot****, die aus Protest zurücktritt, und Vorsitzende des →* ***O.W.L.****-Prüfungsausschusses*

mark [mɑːk] *Subst.* Punkt, Note, Zensur; *in vielen Schulen Großbritanniens wird mit Buchstaben benotet*: ***A*** (*excellent*, ausgezeichnet), ***B*** (*very good*, sehr gut), ***C*** (*good*, gut), ***D*** (*average*, durchschnittlich), ***E*** (*pass*, ausreichend), ***F*** (*fail*, ungenügend), ***U*** (*unclassified*, unbenotet, ungültig; *bei erwiesenem Betrug oder abgebrochener Prüfung*) *– in Hogwarts gelten folgende Noten* ***O*** (*outstanding*, hervorragend), ***E*** (*exceeds expectations*, übertrifft die Erwartungen), ***A*** (*acceptable*, annehmbar), ***P*** (*poor*, armselig), ***D*** (*dreadful*, grauenhaft)

mass breakout [ˌmæs'breɪkaʊt] *Subst.* Massenausbruch

mass murder [ˌmæs'mɜːdə] *Subst.* Massenmord

mass revolt [ˌmæsrɪ'vəʊlt] *Subst.* Massenrevolte, Massenaufstand

matter[1] ['mætə] *Subst.* Materie, Substanz; Sache, Angelegenheit; ***as a matter of fact*** tatsächlich, ehrlich gesagt, eigentlich

matter[2] ['mætə] *V/i.* von Bedeutung sein; ***that doesn't matter*** das macht nichts; ***it didn't matter to him*** es machte ihm nichts aus

mayhem ['meɪhəm] *Subst.* Chaos

McKinnon, Marlene [mək'kɪnən, mar'liːn] *Name*; *schott. Familienname (****Mc*** *oder* ***Mac*** *zeigt die Zugehörigkeit zu einem Clan an); nach einem* ***McKinnon*** *ist ein Ende des 19. Jh. gegründeter Sportschützen-Wettbewerb benannt*; ***Marlene*** *weibl. Vorname, aus Verkürzung* *von* ***Maria Magdalena****, populär geworden auch in Großbritannien durch die Filmschauspielerin Marlene Dietrich und das (in Nazi-Deutschland als subversiv verbotene) beliebte Soldatenlied „Lilli Marleen" – Mitstreiterin im ersten Orden des Phönix*

Meadowes, Dorcas ['medəʊz, 'dɔːkəs] *Name; vgl.* ***meadow*** Wiese, Anger; Grasniederung; ***Dorcas*** *weibl. Vorname, griech. Form des aramäischen* ***Tabitha*** Gazelle, *nach der Überlieferung des Neuen Testaments eine von Petrus von den Toten erweckte Jüngerin Jesu; in England gab es* ***Dorcas Societies****, Zusammenschlüsse von Frauen, die nach biblischem Vorbild Kleider für Arme nähten und Mildtätigkeit übten – Mitstreiterin im ersten Orden des Phönix, von Lord Voldemort getötet*

meddle ['medl] *V/i.* sich einmischen

meek [miːk] *Adj.* sanft(mütig); duckmäuserisch

meet [miːt] *V/t.* treffen, zusammentreffen mit; *zum ersten Mal:* kennen lernen; ***he could not meet her eyes*** er konnte ihr nicht in die Augen sehen

meeting ['miːtɪŋ] *Subst.* Treffen, Versammlung

meeting place ['miːtɪŋpleɪs] *Subst.* Treffpunkt, Versammlungsort

Meliflua, Araminta ['melɪflɑʊə, erə'mɪntə] *Name; vgl. lat.* ***melliflua*** die honigsüß Redende, *von griech.* ***mel-*** Honig; ***Araminta*** *weibl. Vorname griechisch-makedonischen Ursprungs – garstige Cousine der Mutter von Sirius →* ***Black***

memorise ['memərаɪz] *V/t.* auswendig lernen

memory modification ['memərɪ ˌmɒdɪfɪ'keɪʃən] *Subst. Neubildung etwa* Gedächtnismodifizierung

mental agility [ˌmentəl ə'dʒɪlətɪ] *Subst.* geistige Regsamkeit

mess up [mes'ʌp] *V/t.* verpfuschen, verkorksen, ruinieren

Metamorphmagus [metəˌmɔːf-'meɪgəs] *Neubildung vgl.* ***metamorphosis*** Umwandlung, Verwandlung, Gestaltveränderung; ***magus*** HIST persischer Priester der Antike; Zauberer; *eines der einflussreichsten literarischen Werke der abendländischen Literatur überhaupt sind die „Metamorphosen" des röm. Dichters Ovid: Seine literarische Gestaltung überlieferte die zahlreichen Verwandlungsmythen der griech. Antike durch das Mittelalter bis in die Neuzeit; →* ***transfiguration*** *S. 207*

mickey ['mɪkɪ] *Subst.* ***take the mickey out of s.o.*** *umgangsspr.* j-n auf den Arm nehmen

Midgeon, Elise ['mɪdʒən, ə'lɪːz] *Name; vgl.* ***midge*** ZOOL kleine Mücke; ***Elise*** *weibl. Vorname, eine der vielen Ableitungen des biblischen Namens Elisabeth – von Akne geplagte Mitschülerin von Harry und Hermione*

Mimbulus mimbletonia ['mɪmbələs ˌmɪmbəl'təʊnɪə] *Neubildung vgl.* ***mimulus*** BOT *Pflanzenart, zu der u. a. die Affen- und die Gauklerblume gehören; letztere findet Verwendung in der Blütentherapie des engl. Naturheilkundlers Edward Bach; sie soll bei Ängsten und mangelndem Selbst-*

vertrauen stärkend wirken; bei Vermehrung durch Samen verlieren die Blüten ihre Größe und Farbenpracht; vgl. **Miltonia** BOT *Gattungsname für Orchideen nach dem engl. Adeligen und Förderer der Wissenschaft im 19. Jh. Viscount Charles William Milton – magische Pflanze, die ein Sekret* → **stinksap** *absondert; Nevilles Geburtstagsgeschenk*

mimic ['mɪmɪk] *V/t.* nachahmen, imitieren; aussehen wie

mind [maɪnd] *Subst.* Verstand, Geist; Einstellung; ***no one in their right mind ...*** niemand, der recht bei Verstand ist ...; ***have enough on one's mind*** an vieles denken müssen, genug eigene Probleme haben

mind-reading ['maɪndˌriːdɪŋ] *Subst.* Gedankenlesen

miscreant ['mɪskrɪənt] *Subst.* Schurke, Bösewicht

misguided ['mɪsgaɪdɪd] *Adj. Ansichten*: irrig; *Optimismus*: unangebracht

misshapen [ˌmɪs'ʃeɪpən] *Adj.* verwachsen, missgebildet

Miss Prissy [ˌmɪs 'prɪsɪ] *Name; vgl.* ***miss*** Fräulein; ***prissy*** *US umgangsspr.* zimperlich, preziös; etepetete, gouvernantenhaft; kleinlich, pedantisch – *abschätzige Anrede von Rita* → **Skeeter** *S. 185 für Hermione*

mistranslate ['mɪstrænsleɪt] *V/t.* falsch übersetzen

misunderstand [ˌmɪsʌndə'stænd] *V/t.* missverstehen; ***feel misunderstood*** sich nicht verstanden fühlen

mite [maɪt] *Subst.* ZOOL Milbe; ***a mite ...*** *umgangsspr.* ein bisschen ...

mitten ['mɪtən] *Subst.* Fausthandschuh, Fäustling

mollycoddle ['mɒlɪkɒdəl] *V/t.* verhätscheln

monitor ['mɒnɪtə] *V/t.* überwachen

> **Montague** ['mɒntəgjuː] *Name; Familienname normannischer Barone, altfrz.* spitzer Hügel; *durch die Lords von* **Montaigu** *nach England gebracht; berühmt durch Shakespeares „Romeo und Julia": Das Veroneser Geschlecht Montague ist in blutige Familienfehde mit Julias Familie Capulet verstrickt – Kapitän des Slytherin-Quidditch-Teams*

moody ['muːdɪ] *Adj.* launisch, launenhaft; übellaunig, verstimmt

moonstone ['muːnstəʊn] *Subst.* Mondstein, echter Adular (*eine Art von Feldspat*)

mortified ['mɔːtɪfaɪd] *Adj.* beschämt

mortify ['mɔːtɪfaɪ] *V/t.* beschämen

mossy ['mɒsɪ] *Adj.* moosbewachsen

mould[1] [məʊld] *Subst.* Moder, Schimmel, Fäulnis

mould[2] [məʊld] *Subst.* Gussform; ***be (cast) in the same mould*** *übertr.* vom gleichen Schlag sein

mount [maʊnt] *V/t.* steigen; (*Auto*) hochfahren

mouth [maʊθ] *V/t. etwas* lautlos mit den Lippen sagen

move [muːv] *Subst.* Schritt, Maßnahme; ***surprise move*** überraschende Maßnahme

muffin ['mʌfɪn] *Subst.* Muffin

> **Murtlap** ['mɜːtlæp] *Neubildung vgl.* ***myrrh*** Myrrhe, *gummiartiges Harz, gewonnen aus Myrrhensträuchern (Gattung der Balsambaumgewächse), schon in der Bibel als Räucherwerk genutzt, medizinisch in Form eines alkoholischen*

Auszugs (Myrrhentinktur) zur Behandlung von Entzündungen der Mundhöhle eingesetzt; **myrtle** BOT Myrte *(seit der Antike als Kult- und Heilpflanze gebräuchlich);* **murth** *altertüml.* eine große Menge, Überfluss; **lap** *umgangsspr.* Schluck *(Schnaps, Suppe, Tee); vgl. auch* **rat** Ratte, **lump** Klumpen, Schwellung – *magisches Wesen, aus dessen Tentakeln eine schmerzlindernde Lösung zubereitet wird*

N

nah [nɑː] *umgangsspr. für* **no** *etwa* ne

name[1] [neɪm] *Subst.* Name; Bezeichnung; **his name is mud with us** er ist bei uns unten durch

name[2] [neɪm] *V/t.* nennen, benennen

nanosecond [ˈnænəʊˌsekənd] *Subst.* Nanosekunde *(eine milliardstel Sekunde)*

Nargle [ˈnɑːgəl] *Neubildung vgl.* **nark** *brit. umgangsspr.* schwieriger Kunde (eines Markthändlers), *austr. umgangsspr.* Spielverderber, Meckerer; eine unerfreuliche Sache *oder* Situation, unangenehme Überraschung; *das dt. umgangsspr. Wort* nörgeln *(ab 17. Jh.) entstand aus demselben Wortstamm;* **Naggle** *heißt in unterschiedlichen Schreibweisen das Shetland*→ **Kelpie** *S. 118, ein hübsches graues Pferdchen von der Größe eines Shetlandponys mit einem zum Rad geformten Schweif, das vor allem Wassermühlen heimsucht – angebliche Bewohner von Mistelzweigen, einer typisch englischen Weihnachtsdekoration*

nettle [ˈnetl] *V/t.* reizen; **feel nettled** aufgebracht sein, gereizt sein

N. E. W. T. [ˈen ˌiː ˈdʌbəljuː ˌtiː *oder* njuːt] *Abk. für* **Nastily Exhausting Wizarding Test** *Neubildung vgl.* **nasty** *übertr.* bös, gehässig, garstig; **exhausting** mühsam, ermüdend, anstrengend; **wizarding** Zauber-; **test** Probe, Versuch, Prüfung – *Zauberprüfungen, analog den* A-Levels (**advanced** fortgeschritten) *des englischen Schulsystems (in etwa dem Abitur entsprechend)* → **O.W.L**

Nigellus, Phineas [naɪˈdʒələs, ˈfɪnɪəs]

Name; vgl. lat. **nigellus** schwarz, dunkel; **Phineas** *männl. Vorname, von ägyptisch* Dunkelhäutiger; *seit dem 16. Jh. als Vorname in England nachgewiesen – Ururgroßvater von Sirius →* **Black**, *ehemals Rektor in Hogwarts; dort hängt ebenso wie am →* **Grimmauld Place** *ein Porträt von ihm*

night [naɪt] *Subst.* Nacht; ***have a late / an early night*** spät/früh ins Bett gehen

nightmarish ['naɪtmærɪʃ] *Adj.* albtraumhaft

nip in [nɪp'ɪn] *V/i.* hineinflitzen, auf einen Sprung hineinschauen

nose [nəʊz] *Subst.* Nase; ***under s.o.'s very nose*** direkt vor j-s Nase, vor j-s Augen; → ***clean, grindstone***

nosebleed ['nəʊzbliːd] *Subst.* Nasenbluten

Nosebleed Nougat ['nəʊsblɪːd ˌnuːgɑː] *Neubildung vgl.* ***nosebleed*** Nasenbluten; ***nougat*** Nougat – *Artikel aus dem Sortiment der Weasley-Zwillinge*

nothingness ['nʌθɪŋnəs] *Subst.* Nichts

notice[1] ['nəʊtɪs] *Subst.* Benachrichtigung, Mitteilung

notice[2] ['nəʊtɪs] *V/t.* bemerken, zur Kenntnis nehmen

notice board ['nəʊtɪsˌbɔːd] *Subst.* schwarzes Brett

Nott, Theodore [nɒt, 'θɪədɔː] *Name; vgl. altengl.* **knott** kahlköpfig, kurzgeschoren; **Nótt** *altisländisch* Nacht (*Tochter eines Riesen*); **Theodore** *männl. Vorname, griech.* Geschenk Gottes; *schon in der heidnischen Welt verbreitet, beliebt im frühen Christentum und der Ostkirche* (**Fjodor** *zählt zu den beliebtesten russischen Namen), in England seit dem 17. Jh. gebräuchlich – Mitschüler Harrys aus dem Slytherin-Haus*

nudge [nʌdʒ] *Subst.* Stupser, Stoß

numerology [ˌnjuːmə'rɒlədʒɪ] *Subst. ein Zahlenorakel, das mit Hilfe von Rechenoperationen mit der Quersumme der Zahlenwerte eines Namens oder Geburtsdatums erstellt wird; →* ***arithmancy*** *S. 22*

nut [nʌt] *Subst. brit. umgangsspr.* Spinner(in); ***do one's nut*** *brit. umgangsspr.* extrem wütend werden, durchdrehen

nutcase ['nʌtkeɪs] *Subst. umgangsspr.* Spinner(in)

nuthin ['nʌθɪn] *umgangsspr. für* ***nothing*** nichts

nuts [nʌts] *Adj. umgangsspr.* ***go nuts*** durchdrehen, verrückt werden, anfangen zu spinnen

Nymphadora Tonks [nɪmfə'dɔːrə 'tɒŋks] → ***Tonks***

O

oaf [əʊf] *Subst.* Dummkopf

Obliteration Charm [ˌɒblɪtəˈreɪʃən tʃɑːm] *Zauber vgl.* ***obliterate*** (*Schrift*) auswischen, streichen, wegradieren, löschen; *übertr.* verwischen, unkenntlich machen; ***charm*** Bann, Beschwörung, Zauberformel

oblivion [əˈblɪvɪən] *Subst.* Vergessenheit

obscure [əbˈskjʊə] *Adj.* obskur; selten; unbekannt

Occlumency [ˈɒkləmənsɪ] *Zauber vgl.* ***occlude*** verstopfen, verschließen, ein-, aus-, abschließen; *lat.* ***mens*** Denkkraft, Verstand, denkender Geist, Vorstellungskraft; ***-mency*** *analog zu* ***-mancy*** *von griech.* ***manteia*** Weissagung; *wer die Kunst beherrscht, ist ein* ***Occlumens***; → ***Legilimency***

occupy [ˈɒkjʊpaɪ] *V/t.* (*Land*) besetzen; (*Haus*, *Wohnung*) bewohnen; (*Bett*) liegen in

odd [ɒd] *Adj. mit Zahlen*: etwas über; ***a dozen-odd*** etwas über ein Dutzend, ein Dutzend oder so

odds [ɒdz] *Subst. Pl. beim Wetten*: Gewinnchancen; ***what are the odds that ...?*** wie stehen die Chancen, dass ...?; ***it's odds on that ...*** es ist so gut wie sicher, dass ...

off-chance [ˈɒftʃɑːns] *Subst.* ***on the off-chance*** auf gut Glück

offensive [əˈfensɪv] *Adj.* anstößig, beleidigend

Ogden, Tiberius [ˈɒgdən, taɪˈbɪərɪəs] *Name*; ***Ogden*** *abgeleitet von der Ortschaft in Lancashire*; ***Tiberius*** *röm. Kaiser, der in der Geschichtsschreibung wahrscheinlich zu Unrecht als düstere Gestalt dargestellt wird – Ältester im* → ***Wizengamot***

onerous [ˈɒnərəs] *Adj.* schwer, beschwerlich

onlooker [ˈɒnlʊkə] *Subst.* Zuschauer(in), Schaulustige(r)

open-mouthed [ˈəʊpənˌmaʊðd] *Adj.* mit offenem Mund

order [ˈɔːdə] *Subst.* Orden; MILIT Schlachtordnung; Anordnung, Befehl; ***on s.o.'s orders*** auf j-s Anordnung *oder* Befehl

Order of the Phoenix ['ɔːdə əf ðə 'fiːnɪks] *Name; vgl.* **order** MILIT Schlachtaufstellung, Gefechtsordnung; Orden (*Zusammenschluss von Personen, die mit bestimmten Zielen und nach bestimmen Regeln leben*); **phoenix** Phönix (*mythischer orientalischer Vogel mit besonderen Kräften*); → **phoenix** *S. 153 – Zusammenschluss derjenigen, die sich dem Kampf gegen Lord Voldemort verschrieben haben*

Orion [ə'raɪən] *Subst.* ASTR Orion *Sternbild der Äquatorzone, benannt nach dem Sohn des Poseidon in der griech. Mythologie, einem schönen Jäger von riesenhafter Gestalt: Weil die Göttin der Morgenröte Eos ihn zum Geliebten erwählte, tötete ihn aus Neid die Jagdgöttin Artemis.*

ornithomancy [ˌɔːnɪ'θɒmənsɪ] *Subst.* Ornithomantie (*Deutung des Vogelflugs*); *griech.* **ornitho-** Vogel-, **-mancy** *von griech.* **manteia** Weissagung; Vogelschau, Weissagung durch Deutung des Vogelflugs; *in der röm. Kultur hatte diese Art von Orakel, lat.* **auspicium**, *eine besondere Bedeutung: Ein Kreis von 16 Priestern, Auguren genannt* (*lat.* **avis** Vogel) *war damit betraut*

otter ['ɒtə] *Subst.* ZOOL Otter, Otterfell; *spielt vor allem in der jüngeren keltischen Erzähltradition eine Rolle; die geschmeidigen Fischfresser mit Schwimmhäuten sind biologisch dem Dachs oder Wiesel verwandt; in der Überlieferung werden sie aufgrund ihrer Geschicklichkeit im Fangen häufig mit dem Lachs in Verbindung gebracht – der →* **Patronus** *S. 151 von Hermione →* **Granger** *S. 98 hat die Gestalt eines Otters*

oust [aʊst] *V/t.* vertreiben; ***oust s.o. from one's job*** j-n aus seinem Amt jagen

outskirts ['aʊtskɜːts] *Subst. Pl.* Außengebiete, Stadtrand, Ortsrand

outta ['aʊtə] *umgangsspr. für* **out of** heraus

overcome [əʊvə'kʌm] *V/t.* überwältigen

overreact [ˌəʊvərɪ'ækt] *V/i.* überreagieren

overrun [ˌəʊvə'rʌn] *Vt/i.* (*Land, Gegend*) überlaufen; (*Zeitpunkt*) überziehen

oversight ['əʊvəsaɪt] *Subst.* Versehen; Aufsicht

O.W.L. ['əʊˌdʌbəljuː'el *oder* əʊl] *Abk. für* **Ordinary Wizarding Level** *Neubildung vgl.* **ordinary** gewöhnlich, normal, üblich; mittel(mäßig); **wizarding** Zauber-; **level** Ebene, Stand, Stufe, Niveau – *Zauberprüfungen, analog dem* GCSE- (*General Certificate of Secondary Education*) *des englischen Schulsystems* (*in etwa der Mittleren Reife entsprechend*) → **N.E.W.T**

padfoot ['pædfʊt] *Name*; *vgl.* ***pad*** latschen, schlurfen, trotten; ***foot*** Fuß; *in der Gegend um Leeds wird ein →* ***bogey*** *S. 34 als* ***padfoot*** *bezeichnet – Spitzname von Sirius →* ***Black*** *aus seinen Schultagen, der auf seine Hundegestalt als →* ***Animagus*** *anspielt.*

Padma → ***Patil***

painful ['peɪnfəl] *Adj.* schmerzhaft; quälend, peinlich

pallid ['pælɪd] *Adj.* blass, bleich

pandemonium [ˌpændɪ'məʊnɪəm] *Subst.* Chaos

panic ['pænɪk] *Subst.* Panik

pantry ['pæntrɪ] *Subst.* Speisekammer

parapet ['pærəpət] *Subst.* Brüstung

parched [pɑːtʃt] *Adj.* ausgetrocknet, verdorrt

paroxysm ['pærəksɪzəm] *Subst.* Anfall; heftiger Gefühlsausbruch; ***in paroxysms of grief*** in tiefster Verzweiflung

part-human [pɑːt'hjuːmən] *Adj. Fabelwesen*: halb Mensch, halb Tier

Partial Vanishment [ˌpɑːʃəl 'vænɪʃmənt] *Zauber vgl.* ***partial*** teilweise, (nur) einen Teil betreffend; ***vanishment*** Verschwinden

partisan ['pɑːtɪsən] *Adj.* parteiisch, voreingenommen

Parvati → ***Patil***

pat [pæt] *V/t.* tätscheln

patch up [pætʃ'ʌp] *V/t.* (*verletzte Person*) zusammenflicken

patchwork quilt ['pætʃwɜːkˌkwɪlt] *Subst.* Flickendecke

Patil ['pætɪl] *Name*; *indisch klingender Nachname*; ***Padma***: *indischer Frauenname* („Lotusblüte"), *Beiname der Göttin Lakshmi*; *die Lotusblüte symbolisiert die Zentren psychischer Energie* (*Chakras*) *im menschlichen Körper – Mitschülerin aus Harrys Jahrgang, Vertrauensschülerin des Ravenclaw-Hauses*; ***Parvati***: *indischer Frauenname* („Tochter des Berges"), *ein Beiname der Gattin des Gottes Shiva – Gryffindor-Mitschülerin aus Harrys Jahrgang*

pea [piː] *Subst.* BOT Erbse

peaky ['piːkɪ] *Adj.* blass, kränklich

peashooter ['piːˌʃuːtə] *Subst.* Blasrohr

peck [pek] *V/t.* picken; *übertr.* nerven; nörgeln

peddle ['pedl] *V/t.* hausieren gehen
pee[1] [piː] *V/i. umgangsspr.* pinkeln
pee[2] [piː] *Subst.* ***have a pee*** *umgangsspr.* pinkeln
pell-mell [pel'mel] *Adv.* in heillosem Durcheinander
penetration [ˌpenɪ'treɪʃən] *Subst.* Eindringen, Durchdringen; Durchdringung
perilous ['perɪləs] *Adj.* gefährlich
Perkins ['pɜːkɪns] *Name*; *vgl.* ***Pers*** *engl. Namensform von* ***Peter***, ***-kin*** *oder* ***-kins*** *Verkleinerungsform, also* kleiner Peter; *vgl. auch* ***perk*** sich aufrichten, sich vorrecken; *übertr.* den Kopf *oder* die Nase hoch tragen – *Kollege von Mr. Weasley im* ***Misuse of Muggle Artefacts Office*** *des* ***Ministry of Magic*** *und irrtümliche Anrede Prof. Binns'*
permanent ['pɜːmənənt] *Adj.* permanent; fest; dauerhaft, bleibend
perseverance [ˌpɜːsə'vɪərəns] *Subst.* Ausdauer, Durchhaltevermögen
perusal [pə'ruːzəl] *Subst.* sorgfältiges Durchlesen, Durchsicht
Pest Advisory Bureau [ˌpest əd'vaɪzərɪ ˌbjʊərəʊ] *Neubildung vgl.* ***pest*** Schädling; ***advisory*** Beratungs-; ***bureau*** Büro; Amt – *Abteilung im* ***Ministry of Magic***
pick up [pɪk'ʌp] *V/t.* aufheben; ***pick oneself up*** aufstehen
piece [piːs] *Subst.* Stück; *Schach*: Figur; ***break to pieces*** in Stücke gehen, zerbrechen; ***go to pieces*** in Stücke gehen; *übertr.* (*Person*) zusammenbrechen; → ***work***
pile [paɪl] *Subst.* Haufen; Stapel, Stoß
pimply ['pɪmplɪ] *Adj.* pickelig
pinafore ['pɪnəfɔː] *Subst.* Schürze; ***pinafore dress*** Schürzenkleid
pink-feathered ['pɪŋk'feðəd] *Adj.* rosa gefiedert
pinprick ['pɪnprɪk] *Subst.* Nadelstich; ***pinpricks of light*** winzige Lichtpunkte
placate [plə'keɪt] *V/t.* beruhigen, besänftigen
place[1] [pleɪs] *Subst.* Platz, Stelle; ***why did you do it in the first place?*** warum hast du es überhaupt getan?
place[2] [pleɪs] *V/t.* stellen, legen
plain [pleɪn] *Adj.* klar, deutlich, leicht verständlich; ***make oneself plain*** sich klar ausdrücken
plate [pleɪt] *Subst.* Teller; ***have enough on one's plate*** *umgangsspr.* genug am Hals haben
platter ['plætə] *Subst.* Teller; *größer*: Platte
plaything ['pleɪθɪŋ] *Subst.* Spielzeug
plight [plaɪt] *Subst.* Misere, missliche Lage
plinth [plɪnθ] *Subst.* Sockel, Säulenplatte
plot [plɒt] *V/i.* ***plot against s.o.*** sich gegen j-n verschwören, gegen j-n intrigieren
plumber ['plʌmə] *Subst.* Installateur(in)
plunger ['plʌndʒə] *Subst.* Stampfer, Pfropf
plunging ['plʌndʒɪŋ] *Adj.* ***plunging sensation*** *etwa* mulmiges Gefühl
pock-marked ['pɒkmɑːkt] *Adj.* pockennarbig

Podmore, Sturgis ['pɒdmɔː, 'stɜːdʒɪs] *Name*; *wohl von Ortsnamen wie* ***Podimore*** *in Somerset oder* ***Podmore*** *in Staffordshire*; *vgl.* ***pod*** Mitte des Haufens; *vgl.* ***Podsnap*** *Figur in Dickens' „Our Mutual Friend", dem seine Überzeugun-*

gen so viel Mut verleihen, dass er alles, was sich ihm in den Weg stellt, zur Seite fegt; ***Sturgis*** *männl. Vorname von altengl.* ***Thurgis****, germ.* ***Thorgisl*** Gefangener des Thor – *Mitstreiter im →* ***Order of the Phoenix***

point [pɔɪnt] *Subst.* Punkt; ***get to the point*** zum Punkt kommen, zur Sache kommen
pointed ['pɔɪntɪd] *Adj.* spitz
poise [pɔɪs] *Subst.* Gelassenheit; Sicherheit
poised [pɔɪzd] *Adj.* bereit
poke [pəʊk] *V/i.* suchen, tasten; ***poke about*** *oder* ***around*** herumsuchen, rumschnüffeln
police [pə'liːs] *V/t.* überwachen, kontrollieren
pomegranate ['pɒmɪgrænət] *Subst.* BOT Granatapfelbaum; Granatapfel
popinjay ['pɒpɪndʒeɪ] *Subst.* Lackaffe
Portkey Office ['pɔːtkiː ˌɒfɪs] *Neubildung →* ***Portkey*** *S. 157*; ***office*** Amt; Büro – *Abteilung im* ***Ministry of Magic***
possess [pə'ses] *V/t.* besitzen; (*Person*) Gewalt haben über, kontrollieren; ***be possessed*** besessen sein
Portable Swamp [ˌpɔːtəbəl 'swɒmp] *Neubildung vgl.* ***portable*** tragbar, transportabel, beweglich; ***swamp*** Sumpf, Morast, Moor

Portus! ['pɔːtəs] *Zauberspruch vgl. lat.* ***portare*** tragen; *→* ***Portkey*** *S. 157*

potty ['pɒtɪ] *Adj. umgangsspr.* verrückt, bekloppt
power-crazy ['paʊəˌkreɪzɪ] *Adj.* machtbesessen
prankster ['prænkstə] *Subst.* Witzbold
predicament [prɪ'dɪkəmənt] *Subst.* missliche Lage, Zwangslage
predictable [prɪ'dɪktəbəl] *Adj.* voraussagbar, vorhersehbar
prematurely [ˌpremə'tʃʊəlɪ] *Adv.* vorzeitig; frühzeitig, verfrüht
premises ['premɪsɪz] *Subst. Pl.* Räumlichkeiten; *von Schule etc.:* Gelände
press [pres] *V/t.* drücken; drängen → ***charge***

Prewett ['pruːɪt] *Name; alter Familienname aus der Zeit der normannischen Eroberung, altengl.* ***prew*** *aus altfrz.* ***preu*** tapfer, mutig, heldenhaft; ***Fabian****: männl. Vorname nach dem römischen Patriziergeschlecht der Fabier; der berühmteste Namensträger bezwang Hannibal im 2. Punischen Krieg durch Verzögerungstaktik, da er wusste, dass er eine offene Schlacht nicht gewinnen würde;* ***Gideon****: männl. Vorname nach einem der großen Anführer Israels aus dem Alten Testament, besonders beliebt bei den Puritanern und Hugenotten – Brüder und beide Mitglieder im ersten Orden des Phönix, von Anhängern Lord Voldemorts umgebracht*

prickle ['prɪkəl] *V/t.* prickeln, kribbeln
Pride of Portree [ˌpraɪd əf 'pɔːtriː] *Name; vgl.* ***pride*** Stolz; ***Portree*** *Ortsname; Hauptstadt und Hafen der schott. Insel Skye – Profi-Quidditch-Team*
prissy ['prɪsɪ] *Adj.* zimperlich, etepetete; → ***Miss Prissy***

probation [prə'beɪʃən] *Subst.* Probezeit; ***be on probation*** in der Probezeit sein; (*Verurteilter*) Bewährung haben

prod [prɒd] *Subst.* Stoß

proffer ['prɒfə] *V/t.* anbieten

prone [prəʊn] *Adj.* ***be prone to*** neigen zu, anfällig sein für

prophecy ['prɒfəsɪ] *Subst.* Prophezeiung

Protean Charm ['prəʊtɪən tʃɑːm] *Zauber vgl.* ***protean*** wandelhaft, vielgestaltig, (leicht) veränderlich; ***protean*** ZOOL Grottenolm; *übertr.* wandlungsfähiger *oder* wetterwendischer Mensch, Chamäleon; *nach dem Meergott* ***Proteus*** *der griech. Mythologie, der verschiedene Gestalten annehmen konnte*; ***charm*** Bann, Beschwörung, Zauberformel

Protego! [prəʊ'tiːgəʊ] *Zauberspruch vgl.* ***protect*** beschützen (vor, gegen) → ***Shield Charm*** *S. 183*

provocation [ˌprɒvə'keɪʃən] *Subst.* Provokation

provoke [prə'vəʊk] *V/t.* provozieren

public[1] ['pʌblɪk] *Subst.* Öffentlichkeit

public[2] ['pʌblɪk] *Adj.* öffentlich; ***go public*** sich an die Öffentlichkeit wenden

public toilet [ˌpʌblɪk 'tɔɪlət] *Subst.* öffentliche Toilette

Puddlemere United ['pʌdəlmɪə juː'naɪtɪd] *Name*; *vgl.* ***puddle*** Pfütze, Lache; Durcheinander; Wirrwarr; ***united*** vereinigt – *Profi-Quidditch-Team*

puffed-up [ˌpʌft'ʌp] *Adj. übertr.* aufgeblasen

Puffskein ['pʌfskeɪn] *Neubildung vgl.* ***puff*** Puffen, Pusten; leichter Knall; Wölkchen, Schwellung; ***puffball*** BOT Bovist (*ballonförmiger Pilz der auf Druck seine Sporen als Staubwolke hinauspustet*); *umgangsspr.* Pusteblume (*Fruchtstand des Löwenzahn*); ***skein*** (Garn-) Strang, (Woll-) Docke, Strähne; Gewirr, Durcheinander – *magische Wesen, deren Überreste im Haus am* → ***Grimmauld Place*** *gefunden werden*

puffy ['pʌfɪ] *Adj. Augen*: verquollen; verschwollen

Puking Pastilles ['pjuːkɪŋ pæ'stiːlz] *Neubildung vgl.* ***puke*** erbrechen, sich übergeben, kotzen; ***pastille*** MED Pastille, Plätzchen

pull [pʊl] *V/t.* ziehen; ***pull one's punches*** *übertr.* sich zurückhalten

pull back [pʊl'bæk] *V/t.* zurückziehen; ***pull back (the game)*** SPORT wieder ins Spiel kommen, das Spiel aus dem Feuer reißen

pulp [pʌlp] *Subst.* Brei; ***beat to a pulp*** zu Brei schlagen

pulse[1] [pʌls] *Subst.* Puls

pulse[2] [pʌls] *V/i.* pulsieren

punctuate ['pʌŋktʃueɪt] *V/t.* durchsetzen, unterbrechen

pungent ['pʌndʒənt] *Adj. Rauch*: stechend, beißend

punt [pʌnt] *V/t.* staken, mit einem Stechkahn befördern

purge[1] [pɜːdʒ] *Subst.* Reinigung, Säuberung; Säuberungsaktion

purge[2] [pɜːdʒ] *V/t.* reinigen, säubern

Purge & Dowse Ltd. ['pɜːdʒ ən 'daʊz ˌlɪmɪtɪd] *Name*; *vgl.* ***purge*** Reinigung, Säuberung; ***dowse*** ins Wasser tauchen, begießen; *umgangsspr.* auslöschen; (*Kleider*) ablegen; (*Hut*) abnehmen; **Ltd.** *Abk.* **Limited** *für* **Limited Liability Company** *Rechtsform eines Unternehmens* (*wie GmbH*) *– leer stehendes Kaufhaus, in dem sich →* ***St Mungo's Hospital*** *S. 195 verbirgt*

purposeful ['pɜːpəsfəl] *Adj.* zielbewusst, entschlossen

put out [pʊt'aʊt] *V/t.* (*Feuer, Licht*) ausmachen, löschen; ***be put out*** verärgert sein

Put-Outer [pʊt'aʊtə] *Subst. Neubildung vgl.* ***put out*** (*Feuer, Licht*) auslöschen

Pye, Augustus [paɪ, ɔː'gʌstəs] *Name; Familienname, von der Bezeichnung für j-n, der Pasteten bäckt oder verkauft; auch Spitzname für eine geschwätzige oder diebische Person; vgl.* ***pry*** spionieren, herumschnüffeln; ***pie*** Elster (*neugieriger Vogel, der gerne glitzernde Gegenstände stiehlt*); **Augustus** *männl. Vorname, Titel der ersten römischen Kaiser, Name eines großen Kirchenlehrers* (*Bekenntnisse des Augustinus*)*; ab der Renaissance beliebt als Zweitname deutscher Prinzen und im 19. Jh. durch den Hannoveranischen Adel nach England importiert – Heiler in Ausbildung in →* ***St Mungo's Hospital*** *S. 195*

pyrotechnical [ˌpaɪərəʊ'teknɪkəl] *Adj.* pyrotechnisch

Q

qualified ['kwɒlɪfaɪd] *Adj.* qualifiziert; ***a qualified teacher*** ein voll ausgebildeter Lehrer

qualify ['kwɒlɪfaɪ] *Vt/i.* qualifizieren, befähigen

quibble[1] ['kwɪbəl] *Subst.* Spitzfindigkeit, Wortklauberei, Haarspalterei

quibble[2] ['kwɪbəl] *V/i.* herumkritteln

quibbler ['kwɪblə] *Subst.* Haarspalter(in), Krittler(in)

Quibbler, The ['kwɪblə, ðə] *Name*; *vgl.* ***quibble*** Spitzfindigkeit, Wortklauberei; spitzfindig sein, Haarspalterei betreiben – *eine Zeitschrift, in der Dinge veröffentlicht werden, die in „seriösen“ Publikationen keinen Platz finden*

R

Rackharrow, Urquhart ['ræk,hærəʊ, 'ɜːkət] *Name*; *vgl.* ***rack*** Gestell, Ständer; Folter(bank); ***harrow*** Egge; HIST Fallgitter; eggen; *umgangsspr.* quälen; *der Name geht zurück auf altengl.* ***hraec*** Erdhügel *und* ***hearg*** (heidnischer) Tempel; ***Urquhart*** *schott. Männername, nach der gaelischen Ortsbezeichnung* „am Dickicht“; *ein Ort dieses Namens liegt am Loch Ness – Erfinder des* → ***Entrail-expelling Curse***

radiant ['reɪdɪənt] *Adj.* strahlend

rag [ræg] *Subst.* Lumpen, Lappen; *übertr. Zeitung*: Käseblatt

rage [reɪdz] *Subst.* Wut, Zorn

ragged ['rægɪd] *Adj. Kleidung*: zerlumpt; *Stimme*: rauh

Ragnok ['rægnɒk] *Name*; *vgl.* ***Ragnarök*** Götterschicksal *und* Weltuntergang *der nord. Mythologie, überliefert in dem von Snorri Sturluson aufgezeichneten nordischen Gedicht „Völuspá“* (Der Seherin Gesicht) – *Name eines* → ***Goblin*** *S. 96, mit dem Bill* → ***Weasley*** *S. 220 für den* → ***Order of the Phoenix*** *verhandelt*

raid [reɪd] *V/t.* überfallen

rain[1] [reɪn] *Subst.* Regen

rain[2] [reɪn] *V/i.* regnen

rain[3] [reɪn] *V/t. auch* ***raindown*** niedersenden

rancid ['rænsɪd] *Adj.* ranzig; widerlich

rash [ræʃ] *Subst.* MED Ausschlag

raspberry ['rɑːzbərɪ] *Subst.* Himbeere; ***blow a raspberry*** verächtlich prusten

rat droppings ['ræt,drɒpɪŋz] *Subst. Pl.* Rattenkot

raving ['reɪvɪŋ] *Adj.* fantasierend; ***raving mad*** *umgangsspr.* komplett verrückt

ready-made [ˌredɪ'meɪd] *Adj. Waren*: gebrauchsfertig; *Mahlzeit*: Fertig...; *Ausrede*: ideal, geeignet

ream [riːm] *Subst.* große Menge

reap [riːp] *V/t.* ernten (*auch übertr.*)

reappearance [ˌriːə'pɪərəns] *Subst.* Wiederauftauchen, Wiedererscheinen

reassure [ˌriːə'ʃʊə] *V/t.* beruhigen

rebellious [rɪ'belɪəs] *Adj.* rebellisch, aufrührerisch

recipe ['resɪpɪ] *Subst.* (Koch)Rezept; *übertr.* Rezept, Geheimnis

recipient [rɪ'sɪpɪənt] *Subst.* Empfänger(in)

redouble [rɪ'dʌbəl] *V/t.* (*Bemühungen*) verdoppeln

> **Reducto!** [rɪ'dʌktəʊ] *Zauberspruch* ***Reductor Curse***; *vgl.* ***reduce*** herabsetzen, vermindern, verringern, verkleinern; ***curse*** Fluch

refer [rɪ'fɜː] *V/t.* verweisen, hinweisen

regal ['riːgəl] *Adj.* königlich

regret[1] [rɪ'gret] *V/t.* bedauern

regret[2] [rɪ'gret] *Subst.* Bedauern; ***with great regret*** mit großem Bedauern

regurgitate [rɪ'gɜːdʒɪteɪt] *V/t.* (*Essen*) ausspeien, erbrechen, hochwürgen

regurgitation [rɪˌgɜːdʒɪ'teɪʃən] *Subst.* MED Erbrechen

reign [reɪn] *Subst.* Herrschaft, Regierung; ***reign of terror*** Schreckensherrschaft

reinstate [ˌriːɪn'steɪt] *V/t. in Amt*: wieder einsetzen

relentless [rɪ'lentləs] *Adj.* unnachgiebig, unbarmherzig; *Schmerzen*: anhaltend

reluctant [rɪ'lʌktənt] *Adj.* unwillig, widerwillig

remedial [rɪ'miːdɪəl] *Adj.* Hilfs...; ***remedial teaching*** Nachhilfeunterricht

reminisce [ˌremɪ'nɪs] *V/i.* in Erinnerungen schwelgen

reminiscent [ˌremɪ'nɪsənt] *Adj.* in Erinnerungen schwelgend; ***reminiscent talk*** Austausch von Erinnerungen

removed [rɪ'muːvd] *Adj.* (weit) entfernt; *um eine Generation verschieden*: ***second cousin once removed*** *etwa* Vetter *oder* Cousine zweiten Grades

repercussion [ˌriːpə'kʌʃən] *Subst.* Auswirkung

replete [rɪ'pliːt] *Adj.* satt, gesättigt

repose [rɪ'pəʊz] *V/t.* ***repose in*** (*Vertrauen, Hoffnungen*) setzen auf

reptile ['reptaɪl] *Subst.* Reptil

reptilian [rep'tɪlɪən] *Adj.* reptilienhaft

requirement [rɪ'kwaɪəmənt] *Subst.* Anforderung; Bedürfnis; ***meet the requirements*** die Anforderungen erfüllen

resume [rɪ'zjuːm] *V/t.* weitermachen, wieder aufnehmen

retaliatory [rɪ'tælɪətərɪ] *Adj.* Vergeltungs..., als Revanche

retreat [rɪ'triːt] *V/i.* sich zurückziehen

reverse [rɪ'vɜːs] *Adj.* umgekehrt; *Richtung*: entgegengesetzt

reverse-pass [rɪˌvɜːs'pɑːs] *V/t.* (*Ball*) zurückpassen

rhubarb ['ruːbɑːb] *Subst.* Rhabarber; ***rhubarb crumble*** Rhabarberdessert mit Streuseln

rib [rɪb] *Subst.* Rippe; ***crack a rib*** sich eine Rippe anbrechen

ricochet[1] ['rɪkəʃeɪ] *V/i.* abprallen

ricochet[2] ['rɪkəʃeɪ] *Subst.* Querschläger

right [raɪt] *Adj.* richtig, recht → ***mind***

righteous ['raɪtʃəs] *Adj. Zorn*: gerechtfertigt, berechtigt

rightful ['raɪtfəl] *Adj.* rechtmäßig

rip off [rɪp'ɒv] *V/t.* abreißen

rise [raɪz] *V/i.* sich erheben, aufstehen; ***rise to a challenge*** sich einer Herausforderung stellen

> **Rookwood, Algernon** ['ruːkwʊd, 'ældʒənən] *Name*; *vgl.* ***rook*** Saatkrähe; Betrüger, Gauner; ***wood*** Wald, Unterholz; ***Algernon*** *männl. Vorname französischen Usprungs aus der Zeit der normannischen Besiedelung Britanniens, bedeutet* mit Schnurrbart; *ursprünglich Spitzname alter aristokratischer Familien, der adaptiert wurde*; *bis heute hat der Name den Beigeschmack von Adel – Anhänger Lord Voldemorts*

rope off [rəʊp'ɒf] *V/t.* mit einem Seil absperren

rough [rʌf] *V/t.* ***rough it*** ein anspruchsloses *oder* spartanisches Leben führen

round[1] [raʊnd] *Subst.* Runde; ***the story went the rounds*** die Geschichte ging überall herum

round[2] [raʊnd] *Adj.* rund

round[3] [raʊnd] *V/t.* runden, fahren um; ***round off*** abrunden; ***round on*** *mit Worten*: anfahren, anblaffen

round up [raʊnd'ʌp] *V/t.* (*Summe*) aufrunden; (*Tiere*) zusammentreiben

ruddy ['rʌdɪ] *Adj. umgangsspr.* verdammt; ***who*** *oder* ***where the ruddy hell ...*** wer *oder* wo zum Teufel ...

rumour-mongering ['ruːməˌmʌŋgərɪŋ] *Subst.* Klatscherei, Tratscherei, Verbreitung von Gerüchten

run [rʌn] *V/i.* rennen; ***run for it*** zu entkommen versuchen

run in [rʌn'ɪn] *V/t. umgangsspr.* einbuchten

run-up ['rʌnʌp] *Subst.* SPORT Anlauf; ***in the run-up to ...*** in der Zeit *oder* in den Tagen vor ...

Ryan, Barry ['raɪən, 'bærɪ] *Name*; *verbreiteter irischer Familienname, Kurzform von* ***Ò Maoiríaghain***; ***Barry*** *in Irland häufiger Vorname, der sich aus drei verschiedenen keltischen Wurzeln ableiten lässt – Nationalspieler im irischen Quidditch-Team*

S

sack [sæk] *V/t. umgangsspr.* rausschmeißen, entlassen; ***get sacked*** rausgeschmissen werden, entlassen werden

sage [seɪdʒ] *Subst.* BOT Salbei

sap[1] [sæp] *Subst. in Pflanzen*: Saft; *übertr.* Lebenskraft

sap[2] [sæp] *V/t.* (*Zuversicht*) schwächen, untergraben

> **sapphire** ['sæfaɪə] *Subst.* Saphir, Korund; *bläulicher Edelstein, in der Antike und im Mittelalter häufig mit dem Lapislazuli verwechselt; aufgrund seiner Farbe mit dem Himmel und dem Element Luft assoziiert; die christliche Symboltradition ordnet ihn himmlischen Tugenden wie Keuschheit und Wahrheitsliebe zu; nach der Apokalypse zählt er zu den Fundamenten des himmlischen Jerusalem; ein Alchemist des 16. Jh. schrieb dem Saphir heilsame Wirkung bei Spinnen- und Schlangenbissen zu – Saphire zeigen den Punktestand des Ravenclaw-Hauses an.*

sardonic [sɑː'dɒnɪk] *Adj.* süffisant

satsuma [sæt'suːmə] *Subst.* BOT Satsuma (*eine Mandarinenart*)

say[1] [seɪ] *Subst.* Behauptung; ***have one's say*** seine Meinung sagen, zu Wort kommen

say[2] [seɪ] *Vt/i.* sagen, meinen; ***have little to say to each other*** sich wenig zu sagen haben; ***you don't say!*** was du nicht sagst; ***I say!*** ich muss schon sagen!

scalpel ['skælpəl] *Subst.* Skalpell

scaly ['skeɪlɪ] *Adj.* schuppig, geschuppt

> **Scourgify!** ['skaʊədʒɪfaɪ] *Zauberspruch Neubildung; vgl.* ***scour*** scheuern + ***-gify***

scrabble ['skræbl] *Vt/i.* kratzen; krabbeln

Screechsnap ['skriːtʃsnæp] *Neubildung vgl.* ***screech*** gellend schreien, kreischen; ***snap*** schnappen, heftig ergreifen; *umgangsspr.* Bissen, Häppchen

screwdriver ['skruːˌdraɪvə] *Subst.* Schraubenzieher

Scrimgeour ['skrɪmgɪə] *Name; abgeleitet von der altfrz. Berufsbezeichnung*

eskermisseor Fechter; *vgl.* ***scream*** (laut) schreien, kreischen; ***grim*** grimmig, wild, schrecklich; düster; erbarmungslos, grausam; ***scrimmage*** Gedränge, Handgemenge, Getümmel, ***skirmish*** Gefecht; *Fechten war lange Zeit als ungesetzlich angesehen, Fechtmeister galten als Schurken, auf einer gesellschaftlichen Ebene mit Schauspielern, Bärenhütern und Zigeunern – jemand, der Mitgliedern im →* ***Order of the Phoenix*** *unangenehme Fragen stellt*

Scrivenshaft's Quill Shop ['skrɪvənʃɑːfts ˌkwɪl ʃɒp] *Name*; *vgl.* ***scrivener*** HIST (öffentlicher) Schreiber, Sekretär; ***shaft*** Schaft, Griff (*eines Werkzeugs*); ***quill*** Feder(kiel); ***shop*** Geschäft, Laden

scrofungulus [ˌskrəʊ'fʌŋgələs] *Neubildung vgl.* ***scrofula*** MED *tuberkulöse Haut- und Lymphknotenerkrankung bei Kindern* (*von lat.* ***scrofa*** Mutterschwein); ***fungus*** *lat.* Pilz; ***-ulus, -a*** *lat. Verkleinerungsform*

scroll [skrəʊl] *Subst.* Schriftrolle

scruffiness ['skrʌfɪnəs] *Subst.* schlampiges *oder* verwahrlostes Aussehen

scrum [skrʌm] *Subst.* Gedränge

scurvy-grass ['skɜːvɪgrɑːs] *Subst.* BOT Löffelgras

seal [siːl] *V/t.* versiegeln

Seamus → ***Finnigan*** *S. 83*

sear ['sɪə] *V/t.* versengen, verbrennen

searing ['sɪːrɪŋ] *Adj. Schmerzen*: brenned; *Trauer*: quälend

second-hand [ˌsekənd'hænd] *Adj.* gebraucht, aus zweiter Hand

second-rater ['sekənd,reɪtə] *Subst.* mittelmäßige Person

seconds ['sekəndz] *Subst. Pl. von Essen*: Nachschlag; ***help oneself to seconds*** sich Nachschlag nehmen

Secrecy Sensor ['siːkrəsɪ ˌsensər] *Neubildung vgl.* ***secrecy*** Verborgenheit, Verschwiegenheit, Geheimhaltung, Heimlichkeit; ***sensor*** Fühler, Sensor

sedate[1] [sɪ'deɪt] *Adj.* ruhig, gelassen

sedate[2] [sɪ'deɪt] *V/t.* MED sedieren, Beruhigungsmittel geben

sedation [sɪ'deɪʃən] *Subst.* MED ***be under sedation*** sediert sein, unter Beruhigungsmitteln stehen

see [siː] *V/t.* sehen; verstehen; ***they have invented it, see*** sie haben es erfunden, weißt du

seek [siːk] *V/t.* suchen; (*Ruhm*) trachten nach

seeker ['siːkə] *Subst.* Sucher(in)

seek out [siːk'aʊt] *V/t.* ausfindig machen

seer ['siːə] *Subst.* Seher(in)

self-fertilising [ˌself'fɜːtɪlaɪsɪŋ] *Adj.* selbstbefruchtend

self-restraint [ˌselfrɪ'streɪnt] *Subst.* Selbstbeherrschung

senile ['siːnaɪl] *Adj.* senil

sense [sens] *Subst.* Sinn; *übertr.* Verstand, Vernunft; ***bring s.o. to his*** *oder* ***her senses*** j-n wieder zur Besinnung bringen

serious ['sɪərɪəs] *Adj.* ernst; ernsthaft; ***be serious about s.th.*** etwas ernst nehmen

sermon ['sɜːmən] *Subst.* Predigt; *übertr.* Strafpredigt

servitude ['sɜːvɪtjuːd] *Subst.* Knechtschaft

Shacklebolt, Kingsley ['ʃækəlbɒlt, 'kɪŋsleɪ] *Name*; *vgl.* ***shackles*** (*meist Pl.*) Fesseln, Hand-, Beinschellen; ***shacklebone*** *schott.* Handgelenk; ***bolt*** Bolzen, Türschloss, -riegel, Schließhaken, Verschluss; ***Kingsley*** *männl. Vorname, angelsächsisch* von den Weiden des Königs – *Mitstreiter im* → ***Order of the Phoenix***

sheepish ['ʃiːpɪʃ] *Adj. Gesichtsausdruck*: verlegen, schuldbewusst

shifty ['ʃɪftɪ] *Subst.* ***have a shifty at s.th.*** einen Blick auf etwas werfen

shining ['ʃaɪnɪŋ] *Adj.* leuchtend, glänzend

> **Shock Spell** ['ʃɒk spel] *Zauber vgl.* ***shock*** heftiger Stoß; Schock, Schreck; Schlag, Stich; ***spell*** Zauber, Zauberwort, -spruch; Beschwörungsformel

shoot [ʃuːt] *V/t.* schießen; ***shoot one's mouth off*** sich das Maul zerreißen

shot [ʃɒt] *Adj.* ***be shot of s.o./s.th.*** j-n/etwas los sein; ***get shot of s.o./s.th*** j-n/etwas los werden

shoulda ['ʃʊdə] *umgangsspr. für* ***should have***; ***shoulda known*** ich hätte es wissen sollen

shoulder[1] ['ʃəʊldə] *Subst.* Schulter; ***shrug one's shoulders*** mit den Schultern zucken; ***rub shoulders with*** in Berührung kommen mit

shoulder[2] ['ʃəʊldə] *V/t.* schultern; (*Verantwortung*) übernehmen, tragen

shouting match ['ʃaʊtɪŋ ˌmætʃ] *Subst.* lautstarke Auseinandersetzung

show off [ʃəʊ'ɒf] *V/i.* angeben

shrewd [ʃruːd] *Adj.* gewitzt, gerissen, clever

shrivel ['ʃrɪvəl] *V/i.* schrumpfen, runzlig werden

shunt [ʃʌnt] *V/t.* beiseite schieben

sighting ['saɪtɪŋ] *Subst.* Sichten, Gesichtetwerden

silence ['saɪləns] *Subst.* Stille, Ruhe, Schweigen; ***loud silence*** vielsagende Stille, beredtes Schweigen → ***echo***

> **Silencing Charm** ['saɪlənsɪŋ tʃɑːm] *Zauber* **„Silencio!"**; *vgl.* ***silence*** (Still-)Schweigen, Ruhe, Stille; ***charm*** Bann, Beschwörung, Zauberformel

silky ['sɪlkɪ] *Adj.* sanft, (ein)schmeichelnd; (aal)glatt

silver ['sɪlvə] *Subst.* Silber

sink[1] [sɪŋk] *Subst.* Ausguss

sink[2] [sɪŋk] *V/t.* (*Schiff*) versenken; ***be sunk in thought*** in Gedanken versunken sein

sink[3] [sɪŋk] *V/i.* (*Schiff*) sinken; ***sink in*** einsinken; *übertr.* verstanden *oder* kapiert werden

skeletal ['skelətəl] *Adj.* skelettartig

skip [skɪp] *V/t.* springen; überspringen; (*Schulstunde, Unterricht*) schwänzen

skive [skaɪv] *V/i. umgangsspr.* sich drücken; blaumachen, schwänzen; faulenzen

Skiving Snackbox ['skaɪvɪŋ ˌsnækbɒks] *Neubildung vgl.* ***skive*** *umgangsspr.* sich drücken, blaumachen; ***snack*** kleiner Imbiss, Happen, Bissen; ***box*** Kiste, Schachtel, Box – *Artikel aus dem Sortiment der Weasley-Zwillinge*

slander[1] ['slændə] *Subst.* Verleumdung, üble Nachrede

slander[2] ['slændə] *V/t.* verleumden

slap [slæp] *V/t.* schlagen; ***slap s.th. on s.th.*** etwas auf etwas knallen

sleek [sliːk] *Adj.* aalglatt

sleep[1] [sliːp] *Subst.* Schlaf

sleep[2] [sliːp] *Vt/i.* schlafen; ***sleep it off*** *umgangsspr.* seinen Rausch ausschlafen

Slinkhard, Wilbert ['slɪŋkhɑːd] *Name*; *vgl.* ***slink*** (verstohlen, schuldbewusst) schleichen; lauern, sich drücken; sich verstecken; ***hard*** hart; ***Wilbert*** *altertüml. männl. Vorname, aus althochdeutsch* ***will*** Wille *und* ***beraht*** glänzend – *Autor des Lehrbuchs* ***„Defensive Magical Theory“***

Sloper, Jack ['sləʊpə, dʒæk] *Name; abgeleitet von der Berufsbezeichnung für einen* Kittelmacher; *vgl.* ***slope*** Abhang, Böschung; Gefälle; ***Jack*** *gebräuchliche Kurzform des männl. Vornamens* ***John****, eines der meistverbreiteten christlichen Vornamen überhaupt – Spieler im Gryffindor-Quidditch-Team*

sloppy ['slɒpɪ] *Adj.* schlampig, schluderig

Sloth Grip Roll ['sləʊθ grɪp ˌrəʊl] *Neubildung vgl.* ***sloth*** ZOOL Faultier; ***grip*** Griff, Greifen; ***roll*** Rolle, Rolling (*Kunstflugfigur*) – *Quidditch-Technik*

Slug-vomiting Charm ['slʌgˌvɒmɪtɪŋ tʃɑːm] *Zauber vgl.* ***slug*** Schnecke; ***vomit*** erbrechen, kotzen; ***charm*** Bann, Beschwörung, Zauberformel

small [smɔːl] *Adj.* klein; ***in a small voice*** mit sanfter Stimme

Smethwyck, Hippocrates ['smeðɪk, hɪ'pɒkrətəs] *Name; nach einer Stadt nahe Birmingham, aus altengl.* Ort, an dem ein Schmied arbeitet; *vgl.* ***Hippocrates*** *Arzt der griech. Antike, gilt als Begründer der Medizin im modernen Sinne als Erfahrungswissenschaft mit objektiver Beobachtung und Beschreibung von Krankheiten und daraus abgeleiteter Diagnostik; nach ihm benannt ist der* ***hippokratische Eid****, den auch heute jeder Arzt ablegen muss: eine Selbstverpflichtung auf ethische Grundsätze in der Medizin – Chefheiler der →* ***Dai Llewellyn ward*** in → ***St Mungo's Hospital*** *S. 195*

smirk [smɜːk] *Subst.* Grinsen

Smith, Zacharias [smɪð, ˌsækə'raɪəs] *Name; verbreitetster englischer Familienname, bedeutet* Schmied, *einst eine sehr wichtige Berufsgruppe, die u. a. Hufeisen, Pflugscharen, Waffen und Rüstungen herstellte;* ***Zacharias*** *männl. Vorname, griech.* Gott hat sich erinnert; *mehrfach in der Bibel vorkommend, u. a. als Vater Johannes' des Täufers; weil er nicht an seinen prophezeiten Sohn glaubte, wurde er zeitweilig mit Stummheit bestraft – Mitschüler Harrys und zweifelndes →* ***D.A.****-Mitglied*

snag [snæg] *Subst. übertr.* Haken; ***hit a little snag*** auf einen kleinen Haken stoßen

sneak[1] [sniːk] *V/i.* schleichen; ***sneak about*** *oder* ***around*** herumschleichen

sneak[2] [sniːk] *Subst.* Leisetreter; Petze

sneak thief ['sniːkθiːf] *Subst.* Einschleichdieb(in)

sneezewort ['sniːzwɜːt] *Subst.* BOT Sumpfschafgarbe, Nieskraut

snivel ['snɪvəl] *V/i.* heulen, flennen; wehleidig tun

sniveling ['snɪvəlɪŋ] *Adj.* wehleidig

Snivellus ['snɪvələs] *Name; vgl.* ***snivel*** heulen, flennen, wehleidig tun; die Nase hochziehen; *Brit.* Heulsuse – *Spitzname, der von James →* ***Potter*** *S. 158 für Severus →* ***Snape*** *S. 188 verwendet wird*

snot [snɒt] *Subst. umgangsspr.* Rotz; ***snot rag*** Rotzlöffel

snuffle ['snʌfəl] *V/i.* schnüffeln; schniefen

soap [səʊp] *Subst.* Seife

soapsuds ['səʊpsʌdz] *Subst. Pl.* Seifenschaum

soar [sɔː] *V/i.* in die Höhe schnellen

society [sə'saɪətɪ] *Subst.* Gesellschaft; ***Society for the Promotion of Elfish Welfare*** *etwa* Elfen-Wohlfahrtsgesellschaft

solstice ['sɒlstɪs] *Subst.* Sonnenwende

somewhat ['sʌmwɒt] *Adv.* etwas, ein wenig, ein bisschen

soporific [ˌsɒpə'rɪfɪk] *Adj.* einschläfernd

soppy ['sɒpɪ] *Adj. Wetter*: regnerisch; *umgangsspr.* rührselig, schmalzig

sort out [sɔːt'aʊt] *V/t.* in Ordnung bringen, eine Lösung finden; ***sort s.o. out*** sich jemanden vorknöpfen, jemandem zeigen wo's langgeht

sound [saʊnd] *Subst.* Geräusch, Laut, Klang

spare [speə] *V/t.* (*Leben*) schonen, verschonen

spattergroit ['spætəgrɔɪt] *Neubildung vgl.* ***spatter*** bespritzen, beschmutzen; Spritzer, Spritzfleck; *altertüml.* ***groit*** *Abwandlung von* ***groat*** Groschen, *Münze, die seit dem 13. Jh. in verschiedenen europäischen Ländern akzeptiert wurde und erst in der 2. Hälfte des 17. Jh. aus dem Umlauf kam*

speak [spiːk] *Vt/i.* reden, sagen, sprechen; ***speak out*** seine Meinung sagen, kein Blatt vor den Mund nehmen

speaking terms ['spiːkɪŋˌtɜːms] *Subst. Pl.* ***we are on speaking terms again*** wir reden wieder miteinander

spell damage ['spelˌdæmɪdʒ] *Subst. Neubildung etwa* zauberspruchbedingte Schäden

Spellman's Syllabary ['spelmənz ˌsɪləbrɪ] *Name*; *vgl.* ***spell*** buchstabieren, (*orthographisch richtig*) schreiben; ***syllabarium*** Silbentabelle

S.P.E.W. [es'piːˌiː'dʌbəljuː *oder* spjuː] *Abk. für* ***Society for the Promotion of Elfish Welfare***; *vgl.* ***spew*** sich erbrechen, spucken, speien – *Initiative von Hermione Granger zur Befreiung von Hauselfen*; → ***elf*** *S. 74*

sphere [sfɪə] *Subst.* Kugel

spirits ['spɪrɪts] *Subst. Pl.* Stimmung, Laune

sportsmanship ['spɔːtsmənʃɪp] *Subst.* Fairness, sportlich faires Benehmen

spot [spɒt] *Subst.* Fleck, Tupfer; Klemme; ***help s.o. out of a sticky spot*** j-m aus einer unangenehmen Situation helfen

springy ['sprɪŋɪ] *Adj. Untergrund*: nachgiebig, elastisch; *Schritt*: federnd

spun-glass ['spʌnglɑːs] *Subst.* Glasgespinst

squally ['skwɔːlɪ] *Adj.* stürmisch

square-jawed ['skweədʒɔːd] *Adj.* mit kantigem Kinn

square up [skweə'ʌp] *V/i.* in Boxerstellung gehen; ***square up to s.o.*** sich vor j-m aufpflanzen

squat [skwɒt] *Adj.* gedrungen

squeal [skwiːl] *V/i.* schreien, kreischen

squelch [skweltʃ] *V/i.* p(l)atschen, glucksen

staff [stɑːf] *Subst.* Mitarbeiter(stab), Personal; (*Schule*) Lehrkörper; ***member of staff*** Mitarbeiter(in); (*Schule*) Mitglied des Lehrkörpers

star-chart ['stɑːtʃɑːt] *Subst.* Sternkarte

stare[1] [steə] *Subst.* Blick

stare[2] [steə] *V/i.* starren

startle ['stɑːtəl] *V/t.* erschrecken

startling ['stɑːtlɪŋ] *Adj.* erschreckend

state [steɪt] *Subst.* Zustand; ***be in a state*** in heller Aufregung sein

stately ['steɪtlɪ] *Adj.* würdevoll, vornehm

stay[1] [steɪ] *Subst.* Aufenthalt

stay[2] [steɪ] *V/i.* bleiben; ***stay put*** sich nicht (vom Fleck) rühren

stealth [stelθ] *Subst.* Heimlichkeit

Stealth and Tracking ['stelθ ən 'trækɪŋ] *Subst. Neubildung* ***stealth*** Heimlichkeit, List; ***track*** einer Spur folgen, verfolgen, aufspüren, ausfindig machen – *Prüfungsfach in der Ausbildung eines* → ***Auror*** *S. 24*

> **Stealth Sensoring Spell** ['stelθ ˌsensərɪŋ spel] *Neubildung vgl.* ***stealth*** Heimlichkeit, List; ***sensor*** Fühler, Sensor; ***spell*** Zauber, Zauberwort, -spruch; Beschwörungsformel

steam up [stɪm'ʌp] *Vt/i.* (*Fenster*) beschlagen, anlaufen

step [step] *Subst.* Schritt; ***be several steps ahead of s.o.*** *übertr.* j-m um einige Schritte voraus sein

stick[1] [stɪk] *Subst.* Stock, Zweig

stick[2] [stɪk] *V/t.* stecken

stick up [stɪk'ʌp] *V/t.* (*Haar*) hochstehen

Stimpson, Patricia ['stɪmpsən, pə'trɪʃə] *Name; Familienname, bedeutet* Sohn des Stephen; ***Patricia*** *weibl. Variante von* ***Patrick****, aus lat.* ***patricius*** Patrizier, Adeliger; *ab 18. Jh. als Frauenname in Schottland, erst im 20. Jh. allgemein geläufig – Mitschülerin der Weasley-Zwillinge*

> **Stinging Hex** ['stɪŋɪŋ heks] *Zauber vgl.* ***sting*** stechen; beißen, brennen; schmerzen, kränken, quälen; ***hex*** Zauberspruch, Verwünschung, Fluch

Stinksap ['stɪŋksæp] *Neubildung vgl.* ***stink*** stinken, unangenehm *oder* übel riechen; ***sap*** (Pflanzen-)Saft, Mark

stitch [stɪtʃ] *Subst. Nähen*: Stich; ***put stitches in*** MED (*Wunde*) vernähen

stockstill [stɒk'stɪl] *Adj.* bewegungslos, regungslos

straggly ['stræglɪ] *Adj. Haare*: zottig, strähnig

straighten ['streɪtən] *V/t.* in Ordnung bringen; glätten

streamer ['striːmə] *Subst.* Wimpel; Papierschlange

Strengthening Solution ['streŋθənɪŋ ˌsə'luːʃən] *Zaubertrank vgl.* ***strengthen*** stärken, kräftigen; ***solution*** Lösung, Gemisch

stringent ['strɪndʒənt] *Adj. Regeln*: streng, hart; *Argument*: zwingend, überzeugend

Strout, Miriam [straʊt, 'mɪrɪəm] *Name; abgeleitet vom altdänischen Personennamen* ***strútr****, vgl.* ***strut*** *altertüml.* seine Arbeit demonstrativ verrichten; sich wichtig machen; ***Miriam*** *hebräische Form des weltweit verbreiteten, biblischen Frauennamens* Maria, *seit der Reformation auch in England gebräuchlich und besonders beliebt in jüdischen Familien – Heilerin in* → ***St Mungo's Hospital*** *S. 195*

structure[1] ['strʌktʃə] *Subst.* Struktur

structure[2] ['strʌktʃə] *V/t.* strukturieren, gliedern

stubby ['stʌbɪ] *Adj. Person*: untersetzt; ***stubby fingers*** Wurstfinger

stuck up [stʌk'ʌp] *Part. Perf.* → ***stick up***

study group ['stʌdɪgruːp] *Subst.* Arbeitsgruppe

Stunner ['stʌnə] *Neubildung vgl.* ***stun*** bewusstlos machen, betäuben; verdutzen, verblüffen; *übertr.* niederschmettern, bestürzen, lähmen

> **Substantive Charm** ['sʌbstəntɪv tʃɑːm] *Zauber vgl.* ***substantive*** selbstständig, unabhängig; wesentlich, das Wesentliche betreffend; ***charm*** Bann, Beschwörung, Zauberformel

subtlety ['sʌtltɪ] *Subst.* Subtilität; Scharfsinn; Raffiniertheit

subversive [səb'vɜːsɪv] *Adj.* subversiv, umstürzlerisch

sullens ['sʌlənsl] *Neubildung vgl.* ***sullen*** grämlich, verdrossen

supercilious [ˌsjuːpə'sɪlɪəs] *Adj.* hochnäsig, herablassend

supportive [sə'pɔːtɪv] *Adj.* hilfreich; ***be supportive of s.o.*** j-n unterstützen

surly ['ʃɔːlɪ] *Adj.* verdrießlich, mürrisch, griesgrämig

surprise [sə'praɪs] *Subst.* Überraschung; → ***move***

suspend [sə'spend] *V/t.* suspendieren, zeitweilig ausschließen

swamp [swɒmp] *Subst.* Sumpf

> **swan** [swɒn] *Subst.* Schwan; *gilt in der antiken Mythologie wegen seiner Schönheit und Reinheit als Tier der Venus; in Schwanengestalt verführte der griech. Gott Zeus Leda. In keltischen Märchen findet man eine auch sonst im abendländischen Kulturkreis weit verbreitete Sage erzählt: Ein junger Mann beobachtet Schwäne beim Baden, die in Wirklichkeit verzauberte Töchter eines großen Magiers sind; er verliebt sich in eine davon und stiehlt ihr das Federkleid; indem er Aufgaben bewältigt, die ihm zur Strafe auferlegt werden, erwirbt er sie zur Frau. Als Geschöpf, das dem Wasser wie der Erde und Luft angehört, hat der Schwan auch in außereuropäischen Kulturen (z. B. als Reittier der indischen Götter Brahman und Sarasvati) eine besondere Bedeutung – der →* ***Patronus*** *S. 151 von Cho →* ***Chang*** *S. 46 nimmt Schwanengestalt an*

sway [sweɪ] *V/i.* schwanken, taumeln

sweet-tempered [ˌswiːt'tempəd] *Adj.* sanftmütig

syllabus ['sɪləbəs] *Subst.* Lehrplan

sympathetic [ˌsɪmpə'θetɪk] *Adj.* mitfühlend, verständnisvoll; ***be sympathetic to s.o.*** für j-n Verständnis haben

T

taciturn ['tæsɪtɜːn] *Adj.* schweigsam, wortkarg

tactless ['tæktləs] *Adj.* taktlos

tag[1] [tæg] *Subst.* Schildchen, Plakette

tag[2] [tæg] *V/t.* etikettieren, markieren

tail [teɪl] *Subst.* Schwanz; *umgangsspr.* Hinterteil; ***turn tail*** davonlaufen

taint [teɪnt] *Subst.* Fleck; *übertr.* Schandfleck, Makel

take [teɪk] *V/t. allgemein*: nehmen; *irgendwohin*: bringen; *verstehen*: annehmen; ***I take it that ...*** ich nehme an, dass ...; ***take up with s.o.*** *umgangsspr.* sich mit j-m anfreunden

tangle ['tæŋgəl] *V/t.* verwirren, verheddern; ***tangle with s.o.*** mit j-m aneinander geraten

tar[1] [tɑː] *Subst.* Teer

tar[2] [tɑː] *V/t.* teeren; ***be tarred with the same brush as ...*** in einen Topf geworfen werden mit ..., vom gleichen Schlag sein wie ...

tarradiddle ['tærədɪdl] *Subst. umgangsspr.* Flunkerei; Quatsch

tartan ['tɑːtn] *Subst.* Schottenmuster, Schottenkaro

tearful ['tɪəfəl] *Adj.* den Tränen nahe; weinerlich; tränenreich; in Tränen

tear off [teə'ɒf] *Vt/i.* abreißen; *irgendwohin*: drauf losstürmen

tear-stained ['tɪəsteɪnd] *Adj.* tränennass, verheult, verweint

tedious ['tiːdɪəs] *Adj.* langweilig, ermüdend

teensy ['tiːnzɪ] *Adj. brit. umgangsspr.* winzig

telling-off [ˌtelɪŋ'ɒf] *Subst.* Standpauke, Rüffel

tell off [tel'ɒf] *V/t.* rüffeln, schimpfen

temper ['tempə] *Subst.* Stimmung, Laune; Temperament; Zorn; ***lose one's temper*** die Beherrschung verlieren; ***take out one's temper on s.o.*** an j-m seine Wut auslassen; ***be in a towering temper*** fürchterlich wütend sein

temporary ['tempərərɪ] *Adj.* vorübergehend

Tenebrus ['tenəbrəs] *Name*; *vgl. lat.* ***tenebrae*** *Pl.* Finsternis, Dunkel, Nacht; Blindheit, Ohnmacht, Todesnacht – *Name eines* → ***Thestral***

tentatively ['tentətɪvlɪ] *Adv.* vorsichtig, zögernd

test results ['testˌrɪsʌlts] *Subst. Pl. Schule*: Prüfungsergebnisse

thanks [θæŋks] *Interjektion* danke;

thanks a lot! vielen Dank!; ***and thanks for nothing!*** *ironisch*: und noch schönen Dank auch!

theory ['θɪərɪ] *Subst.* Theorie

thestral ['θestrəl] *Neubildung vgl. altertüml.* ***thester, thestri*** dunkel; *altengl.* ***theostor*** *und andere Ableitungen mit den Bedeutungen* Dunkelheit, Finsternis; *auch* schlechte Gefühle, Traurigkeit; *vgl.* ***astral*** zu den Sternen gehörig, die Sterne betreffend; ***pterodactyl*** ZOOL Pterodactylus, *von griech. *ptero-, griech. daktylos* Finger, Zehe; *ausgestorbener Flugsaurier mit kurzem Schwanz und stark verlängertem Schädel, haarähnlicher Körperbedeckung und einer Flughaut. Pferdeartige Mischwesen (→* ***bat*** *S. 28) sind in der Mythologie vom Orient bis in den Norden überliefert; so hat Hippocampus, eines der Pferde des griech. Meeresgottes Poseidon, das Hinterteil eines Drachen oder Fisches. Während des bekannteste geflügelte Pferd der griech. Antike, Pegasos, der lichten Atmosphäre von Sonne und Tag zugeordnet ist, werden Pferde vor allem in älteren Überlieferungsschichten häufig mit düsteren Aspekten in Verbindung gebracht: Sie gelten dann als nächtliche Geschöpfe, die dem Mond und dem Reich des Todes nahe stehen. Vor allem in der kelt. und german. Mythologie erscheinen sie als Grenzgänger zwischen Dies- und Jenseits, so z. B. die Lufttrösser der altnord. Valkyrijar, german. Walküren, die damit die gefallenen Krieger vom Schlachtfeld in Odins Hofstätte Walhall brachten, oder die gespenstischen Pferde von Odins Wildem Heer, das in den Raunächten, wenn die Schwellen zum Totenreich überwunden werden können, im Sturm dahinjagt. Pferde erscheinen als Verwandlungsgestalten alter Gottheiten (z. B. Rhiannon, Epona, Rudiobos) und als Seelenführer, wenn sie die Toten in die jenseitige Welt bringen. Dass besondere Wesen und Dinge nicht von allen Menschen wahrgenommen werden können, ist gleichfalls ein wiederkehrendes Motiv: So findet z. B. kein anderer als Parzival die Gralsburg. Die Entwicklung besonderer innerer Qualitäten wie Mitgefühl oder einschneidende Erfahrungen wie die des Todes befähigen mythische Helden, Aspekte der Wirklichkeit zu begreifen, die anderen verborgen bleiben*

thicken ['θɪkən] *Vt/i.* dicker machen, verdicken; dicker werden; (*Schnee, Nebel*) dichter werden, sich verdichten

thing [θɪŋ] *Subst.* Ding, Gegenstand; ***how's things?*** *umgangsspr.* wie geht's?, alles klar?

thingy ['θɪŋɪ] *Subst.* Dingsbums

thrash [θræʃ] *V/t.* schlagen, (ver)prügeln; ***thrash around*** sich im Bett hin und her werfen, um sich schlagen

threadbare ['θredbeə] *Adj. Teppich*: fadenscheinig

throat [θrəʊt] *Subst.* Kehle; ***jump down s.o.'s throat*** jemanden anschnauzen; ***the words stuck in her***

throat ihr blieben die Worte im Halse stecken

throttle[1] ['θrɒtəl] *Subst.* Kehle, Gurgel

throttle[2] ['θrɒtəl] *V/t.* erdrosseln; *übertr.* ersticken, unterdrücken

thunderous ['θʌndərəs] *Adj.* donnernd; ***in a thunderous voice*** mit donnernder Stimme

thwart [θwɔːt] *V/t.* (*Plan*) vereiteln; *j-m* einen Strich durch die Rechnung machen

tier [tɪə] *Subst.* Schicht, Lage; *im Theater:* Rang

tight [taɪt] *Adj.* knapp, eng; dicht; ***be in a tight spot*** in der Klemme sitzen

tilt [tɪlt] *Subst.* ***at full tilt*** *umgangsspr.* mit Volltempo, mit Karacho

tired ['taɪəd] *Adj.* müde; ***be tired of s.th.*** etwas satt haben

tiredness ['taɪədnəs] *Subst.* Müdigkeit

titchy ['tɪtʃɪ] *Adj. umgangsspr.* winzig

toadlike ['təʊdlaɪk] *Adj.* krötenähnlich

toadstool ['təʊdstuːl] *Subst.* giftiger, größerer Blätterpilz; ***toadstools don't change their spots*** (*in Anlehnung an* ***a leopard never changes his spots***) kein Mensch kann aus seiner Haut heraus

today [tə'deɪ] *Adv.* heute; ***do it today or later you'll pay*** *etwa* was du heute kannst besorgen, das verschiebe nicht auf morgen

toddler ['tɒdlə] *Subst.* Kleinkind

toerag ['təʊræg] *Subst. umgangsspr.* blöder Kerl

Tofty, Prof. ['tɒftɪ, prə'fesə] *Name; vgl.* ***toft*** Heim-, Hofstätte, Anwesen; *brit. umgangsspr.* feiner Pinkel, Fatzke, Geck; ***toftman*** HIST Besitzer einer Hofstätte *– Angehöriger des →* ***O.W.L.****-Prüfungskomitees*

> **Tonks, Nymphadora** [tɒŋks, nɪmfə'dɔːrə] *Name; der Nachname dürfte ursprünglich* ***Tomkins*** *gelautet haben, also* „kleiner Tom"; *vgl. auch* ***tonk*** (*austr. umgangsspr.*) Narr, Idiot; ***tongs*** *Subst. Pl.* Zange; *in Egham, Surrey, gibt es einen Perückenladen namens* ***Honky Tonks Wigs***; ***Nymphadora*** *als Name nicht gebräuchlich, gebildet wie der weibl. Vorname* ***Theodora****, der* Geschenk Gottes (*griech.* ***theos*** Gott) *bedeutet;* ***Nymphen*** *weibliche Naturgeister der griech. und röm. Mythologie, verschiedenen Gewässern oder Wäldern, Bergen oder Bäumen zugeordnet; der englischen Dichter Michael Drayton (1568-1631) schrieb ein Gedicht mit dem Titel „Nymphidia" – schusselige Hexe; →* ***Metamorphmagus****, →* ***Auror*** *S. 24 und Mitstreiterin im →* ***Order of the Phoenix***

topmost ['tɒpməʊst] *Adj.* oberste(r, -s)

touching ['tʌtʃɪŋ] *Adj.* bewegend, ergreifend

„toujours pur" [tu'ʒuːr pyːr] *frz.* ***toujours*** alle Tage, immer; *frz.* ***pur*** rein *– Wahlspruch der Familie →* ***Black***

towering ['taʊərɪŋ] *Adj. →* ***temper***

Towler, Kenneth ['taʊlə, 'kenɪθ] *Name; vermutlich abgeleitet vom Ortsnamen* ***Toller*** *in Dorset;* ***Kenneth*** *englische Form eines keltischen männl. Vornamens, entweder des im McAlpine-Clan verbreiteten* ***Cinaed*** (einer, der aus dem Feuer kommt) *oder des im McKenzie-Clan gebräuchlichen* ***Coinnead*** (hellhaarig, blond); *– Mitschüler im Jahrgang der Weasley-Zwillinge*

track[1] [træk] *Subst.* Fährte, Spur

track[2] [træk] *V/t.* verfolgen

tracking ['trækɪŋ] *Subst.* Verfolgen

transfix [træns'fɪks] *V/i.* erstarren, lähmen

treasure trove ['treʒətrəʊv] *Subst.* Schatzgrube

Trelawney, Cassandra [trə'lɔːnɪ, kə'sændrə] *Name; alter Familienname nach einem Ortsnamen in Cornwall;* ***Cassandra*** *trojanische Seherin, die nach der Überlieferung der griech. Antike dazu verdammt war, stets die Wahrheit zu weissagen und niemals Gehör zu finden; gefeierte Seherin und Ahnfrau von* ***Sybill*** *lat.* Sybille; *in der röm. Antike Bezeichnung für Wahrsagerinnen – Lehrerin für Weissagung in Hogwarts und Ururenkelin Cassandras*

trepidation [ˌtrepɪ'deɪʃən] *Subst.* Angst, Beklommenheit

trice [traɪs] *Subst.* ***in a trice*** *altertüml.* im Nu

trill [trɪl] *V/t.* trillern

Trip Jinx [trɪp dʒɪŋks] *Zauber vgl.* ***trip*** stolpern, straucheln; fehltreten, ausgleiten; ***jinx*** verhexen

troop back [truːp'bæk] *V/i.* (*Personen*) zurückströmen

troublemaker ['trʌbəlmeɪkə] *Subst.* Unruhestifter(in)

trump up [trʌmp'ʌp] *V/t. umgangsspr.* erdichten, sich aus den Fingern saugen

trustworthy ['trʌstwɜːðɪ] *Adj.* vertrauenswürdig

tryout ['traɪaʊt] *Subst.* SPORT Probetraining

tune[1] [tjuːn] *Subst.* Melodie; ***sing a different tune*** *übertr.* sich anders anhören, einen anderen Ton anstimmen

tune[2] [tjuːn] *V/t.* (*Instrument*) stimmen; (*Fernsehgerät*) einstellen

tune in [tjuːn'ɪn] *V/t.* (*Radio*) einschalten; ***be tuned in to*** (*Gefühle etc.*) eingestellt sein auf

turnabout ['tɜːnəbaʊt], **turnaround** ['tɜːnəraʊnd] *Subst.* Kehrtwendung, Umschwenken

turn down [tɜːn'daʊn] *V/t.* (*Gas, Licht*) kleiner drehen; (*Vorschlag*) ablehnen; *einer Person* einen Korb geben

turn up [tɜːn'ʌp] *Vt/i.* auftauchen, erscheinen; (*Gas, Licht*) aufdrehen, höher drehen

Tutshill Tornados [ˌtʌts'hɪl tɔː'neɪdəʊz] *Name; von Orten in Devon und Gloucestershire; vgl.* ***tut*** „ach was!", „pfui", „Unsinn, dummes Zeug", „Nanana"; ***tornado*** Wirbelsturm – *Profi-Quidditch-Team, favorisiert von Cho →* ***Chang*** *S. 46*

tweedy ['twiːdɪ] *Adj.* tweedähnlich; *übertr.* rustikal; *Frau:* burschikos

twelve [twelv] *Zahl* zwölf; *Grundzahl des (in Großbritannien lange gebräuchlichen) Duodezimalsystems; aufgrund der vielfachen Teilbarkeit durch 2, 3, 4 und 6 galt die Zwölf schon in den altorientalischen Kulturen als Zahl der kosmischen Vollkommenheit und hat große Bedeutung in der Astronomie und Zeitrechnung (12 Tierkreiszeichen, Monate, Tag- und Nachtstunden); in Religion und Mythos ist sie nicht minder bedeu-*

*tend, z. B. die zwölf Stämme Israels im Alten Testament, die zwölf Apostel und zwölf Tore des Himmlischen Jerusalem im Neuen Testament; die zwölf Arbeiten des Herakles im griech. Mythos, die in vielen Religionen (hethitisch, griech., babylonisch, röm.) nachweisbare Gruppierung von zwölf Göttern und die zwölf Rau- oder Losnächte des mitteleuropäischen Volksglau*bens – Hausnummer am → ***Grimmauld Place*** → ***arithmancy*** *S. 22*

twinge [twɪndʒ] *Subst.* ***feel a twinge of unease*** sich leicht unbehaglich fühlen

twist [twɪst] *Subst.* Drehung, Windung, Biegung, Krümmung; ***go round the twist*** *umgangsspr.* überschnappen, verrückt werden, durchknallen

U

ubiquitous [juːˈbɪkwɪtəs] *Adj.* allgegenwärtig

Umbridge, Dolores Jane [ˈʌmbrɪdʒ, dəˈlɔːrəs dʒeɪn] *Name; vgl.* ***umbrage*** Beleidigung; Anstoß, Ärgernis; ***Dolores*** *weibl. Vorname spanischen Ursprungs, Beiname Mariens* („die Schmerzensreiche“), *in England nicht sehr gebräuchlich; vgl. auch* ***dolorous*** schmerzhaft; ***Jane*** *weibl. Form des verbreiteten Vornamens* ***John****, im 19. Jh. besonders beliebt als zweiter Vorname (z. B. Mary Jane, Sarah Jane), später als altmodisch und typischer Dienstmädchenname empfunden, im 20. Jh. wieder beliebter – Unterstaatssekretärin im* ***Ministry of Magic*** *und* ***Defence Against the Dark Arts****-Lehrerin in Harrys fünftem Schuljahr, verhängt gerne schmerzhafte Strafen*

Umgubular Slashkilter [ʌmˈɡʌbjuːlə ˈslæʃkɪltə] *Neubildung vgl. lat.* ***ungular*** Pferdehuf, Kralle; *lat.* ***ungulatus*** mit Krallen versehen; ***jucu-***

> ***lar*** die Hauptader betreffend; ***slash*** Schlitz, Schnitt, (schmale) Wunde; ***kilt*** schott. Männertracht, Faltenrock aus kariertem Wollstoff; ***kilter*** *umgangsspr.* Ordnung, geregelter Gang; – *magisches Wesen, dessen Existenz in der magischen Welt umstritten ist*

unabashed [ˌʌnə'bæʃt] *Adj.* unerschrocken, unbeeindruckt

unasked [ʌn'ɑːskt] *Adj.* ungefragt; ***unasked question*** nicht gestellte Frage

unblinkingly [ʌn'blɪŋkɪŋ] *Adv. Blick*: unverwandt, starr

unchallenged [ʌn'tʃæləndʒd] *Adj.* unwidersprochen, unbestritten

uncharacteristic [ʌnˌkærəktə'rɪstɪk] *Adj.* untypisch, uncharakteristisch

underestimate [ˌʌndər'estɪmeɪt] *V/t.* unterschätzen

underlying [ˌʌndə'laɪɪŋ] *Adj.* zugrunde liegend, tiefer(e, -s)

understanding [ˌʌndə'stændɪŋ] *Subst.* Verstehen, Verstand; ***it is my understanding that ...*** so weit ich weiß, ...

undeterred [ˌʌndɪ'tɜːd] *Adj.* unbeeindruckt

undoing [ʌn'duːɪŋ] *Subst.* ***be s.o.'s undoing*** *übertr.* j-m das Genick brechen

unhand [ʌn'hænd] *V/t. altertüml.* loslassen, freigeben

unimpaired [ˌʌnɪm'peəd] *Adj.* unbeeinträchtigt

unliftable [ʌn'lɪftəbl] *Adj. Fluch*: unaufhebbar

unprecedented [ʌn'presɪdentəd] *Adj.* noch nie dagewesen, beispiellos

unregistered [ʌn'redʒɪstəd] *Adj.* nicht registriert

unreliable [ʌnrɪ'laɪəbl] *Adj.* unzuverlässig

unsightly ['ʌnsaɪtlɪ] *Adj.* unansehnlich

Unspeakable [ʌn'spiːkəbəl] *Neubildung vgl.* ***unspeakable*** unaussprechlich, unbeschreiblich, unsäglich – *Zauberer, die im* ***Department of Mysteries*** *des* ***Ministry of Magic*** *arbeiten*

uppers ['ʌpəz] *Subst. Pl. von Schuhen*: Obermaterial

upright ['ʌpraɪt] *Adj.* aufrecht

uproot [ʌp'ruːt] *V/t.* entwurzeln

upside-down [ˌʌpsaɪd'daʊn] *Adv.* verkehrt herum; ***turn the place upside-down*** *umgangsspr.* die Bude auf den Kopf stellen

uptake ['ʌpteɪk] *Subst.* Auffassungsgabe; ***be quick on the uptake*** schnell schalten; ***be slow on the uptake*** schwer von Begriff sein

vandalise ['vændəlaɪz] *V/t.* mutwillig beschädigen, demolieren

Vance, Emmeline [væns, 'emɪliːn] *Name; von altengl.* **fenn** Sumpfland *oder* **fannau** hochgelegener Ort; *vgl.* **Pulo Vance**, *amerikanischer Amateurdetektiv, bekannt durch „The Benson Murder Case" (1926);* **Emmeline** *engl. Form des weibl. Vornamens* **Amelia** *aus der Normannenzeit, urspr. german.* **Amalburga** (**amal** arbeitsam); *berühmt wurde im 20. Jh.* **Emmeline Pankhurst**, *Vorkämpferin für das Frauenstimmrecht in England – Mitstreiterin im →* **Order of the Phoenix**

Vanishing Cabinet ['vænɪʃɪŋ ˌkæbɪnət] *Neubildung vgl.* **vanish** (rasch *oder* plötzlich) verschwinden, unsichtbar werden, sich auflösen; **cabinet** Schrank, Schränkchen, Vitrine

Vanishing Spell ['vænɪʃɪŋ spel] *Zauber vgl.* **vanish** (rasch *oder* plötzlich) verschwinden, unsichtbar werden, sich auflösen; **spell** Zauber, Zauberwort, -spruch; Beschwörungsformel

vault over [vɔːlt'əʊvə] *V/t.* springen über, überspringen

veil [veɪl] *Subst.* Schleier

velvet[1] ['velvət] *Subst.* Samt

velvet[2] ['velvət] *Adj.* samten, Samt-

Venus ['viːnəs] *Subst. röm. Göttin der Liebe, gleichgesetzt mit der griech.* **Aphrodite**; ASTR *zweiter Planet unseres Sonnensystems, nach Sonne und Mond der hellste Himmelskörper, geht je nach ihrem Stand zur Sonne als Morgenstern oder Abendstern auf.*

verge [vɜːdʒ] *Subst.* Rand; ***be on the verge of despair*** der Verzweiflung nahe sein

viaduct ['vaɪədʌkt] *Subst.* Viadukt

vigilant ['vɪdʒɪlənt] *Adj.* wachsam

vileness ['vaɪlnəs] *Subst.* Abscheulichkeit, Niederträchtigkeit

visage ['vɪsɪdʒ] *Subst.* Antlitz

vista ['vɪstə] *Subst.* Aussicht; Möglichkeit, Perspektive

voice[1] [vɔɪs] *Subst.* Stimme; ***the voice of reason*** die Stimme der Vernunft; ***in a loud voice*** mit lauter Stimme

voice[2] [vɔɪs] *V/t.* äußern, zum Ausdruck bringen

vomit ['vɒmɪt] *V/i.* sich erbrechen

W

waffle[1] ['wɒfl] *Subst.* Geschwätz, Geschwafel

waffle[2] ['wɒfl] *V/i.* schwafeln

waist [weɪst] *Subst.* Hüfte

waistlength ['weɪstleŋθ] *Adj. Haare*: bis zur Hüfte reichend, hüftlang

wait [weɪt] *V/i.* warten; ***s.o. can hardly wait*** *oft ironisch*: j-d kann es kaum erwarten

wakefulness ['weɪkfəlnəs] *Subst.* Wachsamkeit

wall [wɔːl] *Subst.* Wand, Mauer; ***drive s.o. up the wall*** j-n auf die Palme bringen

wallow ['wɒləʊ] *V/i.* sich wälzen; ***wallow in self-pity*** sich in Selbstmitleid ergehen

wandtree ['wɒndtriː] *Subst. Neubildung Baum, dessen Holz zur Herstellung von Zauberstäben geeignet ist*

ward [wɔːd] *Subst. im Krankenhaus*: Station, Abteilung; ***closed ward*** geschlossene Abteilung

warm-up ['wɔːmʌp] *Subst.* SPORT Aufwärmen, Warmlaufen

Warrington ['wɒrɪŋtən] *Name*; *nach entsprechenden Ortsnamen in Cheshire, Lancashire oder Buckinghamshire, bedeutet* Farm an einem Stauwehr – *Spieler im Slytherin-Quidditch-Team*

wart [wɔːt] *Subst.* Warze; *als Schimpfwort*: Büffel

Wartcap Powder ['wɔːtkəp ˌpaʊdə] *Neubildung vgl.* ***wart*** Warze; ***cap*** Kappe, Mütze; ***powder*** Pulver, Puder

Warty Harris ['wɔːtɪ ˌhærɪs] *Name*; *vgl.* ***warted*** warzig, mit Warzen besetzt; ***Harris*** *geläufiger Nachname*; Sohn des Harry – *zwielichtiger Geschäftspartner von Mundungus* → ***Fletcher*** *S. 84*

watchwizard ['wɒtʃwɪzəd] *Neubildung vgl.* ***watch*** zusehen, zuschauen; wachen; ***wizard*** Zauberer, Hexenmeister (*in Anlehnung an* ***watchdog*** Wachhund); *etwa* wachhabender Zauberer

water ['wɔːtə] *V/i.* wässern; (*Augen*) tränen

watering can ['wɔːtərɪŋkæn] *Subst.* Gießkanne

waver ['weɪvə] *V/i.* wanken, schwankend werden

weal [wiːl] *Subst.* Striemen; ***angry weal*** entzündete Striemen

weasel out [wiːzəl'aʊt] *V/i.* sich drücken

Weasley, Percy Ignatius ['wiːzlɪ 'pɜːsɪ ɪg'neɪʃəs] *Name; vgl.* ***weasel*** *fortpflanzungsfreudiges, flinkes, bewegliches Nagetier;* ***Percy*** *männl. Vorname, urspr.* ***Persi****, Nachname normannischer Barone;* ***Ignatius*** *männl. Vorname, bekannt vor allem durch Ignatius von Loyola, dem Gründer des Jesuitenordens; aufgrund ihrer besonders ausgebildeten rhetorischen und intellektuellen Fähigkeiten und ihrer Macht in weltlichen Gremien waren die Jesuiten zeitweise als raffiniert, wortverdreherisch und machthungrig verrufen – äußerst ehrgeiziger älterer Bruder von Ron und Ginny, macht Karriere im* ***Ministry of Magic****; →* ***Weasley*** *S. 220*

Weasley's Wildfire Whiz-bangs ['wiːzlɪs ˌwaɪldfaɪə 'wɪzbæŋz] *Neubildung; vgl. →* ***Weasley*** *S. 220;* ***wild fire*** verheerendes Feuer, Lauffeuer; ***whiz*** zischen, schwirren, sausen, flitzen; ***bang*** schallender Schlag, Bums, Krach, Knall – *Artikel aus dem Sortiment der Weasley-Zwillinge*

Weasley's Wizarding Wheezes ['wiːzlɪs ˌwɪzədɪŋ 'wiːzəz] *Neubildung vgl. →* ***Weasley*** *S. 220;* ***wizarding*** Zauber-; ***wheeze*** *umgangsspr.* Scherz, Gag, Jux – *Scherzartikelladen bzw. -versand der Weasley-Zwillinge*

weed out [wiːd'aʊt] *V/t. übertr.* aussondern, aussieben

welcome[1] ['welkəm] *Subst.* Willkommen

welcome[2] ['welkəm] *Adj.* willkommen; ***you're welcome!*** *nach Dank:* nichts zu danken

welcome[3] ['welkəm] *V/t.* willkommen heißen, begrüßen

welcome witch ['welkəmˌwɪtʃ] *Subst. Neubildung etwa* Empfangshexe

welcoming ['welkəmɪŋ] *Adj. Zimmer:* einladend

well-connected [ˌwelkə'nektəd] *Adj.* mit guten Beziehungen

well up [wel'ʌp] *V/i.* aufsteigen, hochkommen

wheel about [wiːlə'baʊt] *V/i.* (sich) ruckartig umdrehen

wheeze [wiːz] *V/i.* keuchen, schnaufen

wheezy ['wɪːzɪ] *Adj.* keuchend, asthmatisch

whereabouts ['weərəbaʊts] *Subst. Pl.* Aufenthaltsort, Verbleib

whey [weɪ] *Subst.* Molke

whey-faced ['weɪfeɪst] *Adj.* käsebleich, käseweiß

whip out [wɪp'aʊt] *V/t.* zücken; schnell ziehen

white-hot [ˌwaɪt'hɒt] *Adj.* weiß glühend; *übertr. Zorn:* brennend, glühend

whozair [huː'zeə] *umgangsspr. für* ***who's there?*** wer da?

why[1] [waɪ] *Adv.* warum, weshalb, wozu

why[2] [waɪ] *Interj.* nun gut!; na hör mal!

Widdershin, Willy ['wɪdəʃɪn, 'wɪlɪ] *Name; vgl.* ***widdershins*** *oder* ***withershins*** *umgangsspr.* in entgegengesetzter Richtung, verkehrt; ***Willy*** *Kurzform von* ***William****, der engl. Version des german. Namens* ***Wilhelm*** (***vilja*** Wille, ***helma*** Helm); *nach England importiert durch den normannischen Eroberer gleichen Namens – zwielichtiger Wirt im Pub →* ***Hog's Head*** *S. 107*

will[1] [wɪl] *Subst.* Wille
will[2] [wɪl] *V/t.* wünschen, wollen
will[3] [wɪl] *Hilfsverb* werden
Williamson ['wɪlɪəmsən] *geläufiger Nachname* Sohn des William – *Zauberer im Ministery of Magic*
Wimbledon ['wɪmbəldən] *Name*; *Bezirk in London*
wind[1] [wɪnd] *Subst.* Wind
wind[2] [wɪnd] *V/t. durch einen Schlag*: den Atem *oder* die Luft nehmen; ***be winded*** außer Atem sein
windpipe ['wɪndpaɪp] *Subst.* Luftröhre
winged [wɪŋd] *Adj.* geflügelt, mit Flügeln; ***winged horse*** geflügeltes Pferd; *Mythologie*: der Pegasus
Wisteria Walk [wɪ'stɪərɪə wɔːk] *Name*; *Straßenname vgl.* ***wisteria*** BOT Glyzinie; ***walk*** Weg
withdraw [wɪð'drɔː] *V/t.* zurückziehen
wither ['wɪðə] *V/i.* (*Pflanzen*) verdorren
withering ['wɪðərɪŋ] *Adj. Blick*: vernichtend
withers ['wɪðəz] *Subst. Pl. von Pferd*: Widerrist
wizardkind ['wɪzədkaɪnd] *Subst. Neubildung in Anlehnung an* ***mankind*** Menschheit; *etwa* Welt der Zauberer
Wizengamot ['waɪzən,gæmət] *Neubildung vgl.* ***wizard*** Zauberer; ***Witenagemot*** *altengl.* Ratsversammlung der Weisen; *in Abständen tagende Ratsversammlung für Gesetzgebung und Gerichtsbarkeit zur Zeit der Angelsachsen (ab 5. Jh. bis zur normannischen Eroberung 1066), bestehend aus Adeligen, Priestern und anderen Würdenträgern – das Hohe Gericht der Zauberer*
woe [wəʊ] *Subst. oft Pl.* Leid, Kummer, Gram
wonder ['wɒndə] *V/i.* sich fragen, erstaunt sein; wissen mögen
woodlice ['wʊdlaɪs] *Pl. von* ***woodlouse*** *Subst.* ZOOL Bohr- *und* Kugelassel; Holz- *oder* Papierlaus
word [wɜːd] *Subst.* Wort; ***have a word with s.o.*** mit j-m sprechen; *kritisierend*: j-n ins Gebet nehmen; ***mark my words*** denk an meine Worte; ***my word!*** meine Güte!
work[1] [wɜːk] *Subst.* Arbeit; ***he's a nasty piece of work*** *umgangsspr.* er ist ein übler Typ
work[2] [wɜːk] *V/t.* arbeiten lassen; bewirken, herbeiführen
worked up [wɜːkt'ʌp] *Adj.* aufgeregt
worm[1] [wɜːm] *Subst.* ZOOL Wurm
worm[2] [wɜːm] *V/t.* ***worm one's way out of s.th.*** sich aus etwas herauswinden
wrapper ['ræpə] *Subst.* Verpackung
wrench [rentʃ] *V/t.* reißen, zerren; ***wrench open*** (*Tür*) aufreißen
wring [rɪŋ] *V/t.* ***wring s.o.'s hand*** j-n kräftig die Hand schütteln
wrongdoer ['rɒŋ,duːə] *Subst.* Übeltäter(in), Missetäter(in)
wrongfoot [rɒŋ'fʊt] *V/t. übertr.* auf dem falschen Fuß erwischen
wrought [rɔːt] *altertüml. Prät. und Part. Perf. von* ***work***; ***this experience has wrought a certain change in him*** diese Erfahrung hat ihn irgendwie verändert

Y

yard [jɑːd] *Subst.* Hof; **back yard** Hinterhof

ye [jiː] *umgangsspr. für* **you** *oder* **your**

yep [jep] *Adv. umgangsspr.* ja

yer [jɜː] *umgangsspr. für* **your**

yuk [jʌk] *Ausruf* igitt!, pfui Teufel!

Z

Zamojski, Ladislaw [tsəˈmɔɪskɪ, ˈlædɪslɔː] *Name;* HIST *vgl. in der Schreibweise* **Zamoyski**, *eines der berühmtesten polnischen Adelsgeschlechter, das u. a. im 16. Jh. die Stadt* **Zamósc** *im Stil der ital. Renaissance errichten ließ; zwei Söhne der Familie im 19. Jh. hießen* **Ladislaw**: *ein General, der am Aufstand gegen Russland 1830 beteiligt war und in Großbritannien starb, und sein Sohn – polnischer Spitzen-Quidditch-Spieler*

Zeller, Rose [ˈtselə, rəʊs] *Name; abgeleitet von lat.* **cella** Kammer, Vorratsraum; ***celerar*** *hieß der in Klöstern Zuständige für alle Fragen der Vorratshaltung, später auch der Schankwirt;* **Rose** *weibl. Vorname, wahrscheinlich german. Ursprungs* (**hros** Pferd), *jedoch bereits im Mittelalter mit der Blume gleichgesetzt und als Rosa relatinisiert; die Rose steht als Symbol für die Jungfrau Maria, für die Liebe, für England und viele andere Bedeutungen; Ende des 20. Jh. wurde der Name plötzlich wieder sehr populär – neue Schülerin im Hufflepuff-Haus*

Zahlwörter

Grundzahlen

0 zero, nought [nɔːt]
1 one *eins*
2 two *zwei*
3 three *drei*
4 four *vier*
5 five *fünf*
6 six *sechs*
7 seven *sieben*
8 eight *acht*
9 nine *neun*
10 ten *zehn*
11 eleven *elf*
12 twelve *zwölf*
13 thirteen *dreizehn*
14 fourteen *vierzehn*
15 fifteen *fünfzehn*
16 sixteen *sechzehn*
17 seventeen *siebzehn*
18 eighteen *achtzehn*
19 nineteen *neunzehn*
20 twenty *zwanzig*
21 twenty-one *einundzwanzig*
22 twenty-two *zweiundzwanzig etc.*
100 a *od.* one hundred (*ein*)*hundert*
200 two hundred *zweihundert*
572 five hundred and seventy-two *fünfhundert*(*und*)*zweiundsiebzig*
1000 a *od.* one thousand (*ein*)*tausend*
1998 nineteen (hundred and) ninety-eight *neunzehnhundertachtundneunzig*
2000 two thousand *zweitausend*
1,000,000 one million *eine Million*
2,000,000 two million *zwei Millionen*

Ordnungszahlen

1st first *erste*
2nd second *zweite*
3rd third *dritte*
4th fourth *vierte*
5th fifth *fünfte*
6th sixth *sechste*
7th seventh *siebente*
8th eighth *achte*
9th ninth *neunte*
10th tenth *zehnte*
11th eleventh *elfte*
12th twelfth *zwölfte*
13th thirteenth *dreizehnte*
14th fourteenth *vierzehnte*
15th fifteenth *fünfzehnte*
16th sixteenth *sechzehnte*
17th seventeenth *siebzehnte*
18th eighteenth *achtzehnte*
19th nineteenth *neunzehnte*
20th twentieth *zwanzigste*
21st twenty-first *einundzwanzigste*
22nd twenty-second *zweiundzwanzigste*
23rd twenty-third *dreiundzwanzigste*
100th (one) hundredth *hundertste etc.*

Bruchzahlen und andere Zahlenwerte

$^1/_2$ one *od.* a half *ein halb*
$1\ ^1/_2$ one and a half *anderthalb*
$^1/_3$ one *od.* a third *ein Drittel*
$^2/_3$ two thirds *zwei Drittel*
$^1/_4$ one *od.* a quarter, one *od.* a fourth *ein Viertel*
$^3/_4$ three quarters, three fourths *drei Viertel*
$^5/_8$ five eighths *fünf Achtel*
0.45 (nought [nɔːt] point four five *null Komma vier fünf*
2.5 two point five *zwei Komma fünf*
$2 \times 3 = 6$ twice three is six *zweimal drei ist sechs*

Application for Membership of the Magic Circle

Dear President of the Magic Circle,

Having heard so much about the wondrous feats performed by your illustrious members, I would like to apply to join the Circle. You see, I possess powers and qualities that make me an ideal candidate for this position.

I first realized that I was special at the tender age of three, when I managed to make my peas (which I detest, even to this day!) hop across the table onto my brother's plate without anyone noticing. At school, my French teacher's tongue tied itself in a knot while I was thinking about how hard it was to get your tongue around some of those French words – she was hospitalized for four weeks ...

But perhaps the most unusual power I have is my ability to understand what cats are thinking and saying. I don't mind telling you it's no coincidence that we call people "catty" when they make nasty comments about others – you really should hear what cats have to say about each other!

It would be absolutely wizard (pun intended!) if you would consider me for membership.

Yours sincerely,

Felix Lyons

Bewerbung um Aufnahme in den Magischen Kreis

Sehr geehrter Herr Präsident des Magischen Kreises,

da ich schon so viel von den wunderbaren Kunststücken Ihrer erlauchten Mitglieder gehört habe, möchte ich um Aufnahme in diesen Kreis bitten. Ich besitze nämlich Fähigkeiten und Qualitäten, die mich zu einem idealen Kandidaten für diese Mitgliedschaft machen.

Im zarten Alter von drei Jahren bemerkte ich zum ersten Mal, dass ich etwas Besonderes bin, als es mir gelang, von meinem Teller Erbsen (ich hasse Erbsen noch heute) quer über den Tisch auf den Teller meines Bruders hüpfen zu lassen, ohne dass irgendjemand etwas davon bemerkte. In der Schule schließlich verknotete sich die Zunge meiner Französischlehrerin, als ich darüber nachdachte, wie schwer es ist, manche dieser französischen Wörter auszusprechen – sie lag daraufhin vier Wochen lang im Krankenhaus …

Aber meine vielleicht ungewöhnlichste Begabung ist meine Fähigkeit zu verstehen, was Katzen sagen und denken. Ich sage Ihnen, es ist kein Zufall, dass wir Leute, die gehässige Kommentare über andere machen, als „falsch wie eine Katze“ bezeichnen – Sie sollten wirklich einmal hören, wie Katzen übereinander herziehen!

Es wäre geradezu zauberhaft (ein kleiner Scherz!), wenn Sie meine Mitgliedschaft befürworten würden.

Mit freundlichen Grüßen

Felix Lyons

Hinweise auf Wortspiele im Englischen:

get one's tongue around	*umgangsspr. ein schwieriges Wort* richtig aussprechen
catty	1. katzenartig; 2. boshaft, gehässig
wizard	1. Zauberer; 2. fantastisch

Maße und Gewichte

1. Längenmaße

1 inch (in)
= 2,54 cm
1 foot (ft)
= 12 inches = 30,48 cm
1 yard (yd)
= 3 feet = 91,44 cm

2. Flächenmaße

1 square inch (sq in)
= 6,45 cm^2
1 square foot (sq ft)
= 144 square inches = 929,03 cm^2
1 square yard (sq yd)
= 9 square feet = 0,836 m^2
1 square rod (sq rd)
= 30.25 square yards = 25,29 m^2
1 rood (ro)
= 40 square rods = 10,12 a
1 acre (a)
= 4 roods = 40,47 a
1 square mile (sq ml, *Am.* **sq mi)**
= 640 acres = 2,59 km^2

3. Raummaße

1 cubic inch (cu in)
= 16,387 cm^3
1 cubic foot (cu ft)
= 1728 cubic inches = 0,028 m^3
1 cubic yard (cu yd)
= 27 cubic feet = 0,765 m^3
1 register ton (reg tn)
= 100 cubic feet = 2, 832 m^3

4. Britische Hohlmaße

Trocken- und Flüssigkeitsmaße

1 imperial pint (pt)
= 0,568 l
1 imperial quart (qt)
= 2 imperial pints = 1,136 l
1 imperial gallon (imp gal)
= 4 imperial quarts = 4,546 l

5. Hohlmaße der USA

Flüssigkeitsmaße

1 US liquid pint
= 0,473 l
1 US liquid quart
= 2 liquid pints = 0,946 l
1 US gallon
= 4 liquid quarts = 3,785 l
1 US barrel
= 31.5 gallons = 119,2 l
1 US barrel petroleum
= 42 gallons = 158,97 l
(*internationales Standardmaß für Erdöl*)

6. Handelsgewichte

1 ounce
= 28,35 g
1 pound
= 16 ounces = 0,453 kg
1 stone (st)
= 14 pounds = 6,35 kg
1 quarter (qr)
Brt. = 28 pounds = 12,7 kg
Am. = 25 pounds = 11,34 kg
1 hundredweight (cwt)
Brt. = 112 pounds = 50,8 kg
(*a.* long hundredweight: cwt l)
Am. = 100 pounds = 45,36 kg
(*a.* short hundredweight: cwt sh)
1 ton (t, tn)
Brt. = 2240 pounds (= 20 cwt l)
= 1016 kg (*a.* long ton: tn l)
Am. = 2000 pounds (= 20 cwt sh)
= 907,18 kg (*a.* short ton: tn sh)

Temperaturumrechnung

°Fahrenheit = $(\frac{9}{5}\,°C) + 32$

°Celsius = $(°F - 32) \cdot \frac{5}{9}$